KB236910

한국 근·현대 민족운동의 재인식

한국민족운동사학회

국학자료원

차 례

논 문

서 평

역사탐방

연구노트 및 자료소개

JOURNAL OF STUDIES ON KOREAN NATIONAL MOVEMENT

No.28   AUGUST 2001

Contents

논 문

근·현대 학계의 黃嗣永 帛書觀 연구

허동현[*]

Ⅰ. 序 言

Ⅱ. 근대 이전의 백서관

Ⅲ. 식민지 시대의 백서관

Ⅳ. 남한 학계의 백서관

Ⅴ. 북한과 해외학계의 백서관

Ⅵ. 結 論

* 경희대 교양학부 교수

I. 序 言

黃嗣永(세례명:알렉시오, 1775~1801)은 기호 남인 명가 출신으로 時派系 남인인 정약용의 맏형 약현의 사위였다. 그는 16세인 1790년(정조 14)에 진사시에 합격한 바 있었다. 그러나 그는 바로 다음해 辛亥迫害를 맞아 남인 출신 지식인 신자들이 배교하는 와중에서 천주교에 입교함으로써, 양반 관료로서의 길을 포기하고 새로운 사상운동에 투신하였다. 이후 그는 이승훈·홍낙민·최창현 등과 함께 선교사 영입 운동을 전개하는 등 1801년 신유박해가 일어날 무렵에는 교계의 핵심 지도자 중의 하나로 부상하였다. 그는 신유박해 시에 다른 사족 신도와는 달리 체포령을 거부하고 충청도 제천 배론(舟論)의 토굴로 은신하였다. 여기서 그는 박해의 전말과 순교자들의 행적 및 조선 교회 재건을 위한 제방안을 북경교구 구베아(Alexander de Gouvea, 湯士選)주교에게 호소하는 장문의 서한을 흰 비단천 위에 썼다. 소위 黃嗣永帛書라고 불리는 이 서한은 사전에 발각되어 북경 주교에게 전달되지 못했지만, 신앙의 자유를 얻기 위한 방안으로 외세의 개입 — 1) 서양제국의 재정원조 2) 북경교회와의 긴밀한 연락 3) 선교사의 조선입국 허용을 위한 로마 교황의 중국 천자에 대한 협조서신 발송 4) 조선교회의 안정을 위한 조선에 대한 중국의 보호와 간섭 5) 서양함대 및 병력의 조선 파견 등 — 을 요청하고 있었다는 점에서 그 역사적 의의를 둘러싼 논란이 계속되어 왔다.

이 백서에 대한 연구는 일찍이 1930~1940년대에 小田省吾와 石井壽夫 같은 일제 관학자들이 당파성론에 입각해 조선 망국의 원인을 究明하려한 데서 발단된 다음, 山口正之의『黃嗣永帛書の研究』(1946)에 의해 집대성되었다. 그러나 최근 2,000년 순교자 시성 준비와 관련해 황사영 백서에 대한 학계의 관심이 제고되어 몇 편의 연구 성과가 나온 것을 제외하면, 최근까지 이 문제에 관한 본격적인 연구로는 조광의 「황사영백서의 사회사상적 배경」(1977)이 있을 뿐이었다.

이와 같이 황사영 백서에 대한 연구가 미진한 관계로 본고에서는 본격적인 연구 이외에 일제 식민주의사가, 민족주의 실증사가, 신·구계 교회사가 그리고 유물론적 사회·경제사가들의 관련 저작에 보이는 황사영 백서관의 면면을 살펴봄으로써, 백서의 역사적 의의를 조명·정립하는데 일조하려 한다. 여기서는 근대 이전과 식민지 시기의 백서관을 살펴 본 다음 해방 이후 시기는 남한 학계와 북한 및 해외학계의 백서관으로 나누어 살펴보려 한다.

Ⅱ. 근대 이전의 백서관

먼저 황사영을 체포·처형한 위정자들은 서양 군함과 군대를 불러들여 조선정부를 위협함으로서 신앙의 자유를 얻으려 한 그의 교회재건책을 왕조 전복을 꾀한 것으로 규정해 그와 백서를 전대미문의 역적과 흉서로 蛇蝎視하였다. 즉 『純祖實錄』에는 백서를 '三條凶言'이 담긴 '滿幅凶憯'한 문서로 기술하고 있으며[1], 推鞫시 작성한 「邪學罪人嗣永等推案」에서는 신앙자유 확보책을 "하늘과 땅을 다 찾아보고 만고에 걸쳐 살펴보아도 듣거나 본 적이 없는 흉모·陰計"로 규정한 바 있다.[2] 당시 황사영을 규탄한 상소들에서도 백서사건과 황사영을 유사이래 "있어 본 적이 없는 변괴나 난적"으

---

1)『純祖實錄』, 純祖 1年 10月 戊申. 將廳幾餉 現促於提川地 搜其文書 有帛書 而將通於北京之天主堂者也 滿幅凶憯 以周文謨以下諸罪人伏法之事 細報於西洋人 而中有三條凶言 一則圖得皇旨 敎諭朝鮮 使之容接西洋人也 一則開撫按司於安州 命親王監國 生聚敎訓 乘釁而動也 一則通于西洋國 裝送大舶數百艘 精兵五六萬 多載大砲等利害兵器 震駭東國 使之行敎也.

2)「邪學罪人嗣永等推案」, "1801年 10月 9日 黃嗣永供招", 韓國學文獻硏究所 編,『推案及鞫案』(서울:亞細亞文化社, 1978). 窮天地 亘萬古 所未聞所未有之凶謀陰計.

로 성토하거나 "천지가 생긴 이래 어찌 금일과 같은 역변이 있을 수 있단 말인가"라고 개탄을 금치 못했으며3), 저자 미상의 『納菴記略』에서도 서양 세력을 끌어들이려 한 것을 "賣國之計"로 지목해 백서를 천주교도들이 "역당"임을 입증하는 증빙문서로 기술한 바 있다.4) 이 밖에도 대제학 李晚秀 (1752~1820)가 짓고 陳奏使를 통해 중국에 보낸 「討邪奏文」, 『大東稗林』과 李圭景(1788~ ?)의 『五洲衍文長箋散稿』, 그리고 『國朝寶鑑』 등도 백서를 서양선박을 끌어들여 왕조를 전복하려한 역모로 규정하고 있다.5) 이와 같은 황사영 역적관은 위정자들에 국한된 것이 아니었다. 한때 천주교에 귀의하였던 丁若鏞(1762~1836)과 순교자 丁夏祥(1759~1839)·劉進吉(1791~ 1939)·南履灌과(1780~1839) 같은 인물들도 황사영이 모색한 신앙자유 획득책의 외세 의존성을 비판해 그를 역적으로 혹평한 바 있었다.6)

반면 『韓國天主敎會史』(1872)의 저자 달레(Dallet, Claude Charles:1829~ 1887)는 "황(사영) 알렉산델의 흥분한 상상에서 나온 계획이 특히 그 시대에 있어서 비현실적이었음은 명백하다. 그것은 무모하고 위험하였다"고 해 백서에 보이는 국가권력에 정면도전한 교회재건책의 실현 가능성은 비판적으로 보았다. 그러나 그는 호교론적 입장에서 "그가 바른 의향을 가지고

---

3) 李基慶, 『闢衛篇』(1801); 李基慶 著, 李晚采 編, 『闢衛篇』(서울:悅話堂, 1971), 479, 481면. (侍讀官 閔耆顯 檢討官 安廷善等所啓) 今番邪獄 實是載籍以來 所未有之變怪 而諸 賊設施之至兇絶慘 又是載籍以來 所未有之亂賊也……(執義 洪羲運 獻納 申龜朝聯名劄子) 嘻嘻痛矣 自有天地以來 寧有如今日之變逆乎哉.

4) 『納菴記略』. 柳恒儉結案 亦有聚銀貨 越海招寇之語 妖說之得 不容於聖朝者 渠輩亦知之 故 有此賣國之計 觀此則仁伯之白蓮黃巾之說 非誣也 雖然渠輩些少力量募得一文謨於南京則 有之 數萬里外 西洋大舶 其可以動得來乎 此是閒商量耳 無乃賊之黠者 故爲壯談 誑惑愚氓 耶 抑或賊之癡者 作此妄計 冀立奇攻耶 是未可知也 嗣永帛書出後 始知邪黨之爲逆黨.
최근 『눌암기략』의 저자로 李在璣(1759~1818)를 비정하는 학설이 제기된 바 있다. 하 성래, 「『눌암기략』의 저자 및 내용 소고」, 『교회와 역사』 280(1998), 296면 참조.

5) 여진천, 「黃嗣永帛書의 異本 연구」, 『(최석우신부수품 50주년 기념논총 제1집) 민족사와 교회사』(한국교회사연구소, 2000), 141~142, 155~156면.

6) 『與猶堂全書』1:15. 「先仲氏墓地銘」, 是年秋 逆賊黃嗣永就捕 得黃深帛書 凶謀滔天; 『推 案及鞫案』28, 「丁夏祥供招」, 323면.
여진천에 의하면 정하상 등의 부정적 백서관은 백서를 적극 반대하는 파리 외방선교회 선교사들의 영향 때문이었다. 여진천, 앞의 글, 152~153, 158면.

있었고, 교우들의 해방과 外敎에 대한 복음의 승리와 지옥에 대한 하느님의 승리를 특히 고려하였음은 의심의 여지가 없는 것 같이 생각된다"고 하여 신앙의 자유를 획득하려한 황사영의 목표가 갖는 정당성을 긍정하는 옹호론을 전개한 바 있었다.[7]

이와 같이 근대 이전의 백서관은 황사영과 같은 세기를 산 동시대의 위정자들과 순교자들이 내린 외세에 국가를 팔려고 한 반역의 흉서라는 혹평과 함께 백서에 보이는 신앙자유획득책이 무모하긴 해도 정당한 것이었다는 개화기의 외국인 교회사가의 옹호론이 교차하고 있었다.

Ⅲ. 식민지 시대의 백서관

1930년대 이전 일제 식민주의사가들에 의해 백서 연구가 본격화되기 전에는 근대 이전의 백서관이 답습되고 있었다. 즉, 구한말 관료 출신으로 총독부 『朝鮮史』 편수위원회의 편수위원을 역임한 바 있던 李能和는 전통적인 황사영 역적관을 계승해 『朝鮮基督敎及外交史』(1928)에서 황사영을 '士族而蠱惑邪術之最甚者'로 황사영 백서는 '滿幅凶憯'한 '흉서'로 『純祖實錄』의 기사를 인용·기술한 바 있었다.[8] 또한 조선 교구장이었던 뮈텔(Mutel, Gustave Marie:1854~1933) 대주교도 1925년에 백서를 불어로 번역하여 홍

---

7) Dallet, Charles, *Histoire de L'eglise de Coree*, Ⅰ(Librairie Victor Palme, paris, 1874); Dalle 著, 安應烈·崔奭祐 譯註, 『韓國天主敎會史』上(서울:분도출판사, 1979), 574면.

8) 李能和, 『朝鮮基督敎及外交史』(京城:朝鮮基督敎彰文社, 1928), 150면.
   純祖元年辛酉冬十月戊申에 左捕將任崔·右捕將申應周持邪學罪人黃嗣永凶書ᄒ고 來詣閤外ᄒ니 命入之ᄒ야 省覽後에 下鞫廳ᄒ다. 罪人黃嗣永은 士族而蠱惑邪術之最甚者라 知機亡命於金吾逮捕 之初ᄒ야 或衣衰麻而變姓ᄒ며 …… 捜其文書ᄒ니 有帛書而將通於北京之天主堂者也라 滿幅凶憯ᄒ니 以周文謨以下諸罪人伏法之事로 細報於西洋人. 而中有三條凶言ᄒ니 一則圖得皇旨ᄒ야 敎諭朝鮮ᄒ야 使之容接西洋人也오 一則開撫按司於安州ᄒ야 命親王監國ᄒ야 生聚敎訓ᄒ야 乘釁而動也오 一則通于西洋國ᄒ야 裝送大舶數百艘. 精兵五六萬ᄒ야 多載大砲等利害兵器ᄒ야 震駭東國ᄒ야 使之行敎也러라.

콩에서 간행하면서 그 서문에서 "이 역사적인 문서들은 두 개의 계획을 기록하고 있는데, 세 번째(大舶請來)는 더욱 위태로운 것으로 잘 알려져 있지 않다. 이러한 계획은 공상적이고 위험하고 경솔한 것이다. 그러나 저자의 의도가 올 바랐다는 것은 의심의 여지가 없다"고 해 신앙의 자유를 얻기 위한 방법의 무모성은 비판했지만, 그 목적의 정당성은 달레와 같이 옹호한 바 있었다.9)

1930년대에 접어들면서 일제 식민주의사가들에 의해 근대적 역사서술 방법에 따른 백서 연구가 본격화되기 시작하였다. 먼저 小田省吾는 「李朝の朋黨を略述して天主敎迫害に及ぶ」(1930)라는 논문에서 1801년의 신유교난이 종교상의 박해만이 아니라 時僻 양파의 투쟁 즉, 붕당간의 파쟁에서 발생했음을 구명하는 데 있어 주사료로 황사영백서를 이용함으로써, 당파성론에 입각한 황사영백서관을 최초로 제시했다.10)

이러한 小田의 학설은 石井壽夫의 「黃嗣永帛書に就いて―朝鮮に於ける洋舶請來の思想―」(1940)과 「理學至上主義李朝への天主敎挑戰」(1942)에서 확대·보완되었다. 이들 연구에서 그는 천주교적 국가관이 理學 지상주의

---

9) Gustave Mutel, *Lettre d'Alexandre Hoang a Mag de Gouvea, Eveque de Pekin(1801)*, Hongkong, 1925; 하성래, 앞의 논문, 77면에서 재인용.

10) 小田省吾, 「李朝の朋黨を略述して天主敎迫害に及ぶ」, 『靑丘學叢』1(1930); 小田省吾, 「李朝의 朋黨을 略述하여 天主敎迫害에 이름」, 『韓國天主敎會史論文選集』2(韓國敎會史硏究所, 1977), 171, 176면.

　朋黨의 다툼이 李朝時代의 一大弊竇였음은 누구나 수긍하는 바일 것이다. 따라서 그 원인을 討究하고 그 경과를 覈明하는 일은 조선근대사를 이해함에 있어 가장 필요한 일이다. 아니 당파관계를 알지 못하고서는 조선근대사의 진상을 알고 또 현재의 조선을 이해하지 못한다 …… 前年 京城佛蘭西天主敎會 뮈뎰主敎에 의하여 佛譯되고 또한 사진을 붙여 공표한 천주교의 一古文書(黃嗣永帛書)를 보고 時派 僻派의 다툼과 천주교의 관계가 꽤 밀접한 것을 알게되어 이를 연구해 왔다 …… 본편에서 該文書에 무게를 두고 이를 취급해 보고자 한다. 다만 일반적인 붕당의 발생과 경과에 언급함은 이에 이르기 위한 이해에 도움을 주고자 하는데 지나지 않으니 독자의 양해 있기를 바란다 …… 時派와 僻派:英祖말에서 正祖 이후의 벌어지는 사태를 관찰함에 우리들은 세심한 주의를 기울여야 한다. 과연 純祖元年 즉 1801년에 돌발한 천주교 박해는 실로 時僻 兩派의 투쟁에 터전하고 있는 것이다. 그것은 결코 종교적인 일만은 아니었다. 이를 입증하는 자료가 黃嗣永帛書이다. 따라서 여기서 黃嗣永帛書를 소개하고 그 내용에 터전하여 時·僻派의 다툼과 天主敎迫害와의 관계를 논술코자 한다.

를 기반으로 한 조선왕조를 부정하는 혁명원리로 작용했다고 보았으며, 특히 황사영을 '이조붕괴기'에 한계를 들어낸 이학지상주의를 타파하려한 '구시대의 반역아' 또는 '신시대의 건설자'로 평가하면서, 선각적 지식인으로서 그의 역사적 고뇌를 토로한 것이 황사영백서라고 보았다.[11) 이 글의 배후에 흐르는 당파성론적 백서관은 「理學至上主義李朝への天主敎挑戰」에 여실히 드러난다. 여기서 그는 천주교는 인륜과 가부장권적 가족주의 및 왕조를 부정하는 도전체계였기 때문에 이학지상주의를 신봉하는 조선왕조에게 박해를 받을 수밖에 없었지만, 그 박해의 이면에는 '본능적 붕당심' 즉 당파성이 강하게 작용했다고 보아 이를 조선 망국의 주원인으로 꼽음으로써 전형적인 당파성론적 백서관을 제시하였다. 이 점은 "조국을 저버린 민중에 의하여 완고하게 신봉되어 온 천주교신앙은 정치를 이권화한 박해자와 집요하게 싸워왔으며, 몇 차례의 좌절에도 굴하지 않고 비밀리에 만연되고 있었다. 이러한 상극의 통탄할 결말―이것이 李朝의 망국이었음은 당연하다"고 한 그의 글에 잘 나타난다.[12)

한편 일본인 교회사가인 浦川和三郞 신부는 『朝鮮殉敎史』(1944)에서 백서를 "천주교의 전통주의나 교리를 벗어난" 도저히 인정될 수 없는 비상식을 極한 공상"이기 때문에 설령 이 백서가 북경에 전달되었더라도 주교가 이를 "一笑에 부쳐 버릴" 정도로 무모한 계획이었던 것으로 폄하하였다. 교회사가인 그가 백서의 교회사적 가치조차 평가절하한 이면에는 당시 중·조 양국간의 사대관계를 반식민지적 종속관계로 보고, 나아가 조선인의 민족성을 열등한 것으로 보는 민족적 편견이 작용하고 있었다. 이 점은 그가 "당시의 조선은 완전한 독립국이 아니라 청의 正朔을 받들고 사대에 힘써

---

11) 石井壽夫, 「黃嗣永の帛書に就いて―朝鮮天主敎徒の洋舶請來の思想」, 『歷史學硏究』 10-1, 10 -2 (1940), 문성규 역, 「황사영 백서에 대하여―조선천주교도의 양박청래(서양배가 오기를 청함)의 사상」, 여진천 편, 『황사영 백서 논문 선집』(서울:기쁜소식, 1994), 173면.

12) 石井壽夫, 「理學至上主義 李朝への天主敎挑戰」, 『歷史學硏究』12-6(1942), 교회사연구소 역, 「理學至上主義 李朝에 대한 天主敎의 挑戰」, 『韓國天主敎會史論文選集』2(韓國敎會史硏究所, 1977), 95면.

해마다 조공사의 파견을 게을리 하지 않았을 정도이기 때문에 국민 사이에 는 국가적 관념이 십분 발전해 있지 않았다는 느낌을 면키 어렵다"고 하거 나, "우리 일본의 切支丹[가톨릭]은 격렬한 박해를 받아오면서도 아직 한 번도 이러한 비국가적인 망상을 품은 적이 없었다"고 한데서 여실히 드러 난다.13)

Ⅳ. 남한 학계의 백서관

남한 학계에서 식민주의사관에 대한 비판·극복 작업이 본격적으로 개 시되기 전인 해방 후부터 1960년대까지 일반사가들은 일제식민주의 사학 자들의 당파성론적 백서관에 영향을 받아 백서가 시파와 벽파의 대립의 산 물이라는 시각에서 개략적인 사건 경위의 서술에 그치고 있었다(최남선, 『(신판)조선력사』, 1946; 김성칠, 『(고쳐쓴) 조선역사』, 1947; 이병도, 『조선 사대관』, 1948).14) 이에 반해 교회사가 유홍렬은 『조선천주교회사:상』 (1949)에서 백서를 달레의 『한국천주교회사』에 비견되는 '교회사와 근세 조선사상에 귀중한 근본사료'로 비정하고, 백서에 보이는 '조선교회구출의 一大方策'을 '원대한 계획'으로 높이 평가한 반면, 조선정부가 청국에 보내 기 위해 백서를 개작한 것을 '사대사상' 내지 '의타주의'의 산물로 비판함으 로써 백서가 교회사에서 점하는 의의를 높이 평가한 바 있었다.15) 이러한 호교론적 입장의 백서관은 1962년에 발간된 그의 『(증보) 한국천주교회사: 상』에서도 견지된 바 있다.16)

---

13) 浦川和三郎, 『朝鮮殉教史』(大阪:全國書房, 1944), 176면.
14) 崔南善, 『(新版)朝鮮歷史]』(서울:東明社, 1946), 82면; 김성칠, 『(고쳐쓴) 조선역사』(서 울:大韓金融組合聯合會, 1947), 224~225면; 李丙燾, 『朝鮮史大觀』(서울:同志社, 1948), 『韓國 史大觀:5차 개판』(서울:東方圖書, 1983), 407~408면.
15) 柳洪烈, 『朝鮮天主敎會史:上』(서울:朝鮮天主敎會殉敎者顯揚會, 1949), 182~187면.
16) 柳洪烈, 『(增補) 한국천주교회사:상』(서울:가톨릭출판사, 1962), 164~168면.

그러나 1960년대 중반 이후 민족주의적 정서가 학계를 풍미하면서 信教의 자유를 실현하기 위한 방안으로 외세의 개입을 도모한 황사영백서에 대한 평은 대체로 부정적 평가가 주류를 이루게 되었다. 백서에 대한 부정적 연구동향은 일반사가와 신교계 교회사가의 백서관으로 대별된다. 일반사가들의 경우 ① 백서의 신앙자유 확보책을 "황탄한 것에 지나지 않는 것"(한우근,『한국통사』, 1970)이나 "실현의 가능성도 없는 것"(이상백,『(진단학회)한국사:근세후기편』, 1965)으로 보아 그 무모성을 지적하거나[17], ② "위정자들의 정치적 불안을 자극하기에 충분한 조심스럽지 못한 언동"(이원순,『조선서학사연구』, 1986)이나[18], "외세 의존의 반국가적 행위"(변태섭,『한국사통론』, 1986) 또는 "극단적인 행위"(이기백,『한국사신론』, 1961)로써 박해의 구실만 제공한 것으로 보거나[19], ③ 조선정부에게 천주교가 "반국가적 행동"을 할 수 있는 집단임을 확인시켜 줌으로서 "유교 전통의 국가와 기독교 신앙이 공통의 이해관계나 협력의 가능성이 단절된 채 대립하게 한" 사건으로 간주하거나(금장태,「기독교의 전래와 이조 유교사회와의 갈등」, 1977)[20], ④ "외세를 끌어들여 자기나라를 침략하게 하려는 움직임"의 대표적 사례로 언급하거나(서중석,「민족의식의 형성과 전개」, 1990)[21], ⑤ 노론 벽파 주도하의 정국에 저항한 일종의 정치운동으로 파악하면서 "황사영의 몽상"이 천주교 탄압만이 아닌 민중의 사상통제 강화의 계기로 작용한 것으로 평가함으로써(김태웅,「서구자본주의의 침투와 위기의식 고양」, 1994)[22], 대체로 백서에 보이는 외세의존적 신앙자유 획득

---

17) 韓㳓劤,『韓國通史』(서울:乙酉文化社, 1970), 382~383면; 李相佰,『(震檀學會)韓國史: 近世後期篇』(서울:乙酉文化社, 1965), 324~325면.

18) 李元淳,『朝鮮西學史硏究』(서울:一志社, 1986), 248면.

19) 邊太燮,『韓國史通論』(서울:三英社, 1986), 368면; 李基白,『韓國史新論』(서울:一潮閣, 1961),『韓國史新論:新修版』(서울:一潮閣, 1961), 315면.

20) 琴章泰,「基督教의 傳來와 李朝 儒教社會와의 갈등」(1977), 基督教思想 編輯部 編,『(基督教 思想 300號 記念論文集) 韓國歷史와 基督教』(서울:大韓基督教書會, 1983)에 재수록, 39~40면.

21) 徐仲錫,「민족의식의 형성과 전개」, 한국사특강편찬위원회 편,『한국사특강』(서울:서울대 출판부, 1990), 306면.

16

방안을 비이성적 돌출행동 내지 반민족적 행위로 비판하였다.

신교측 교회사가들도 구교에 대한 신교의 차별성을 강조하는 입장에서 백서에 보이는 외세의존성을 "순수한 신앙 고백으로서의 순교가치를 저하시킨 것"으로 보거나(김재준, 「한국사에 나타난 信敎자유에의 투쟁」, 1966)[23], 천주교 본래의 초국가주의적 울트라몬타니즘(Ultramontanism:교황 절대권론)에서 기인한 것으로 보아 백서를 "천주교의 몰민족적 행동양식이 절정에 이른" 것이자 "민족 양심의 지탄을 받게 된" 것으로 폄하한 바 있었다(민경배, 「기독교사상」, 1976; 「한국 교회사에 있어서 "민족"의 문제」, 1981).[24]

이러한 부정적 평가가 주류를 이루는 가운데 내재적 발전론의 시각에서 백서의 역사성을 일정정도 옹호하는 견해도 나온 바 있다. 즉, 조광은 「황사영백서의 사회사상적 배경」(1977)에서 백서에 보이는 서구의존에 의한 신앙자유의 획득방안과 사회개혁 의식은 당시 민중들이 갖고 있던 — 외세에 의한 조선왕조의 멸망과 새로운 사회의 도래를 희구한 — 전환기적 의식과 일맥상통한 것으로 보고, 또한 백서 작성 당시 서구 자본주의의 발전단계가 제국주의 전단계인 중상주의에 지나지 않았음을 지적해 백서 속의 외세의존의식을 제국주의 침략과 동일시해서는 곤란한 "전환기적 시대상의 한 유물"로 비정함으로써, 백서가 "사태판단의 미숙성에서 기인한 것으로 어떠한 의미에서든지 정당화 될 수 없지만" 한국사의 내재적 발전 흐름에 역행한 것은 아니었다고 조심스럽게 변호한 바 있었다.[25] 그리고 노길명도 「조선후기 한국 가톨릭 교회의 민족의식」(1991)에서 백서가 봉건사회

---

22) 김태웅, 「서구자본주의의 침투와 위기의식 고양」, 『한국사』10(서울:한길사, 1994), 160~161면.

23) 金在俊, 「韓國史에 나타난 信敎自由에의 투쟁」(1966), 基督敎思想 編輯部 編, 앞의 책, 56면.

24) 閔庚培, 「基督敎思想」, 高大民族文化研究所 編, 『韓國現代文化史大系』Ⅱ:學術・思想・宗敎史(서울:高麗大學校 民族文化研究所, 1976), 757~759면; 閔庚培, 「韓國 敎會史에 있어서 "民族"의 問題」(1981), 基督敎思想 編輯部 編, 위의 책, 104~106면.

25) 趙珖, 「黃嗣永帛書의 社會思想的 背景」, 『史叢』21・22합집(1977), 370~371면.

해체기에 생존의 위협을 받고 있던 민중세계의 반봉건적 동향에 상당한 영향을 받은 것으로 보는 내발론적 시각에서 "제국주의 침략 이전의 민족의식은 민족으로서의 자각 차원 보다 봉건사회 질서의 청산과 근대사회에로의 이양이라는 민족사적 과제에 어떠한 역할을 하였는가"가 평가의 기준이 되어야 한다고 봄으로써 백서의 역사성을 옹호하였다.[26]

1970년대 이후 특히 1990년대 중반부터 한국사회의 민주화와 다원화의 진전과 함께 그간 국가와 민족이라는 명제에 눌려 왔던 시민적 자유와 개인의 인권이 재조명되면서 국가권력에 맞서 신앙의 자유를 쟁취하려한 황사영 백서의 역사성을 재평가하려는 시도가 교회사가들과 일반사가 양측에서 나오기 시작하였다. 먼저 교회사가 주재용 신부는 백서의 사료적 가치를 "한국 근대화의 첫 발걸음으로서 한국 천주교 초기 지도자들의 새문화·새사상으로 조국 근대화를 획책하던 그 의욕적 호흡을 느낄 수 있으며, 천주교 전래에 따른 세계 지식의 확대상을 파악"할 수 있다고 평했다(『한국 가톨릭사의 옹위』, 1970).[27] 또 다른 교회사가 최석우 신부의 경우 1970년대까지는 국가주권보다 신앙자유를 앞세우는 것은 "천주교의 정통교리"가 아니라는 입장에서 백서에 보이는 몰민족성 내지 외세의존성을 "종교와 국가를 혼동한 잘못"을 범한 것이자 "서구제국에 대한 사대성"의 발로라고 비판한 바 있었다(「조선후기사회와 천주교」, 1974; 「천주교세력의 확대」, 1975).[28] 그러나 그는 1970년대 후반부터 백서의 순교사적 가치를 강조하거나(최석우, 「한국교회사는 어떻게 서술되어 왔는가?」, 1979), 당시 집권 위정자들도 종교와 정치를 혼동한 점에서 백서와 동일한 우를 범해 "공동선을 추구해야할 국권을 양반지배체제를 유지하기 위한 사적 권력으로 악용한" 점을 지적하거나(「한국 근대 국가 형성과 기독교」,

---

26) 盧吉明, 「朝鮮後期 韓國 가톨릭 敎會의 民族意識」, 『誠農 崔奭祐 神父 古稀紀念 韓國가톨릭 文化活動과 敎會史』(서울:한국교회사연구소, 1991), 487~489면.

27) 朱在用, 『韓國 가톨릭史의 擁衛』(서울:한국 천주교 중앙 협의회, 1970), 113면.

28) 崔奭祐, 「朝鮮後期社會와 天主敎」, 『(崇田大學校)論文集』5(1974), ____, 『韓國敎會史의 探究』(서울:韓國敎會史研究所, 1982), 25면에 재수록; 崔奭祐, 「天主敎勢力의 擴大」, 『한국사』(국사편찬위원회, 1975), 201~206면.

18

1981), 백서사건이 "종교를 국가와 대등한 것으로 인정하지 않는 政敎合一主義"를 견지하고 있던 노론계에 정치적으로 이용된 것이라는 점을 강조함으로써 백서의 역사성을 변호하는 입장을 취한 바 있다(「박해 시대 천주교 신자들의 국가관과 서양관」, 1998).[29]

같은 맥락에서 차기진은 백서는 "신앙의 자유를 얻고자 하는 종교운동의 일환"이므로, 이를 "당시의 반서학적 입장 또는 근대 혁명사상의 입장"에서가 아니라 '가치중립적'으로 평가해야한다고 보았고(「조선후기 천주교 신자들의 성직자영입과 洋舶請來에 대한 연구」, 1998)[30], 방상근은 백서가 "조선사회의 모순을 해결하고 民生의 안정"을 위해 "조선왕조나 민중"이 아닌 "정권을 담당하고 있던 집권세력"만을 제거하려 했던 것으로 보았으며(「황사영 백서의 분석적 이해」, 1998)[31], 하성래는 황사영이 서양 배를 불러와 나라를 짓밟으려 한 '민족 반역자'가 아니라 '외교적 교섭을 통해 평화적으로 신앙의 자유를 얻고, 나아가 문호를 개방하려다가 실패한 선각자' 이자 '순교의 길을 걸어간 훌륭한 순교자'였다고 평했다(「황사영의 교회활동과 순교에 대한 연구」, 1998).[32] 또한 이영춘 신부는 백서를 평가함에 있어 '신앙과 민족을 대치'시켜 '민족감정을 자극' 하는 식의 인식틀을 불식시킴으로서 백서의 역사적 가치를 재정립해야 한다는 견해를 피력하였으며(「황사영 백서 사건에 관한 역사신학적 성찰」, 1999)[33], 김진소 신부도 황사영이 국가와 정부를 분리해 "무수한 생명을 살상하고 당쟁이나 일삼는

---

29) 崔奭祐, 「韓國 近代 國家 形成과 基督敎」, 基督敎思想 編輯部 編, 『(基督敎思想 300號 記念 論文集) 韓國歷史와 基督敎』(서울:大韓基督敎書會, 1983), 24~25면; ______, 「韓國敎會史는 어떻게 敍述되어 왔는가?」, 『司牧』34(1979), 『韓國敎會史의 探究』(서울: 韓國敎會史硏究 所, 1982), 224면에 재수록; ______, 「박해 시대 천주교 신자들의 國家觀과 西洋觀」, 『敎會史 硏究』13(1998), 17면.

30) 車基眞, 「朝鮮後期 천주교 신자들의 聖職者迎入과 洋舶請來에 대한 연구」, 『敎會史 硏究』13(1998), 20, 71면.

31) 方相根, 「黃嗣永 帛書의 분석적 이해」, 『敎會史 硏究』13(1998), 174면.

32) 河聲來, 「黃嗣永의 敎會活動과 殉敎에 대한 연구」, 『敎會史 硏究』13(1998), 75, 78, 144면.

33) 李榮春, 「黃嗣永 帛書 事件에 관한 歷史神學的 省察」, 제2회 신유박해 순교자 연구 발표회 발표문(1998), 56면.

'이씨 정권'"을 반민족적이라고 보아 타도하려 했던 것으로 보았다(「신해박해 당시 서양 선박 청원의 특성」, 1999).34) 끝으로 이정린도 황사영을 "새로운 이념의 잉태기"에 신앙의 자유를 얻기 위해 순교한 "초창기 한국교회의 대표적 순교자요, 독실한 신앙의 귀감"이라 평하고, 백서에 대해서도 "민족 복음화를 위해 작성한 기도문적 성격의 편지"로 보아 그 역사성을 옹호하였다(이정린. 『황사영백서 연구』, 1999).35)

나아가 학계 일각에서는 인권과 시민적 자유의 보장이란 현재적 관심에 입각해 보다 적극적으로 백서의 역사성을 옹호하는 견해가 제기되기도 하였다. 배은하 신부가 엮은 『(역사의 땅, 배움의 땅) 배론』(1992)에서는 백서가 "민족감정으로 수긍하기 어려운 점을 내포하고 있음이 분명"하지만, 황사영이 백서를 쓴 이유가 "자신의 안전과 입신 영달을 위해서가 아니라 교회의 재건과 이 겨레의 구원을 이루기 위해 왕조체제에 과감히 도전한 것"이기 때문에 "민족을 배반한 것"이 아니라고 변호하면서 백서를 "박해로 인한 대량학살의 비극으로부터 부당한 죽음과 어려움을 당하는 민족을 구하기 위해 국제적인 원조를 요청한 인권존중 옹호의 텍스트"로 규정한 바 있다.36)

그리고 정두희는 "만약 국가적 권위가 종교적 신앙을 부정한다면 우리는 정말 어떻게 할 것인가? 국가의 체제 그 자체가 우리가 신봉하는 종교적 신앙에 어긋나는 것이라면 또 어떻게 할 것인가?"라는 현재적 입장에서의 질문을 던짐으로써 황사영을 변호하였으며(「황사영 백서를 어떻게 볼 것인가」, 1999)37), 최완기도 "황사영은 서학이 수용되고 이양선이 접근해 오는 시대적 조건을 나름대로 활용하여 사회변혁·사상변혁을 시도한 개혁운동가"로 비정하면서 "백서는 당시 매우 불안하던 조선의 현실을 적나

---

34) 金眞召, 「辛亥迫害 當時 西洋 船舶 請援의 特性」, 제2회 신유박해 순교자 연구 발표회 발표문(1998), 32~33면.
35) 李正麟. 『황사영백서 연구』(서울:일조각, 1999), 19~20, 229~233면.
36) 배은하 엮음, 『(역사의 땅, 배움의 땅) 배론』(서울:성바오로 출판사, 1992) 94~97면.
37) 鄭杜熙, 「黃嗣永 帛書를 어떻게 볼 것인가」, 『신앙의 역사를 찾아서』(서울:바오로딸, 1999), 86~93면.

20

라하게 밝힌 고발장으로서 뿐만 아니라, 그러한 현실 속에서 민족의 구원을 위해서는 무엇보다도 신앙의 자유가 우선임을 일깨워 준 인권선언서로서 높이 평가되어야 할 것"이라고 보았다(「황사영 백서 작성의 사상적 배경」, 1999).[38]

이와 같이 1990년대에 들어 황사영 백서에 대한 긍정적 평가가 학계의 지배적 견해로 대두되고는 있지만, 아직 백서에서 제기된 외세의존적 신앙자유 획득책에 대해서는 교회사가 중에서도 비판적 입장을 견지하는 연구가 나올 정도로 논란이 계속되고 있다. 즉, 문규현 신부는 『(민족과 함께 쓰는) 한국천주교회사 Ⅰ』(1994)에서 백서가 "너무나 캄캄한 암흑과 고립 속에서도 신앙을 지키기 위한 충정에서 비롯된" 것으로 "교회의 입장으로 보면 심각한 탄압과 위기에 처한 교회를 구하고자 하는 열렬한 청원과 기도"이긴 하지만, "민족의 이익을 배반해가며 지키는 교회, 한 민족의 존엄성과 그 구성원들의 오랜 삶의 터전, 그리고 소중한 문화전통을 쓸어내며 전파하는 복음"은 무가치하다고 보아 그 외세의존성을 통박하고 있다.[39] 그리고 조선후기의 천주교 수용을 근대 지향의 문화운동차원에서 인식함으로써 근대적 가치체계 수용에 기여한 천주교의 역할을 긍정하는 이원순과 박광용도 백서가 결과한 천주교회의 몰락과 백서에 보이는 외세의존성을 비판하고 있다. 즉, 이원순은 백서사건이 천주교도에 대한 박해를 강화시켜 "천주신앙을 터전으로 한 가치체계와 문화양태" 즉 "근대를 지향하는 자유·평등·박애의 인간의식"의 수용에 기여해 온 조선교회를 '빈사지경'에 빠지게 한 결과를 초래했다고 평가했다(「황사영 백서의 제문제」(1990); 「천주교의 수용과 전파」, 1998).[40] 또한 천주교 수용에 대해 "진정한 실력을 기르기 위한 '문화운동'의 관점에서 접근하는 것이 바람직하다"는 입

---

38) 崔完基, 「黃嗣永 帛書 作成의 思想的 背景」, 제2회 신유박해 순교자 연구 발표회 발표문(1998), 13면.

39) 문규현, 『(민족과 함께 쓰는) 한국천주교회사 Ⅰ:교회 창설부터 1945년까지』(서울:빛두레, 1994), 26, 28, 67, 72면.

40) 李元淳, 「黃嗣永 帛書의 諸問題」, 『교회와 역사』182(1990); ______, 「천주교의 수용과 전 파」, 『한국사』35:조선 후기의 문화(국사편찬위원회, 1998), 116, 122, 126면.

장을 개진한 박광용도 백서가 기도한 외세 의존적 신앙 자유 확보 수단에
대해서는 "조선 중화주의에 입각한 조선 국가뿐만 아니라 민족문화적인
입장에서도 침략 용인론에 해당된다"고 비판하고 있다(「황사영 백서 사건
에 관한 조선왕조의 반응」, 1999).[41]

사실 황사영에 대한 평가는 "그 자신의 삶을 통해서 지향했던 궁극적 목
적의 정당성과 함께 그가 채택하고자 했던 방법의 부당성을 동시에 감안해
야 할 것이다. 이 양자 중 어느 한 측면에만 입각한 평가는 결코 정당한
평가로 이해될 수 없을 것이다"라고 한 조광의 지적처럼(「황사영의 생애에
관한 연구」, 1999)[42], 오늘에 이르러서도 그 역사적 의의를 자리 매김 하는
데 있어 논란이 계속되고 있는 미해결의 화두이다.

V. 북한과 해외학계의 백서관

먼저 해방 후 북한학계의 황사영백서관은 가톨릭을 제국주의 침략과 문
화적 침투의 첨병으로 보는 유물사관의 입장에서 부정적 평가 일변도로 흘
렀다. 즉, 1956년판 과학원 력사연구소의 『조선통사』에서 백서 속의 외세
의존성을 '매국적'이라고 보아 천주교 포교와 '자본주의 침략 세력'과의 관
련성을 지적한 이후 가톨릭이 제국주의자들의 침략과 문화적 침투의 앞잡
이로 기능했음을 입증하는 주 근거로 백서를 강도 높게 비판하였다.[43] 즉,
사회과학출판사가 1971년에 발간한 『력사사전』 II에는 "천주교가 침습한
첫 날부터 우리나라를 침략할 목적을 가졌으며 그 앞잡이를 기르고 있었다

---

41) 朴光用, 「黃嗣永 帛書 事件에 관한 朝鮮王朝의 反應」, 제2회 신유박해 순교자 연구 발표
   회 발표문(1998), 43면.
42) 趙珖, 「黃嗣永의 生涯에 관한 硏究」, 제2회 신유박해 순교자 연구 발표회 발표문(1998),
   26면.
43) 조선민주주의 인민 공화국 과학원 력사연구소, 『조선통사』(평양:조선민주주의 인민 공화
   국 과학원 력사연구소, 1956), 498~499면.

는 것"을 실증해주는 "매국적 비밀 편지사건"으로, 그리고 사회과학원 역사연구소가 1977년에 펴낸 『조선문화사:원시-중세편』에는 "침략세력의 앞잡이로서의 천주교 선교사들의 정체"를 폭로한 '반역사건'으로 묘사되었다.44) 그리고 사회과학원 력사연구소의 1977년판 『조선통사:상』에서는 백서사건을 평해 "부르죠아적 '자유'·'평등'·'박애'의 구호를 들어 사람들에게 혹심한 환상을 조성"하고 "자본주의 나라들에 대한 맹목적인 사대주의를 고취함으로써 민족 자주의식을 좀먹고 우리 사람들의 정신세계를 부화·타락"하게 하는 기만적인 천주교 교리에 맹목된 '광신자 황사영'이 저지른 '매국적인 편지사건'으로 평가했다.45) 또한 사회과학원 력사연구소가 1980년에 발간한 『조선전사』11에서는 "침략 대상지역 주민들의 민족의식·계급의식을 마비시키는 아편"인 천주교의 '반동적 교리'에 중독되어 "이른바 신앙의 자유를 위해서는 나라의 자유와 독립마저도 서슴없이 내던지는 배족행위까지 감행하게 하고 구라파식민주의자들의 침략의 길잡이로 굴러 떨어지게 한 단적인 실례"로, 그리고 『조선전사』 12에서는 "민족허무주의자"나 "구라파에 대한 사대주의자"46), 그리고 "참으로 민족의 넋이란 티끌만큼도 없는 자"들만이 할 수 있는 반역행위"이자 "매국배족행위의 절정"으로서 천주교도들이 "민족의 자주권을 송두리채 외세에 팔아먹는 매국노이며 침략자의 길잡이"라는 것을 여실히 보여 주는 입증 자료로 혹평되었다.47)

한편 1957년판 김일성종합대학 조선사강좌의 『조선사개요』나 1962년판 과학원 력사연구소의 『조선통사 : 상』 및 1987년판 손영종·박영해의 『조선통사 : 상』에서는 가톨릭이 19세기 이후 자본주의 침략의 첨병으로서의

---

44) 사회과학출판사, 『력사사전』Ⅱ(평양:사회과학원 력사연구소, 1971), 1101면; 사회과학원 력사연구소, 『조선문화사:원시-중세편』(평양:사회과학원 력사연구소, 1977), 411면.
45) 사회과학원 력사연구소, 『조선통사:상』(평양:사회과학출판사, 1977), 504~505면.
46) 사회과학원 력사연구소, 『조선전사』11(중세편:리조사 4)(평양:과학·백과사전출판사, 1980), 213~215면.
47) 사회과학원 력사연구소, 『조선전사』12(중세편:리조사 4)(평양:과학·백과사전출판사, 1980), 164~166면.

역할을 수행했음을 서술하면서도 백서를 직접 지목해 비난하지 않았다.[48]

다음으로 해방 후 일본학계의 백서관을 살펴보자. 백서의 판독과 내용분석을 주로 한 본격적 연구인『黃嗣永帛書の研究』(1946)에서 山口正之는 일제시대의 당파성론적·민족차별적 편견을 답습한 백서관을 피력하였다. 즉, 그는 이 책에서 백서의 외세 의존적 교회재건 구상을 "분명히 가톨릭 교리의 違犯이고, 조선천주교회사에 각인된 씻을 수 없는 오점"이나 "피상적이면서도 동시에 낮은 차원의 관념적·종교적 세계관의 현실적인 착오"로 비판하면서, 이러한 구상은 "후기 조선의 정신 생활을 지배한 회의적·고립적 운명관"과 "대륙의존의 모화사상이 배태한 생활정신의 허약성" 및 "그리스도교 세계주의에 현혹되었던 서방의존의 비극적 오류"에서 기인한 것으로 평가한 바 있었다.[49] 이러한 그의 백서관은 1967년 유고집으로 간행된『朝鮮西敎史―朝鮮キリスト敎の文化的研究―』에도 온존된 바 있다. 즉, 그는 이 책에서도 백서에 보이는 신앙자유 획득책을 평해 "종교부흥책으로서 外力 의존의 구상 — 청국의 종주권 발동과 북경주교를 통한 교권(로마법왕)발동에 의한 가톨릭 제국의 무력간섭 — 도 단순한 관념적·종교적 세계관에 불과한 환상에 그쳐버린 것이다. …… 실로 백서는 이조당쟁사상에서 춤추는 迷彩人形이었다. 이것이 李朝 독자의 정치사회부터의 속성에서 부여된 백서 제2의 표정이었다"고 기술한 바 있다.[50]

山口正之의 사후 일본에서 나온 백서에 관련된 저작은 재일동포 사학자인 강재언의『조선의 서학사』(1990)와『西洋と朝鮮―その異文化格鬪の歷史』(1994), 그리고 鈴木信昭의「황사영 帛書의 의의와 배경―천주교 신도의

---

48) 조선민주주의 인민 공화국 과학원 력사연구소,『조선통사:상』(평양:과학원출판사, 1962), 799~800면; 김일성 종합대학 조선사 강좌,『조선사 개요』(평양:국립출판사, 1957), 651면; 손영종·박영해,『조선통사:상』(평양:사회과학출판사, 1987). 476~477면.

49) 山口正之,『黃嗣永帛書の研究』(大阪:全國書房, 1946); 山口正之,『황사영백서의 연구』, 여진 천 편,『황사영 백서 논문 산집』(서울:기쁜소식, 1994), 68, 84면.

50) 山口正之,『朝鮮西敎史』(東京:雄山閣, 1967), 94, 96면. 이 책에 보이는 오류를 교정한 연구로 朱在用,「山口正之著 朝鮮西敎史 參訂」,『惠庵 柳洪烈博士華甲紀念論叢』(서울:探求堂, 1971)이 있다.

24

서양선박 청원계획과 관련해서-」(1998)를 꼽을 수 있다. 강재언은 앞의 논문에서 백서를 "종교를 국가주권의 위에 놓고 종교의 자유를 위해서는 나라의 주권침해도 불사한다는 코즈모폴리터니즘"에 입각한 것으로 보고 당시 청국의 가톨릭정책이 금교적 입장이었음을 지적하면서 "로마교황의 청황제에 대한 영향력을 크게 믿고 호소한 조선교회의 재건책은 하나의 환상에 지나지 않았다"고 비판하였으며[51], 뒤의 논문에서도 "조선의 자주적 근대화의 좌절과 그로 인한 식민지화의 원인을 1801년의 신유교난에서 비롯된" 것으로 보면서, 백서 사건으로 인해 천주교가 "변명의 여지없이 서양과 내통하는 위험한 집단이라는 것을 확신시키는 결과"를 초래했다는 점에서 "理性을 결여한" 행동으로 평가하였다.[52] 한편 백서에 나타난 신앙 자유 획득 방안을 "너무나도 무리한 점이 많은 것이었다"고 평한 바 있는 鈴木信昭는 1990년대 이후 일본학계의 동아시아 역사 전개에 있어서의 국제적 계기를 중시하는 "동아시아 국제체제론"의 영향과 1970년대 이후 한국학계의 내발론적 연구성과를 수용하여 황사영의 신앙 자유 확보책이 "우연히 그 자신이 생각해낸 것이 아니고, 당시 동아시아에서의 중국과 조선의 관계와 조선사회의 현상에 근거한 것이며, 또한 그 때까지의 조선의 신도들이 수없이 행한 서양 '大舶'의 요청과 『정감록』 사상의 영향에 의해서 작성된 것이라고 볼 수 있다"고 결론 짓고 있다.[53]

구미학계의 경우 최근 도널드 베이커의 영문논문을 모아 번역한 『조선 후기 유교와 천주교의 대립』(1997)이 출간되었지만, 여기에 보이는 백서관은 백서사건 전후의 위정자의 대가톨릭 대응양태의 변화를 주목해 추후의 연구 필요성을 지적한 정도로 아직 구미학계의 백서에 대한 관심은 미미한

---

51) 姜在彦, 『조선의 西學史』(서울:民音社, 1990), 176～177면.
52) 姜在彦, 『西洋と朝鮮-その異文化格闘の歷史』(東京:文藝春秋, 1994), 212～214, 215면; 이규수 역, 『서양과 조선-그 이문화 격투의 역사』(서울:학고재, 1998), 191～193, 194. 번역본에서는 "理性を欠如させた內容である"를 "민족적 입장이 결여된 내용이다"로 옮겨 놓았다.
53) 鈴木信昭, 「황사영 『帛書』의 의의와 배경-천주교 신도의 서양선박 청원계획과 관련해서-」, 『釜山敎會史報』17(1998. 1), 20면.

상태이다.54)

Ⅵ. 結 論

이상으로써 근대 이전 시기에서 현재에 이르기까지 황사영백서를 논급한 관계 저작에 보이는 백서관을 개관하였다. 이제 여기서는 이 개관을 통하여 나타나는 황사영 백서관의 특징적 성격에 대해 필자 나름의 관찰을 시도함으로써 결론에 대하고 한다.

첫째, 황사영의 인물됨과 백서의 역사성에 대해 그것이 나온 당대에서 현재에 이르기까지 대조적인 평가가 교차하고 있다. 즉, 황사영에 대해서는 '전대미문의 역적'・'민족 반역자'・'민족허무주의자'・'구라파에 대한 사대주의자'・'기만적 천주교리에 맹목된 광신자'와 같은 악평과 '신시대의 건설자'・'선각적 지식인'・'훌륭한 순교자'・'사회변혁・사상변혁을 시도한 개혁운동가'와 같은 호평이, 그리고 백서에 대해서도 '흉서'・'賣國之計'・'비상식을 극한 공상'・'외세의존의 반국가적 행위'・'몽상'・'매국적 편지'와 같은 혹평과 '조선교회 구출의 원대한 계획'・'인권존중 옹호의 텍스트'・'인권선언서'와 같은 찬탄이 엇갈리고 있다. 이와 같이 대조적인 황사영관과 백서관은 평자들 각자의 정치적・집단적・계급적 이해를 반영하고 있다. 일례로 조선왕조의 위정자들은 천주교도 박해의 정당화를, 일제 식민주의사가들은 당파성론의 입증을, 신교측 교회사가들은 구교와의 차별화를, 그리고 유물사가들은 제국주의 침략의 첨병으로서의 천주교 공격을 위한 好資料로 백서를 이용한 것으로 보인다.

둘째, 황사영을 체포・처형한 위정자와 丁夏祥과 같은 순교자, 일제 식민주의사가를 비롯해 해방 이후 남한학계의 민족주의 실증사가, 신교계 교

---

54) 도널드 베이커, 金世潤 역, 『朝鮮後期 儒敎와 天主敎의 대립』(서울:一潮閣, 1997), 98~99면.

회사가, 북한학계의 유물사가, 그리고 山口正之나 강재언 등 일본학계의 역사가들은 부정적·비판적인 평가를 내리고 있는데 반해 달레·유홍렬·최석우·조광·노길명과 같은 호교론 내지 내발론적 입장의 교회사가나 일반사가들은 변호·옹호하는 견해를 보인 바 있다. 거시적으로 볼 때 백서에 대한 근·현대 학계의 평가는 1970년대 이전에는 부정적·비판적 평가가 압도적이다가 1970년대 후반을 분수령으로 해 긍정적 평가가 점점 늘어나는 추세를 보이고 있다. 특히 남한학계의 경우 민족주의 정서가 지배적이던 권위주의 체제 하에서 국가와 민족이라는 명제에 가려 왔던 시민적 자유와 인권이 정치의 민주화와 사회의 다원화가 진전됨에 따라 새롭게 조명되면서 국가권력에 맞서 신앙의 자유를 쟁취하려한 백서의 역사성을 긍정적으로 평가하는 경향이 1990년대에 들어 현격히 증가하고 있다.

사실 백서에 대한 평가는 신앙의 자유와 인권을 쟁취하려 한 목적의 정당성과 외세를 동원하려한 수단의 결함으로 인해 오늘에 이르러서도 그 역사적 의의를 자리 매김 하는데 있어 好惡간에 논란이 계속되고 있는 미해결의 화두이다. 그러나 황사영이 꿈꾼 세상은 오늘의 현재적 입장에서 볼 때 자유·평등·박애의 근대정신이 실현되는 오늘날 우리가 소망하는 이상적 사회에 가깝다는 점에서 선각적이다.

따라서 그가 강구한 수단과 방법이 현명하지 못했고 이로 인해 초래된 결과가 더욱 참담하였다 하더라도, 백서는 그것이 장기적으로 한국의 역사발전에 어떠한 교훈을 주는가라는 정신사적 관점에서 평가하는 것이 바람직하다고 생각한다. 왜냐하면 19세기 이래 21세기의 현재에 이르기까지 한국에서 위로부터의 근대화운동을 추진·전개한 어떠한 세력도 주체성 결여와 외세의존이라는 공통의 약점에서 예외일 수 없기에 더욱 그러하다. 이렇게 볼 때 황사영 백서는 지구촌 시대를 사는 우리들이 지향해야할 민족주의를 넘어선 다원적 시민사회 구현운동의 이정표로서의 역사적 의의가 부여된다고 본다.

Studies in the view of "the letter of Hwang Sa-young on the silk fabric" in the modern to present academic circles

Huh Dong-hyun

This research analyzed the view of "the letter of Hwang Sa-young on the silk fabric" revealed by the related books that mentioned "the letter of Hwang" from the premodern era to the present. The character of the view of "the letter of Hwang" that prevails in the present academic circles is shown below.

Firstly, they've had extremely mixed feelings about the character of Hwang Sa-young himself and the historical view of "the letter of Hwang" from the time it was issued until now. And these contradictory estimations reflect the political, collective and caste interests of the commentators.

Secondly, the estimation of "the letter of Hwang" by the modern to present academic circles had been negative until the late 70s when the positive views tended to increase. Especially in the South Korean academic circle, as the freedom of citizens and the human rights improved according to the democratization of politics, they had a increasing tendency to evaluate the historical value of "the letter of Hwang" more positively in the 1990s because the paper tried to win the freedom of religion against the government.

Finally, the evaluation of "the letter of Hwang" is still an unsolved issue because it had the righteousness in purpose of winning the freedom of religion and the human rights but the flaws in the means of resorting to foreign power. Nevertheless, the world Hwang Sa-young dreamed of is really foreseeing cause its close to the ideal society of the present where the modern ideals of freedom, equality and philanthropy are coming true. Though his means were not too wise and the results were not so good, "the letter of Hwang" should be estimated in respect to the lesson it can render to the historical improvements of Korea. Its more true because any forces from the upper class that have driven the modernization since the 19th century until now cant be an exception to the common defect that it lacked independence and that it depend on foreign power. So "the letter of Hwang" has its historical value as the milestone of the pluralistic civil society movement that we must head toward in this era of globalization.

安岳地方에서의 愛國啓蒙運動

─安岳勉學會와 西北學會 활동을 중심으로─

趙顯旭[*]

* 성신여대 박사과정 수료

Ⅰ. 머리말

1905년 러·일 전쟁에서 승리한 일본은 다른 제국주의 열강의 간섭을 배제하고 우리나라에 대한 독점적인 지배권을 확보하게 되었다. 이에 맞서 우리 민족은 풍전등화와 같은 민족의 생존권을 지키기 위해 더욱 강렬하게 민족운동을 전개하였다. 이러한 애국계몽운동은 민족적 위기를 극복하고 국권을 회복하기 위한 민족운동의 한 방편으로 개화자강계열 인사들의 주도아래 전개된 민족운동이었다.

한말 안악에서는 애국계몽운동이 활발하게 전개되면서 황해도의 새로운 중심으로 부상하였다. 안악은 고려시대부터 조선초기까지는 郡으로 다스려졌으나 선조 22년에 죄인인 邊崇福의 연고지라 하여 縣으로 격하된 이래 모두 4회에 걸쳐 縣으로 격하되었다가 다시 군으로 승격하는 우여곡절을 겪었다. 그런데 안악이 현으로 격하된 사유가 단순한 행정상의 개편에 의한 것이 아니라 안악 출신 인사들 가운데 죄인이나 역모자가 있다해서 그 보복으로 이루어졌다는 점이 조선시대 안악의 정치·사회적 위치를 잘 말해준다. 서북지방은 전통적으로 다른 지역에 비해 여러모로 차별을 받아왔는데, 황해도에 위치한 안악도 서북의 다른 여러 지방들과 마찬가지로 조선시대 정치의 중심에서 벗어나 있었으므로 중앙의 정치무대에서 출세하는 인물도 적을 수밖에 없었다.[1]

그러나 개화기에 접어들자 5백년 동안 주목받지 못했던 안악은 교육과 문화운동 및 민족운동의 중심지로 급부상하였다. 안악의 이러한 발전은 애국계몽운동이 전국적으로도 가장 활발하게 전개된 지역이었던 서북지방 가운데에서도 돋보이는 곳이었다. 본문에서 살펴 보겠지만 楊山學校와 勉學會, 그리고 서북학회에서 설립한 支校를 중심으로 전개된 활기찬 안악의

---

1) 『府邑誌』, 1899.(『安岳郡誌』, 1976, 87~88면에서 재인용)

애국계몽운동은 다른 지방의 모범이 되기에 충분한 것으로 안악을 새로운 문화의 중심지로 만들었다.

국망 직후에 일어난 '안악사건'은 일제가 양산학교를 중심으로 활약하던 김홍량, 김구, 최명식, 이승길, 도인권, 김용제 등을 포함한 안악을 주 무대로 활동하던 황해도 일대의 민족운동가를 일제히 검거한 사건이었다.[2) 일제가 구태여 안악에 주목하여 이 지역 인사들에 대한 탄압을 강화한 것은 그 만큼 이 지역의 민족운동이 활발하게 전개되고 있었다는 것을 반증하는 것이다.

한편 애국계몽운동은 각종 단체를 중심으로 전개되었는데, 대표적인 단체로는 大韓自强會와 이를 계승한 大韓協會가 있다. 이와 더불어 서울에 있는 지방 출신인사들이 주도하여 자신들의 출신 지역을 근거로 한 학회도 속출하였다. 이러한 애국계몽학회 가운데에는 1906년 10월에 평안도와 황해도 출신 인사들이 조직한 西友學會와 함경도 출신 인사들이 조직한 漢北興學會가 가장 먼저 설립되었으며, 또 가장 활발한 활동을 전개하였다. 두 학회는 1908년 1월에 통합되어 西北學會로 발전하였다. 서북학회의 설립은 다른 지역출신 인사들에게도 큰 자극이 되어 서울에서 활동하던 기호, 호남, 관동 그리고 교남지방 출신 인사들도 각각 그들의 출신지역을 근거로 하여 畿湖興學會, 湖南學會, 關東學會, 嶠南敎育會 등의 학회를 차례로 설립하여 애국계몽운동을 전개하였다.

서북학회는 서북지방의 사회·경제적인 발전에 힘입어 지방에 많은 지회를 설립할 수 있었는데 이것은 학회의 영향력이 서울은 물론 지방에까지 널리 미칠 수 있는 바탕이 되었다. 기호흥학회 등 다른 지역단위 학회가 지방에서의 활동이 부진했던 것은 지방 지회의 설립 부진과 깊은 관련을 가진 것이라 할 수 있겠다.

또한 서북학회는 학회로서의 장점을 최대한 살려 본회에서는 서울에 직접 서북협성학교를 세웠으며, 서북 각 지역의 모범적인 사립학교를 지교로

---

2) 주요한편, 『安島山全書』, 三中堂, 1963, 157면.

삼았다. 서북학회는 이렇게 각지에 많은 지회와 지교를 갖고 있었기 때문에 서울에서 설립되었지만 학회의 활동 범위는 평안도, 황해도, 함경도 및 경기도 북부 일부지방에까지 이르렀던 것이다. 지회의 수에 있어서는 지역을 초월하여 전국을 무대로 활동한 대한협회에는 미치지 못했지만 다른 지역 단위 학회와는 비교가 되지 않을 정도로 수적으로 많았다. 더구나 서북지방에 한정시켜 본다면 대한협회보다 오히려 서북학회가 훨씬 많은 지회를 설립하였던 것을 볼 수 있다.3)

애국계몽단체에 대한 연구는 그 동안 많이 축적되었고, 서북학회에 대해서도 여러 연구자들의 연구 성과가 있었다.4) 그러나 애국계몽단체의 지회에 대한 연구는 대단히 소홀하였다. 지회의 성격에 대한 연구로는 金度亨의 연구가 있는데, 그의 연구는 애국계몽단체의 지회의 성격을 고찰한 본격적인 최초의 연구였다는 점에서 의미가 있다.5) 全宰寬은 대한자강회 등 각 애국계몽단체의 지회의 분포 상황을 조사했는데, 여기서 각 단체가 상호 연관성을 가지고 활동했음을 밝혔다.6)

개별적인 애국계몽단체 지회에 대한 구체적인 연구는 최근에 와서야 이루어지고 있다. 그 가운데 대한협회의 지회에 대한 연구는 상대적으로 활발한 편이다. 대한협회의 지회에 대한 최초의 연구는 柳永烈에 의해 이루어졌다. 그는『大韓協會會報』의 지회관련 기사에 대한 분석을 통해 대한협회 22개 지회의 조직과 활동을 실증적으로 살펴보았는데, 이를 통해 대한

---

3) 趙顯旭,「西北學會의 關西地方 支會와 支校」,『한국민족운동사연구』24, 한국민족운동
　　사학회, 2000, 131면.
4) 李松姬,「韓末西北學會의 愛國啓蒙運動」상·하,『韓國學報』제31·32집, 1983.
　　＿＿＿,「韓末西北學會의 愛國啓蒙思想」,『釜山女大史學』제1집, 1983.
　　＿＿＿,「韓末西友學會의 愛國啓蒙運動과 思想」,『韓國學報』제26집, 1982.
　　＿＿＿,「韓末漢北興學會의 組織과 活動에 관한 考察」,『이화사학연구』제15집, 1984.
　　韓相俊,「西友學會에 대하여」,『歷史敎育論集』제1집, 1980.
　　趙顯旭,「西北學會의 愛國啓蒙運動」I,『韓國學研究』제5집, 숙명여대한국학연구소,
　　1995.
　　＿＿＿,「西北學會의 愛國啓蒙運動」II,『竹堂李炫熙敎授華甲紀念韓國史學論叢』, 1997.
5) 金度亨,「韓末 啓蒙運動의 地方支會」,『손보기박사한국사학논총』, 지식산업사, 1988.
6) 전재관,「한말 애국계몽단체 지회의 분포와 구성」, 崇實史學 제10집.

협회 지회의 실상이 어느 정도 밝혀지게 되었다.7) 그의 연구를 뒤이어 대
한협회의 개별 지회에 대한 연구가 이루어졌다. 대한협회의 경성지회의 성
격에 대해서는 박민영의 연구가 있고8), 안동지회에 대해서는 김기승과 金
貞美의 연구가 있다.9) 기호흥학회의 지회에 대해서는 金炯睦의 연구가 있
다.10)

   서북학회는 대한협회에 버금가는 많은 지회를 설립하였을 뿐 아니라 '학
회'의 특성을 살려 서울에 서북협성학교를 직접 설립하고 그 지교를 평안
도와 황해도 그리고 함경도 각지에 설립하였기 때문에 서북지방에서 가장
큰 영향력을 가진 애국계몽단체로 활동하였다. 이처럼 서북학회의 지회와
지교는 애국계몽운동에 있어 중요한 위치에 있었음에도 불구하고 여기에
대한 연구는 필자의 연구밖에 거의 찾아볼 수가 없다.11) 필자는 서북학회
의 평안도 지방의 각 지회와 지교의 考究를 통해 서북학회가 평안도 지방
에서 상당히 강한 영향력을 미치고 있었음을 실증하였다. 그러나 필자의
연구도 황해도와 함경도 지방의 지회와 지교에까지는 미치지 못했기 때문
에 서북학회 지회의 전체적인 활동상을 보여주지는 못했다.

   면학회에 대해서는 한수익의 연구가 있다.12) 그는 면학회의 중요한 교
육활동가운데 하나인 海西敎育總會의 활동을 살펴보면서 면학회가 안악의
대표적인 애국계몽단체였음을 지적하였다.

   본고에서는 이러한 연구 성과를 토대로 하여 한말 황해도 지방의 사
회·경제적인 새로운 중심지로 급부상한 안악지방에서의 신교육운동과 실

---

7) 柳永烈, 「大韓協會 支會 硏究」, 『國史館論叢』 제67집, 1996.
8) 박민영, 「1908년 경성의병의 편성과 대한협회 경성지회」, 『한국근현대사연구』 4, 한국
   근현대사연구회, 1996.
9) 김기승, 「대한협회 안동지회」, 『안동사학』 4, 1999 ; 김정미, 「李相龍의 국권회복론」,
   『한국근현대사연구』 제11집, 1999.
10) 김형목, 「畿湖興學會 京畿道 支會 現況과 性格」, 『中央史論』 제12·13합집, 中央史學硏
    究會, 1999.
11) 조현욱, 「西北學會의 關西地方 支會와 支校」, 『한국민족운동사연구』 24, 한국민족운동
    사학회, 2000.
12) 한수익, 「海西敎育總會」, 『韓國基督敎史硏究』 제24호, 1989.

업운동을 안악군 면학회와 안악에 설립된 서북학회 지교의 활동을 중심으로 살펴보고자 한다. 이를 통해 이 지역에서의 애국계몽운동의 실상을 알아보고, 이와 아울러 황해도 지방에서 서북학회가 그 지역 발달에 어떠한 영향을 미쳤는지도 살펴보고자 한다.

II. 勉學會의 설립과 애국계몽운동

1. 안악 애국계몽운동의 배경

한말 안악은 황해도 신문화운동의 '메카'로 새롭게 부각되고 있었다. 안악지방이 다른 지역보다 한발 앞서 새로운 문화와 교육이 보급될 수 있었던 것은 천주교와 기독교의 보급이 다른 지역보다 빨랐던 것이 중요하게 작용하였다. 천주교와 기독교가 전파되자 안악에서는 이들 종교에 입교한 사람들이 많이 나왔으며 비록 입교는 하지 않았다 하더라도 지역민들은 그 영향을 적지 않게 받게 되었다.

안악에서 천주교와 기독교가 다른 지역보다 빠르게 전파되고 또 그 영향을 크게 받게되었던 것은 두 종교의 전파 시기가 빨랐기 때문만은 아니었다. 그것은 이 지역민들의 정서가 이러한 종교와 문화와 맞아 떨어졌기 때문이기도 하였다. 안악은 중앙정부로부터 오랫동안 소외되어온 결과 지역민들의 기질은 독립적이고 진취적인 성향이 강했는데, 이러한 지역 정서 때문에 새로운 종교와 근대 문물이 소개되자 여기에 거부감이 적었고, 이를 수입하는데 적극적이고 능동적이었다.[13]

천주교가 안악에 전파된 것은 1892년경이었다. 文山面 遠星里를 거쳐 龍門面 梅花洞에 뿌리를 내리게 된 천주교는 지역 발전의 중요한 계기가 되었

---

13) 李昇薰, 「西北人의 宿怨新慟」, 『新民』 제14호, 1926.

다. 천주교 선교사·신부·수녀들은 서구식 생활양식을 소개하여 지역의 개화에 크게 기여하였다. 천주교와 비슷한 시기에 안악에 전파된 기독교(장로교) 역시 지역 사회에 큰 영향을 끼쳤다. 大遠面 地陵教會·西河面 大同教會·安岳邑의 小川里 귓담뒤教會와 沙峴里 무석教會, 그리고 大遠里 다리골教會 등에 교회가 세워졌으며 이를 계기로 삽시간에 군내 여러 지역에 기독교가 전파되었다. 기독교의 경우 교회와 더불어 부속소학교를 설립하여 특히 신교육의 보급에 공헌한 바 컸다. 안악에서 安新학교를 비롯하여 많은 기독교계 학교가 설립된 것은 바로 기독교가 자극한 사학운동의 영향 때문이었다.

천주교와 기독교가 전파되자 조용한 시골 마을이던 안악은 완전히 다른 모습으로 바뀌게 되었다. 이들 종교의 영향은 지역민의 생활방식뿐 아니라 산업부분에까지 영향이 미쳤다. 이를 잘 보여주는 것이 果樹業의 발달이다. 안악은 근대 이래 과수업이 발달하였는데 그 이유는 기본적으로 지역의 지리적 기후조건이 적합했기 때문이었지만, 천주교에서 그들의 정착지를 중심으로 개량된 營農과 園藝法을 보급하였던 것이 안악지방에서 원예와 과수업 발달의 중요한 계기가 되었다는 것을 간과할 수 없다. 기독교 선교사들 역시도 안악에 정착하면서 또한 과수업을 장려하였던 것이다.14)

안악이 황해도 일대의 애국계몽운동을 주도할 수 있었던 것은 천주교·기독교의 빠른 전파라는 요인 외에도 안악 사회를 주도한 재력가들이 전통적인 지주 가문이 아니라 신흥 부호들이었다는 점도 중요하게 작용하였다. 한말과 일제 강점하에서 안악의 3대 부호는 金氏, 元氏, 崔氏를 꼽았다. 이 세 가문의 수장은 金孝英과 元明澓, 그리고 崔龍權인데 이들 세 사람은 1880년대부터 1910년대까지 당대에 致富盛家한 인물들이었다.15)

이러한 신흥부호의 대두로 말미암아 안악의 지역분위기는 기호지방과 교남지방과는 달리 상당히 활기에 넘쳐있었다. 5백 년 동안 중앙정부로부

---

14) 安岳郡民會, 『安岳郡誌』, 1976, 94~96면·221~222면.

15) 金九,『白凡逸誌』, 학민사, 175·178면 ; 『안악군지』, 96면. 李敬南,『抱宇金鴻亮傳』, 도서출판 알파, 2000, 30~51면.

36

터 철저히 소외당한 결과 안악에서는 전통사회에서 천시하던 상업계에 주저없이 뛰어들어 큰 부를 축적한 인물들이 속속 등장하게 되었고 이들 상업자본가들은 천주교와 기독교 등 새로운 종교와 더불어 밀려든 서양의 새로운 문물을 적극적으로 수용함으로써 그들의 경제적 지위에 걸맞는 사회적 지위를 확보하고자 했으며, 그들 가운데에는 이를 통해 국권회복의 길을 모색하고자 하는 인물들이 있었던 것이다. 결국 전통사회에서 받아온 지역적 차별은 한말 안악지역의 사회·경제적 발달에 매우 긍정적으로 작용하였던 것이다.

안악에서는 서울이나 평양, 그리고 일본 등 외지로 유학하는 청년들도 상당히 많았고 뜻있는 개명 인사들은 반대로 안악으로 속속 몰려들었는데 이것은 바로 안악의 진취적인 분위기와 깊은 관련을 맺고 있는 것이었다. 이로 안악에는 이 지역 출신 인사들 뿐 아니라 많은 외지 인사들이 활약하고 있어 황해도의 사회·문화적 중심지로 부상하고 있었다. 당시 안악을 무대로 활약하던 주요 외지 인사들을 보면, 송화출신의 盧伯麟과 해주출신의 金九, 그리고 평남 중화출신으로 일본 유학생 출신의 명망 높은 교육계 인사인 崔光玉과 은율출신의 張膺震, 봉산출신의 李台建, 해주출신으로 여러 애국계몽단체에서 활동한 李承駿, 평북 정주출신의 청년교육가 李光洙 등을 꼽을 수 있다. 그리고 안악과 인접한 재령출신 인사들도 안악을 중심으로 활동하였다. 이러한 인사로는 도인권을 비롯하여 면학회에 적극 관여한 鄭達河 그리고 기독교계의 촉망받던 신진기예 林澤權 등이 있었으며 그 외에도 많은 개명 인사들이 안악으로 몰려들었다.

안악을 주무대로 활약한 인사 가운데 서북학회 회원은 노백린·도인권·이승준·이태건 등이다. 노백린은 서북학회에서는 활발하게 활동하지 않았으나 서우학회의 설립 초기부터 학회의 평의원으로 활동하였던 학회의 핵심회원이었다.16) 그는 안악에서 활동할 때에 海西敎育總會에 적극적으로 가담하는 등 대한제국의 군대가 해산된 후 애국계몽단체에 적극적으

---

16) 『西友』, 제1호, 「會報」, 48면.

로 관여하던 시기였다.17) 그는 해서교육총회가 결성되자 고문으로 관여하였다가 2차 총회 때에는 회장에까지 선출되었다.18) 도인권은 서북학회의 재령군 지교인 양원학교를 주도한 인사로 안악사건으로 일제에 체포될 때까지 안악의 양산학교 교사로 교육계몽에 힘쓴 인물이었다. 이승준은 서북학회뿐 아니라 대한협회 해주지회의 회원으로도 활약한 인사였다.

안악의 교육진흥에는 일본 유학생 출신 인사들이 매우 중요한 역할을 하였다. 그 가운데에서도 金鴻亮이 특히 주목되는 활약을 펼쳤다. 김홍량은 안악군 안악읍 板八里 출신으로 지역의 대표적 상업자본가인 金孝英의 손자로 신민회가 창립되자 이 회의 황해도지회에서 가장 유력한 회원으로 활동하였다. 신민회가 만주에 武官學校를 설립하고 독립군기지 창건착업을 추진할 때 이에 필요한 자금모집과 서간도 이주민 모집을 위해 적극적으로 나섰으며, 安東縣에 이주하여 이곳에서 농업과 무역회사를 경영하면서 국권회복을 준비하였다. 1910년 12월 안명근이 독립운동을 위한 군자금을 모금한 사건이 일제에 의해 발각되었는데, 이 때 황해도의 신민회 회원들과 독립군기지 창건사업의 추진자들과 함께 일제에 체포되어 징역 15년형을 언도받고 8년간 옥고를 치르기도 하는 등 민족운동에 앞장선 인사였다.19)

김홍량은 일본 유학을 통해 얻어진 학식과 인맥을 바탕으로 지역의 교육 발전에 크게 기여하였다. 그는 유학을 마치고 그 자신이 직접 양산학교를 설립하는 등 교육진흥을 위해 헌신적이었을 뿐 아니라 우수한 인재를 안악으로 초빙하는데도 열정적이어서 그가 일본 유학당시 친분을 쌓았던 최광옥과 장응진 등 서북지방 교육계에서 명성이 높았던 청년교육가들을

---

17) 애국계몽운동 시기의 노백린의 활약에 대해서는 李炫熙, 『桂園 盧伯麟將軍 硏究』, 신지
    서원, 2000, 57~60면 참조.
18) 崔明植, 『安岳事件과 三一運動과 나』, 兢虛傳記編纂委員會, 1970, 22면 ; 『안도산전서』,
    157면.
19) 國家報勳處, 『獨立有功者功勳錄』 第1卷, 133면. 김홍량의 1920년대 이후 그의 행적은
    이전과는 상당히 달랐다. 이 때 그는 간척사업으로 金農場을 이룩하여 안악에서 제일 가
    는 부호가 되었고, 官選 道評議員으로도 선출되었다. 이를 바탕으로 그는 총독부에까지
    도 상당한 영향력을 미치고, 주민들로부터 원성을 사는 행동도 서슴치 않았다.(『안악군
    지』, 287~290면.)

38

안악을 주무대로 교육진흥운동에 나서게 된 것도 김홍량의 역할이 중요하게 작용하였다. 이들의 활약은 안악의 교육은 물론 해서일대의 교육을 한 걸음 나아가게 하는 촉진제가 되었다.[20]

안악에서 유학생 출신 인사들의 활발한 활약은 자연스럽게 일본에서 유학하고 있는 학생들이 안악의 교육에 관심을 가지게 만들었다. 당시 일본 유학생들은 운동부를 조직하여 방학을 이용해 귀국하여 고국에 운동을 통한 신문물의 전파에 힘쓰고 있었다. 이들 운동부가 귀국을 하게 되면 주로 서울에서 활동했지만 안악 지역을 운동부원들이 직접 방문하여 관심을 표명하였다. 이것은 안악의 인사들이 일본 유학생 단체와도 빈번한 교류를 하고 있었다는 것을 말해 주며, 안악의 청년 지식인들의 개방성을 보여주는 사례이기도 하다. 이 당시 일본 유학생 李寶鏡(李光洙)이 안악에 정착하여 사범강습소의 교사로 활약한 적이 있는데, 바로 유학생 운동부의 일원으로 안악을 방문하였다가 안악의 교육열에 감탄하여 여기에 머무른 것이다. 이처럼 신문물을 누구보다도 먼저 받아들일 수 있는 위치에 있었던 일본 유학생들과의 잦은 교류는 안악의 애국계몽운동 발전의 또 다른 활력소가 되었던 것이다.[21]

2. 勉學會의 설립과 주도계층

1) 설립과정

기독교와 천주교 등 신문화의 전파와 상업을 통해 당대에 큰 부를 축적한 신흥부호의 등장은 그동안 농업을 주업으로 살아가던 해서지방의 조용한 고을이던 안악의 모습을 급속하게 바꾸어놓는 계기가 되었다. 이러한 안악의 교육과 실업 부문의 발전를 주도하여 안악을 '황해도 신문화 운동

---

20) 『백범일지』, 학민사, 175면 ; 『안도산전서』, 156면.

21) 『皇城新聞』, 1909년 7월 21일자, 雜報, 「運動部出來」 ; 『大韓每日申報』, 1909년 8월 3일자, 雜報, 「安郡打球」 ; 최명식, 앞의 책, 20면.

의 중심지'로 변화시키는데 커다란 기여를 한 단체가 바로 면학회였다.

면학회 설립을 주도한 세력은 안악에 楊山學校를 설립하여 2세들을 교육하면서 지역 교육계에서 기반을 다져온 인사들의 집단이었다. 면학회가 설립된 후에도 양산학교는 면학회 사업을 구상하고 실천하는 장이 되었으므로 양산학교는 면학회의 사무실이면서 활동의 근거지가 되었다. 양산학교 관계자들은 면학회의 사업에도 자연스럽게 관련되었다고 할 수 있겠다. 양산학교는 바로 면학회 설립의 기반이 되었던 것이다.

여기서 양산학교의 설립에 대해 잠시 보면, 양산학교는 을사조약 직후에 김홍량과 金庸濟가 뜻을 세우고 여기에 崔明植이 적극 참여하여 小川里에 있는 鄕廳 자리를 교사로 하여 설립된 초등학교였다. 이 때 김홍량은 일본 유학 중이었으므로 개교 초기의 교무는 김용제가 주도하였다.

교무를 책임진 김용제는 김홍량의 당숙으로 독실한 기독교인이었다. 그는 양산학교뿐 아니라 안악예배당 설립에도 적극적으로 나서는 등 안악에 기독교와 근대문화 발달에 큰 역할을 한 인물이었다. 그는 또 김구를 안악으로 招致하는데 직접적인 교량역할을 맡았던 인사이기도 하였다.[22]

최명식[23]은 안악군 龍順面 長山里 출신으로 학교 운영상의 실무를 총괄하였다. 양산학교는 개교 초기에는 학생수가 20명에 불과하였으나 학교설립자 김홍량과 그의 유학시절 동지 최광옥이 안악으로 오게 되면서 학교는 교육이 한층 발달하게 되었다.[24]

최광옥이 안악에서 활동하게 되었던 것은 그가 폐결핵으로 유학을 포기

---

22) 『안악군지』, 153면.

23) 최명식은 신민회 회원으로도 맹활약하여 신민회의 국외 무관학교 설립과 독립군기지 창건 계획 실천을 위해 1909년에는 만주 일대를 시찰하였다. 국망 후에는 1910년 12월에 安明根의 군자금 모금사건으로 일어난 '안악사건'에 연루되어 체포되어 징역 7년형을 선고받고 4년 6개월간 옥고를 겪었다. 1919년 3·1운동 후에는 상해 대한민국임시정부 聯通制의 황해도 조직 책임자로 활약했고, 황해도에서 조직된 軍事籌備團의 결성을 주도하여 군자금 모집과 『독립신문』 배포에 주력하였다. 1922년에는 時事策進會를 조직했고, 1926년에는 만주 길림에서 農民互助社를 조직하여 활동하는 등 민족운동에 전념하였다.(國家報勳處, 『獨立有功者功勳錄』제1권, 235면)

24) 이경남, 앞의 책, 87~88면.

하고 귀국하게 되면서 일본 유학시절 친분이 있던 김홍량의 초청으로 안악으로 초빙되어 燃燈寺에서 요양한 것이 그 계기가 되었다. 그 때가 1906년 초가을이었다.25) 이 때 최광옥은 자연스럽게 안악 교육계 인사들과 접촉을 하게되었고, 이들이 모여 지역 교육발전 방안을 논의하는 가운데 면학회 설립이 추진되었던 것이다.

2) 설립목적

안악에서 면학회 조직이 구체화 될 무렵 서울에서도 개명인사들이 주도가 되어 애국계몽단체가 속속 설립되기 시작하였다. 전국을 활동 무대로 한 대표적인 단체인 대한자강회가 1906년 3월에 張志淵·尹孝定 등에 의해 발족했으며, 지역 단위 학회의 효시가 되는 서우학회와 한북흥학회도 같은 해 10월에 연이어 설립되어 활동을 시작하였다.

안악의 인사들은 '학회'를 조직한 경험이 없었기 때문에 대한자강회가 조직된 것은 안악 인사들에게 커다란 자극이 되었을 뿐 아니라 대한자강회의 활동 하나하나는 면학회를 조직하는데 중요한 '모델'이 되었다.

면학회와 거의 비슷한 시기에 서울에서 조직된 서우·한북학회도 면학회 인사들의 분발을 촉구하는 훌륭한 자극제가 되었을 것으로 보인다. 특히 서우학회는 안악지역이 위치한 황해도 지역까지 학회의 지역적 기반으로 삼고 있었으므로, 초기부터 두 단체는 서로 교류하면서 발달했을 것으로 보인다. 그것은 면학회 조직을 주도한 최광옥의 행적을 보아도 그러하다. 최광옥은 면학회 설립 초기인 1907년 1월부터 서우학회의 회원으로 활약했으며, 서우학회가 서북학회로 발전한 후에는 서북학회 본회로부터 의주지역의 '學事視察委員'으로 임명되어 서북학회 의주지회의 교육 활동을 지원하고 지역 학교 발전을 위해 노력하는 등 서북학회의 핵심회원으로 활동하였던 것이다.26)

---

25) 최명식, 앞의 책, 15쪽.
26) 『西北學會月報』, 제1권 제11호, 「會事記要」, 52면 ; 최광옥의 서우·서북학회에서의 활

면학회 설립은 1906년 12월 말경에 최광옥의 발의에 의해 시작되었다. 그는 양산학교가 발전할 수 있도록 학교 운영을 후원하고, 학교에서 쓸 교과서를 제작하여 양산학교와 지역 학교에 보급하며 교사를 양성하는 등 지역의 교육 발전을 위한 종합적인 사업을 관장할 단체 조직의 필요성을 동지들에게 역설하였다. 그의 제안에 전폭적으로 지지를 보인 양산학교의 김용제와 최명식 등은 교육단체 조직을 구체화 할 목적으로 평양의 일신학교를 방문하였다. 당시에는 '지역단위학회'가 조직된 선례가 거의 없었기 때문에 회를 조직하는 것부터가 난제였다. 논의 끝에 면학회의 회칙은 대한자강회의 규칙에 준하여 제정하였고, 회의진행은 윤치호가 저술한 「議會通用規則」에 의거하기로 하고 면학회를 출범시켰다.[27]

면학회의 설립은 최광옥·최명식·김용제 등이 주도하고, 여기에 안악의 수십 명의 개명인사들이 뜻을 같이함으로써 본격적으로 추진되었다.

결국 면학회는 최광옥의 제안에 따라 金庸濟와 崔明植을 비롯한 宋鍾昊·鄭明哉·車承庸·林澤權·楊星鎭·張倫根·金溶奎 등이 발기인으로 참여하였다.

그런데 회의 조직을 주도한 김용제와 최명식이 교육에 뜻을 두게된 것은 이들이 평양에 가서 안창호의 쾌재정 연설을 통해 크게 감명받았던 것이 결정적인 계기가 되었다는 것을 보면, 면학회의 조직에도 안창호의 영향은 컸다고 하겠다.[28]

면학회 초기의 임원진을 보면, 회장은 안악교회의 집사인 임택권이었고, 부회장은 송종호, 재무는 김용제, 서기는 양성진이 각각 선임되었다. 서기 양성진은 평양출신으로 최광옥과 김홍량의 영향으로 안악으로 와 면학회에 참여하였다.

면학회의 구체적인 설립 목적은 지역민들의 民知를 啓發하되 특히 청년들에 대한 啓蒙事業에 힘쓰고, 교육을 奬勵하고 産業을 增進시키되 특히 농

___

약상은 조현욱, 「서북학회의 관서지방 지회와 지교」, 158면 참조.
27) 최명식, 앞의 책, 16～17면 ; 이경남, 앞의 책, 91면.
28) 『안도산전서』, 156면.

업과 공업의 발달에 힘쓰기로 한다는 것이었다.[29)

면학회의 회원수는 초기에는 20여 명이었는데, 사업이 번창해 감에 따라 회원수도 늘어 73명에 이르렀다.[30)] 면학회의 핵심인사의 행적은 <표 1>과 같이 정리된다. <표 1>에 나타난 18명 외에도 양산학교와 면학서포, 사범강습소, 그리고 해서교육총회의 설립 등 면학회의 각종 사업에 적극적으로 참여한 인사들도 대부분 면학회 회원으로 보아야 할 것이다.

3) 주도계층

면학회를 설립하고 또 이를 발전시킨 인사들은 다음의 세 그룹으로 나누어 볼 수 있다. 첫째는 안악의 근대교육을 주도하던 교육계 인사들이다. 면학회 설립의 가장 중요한 목적이 바로 지역의 교육발전이었으므로 이들이 면학회를 주도한 것은 자연스러운 것이었다. 이들 교육계 인사들은 다시 두 그룹으로 나누어 볼 수 있다. 그 하나의 그룹은 양산학교를 설립하고 발전시키면서 안악에서 기반을 다진 인사들이다. 여기에는 김홍량을 비롯해 김용제·최명식 등의 인사들과 김홍량과 함께 일본 유학을 통해 친분관계를 맺어온 최광옥과 장응진 등 외지 인사들도 포함된다. 또 하나의 그룹으로는 기독교계 학교로는 안악에서 처음으로 세워져 지역 발전에 선구적 역할을 담당한 安新학교를 중심으로 활동하던 인사들이다. 이러한 인사로는 임택권과 차승용 등을 들 수 있다.

둘째는 면학회를 주도한 인사들은 임택권·車承庸·최광옥·김용제 등 기독교계의 인물들이다. 면학회 설립이 구체적으로 추진될 때에도 지역의 기독교인들은 면학회의 사업이 세속적이라는 이유로 여기에 참여를 주저하였다. 그러나 면학회가 설립되자 기독교 신자들이 적극적으로 면학회를 지원하고 후원해줌으로써 기독교 세력은 면학회를 지탱하는 중요한 축이 되었다. 기독교인들 가운데에는 근대교육에 조예가 깊은 인사들이 유난히

---

29) 최명식, 앞의 책, 17면.
30) 최명식, 앞의 책, 17~18면.

〈표 1〉 면학회 주도인사들의 출신지와 행적

성명	출신지역	면학회에서의 직분	행적
崔光玉	중화	발기인	숭실학교 졸업, 일본 유학, 서북학회 등에서 애국계몽활동. 기독교인.
金庸濟	안악	발기인, 財務담당	한학수학, 기독교인, 『서북학회월보』대금수합위원, 안악사건으로 7년형 선고 받음.
崔明植	안악군 龍順面 長山里	발기인	신민회원, 양산학교 설립에 주도적 참여. 안악사건으로 7년형 선고 받음.
宋鍾昊	안악	부회장	동학혁명에 적극 참여, 해서교육총회 회, 3·1운동후 임시정부의 연통제의 안악지역 후견인으로 활약.
鄭明哉	평양	발기인	한의사, 안악사건으로 유배형 선고 받음.
車承庸	안악	발기인	면학서포·사범강습소 운영.
林澤權	안악	회장. 발기인	안악교회 초창기 집사, 교회부속학교 교사, 목사, 안악사건으로 5년형 선고 받음.
楊星鎭	평양	서기	면학서포·사범강습회 서무, 안악사건으로 7년형 선고 받음.
張倫根	안악	발기인	안악사건으로 5년형 선고 받음.
金溶奎	안악	발기인	한의사, 한학에 능통, 안악사건으로 1년형 선고 받음.
高貞華	안악	회원	사범강습소 강사(한국사 담당), 신천군 花山학교 교사로 애국심 고취, 서북학회 회원, 안악사건으로 유배형 선고 받음.
金鴻亮	안악	회원	부호 金孝英의 손자. 태극학회·대한흥학회 임원(총무원), 대한흥학회 일본 명치학원 졸업, 양산학교 교장.
朴衡秉	안악	회원	안악사건으로 5년형 선고 받음.
宋漢益	재령 (나무리)	회원	進士 출신 개신유학자, 기독교 발전에 기여.
元行燮	안악	회원	양산학교 후원자.
元楨博	안악	회원	국경무역에도 종사한 상업자본가, 3·1운동 후 임시정부의 연통제와 밀접한 관련을 맺고 군자금 제공.
崔龍權	안악	회원	부호, 양산중학교 설립자금 3천원 희사.
韓貞教	안악	회원	안악사건으로 옥고 치름.

많았기 때문에 이들의 지원 없이는 교육사업 확장은 대단히 어려운 일이었다.

면학회 사업의 기획자인 최광옥이 숭실학교를 졸업한 기독교인이었던 것처럼 면학회의 주요 인사들 가운데에는 기독교 관련 인사들이 많았다. 특히 면학회의 회장이었던 임택권의 경우를 보면, 면학회가 지역 기독교계

44

의 협조를 필요로 했는가를 엿볼 수 있다. 면학회 설립당시 안악교회의 집사였던 그는 면학회 발기인 중에서 가장 연소자였지만 회장에 선출되었는데, 그것은 바로 그가 교회에서 차지하고 있었던 위치 때문이었으며, 면학회의 활동이 기독교계의 적극적인 지원을 받으며 전개될 수 있었던 것도 그의 활약이 있었기 때문이었다.[31) 임택권과 차승용은 1902년에 지역의 교인들과 함께 이미 安新학교를 세워 신문화 보급에 앞장서고 있었던 것은 이러한 상황을 잘 보여주는 사례이다. 후술하겠지만 면학회에서 하기방학을 이용해 사범강습소를 운영한 것도 안악의 교회에서 매년 春季査經會를 이용해 일주일씩 교사를 양성하던데서 시사를 얻은 것이었다. 이처럼 면학회의 활동은 많은 부분이 기독교계와 관련을 가지면서 전개되었다.[32)

셋째로는 한말 안악의 대표적인 부호로 성장한 상업자본가 金孝英·元明潞·崔龍權과 이들이 소속된 金氏·元氏·崔氏 문중의 인사들을 중심으로 한 신흥부호들이다.[33) 면학회의 사업 구상이 성공적으로 실천될 수 있었던 것은 바로 이들 지역 자본가들의 호응과 재정적 지원이 있었기 때문이었다. 특히 안악 김씨 집안의 김홍량과 김용제, 그리고 김용진 등 인사들의 활약은 면학회 발전에 결정적인 힘을 실어주었다.

면학회 주도인사들을 세 그룹으로 나누어 보았지만 실제 이들의 활동영역은 중첩되는 부분이 많았고 각 그룹의 성향도 상당히 유사하였다. 그것은 안악 교육계에는 기독교계 인사가 많았으며, 이들 가운데 상당수는 지역의 개명한 자본가이거나 혹은 이들과 이해를 같이하는 인사들이 많았기 때문이었다.

---

31) 최명식, 앞의 책, 17면. 임택권은 한말·일제하 황해도 기독교계의 대표적인 인사였다. 그는 면학회 회장에 피선될 당시 평신도였지만 1914년 6월 26일에 개최된 제6회 황해노해에서 목사로 안수된 후 재령읍 국화리 소재 서부교회에서 시무하였다. 이후 그는 황해노해의 간부로도 활약하여 1917년 12월부터 이듬해 7월까지는 황해노해의 서기로서 활약하였고, 1922년 3월부터 7월까지는 황해노해의 회장이 되었다(『황해노해100회사』, 1971, 48면·181면·188면).

32) 최명식, 앞의 책, 19면.

33) 『안악군지』, 96쪽.

한편, 면학회는 최광옥이 처음 회의 조직을 구상할 때에는 교육진흥을 위한 '육영재단'과 같은 단체로 구상하였으나, 그 구상이 구체화되는 과정에서 실업의 진흥을 함께 도모하는 애국계몽단체로 확대·발전된 것이다. 단순한 '지역단위학회'로 구상된 면학회를 지역의 애국계몽운동을 주도하는 단체로 확대·발전시킨 장본인은 바로 김용제였다. 그는 양산학교의 교육에 관여했을 뿐 아니라 농업진흥에도 적극적인 인물이었다. 그는 뽕나무 묘목을 대량으로 구입하여 농가에 보급함으로써 양잠농가의 진흥을 도모하였고, 또한 안악군 토질에 맞는 목화재배를 장려하는 등 교육가이면서 아울러 실업가로서도 명성이 높은 인물이었으므로, 면학회의 관심을 실업진흥에까지 미치게 했던 것이다.[34] 그는 실업에서의 성공을 바탕으로 면학회 발전을 위해 私財를 아낌없이 지원하였으며 그의 경제적 지원은 면학회의 사업에 실질적인 보탬이 되었다.[35]

서우학회가 서울에서 활약하던 평안도와 황해도 출신 개명인사들을 망라하여 설립된 '전국적인' 규모의 단체였지만 교육진흥을 '슬로우건'으로 내건 '학회'를 표방한 반면, 비슷한 시기에 조직된 면학회는 황해도의 조그만 고을인 안악을 근거로 설립되었지만 발기 단계에서부터 지역사회의 근대화를 목적으로 하는 어엿한 '애국계몽단체'로 출발하였다는 점은 매우 고무적인 일이라 할 수 있다. 면학회는 그만큼 지역의 자본가들의 지지를 받으며 설립되고 발전하였던 것이다.

---

34) 이경남, 앞의책, 109면.
35) 최명식, 앞의 책, 25면.

III. 勉學會의 애국계몽운동과 그 의의

1. 勉學會 애국계몽운동의 전개

1) 勉學書鋪 설립을 통한 도서출판 및 보급

면학회는 살펴 보았듯이 양산학교를 중심으로 한 지역 교육계 인사와 기독교계 인사가 중심이 되고, 여기에 안악의 부호들이 재정적으로 후원함으로써 지역의 교육과 실업발전을 위해 여러 가지 사업을 전개하여 큰 성과를 이루어냈다.

면학회가 주도했던 여러 사업 가운데 먼저 勉學書鋪의 설립이 주목된다. 면학서포의 설립 목적은 지역 사회의 교육을 발달시키기 위해 도서를 보급하는 것이 시급하다는 인식하에 서포를 세워 교육에 필요한 도서를 출판하고, 또 각종 도서를 비치하여 수요에 응한다는 것이었다. 이러한 목적으로 면학서포는 1907년 봄에 세워졌는데 설립에 필요한 자금은 김용제와 최명식이 부담하였고, 부족분은 면학회의 입회금과 월례금으로 충당하여 모두 3백원 가량의 기금으로 서포를 설립하였다.[36]

면학서포의 사업 가운데 가장 뚜렷한 성과라 할 만한 출판사업을 보면, 그 첫 성과가 바로 1907년 11월에 『敎育學』을 출판한 것이다. 이 책은 일본 유학을 다녀온 최광옥이 번역하고 박은식이 감수를 맡은 번역서였다. 이듬해 1월에는 역시 최광옥의 저술로서 그의 국어학자로서의 진면목을 보여준 국어문법서 『大韓文典』이 출판되었다. 월남 이상재가 서문을 쓴 이 책은 주시경의 「國語文典音學」과 더불어 한글운동사에서 쌍벽을 이루는 명저였다.[37]

---

36) 최명식, 앞의 책, 18면 ; 『안도산전서』, 156면.

면학서포는 책을 인쇄할 시설까지는 갖추지 못하여 서울에서 인쇄되었고, 출판된 이들 서적은 면학서포뿐 아니라 서울의 金相萬이 경영하던 廣學書鋪, 그리고 평양의 耶蘇敎書院 등을 통해 전국 각지로 보급되어 근대 학문의 보급과 한글의 보급에 크게 기여하였다.38)

출판과 아울러 지역민들에 대한 도서보급도 이 서포의 중요한 사업이었다. 도서의 보급을 위해서는 우선 다양한 도서를 확보하는 것이 선행되어야 했다. 이를 위해 평양 태극서관과 서울 보성중학교 등과 교섭하여 여기서 보유하고 있는 도서와 서포의 출판물을 서로 교환하여 전시·판매하기로 하였다. 이를 통해 서포에는 다양한 분야의 수천권에 달하는 도서를 비치하여 지역민의 수요에 응할 수 있었다.

이러한 서포의 출판과 도서판매과정을 보면 서포의 사업이 서북학회와 신민회 등 단체와 깊은 관련을 가지고 이루어졌음을 알 수 있다. 먼저 서포에서 처음 출판된 『교육학』의 경우 월보의 주필로 서북학회의 핵심 인사인 박은식이 직접 관여한 것을 볼 수 있다. 출판된 도서의 보급을 담당한 김상만의 경우도 그가 서북지방 출신이나 회원은 아니었지만 학회의 찬성원으로 활동하였던 인사이다.39) 이러한 점들은 책의 출판 기획 과정에서부터 서북학회와의 협의가 있었을 가능성을 보여준다.

도서의 보급과정에서도 서북학회와 신민회가 깊이 관여할 여지가 많았다. 안태국 등 태극서관의 임원진은 모두 서북학회회원이었고, 이들 중 상당수의 인사들은 신민회에서도 활약하였다.40) 보성학교의 교장인 이종호도 학회 직속의 서북협성학교의 교장으로 활약하는 등 학회의 핵심회원 가

---

37) 최명식, 앞의 책, 18면 ; 전택부, 『토박이신앙산맥』 2, 대한기독교출판사, 1982, 165면.

38) 『大韓每日申報』, 1907년 11월 30일자, 廣告.

39) 『西友』, 제5호, 「會報」, 47면. 김상만은 대한협회의 회원으로 (『大韓協會會報』, 제3호, 「會員名簿」, 65면.) 대한매일신보와 공립신보 등 각종 신문의 보급에도 앞장섰던 인물이었다(『大韓每日申報』, 1908년 9월 22일자, 廣告. 『공립신보』, 1907년 12월 13일자, 「特別社告」)

40) 안태국과 이종호는 서북학회의 핵심회원이면서 동시에 신민회 회원이었다(『백범일지』, 학민사, 188쪽).

운데 한 사람이었으며, 또한 대표적인 자본가였다. 보성학교는 본교뿐 아니라 전국 각지에 支校를 설립하여 교육운동을 전개하였는데, 보성학교의 지교는 그 해당 지역의 서북학회 지회 및 지교와도 긴밀한 관련을 가지고 있었다.

이러한 점을 통해 볼 때 면학서포가 평양과 서울 등 도시 지역과 활발하게 교류를 할 수 있었던 것은 서포의 설립과 운영에 서북학회와 신민회 등 단체가 깊이 관여하고 있었기 때문이라 할 수 있겠다.

결국 면학서포는 원래 의도했던 도서보급을 통해 지역의 교육발달을 지원한다는 설립 취지에 부합하는 활동을 펼쳐 황해도 일대의 학교와 지식인들의 지적 수요의 일정 부분을 감당함으로써 지역에서의 신문화 보급에 큰 역할을 담당했던 것이다.

이러한 서포사업의 발전은 면학회 회원들이 기대했던 것 이상의 상당한 경제적 이익까지 보장하는 것이어서 서포는 설립 후 얼마 지나지 않아 면학회로부터 재정적인 지원 없이도 운영되었으며, 점차 면학회의 주된 수익사업으로 자리잡게 되었다. 면학회가 각종 사업을 활발하게 추진할 수 있었던 것은 바로 서포 사업이 경제적으로 성공을 거둔 것과 밀접한 관련을 가지고 있었다.41) 뿐만 아니라 면학회의 사업이 안악이라는 제한된 범위를 넘어서 멀리 관서와 서울에까지 연결되어 활동할 수 있는 계기를 마련해 주었다는 점에서도 서포사업은 의미가 있었던 것이다.

2) 師範講習所 설립을 통한 교원양성과 민족정신교육

면학회 인사들은 지역 교육 발달을 위해서는 청소년들에게 근대 학문을 가르칠 자격있는 교원의 양성이 시급하다는 것을 깨달았다. 이에 면학회 인사들은 1907년부터 1909년까지 3회에 걸쳐 夏季師範講習所를 개설하여 큰 성과를 얻었다.

교원양성교육은 방학동안 사용되지 않는 양산학교의 교사를 이용하여

___

41) 최명식, 앞의 책, 18면 ; 신용하, 앞의 논문, 142~143면.

이루어졌다. 사범강습소는 지역 학교에서 근무할 교원을 충실히 양성했다
는 점에서 비록 방학동안이라는 단기과정으로 운영되었지만 어엿한 「사범
학교」로서의 구실을 충실히 수행해 냈던 것이다.

그것은 이 강습소의 탄탄한 강사진에서도 잘 나타난다. 주목되는 강사로
는 면학회를 주도한 관서지방의 대표적인 청년교육가 최광옥을 비롯해 양
산학교에서 교편을 잡고있던 당시 32세의 김구, 그리고 양산학교 설립자인
김홍량 등이었다. 그밖에도 李始馥·李相晉·韓弼浩·李寶鏡(李光洙)·金
洛泳·崔在源 등도 함께 강사로 활동하였고, 재령에 설립된 서북학회의 支
校인 養元학교에서 교사로 활약하고있던 도인권도 함께 참여하였다. 여자
강사로는 金樂姬·方信榮 등이 수고하였다.42)

양산학교에서 교원 양성 교육이 시작되자 1907년 1회 강습 때부터 안악
은 물론 인근 신천·재령·장연·은율·송화·봉산 지역은 물론 평안도
와 멀리 경기도, 충청도에서까지 교원 지망생들이 몰려들어 강습생이 400
여 명에 이르렀다.43)

교원양성과정이 여름방학기간 동안 이루어졌기 때문에 방학을 이용해
귀국한 일본 유학생들을 강사로 하여 수준 높은 수업을 진행할 수 있었다.
이러한 유학생 신분의 강사로는 이광수와 김낙영의 활약이 주목된다.

이광수는 일찍이 천도교에서 모집한 유학생으로 선발되어 일본에 유학
하였다가 여름방학 동안 유학생 운동부를 따라 귀국했다가 안악에 남아 17
세의 어린 나이로 교편을 잡은 것이다.44)

김낙영은 1908년 두 번째의 사범강습 때에 강사로 합류하였다. 그는 豊

---

42) 『백범일지』, 학민사, 174면. 한편 최명식, 앞의 책, 19~24면에서는 사범강습회 교사와
    교수 과목을 다음과 같이 밝히고 있다. 1회 강습회 때는 최광옥이 국어, 생리학, 물리학,
    경제원론, 식물학을, 최명식은 산수를, 고정화는 국사를 이광수는 서양사를 가르쳤다. 2
    회 강습회 때는 최광옥과 최명식은 1회 때와 같았고, 金洛泳이 서양사를, 金斗和가 물리
    등을 가르쳤다. 제3회 강습회 때는 최명식과 김두화의 담당은 전과 같았고, 韓弼昊, 李相
    晉, 李時馥, 朴道秉 등이 교사로 수고하였다고 하였다.
43) 『백범일지』, 학민사, 174면.
44) 天道敎史編纂委員會編, 『天道敎百年略史』上, 332면.

川출신으로 일본 明治學院에 유학하던 중 귀국하여 안악에서 강의한 것이다. 당시 김낙영은 서북지역 일본 유학생 단체인 太極學會의 회장의 신분이었으므로 그가 사범강습에 참여한 것은 대단히 큰 의미를 갖는다.[45] 그가 당시 귀국했을 때 서북학회에서 학회 차원의 성대한 환영식으로 그를 맞았던 것도 그가 차지하는 위치와 그에 대한 국민들의 기대를 보여주는 것이었다.[46] 귀국 후에도 그의 행보는 많은 사람들의 시선을 집중시켰다. 그가 1908년 여름에 귀국한 목적은 태극학회의 龍川지회와 義州지회를 시찰하고 그 지역 학교의 발전 방안을 마련하는 것이었다.[47] 이러한 그가 구태여 안악에서 사범강습에 참여한 것은 이 때에는 이미 면학회의 사범강습이 전국적으로 알려져 있었을 뿐 아니라 단기 과정의 교원양성 프로그램으로는 최고 수준에 이르고 있었다는 것을 말한다.

또 사범강습 프로그램에 참여한 교사 가운데에는 남다른 민족애를 가진 인사들이 많았다. 그것은 사범강습이 양산학교와 긴밀한 협조 속에서 운영되었기 때문이기도 하다. 당시 양산학교의 주임교사였던 김구도 사범강습을 여러모로 지원하였으며, 양산학교의 교사인 도인권·최재원·이상진 등도 사범강습소에서도 강사로 활약하였다.[48]

이들 가운데 도인권은 대한제국의 군인 출신으로 군대 해산 후 양산학교에서 체육교사로 학생들에게 상무정신을 강조하고 있었다.[49]

사범강습소에서는 민족주의적 성향이 강한 교육을 하고 있었기 때문에 안악사건에서 교원양성에 힘쓰던 많은 인사들이 고초를 당했다. 이상진은 유배형에 처해졌으며, 도인권은 10년형을 선고받았으며, 최재원도 이 사건에 연루되었다. 특히 한필호는 이 때 일경의 혹독한 고문을 받아 옥사하고 말았다. 이러한 인사들의 희생을 통해 보면 면학회의 사범강습에서는 서양

---

45) 『太極學報』, 제19호, 「會事要錄」, 57면.
46) 『皇城新聞』, 1908년 7월 29일자, 雜報, 「會長權迎」.
47) 『皇城新聞』, 1908년 8월 25일자, 雜報, 「太極支會好況」.
48) 『안악군지』, 102·159·163면.
49) 『白凡逸誌』, 학민사, 236면.

근대 학문이 집중적으로 교육되었지만, 그것을 가르치는 교사와 받아들이는 학생들의 자세는 항상 민족주의적인 입장에 서있었던 것을 잘 보여주는 것이라 하겠다.50)

강습생들에 대해 보면, 교사 가운데 여교사가 함께 한 것을 보면 강습소에는 여학생도 상당수 있었다는 것을 알 수 있다. 이들의 연령과 직업은 매우 다양하다는 것도 알 수 있다. 강습생 가운데에는 사숙의 훈장도 있었고 백발이 성성한 노인도 있었다. 또 강구봉·박혜명 등과 같이 승려들도 학생으로 강습에 참여하였다.51)

이것은 당시 면학회의 교원양성교육에 얼마나 큰 호응이 있었는지를 보여준다. 그리고 면학회의 교육목표는 이미 남녀별, 신분별 구별을 초월해 지역 주민들 전체를 교육과 계몽의 대상으로 하였다는 것을 알 수 있게 한다.

사범강습소의 소장은 안악군수가 직접 담당할 정도로 면학회와 양산학교 관계자뿐 아니라 안악 지역사회의 관심을 끄는 것이었다. 사범강습은 갑·을·병의 3개반으로 나누어 이루어졌고, 한 달간의 강습이 끝날 때에는 성취도를 평가해 합격해야만 교사의 자격을 인정하는 수업증서가 주어졌다.52)

사범강습은 시간이 지날수록 수강생이 늘어나 1909년 여름에 열린 3회 강습 때에는 원근 각처에서 700여 명의 학생들이 몰려들어 수강을 희망하였다. 이러한 많은 수강생은 면학회 자체의 능력만으로는 감당하기 벅찬 것이었으나, 안악 지방의 부호들이 적극적으로 후원해 주었고 또 면학회원들의 열성도 있어 이들을 모두 수용하여 성공적으로 교사강습을 마칠 수 있었다.53)

---

50) 『안악군지』, 164~165면.
51) 『백범일지』, 학민사, 174면.
52) 『大韓每日申報』, 1908년 8월 26일자, 雜報,「安郡講習試驗」.
53) 최명식, 앞의 책, 19~22면 ; 이경남, 앞의 책, 93~96면.

52

3) 황해도 지역 사립학교 연합운동회의 주최

면학회에서는 지역의 교육을 진흥시킬 목적으로 사립학교 연합운동회를 개최하였다. 연합운동회는 1907년과 1908년 봄에 각 1회씩 모두 두 번 개최되었다. 당시의 운동회는 단순한 체육행사가 아니라 애국계몽운동의 한 방편으로 중시되고 있었다. 즉 운동회는 民智를 계발하고 지역민의 친목을 도모하는 장이 되며, 또 이를 통해 단결 정신을 키우고, 민족의식을 앙양할 수 있는 좋은 기회가 되었던 것이다. 운동회가 열리면 많은 사람들이 청중으로 몰려들었으며, 이 때 저명한 인사가 나서 청중을 대상으로 연설을 하여 지역민들을 계몽하는 경우가 많았다.

면학회가 주최한 황해도 지역 사립학교의 연합운동회도 바로 이러한 목적으로 개최되었다. 1908년 두 번째로 열린 연합운동회 때에는 첫 번째 행사보다 황해도 각 군에서 학생들이 몰려들어 더욱 성황리에 개최되었는데, 이것은 면학회 교육진흥운동의 발전을 반영하는 것이었다.[54]

운동회의 개최를 통해 면학회는 황해도 지역 인사들에게 면학회의 애국계몽사상과 운동을 전파할 수 있었고, 면학회의 영향력을 황해도 전역으로 확산시켜 나가는 중요한 계기가 되었던 것이다.

4) 海西敎育總會 설립

1908년 여름에 2년 연속으로 교원양성을 위한 사범강습이 성공적으로 마무릴 될 무렵 최광옥을 비롯한 면학회 주도인사들은 이 때까지 축적된 역량을 바탕으로 보다 발전적인 사업을 구상하였다.

1908년 여름에 구상된 海西敎育總會는 바로 면학회 사업이 성공적으로 발전하고 있음을 잘 보여주는 것이었다. 이들이 면학회와는 별도로 해서교육총회를 조직하기로 한 것은 면학회가 설립 된지 1년 반이 지나면서 그

---

54) 최명식, 앞의 책, 22면.

동안 회원들과 유지인사들이 합심하여 노력한 결과, 안악과 주변지역의 교육발전이라는 소기의 목적을 어느 정도 달성하게 되었고, 이제 안악이라는 좁은 범주를 벗어나 황해도 전지역을 대상으로 한 보다 광범위하고 체계적인 교육운동을 전개할 필요성을 절감했기 때문이었다.

해서교육총회의의 구체적인 활동방안을 보면 그 동안 면학회가 운영한 사범강습소를 통해 양성된 젊은 교사들과 지역의 유력한 인사들이 함께 나서서 지역 사립학교의 교육을 지도하기로 하였다. 그 동안 설립 후 정부나 지역사회로부터 변변한 지원도 없이 힘겹게 운영되어오던 지방의 부실한 사립학교들을 지도·후원하고, 또 이들 학교들을 유기적으로 연결시켜 보다 체계적이고 효과적인 교육이 이루어질 수 있도록 지도한다는 것이다. 이를 위해 우선 안악과 부근 지역의 학교에서부터 시작하여 점차 황해도 전역으로 확대시켜 나가도록 하여 궁극적으로 황해도 지방 전체가 교육의 선진 지역으로 발전되도록 하고, 이를 통해 국권회복의 기틀을 마련하고자 하였다.[55]

이 회가 결성될 당시의 회장은 宋鍾昊이었고, 고문은 노백린과 張義澤이었다. 당시 양산학교의 교장으로 새로이 임명된 34세의 김구는 이 회의 學務總監이 되었다.

회장 송종호는 안악 출신으로 김구·禹鍾瑞와 함께 '황해도의 세 호걸'이라 불릴 만큼 호방하고 너그러우면서도 위엄있는 성품을 가지고 있어 주위 사람들로부터 큰 존경을 받았다. 그는 일찍이 동학혁명에 앞장선 바 있으며, 면학회에서도 부회장을 역임하는 등 안악의 애국계몽운동의 핵심적인 위치에서 활동하고 있었다.[56]

김구는 이 회의 학무총감이었는데, 학무총감은 황해도 내 학교의 설립과 그 운영을 지도하는 중요한 자리였다. 그는 맡은 바 책무를 다하기 위해 황해도 일대를 순회하면서 교육진홍에 온 힘을 쏟았다. 김구가 백천을 방문해 서북학회와의 깊은 관련을 가지고 백천의 애국계몽운동을 이끌어 가

---

55) 최명식, 앞의 책, 22면.
56) 『안악군지』, 156면.

던 군수 全鳳薰을 만나 지역의 교육진흥 방안을 논의하고, 또 재령에서 保强학교의 교장의 직을 맡기도 했던 것은 바로 이 때의 일이다.[57] 김구는 서북학회에 입회하지는 않았지만, 이 때 해서교육총회에 관계하면서 서북학회의 애국계몽운동에 직·간접적으로 관여하게 되었다.

이 회의 제1회 총회는 양산학교에서 개회되었다. 이 때의 결의사항은 회의 설립취지에 맞추어 도내 각 학교의 교육과정을 통일시켜 체계적인 교육이 되게 할 것, 제3회 춘기연합운동회를 개최 할 것 등을 결정하였다. 그러나 이 때 결의된 사실 가운데 연합운동회 개최 건은 일제의 간섭과 방해공작으로 무산되었음을 알 수 있는데, 이로 미루어 보아 황해도의 사립학교의 교육과정을 통일시켜 도내 교육을 진흥시키려 한 노력도 의도한 만큼의 성과가 있었다고 보기 힘들 것 같다.[58]

그 다음해인 1909년에 개최된 제2회 총회에서는 임원진을 새로이 선출하였다. 신임 회장은 노백린이 선출되었다. 제2회 총회에서 주목되는 것은 총회 개최지가 안악이 아닌 장연이라는 점과 회장 노백린이 송화출신이라는 점이다. 이것은 초기에 안악지역을 중심으로 활동하던 면학회와 해서교육총회가 1909년에 이르러서는 여러 가지 어려운 여건에도 불구하고 안악이라는 좁은 울타리를 뛰어넘어 황해도 전체를 무대로 활동하는 애국계몽단체회로 발전하고 있었다는 것을 보여주는 것이라 하겠다.[59]

이처럼 이 회가 비록 짧은 기간동안이었지만 빠르게 성장하여 황해도 전체로 행동 반경을 넓혀 지역 교육계에 상당한 영향력을 행사할 수 있었던 것은 이 회의 교육사업에 필요한 경비를 이미 지역에서 기반을 확보한 면학회에서 적극 지원해 주었기 때문이며, 교육진흥에 대한 계획을 빨리 실천에 옮길 수 있었기 때문이었다. 면학회의 지원 이외에도 안악의 상업자본가들이 든든한 '스폰서'로 이 회를 재정적으로 후원하고 있었는데, 이

---

57) 『백범일지』, 학민사, 179면 ; 『大韓民報』, 1909년 11월 4일자, 「好個幻燈」; 최명식, 앞의 책, 22면.
58) 『大韓每日申報』, 1908년 8월 26일자, 雜報, 「海西教育摠開會」. 최명식, 앞의 책, 23면.
59) 최명식, 앞의 책, 22면.『安岳郡誌』, 108면.

러한 지원으로 말미암아 의욕적으로 각종 사업을 펼칠 수 있었다.[60]

면학회의 조직 당시와 마찬가지로 해서교육총회의 사업 확장 과정에서도 지역 자본가들의 적극적인 협조는 매우 중요한 의미를 갖는 것이었다.

5) 楊山中學校 설립

앞서 살펴 보았듯이 양산학교는 면학회가 주최한 사범강습을 주도한 학교로 강습이 계속되면서 학교에 대한 지역민들의 관심도 자연스럽게 높아졌다. 이러한 분위기 속에서 2회 사범강습이 끝날 무렵에 양산학교의 설립자 김홍량이 중심이 되어 초등과정인 양산학교에 중학교과정을 설치하려는 움직임이 일어나게 되었다. 여기에 면학회 회원들이 적극 호응하고 金孝英・元明潞・崔龍權 등 안악의 부호들도 뜻을 함께 한 결과 양산중학교가 설립될 수 있었다. 이 학교는 개교 첫해 60명의 학생을 시험을 통해 선발하여 1908년 10월 4일에 개교하였는데[61], 이후 양산학교는 중학과정과 초등 과정으로 나누어 교육되었고 초등과정은 남녀공학으로 운영되었다.

이로서 면학회의 교육사업은 1906년 말 안악에서 첫발을 내디딘 이래 2년이 채 지나지 않아 중학교의 설립이라는 결실을 맺게 되었던 것이다. 이후 양산중학교는 평양의 大成學校, 정주의 五山學校와 더불어 3대 사립중학으로 손꼽힌 것을 보면 학교의 교육과정이 얼마나 알차게 운영되었는가를 짐작할 수 있다.

양산중학교의 초대 교장은 김홍량이었고, 주임교사는 韓弼昊・李相晉・李時馥・白信七 등이었으며 그 외에 朴道秉 등이 교사로 근무하였다. 그런

---

60) 최명식, 앞의 책, 22면 ; 이경남, 앞의 책, 97면.

61) 양산중학교의 개교 시기 및 당시의 상황은 다소 잘못 알려진 부분이 있다. 면학회의 핵심 회원이었던 최명식은 그의 회고록에서 학교의 개교시기가 제3회 하기사범강습소 종료 후라 했는데, 이 때는 1909년 가을 쯤이 된다(최명식, 앞의 책, 25면). 그러나 당시 발행된 신문을 보면 실제 개교일은 이보다 1년 정도 빠른 1908년 10월이었음을 알 수 있다. 개교 당시의 학생수 또한 최명식은 30명 정도라고 회고하고 있지만, 실제로는 개교 당시에 학생은 60명이었던 것으로 보인다(『大韓每日申報』, 1908년 10월 10일자, 「楊山學校盛況」).

데 안타깝게도 양산학교는 '안악사건'으로 학교의 관련자가 다수 체포되면서 학교도 폐교되고 말았다.62)

안악사건은 주지하듯이 일제가 국망 직후 황해도 일대의 민족운동에 대한 일대 탄압을 위해 일으킨 사건이다. 양산학교가 이 사건에 연루되어 폐교되었다는 것은 양산학교를 통해 지역 애국계몽운동을 주도하던 면학회 인사들의 활동이 일제에게 얼마나 위협적이었는가를 잘 보여준다.

6) 실업진흥운동 전개

면학회는 설립 초기부터 지역의 애국계몽운동을 지도·계몽하는 것을 목적으로 한 단체로 설립되었다. 그러나 실업 진흥 운동은 교육 분야만큼 활발하게 전개되지는 못한 것 같다.

면학회의 실업 진흥 운동은 안악을 대표할 만큼 부를 축적하고 있던 김씨·원씨·최씨 문중의 상업자본가들에 의해 주도된 것으로 보인다. 그러나 구체적인 사례는 확인되지 않고 다만 김씨 문중 인사들의 일부 실업 활동만 확인된다.

김씨 문중 인사들은 지역 교육 발전에도 절대적인 기여를 했지만, 지역 경제 발달에도 크게 기여하였다. 먼저 金庸震의 활약이 주목된다. 그는 양산학교를 설립했던 김홍량의 숙부로 지역에 방직공장을 설립하였다. 그가 설립한 방직공장은 비록 소규모이기는 했으나 옷감을 자체적으로 직조하는 공장을 설치함으로써 자력갱생의 본보기로 삼게 하고 점차 품질 개량을 도모하여 옷감의 자급자족체제를 확립하려 했던 것이다. 앞서 김용제가 뽕나무와 목화 재배를 보급하려고 노력한 것도 같은 맥락이었다. 김씨 문중에서는 이밖에도 안악에 卷煙공장을 세워 '安香'이라는 담배를 생산하기도 하였다. 당시 담배 수요가 늘어나는 추세에서 일본인이 공급하거나 외지에서 유입되는 담배에 대항하여 담배의 자급을 목적으로 추진한 사업으로 이

---

62) 최명식, 앞의 책, 25면 ; 이경남, 앞의 책, 98면.『백범일지』, 학민사, 174면 ;『大韓每日申報』, 1909년 9월 9일자, 廣告.

것 역시 지역 경제를 살리기 위해 이루어진 것이었다.[63)]

7) 모범농촌사업 추진

면학회는 또 모범농촌사업을 계획하였다. 김홍량은 지역의 교육 발전을 주도하면서도 또 다른 한편으로 1910년 여름에 李台建, 李承駿, 鄭達河, 全鳳勳 등 4인과 더불어 모범농촌운동을 추진하였다. 이들은 '모범농촌'을 건설하기 위해 각자의 토지문서를 모아 이것을 재정적 기반으로 하여 황해도에서 가장 모범적인 중학교를 沙里院에서 서쪽으로 10리 가량 떨어진 곳에 '누루지'(楡洞)에 신설하고, 그 주위에 이상적인 모범농촌을 건설하려는 참으로 원대한 계획을 세웠다. 사리원은 봉산군에 위치한 교통요충지로 황해도 전체의 지정·지경학적으로는 중심지에 해당하는 곳이었다. 이를 실천에 옮기기 위해 면학회 회원인 張允根을 의주에 파견해 건축용 자재로 쓸 원목을 구입해 오게 하고, 이태건이 소유한 토지에 공사를 착수하려 하였다. 이 공사의 건축설계는 金弼淳이 담당하기로 하였다. 김필순은 서북학회 회원이었으며[64)], 1909년 봄에 준공된 서북학회 본회 회관을 신축할 때에는 '건축위원'으로도 활약한 서북학회의 건축 전문가였다.[65)] 면학회 인사들의 이러한 노력에도 불구하고 모범농촌사업은 국망으로 중단되고 말았다.

2. 면학회 애국계몽운동의 의의

이상에서 살펴본 것처럼 면학회는 안악을 중심으로 1906년 가을부터 1911년까지 약 5년 동안 활동하였는데, 그 동안 면학회는 황해도의 애국계몽운동을 주도하면서 각지에서 교육과 실업진흥을 구체적으로 실천하

---

63) 최명식, 앞의 책, 23면 ; 이경남, 앞의 책, 109면.
64) 김필순은 세브란스 병원 의사이면서 건축학을 공부한 인사로, 1907년 3월에 서우학회 회원이 되어 서북학회 시기에도 회원으로 활약하였다(『西友』, 제5호, 「會報」, 44면).
65) 『西北學會月報』, 제17호, 「會報」, 39면

였다.

　면학회 사업 가운데에는 역량의 한계로 소기의 목적을 달성하지 못한 것도 있었다. 그러나 면학회는 신민회와 서북학회는 물론 서북학회의 전신인 서우학회와 한북학회 조차 아직 조직되지 못한 시기에 안악에서 발기하여 황해도 지역을 무대로 애국계몽운동을 전개한 것 자체만으로도 그 의의가 크다 할 것이다.

　전국적인 규모의 新民會와 서북지방을 활동 무대로 한 서북학회가 설립되자 면학회는 이들 단체와 교류하면서 안악을 중심으로 한 활동에서 벗어나 보다 광범위한 지역을 대상으로한 활동을 펼칠 수 있게 되었다. 면학회가 도서출판과 보급을 목적으로 설립한 면학서포에서 평양의 태극학회 및 서울의 보성중학교와의 교류를 통해 보다 폭넓은 활동을 벌인 것은 좋은 사례이다.

　이러한 면학회의 활발한 활동은 뜻있는 인사들이 안악으로 모여들게 하는데도 기여하였다. 이로써 안악은 황해도의 애국계몽운동의 중심지로 부각되게 되었다. 노백린과 김구, 그리고 평양을 주무대로 활동하던 최광옥과 장응진 등 서북지역을 대표하는 걸출한 애국계몽운동가들이 안악을 무대로 활동하였던 것은 바로 면학회의 활동으로 인해 안악의 지역 분위기가 그만큼 활기차게 움직이고 있었기 때문이었다.

　양산학교와 면학회를 중심으로 한 안악의 활발한 애국계몽운동은 국망으로 소기의 목적을 모두 달성할 수는 없었지만, 안악에서 피어나기 시작한 애국계몽운동의 불씨는 점차 인근 지역으로 확산되었다. 이러한 영향은 안악과 교류가 많은 가까운 지역일수록 더욱 강렬하게 나타났다. 재령은 바로 그러한 지역이었다. 재령에서는 황해도 지방에서 가장 먼저 서북학회의 지회가 설립되었는데, 그것은 면학회가 주도한 안악의 활기찬 분위기를 직접 접하고 있었다는 점과 결코 무관하지 않았다.

IV. 安岳에서의 西北學會支校 설립과 활동

1. 奉三學校의 설립과 교육진흥운동

1) 奉三學校의 설립과 발전

면학회의 교육과 실업운동이 활기를 띠어갈 즈음에 안악의 奉三학교와 培英학교가 서북학회의 지교로 승인되었다. 안악군에서 먼저 지교로 승인된 학교는 봉삼학교였다. 안악에서는 면학회를 중심으로 애국계몽운동에 활발하게 전개되었지만 서북학회의 활동은 지역의 활기찬 사회·경제적 상황을 감안한다면 상당히 저조하였다고 할 수 있다. 지역출신인사들이 서북학회 본회에 입회한 경우도 몇몇 인사를 제외하면 눈에 띠지 않는다. 안악에서 활동하던 노백린, 도인권, 이승준 등 서북학회 회원들은 개인의 자격으로 활동하였으며 면학회의 활동에도 서북학회가 직접적으로 영향을 끼칠 수준이 아니었다. 이러한 상황 속에 설립된 서북학회의 두 지교는 그들의 교육활동을 차치하고라도 지회가 설립되지 못했던 안악 지역사회와 서북학회 본회를 연결해주는 중요한 역할을 수행하고 있었다는 점에서 매우 주목되는 것이다.

봉삼학교는 1898년에 龍門面 玫花洞에서 천주교 부속학교로 설립되었다. 봉삼학교는 안악지역에서는 가장 먼저 세워진 사립학교로서 지역의 교육발전은 물론 문화 발전에도 큰 역할을 했다는 점에서 중요한 의미가 있었다. 봉삼학교가 안악 지역 최초의 사립학교로 설립될 수 있었던 것은 학교가 세워진 용문면 매화동일대가 바로 천주교 포교의 중심지였기 때문이었다. 프랑스인 신부 洪錫九는 황해도 서북부 지방(안악, 신천, 은율 등)의 포교를 맡아 1895년에 용문면 매화동에 본당(성당)을 건축하고 포교의 거점으로 삼았는데, 이후 이 지역이 천주교와 포교와 교육의 중심지가 되었던 것이다. 매화동에 성당이 건립되자 군내 개명 인사들은 물론 많은 외지인 사들이 몰려들었는데, 이 때 안중근과 안명근도 이곳에 와서 영세를 받았다. 1898년에는 洪신부의 뒤를 이어 역시 프랑스인인 吳신부가 부임하였는데, 그는 부임하자마자 봉삼학교를 설립하여 안악 교육에 큰 업적을 남기게 되었다. 그는 성당 바로 옆에 학교를 설립하였는데 초기에는 초가집을 교사로 삼아 사무실 하나에 교실 두개를 갖춘 정도의 규모였다. 학생의 수는 개교 초기에는 3,40명 정도였으며, 1907년경에는 6, 70명 정도로 점차 늘어났다.[66)

학교의 임직원을 보면, 교장은 설립자 오 신부가 직접 담당하였고, 교감은 金윤贊이었다. 교사는 초기에는 崔炯奎이 수고하였고, 학교가 발전하면서 일어를 담당한 崔榮輝, 국한문을 담당한 玉正三 등이 교사로 가세하였다.[67)

학교의 발전에는 서북학회 관련인사들의 후원 또한 중요하였다. 학교발전을 재정적으로 지원한 表致禎과 崔豪範[68), 교사로 근무한 최영휘가 대표적이었다. 표치정은 후술하겠지만 서북학회의 지교인 배영학교의 설립과 발전을 주도한 인사였다. 그리고 최영휘는 봉삼학교의 교사로 근무하다가 1909년부터는 옹진의 서북학회의 지교인 협성학교에서 교사로 근무하는 등 서북학회의 각 지방 지교의 교육에 크게 기여한 인사였다.[69)

이처럼 봉삼학교는 지역에 천주교를 전파한 프랑스 선교사의 주도아래 서북학회 관련인사들을 포함한 지역인사들의 적극적인 협조로 지역사회에

---

66) 『安岳郡誌』, 258~259면 ; 『京鄕新聞』, 1907년 3월 8일, 「긔서」 ; 『大韓每日申報』, 1907년 3월 13일, 雜報, 「協校卒業」.

67) 『京鄕新聞』, 1907년 3월 8일자, 「긔서」 ; 『大韓每日申報』, 1907년 3월 13일, 雜報, 「奉三校況」.

68) 표치정과 최호범은 서우학회 설립초기부터 회원으로 활약한 인사였다(『西友』, 「회보」, 45면).

69) 『大韓每日申報』, 1909년 1월 13일자, 學界, 「花山春信」・1910년 4월 13일자, 學界, 「協校卒業」 ; 『皇城新聞』, 1910년 4월 13일, 雜報, 「花校卒業」.

서 착실히 성장하였다.

2) 奉三學校의 西北學會支校로서의 활동

봉삼학교의 임직원들은 학교 체제가 안정되자 여기서 머물지 않고 그동안 학교발전의 기반이 되었던 천주교회와 서북학회와의 관련성을 바탕으로 안악의 범위를 넘어서 보다 넓은 지역과의 교류를 통한 학교 발전을 위해 서북학회에 대해 지교 설립을 청원하기로 하였다. 당시 서북학회에서는 서북 각 지방으로 영향력을 확대시키기 위해서 지회와 지교를 설립하는 데 열중하고 있었으므로 양자의 결합은 비교적 손쉽게 이루어 질 수 있었다. 서울에서 활동하는 서북지방출신 개명인사들이 망라된 서북학회와 손잡는 것은 학교의 임원들에게 있어 아주 효과적인 학교 발전방안으로 비춰졌으며, 학회의 지교가 되는 것을 통해 이를 이루고자 하였다. 이에 학교의 임원들은 서북학회 본회에 지교 설립승인을 청원하였고, 1908년 5월 20일에 지교로 승인되었다.[70) 봉삼학교를 지교로 승인할 때 서북학회 본회의 특별총회에서는 '該校基本金도 有하겠거니와 該校任員이 熱心贊成한 結果로 발전할이 有하니 認許'한다고 하여 봉삼학교의 임원들에 대한 기대를 숨기기 않았다. 이것은 다른 지방 지교의 설립승인과정에서는 찾아볼 수 없었던 대목으로 학교의 임원과 관계자들에 대한 본회의 기대를 엿보게 한다. 즉 서북학회 본회에서는 황해도의 새로운 중심지로 급부상하고 있는 안악에 학회의 거점을 확보하는 것 자체가 큰 의미가 있었을 뿐 아니라 봉삼지교를 통해서 여러 측면에서 학교를 주도하고 또 후원하고 있는 지역의 유지인사들과의 한층 밀접한 관계를 수립할 수 있다는 점에서도 의미가 큰 것이었다.[71)

서북학회에서 봉삼지교에 특히 기대를 걸었던 것은 무엇보다도 학교를 둘러싼 천주교 세력이 지역사회에 가진 영향력이었다고 할 수 있다. 이 점

---

70) 『西北學會月報』, 제1권 제2호, 「會事記要」, 42면.
71) 『西北學會月報』, 제1권 제2호, 「會事記要」, 42면.

은 봉삼지교의 설립과 발전과정에서 이미 노출된 것이었다. 하나의 예를 보면, 봉삼지교는 안악에서 최초로 남녀공학 교육을 실시한 학교로 알려져 있는데, 당시로는 획기적이었던 이러한 교육과정을 실현할 수 있었던 것은 바로 프랑스인 신부의 영향력 때문이었다. 교장이었던 오신부는 학교의 남녀공학 교육을 반대하는 안악군수를 직접 찾아가서 설득을 벌였는데 그는 몇 년 전에 조정에서 단행한 갑오경장의 내용까지 운운하면서 마침내 군수의 허락을 받는데 성공하였던 것이다. 이것은 천주교 세력을 등에 업은 봉삼지교가 지역 사회에서 얼마나 큰 영향력을 행사하고 있었는가를 잘 보여주는 사례라 하겠다.[72]

한편 학교와 서북학회 본회와의 구체적인 교류를 말해주는 근거자료가 거의 없어 서북학회의 지교가 된 것이 어느 정도로 학교 발전과 학회 영향력의 지방 확대에 기여했는지 정확히 알 수는 없으나, 지교의 졸업생인 崔益馨의 행적을 통해 그 일단을 알 수 있다.

그는 천주교 신자로 봉삼학교가 지교가 될 즈음에 학교를 졸업하였는데, 졸업 후 서울로 유학하여 구태여 서북학회에서 설립한 서북협성학교의 사범속성과에 입학하여 과정을 수료하고 교사로서의 자격을 얻는 것을 볼 수 있다. 이후 그는 伊川에서 교편을 잡다가 1910년 안악으로 돌아와 처남인 안명근을 비롯하여 김홍량·도인권·김구 등과 함께 항일투쟁을 모의하다가 1911년 안악사건으로 체포되어 懲刑 7년을 언도받고 5년간 복역하게 되었다.[73]

최익형은 봉삼학교 졸업생 가운데 졸업 후 행적을 추적할 수 있는 유일한 인물인데, 그를 통해 보면 서북학회 본회와 지교와의 관계가 임원들 상호간의 이해관계에 따른 문서상의 관계가 아니라 서북학회의 영향력이 지교 학생들의 실제 교육에까지 미치고 있었다는 것을 보여준다. 또한 최익형에게 있어 짧았던 서북학회와의 인연이 그를 민족 운동가로 변화시킨 것

---

72) 『安岳郡誌』, 259면.
73) 『大韓每日申報』, 1907년 3월 13일자, 「奉三校況」;『西北學會月報』, 제1권 제12호, 「會事記要」, 51면, 『安岳郡誌』, 163면.

이라 볼 수 는 없겠지만 최익형이 안악과 서울에서의 꿈을 키워주는데 서북학회와 봉삼지교는 일정한 역할을 했다고는 할 수 있다. 이것은 또 적어도 이 때까지는 서북학회의 '교육구국운동'은 '애국적'이었다고 할 수 있다.

봉삼지교는 국권피탈 이후인 1920년부터는 새로이 교사를 증축하고 120명 정도의 학생을 수용하여 교육하여 1945년 광복 때까지 수많은 인재를 길러냈으며, 학교는 교육기관으로서 뿐 아니라 文山·龍門面의 문화적 개명의 '센터' 구실을 다하였다. 학교가 위치한 곳에는 성당을 비롯한 근대적 문화시설이 당시로는 희귀하게 갖추어져 있어 '模範村' 또는 '理想村'으로 불려졌던 것이다.[74]

2. 培英學校의 설립과 교육진흥운동

배영학교는 1904년경 안악군 용문면 東倉里에 설립되었다. 학교가 설립된 용문면 일대는 천주교와 더불어 일찍이 기독교가 전파된 지역으로 이들 종교의 영향으로 신문물과 신문화의 보급 정도가 군내 다른 어느 지역보다도 앞서 있었다. 이 지역에 설립된 사립학교 또한 이들 종교에 의해 주도되었다. 이 지역의 근대교육은 앞서 본 서북학교 지교 봉삼학교와 기독교인들이 세운 安新학교가 그 효시가 되었다. 안신학교는 1902년에 이 지역의 기독교 본거지인 귓담뒤예배당의 교인인 金昌國·林澤權·宋榮珪·車承庸 등에 의해 설립되었는데, 배영학교는 양산학교 등과 마찬가지로 이러한 기독교의 영향 아래 설립된 학교였다.[75]

배영학교는 안신학교와 마찬가지로 교회(장로교)의 영향 아래 설립·운영되었는데, 학교의 위치 역시도 교회 건물과 바로 이웃하고 있었다. 3·1운동 때에는 시위를 주도하였던 기독교도들이 학교를 주무대로 활약하기도 하였다.[76]

---

74) 『安岳郡誌』, 231~232면.
75) 『안악군지』, 232~233면 ; 『백범일지』, 학민사, 174면.

배영학교의 설립자는 表致默과 表致禎이었는데, 이들은 지역의 유력한 상업자본가였다. 특히 초대교장이었던 표치정의 지방에서의 교육활동은 서북학회와 깊은 관련을 가지고 있었다. 그는 서우학회 때부터 회원으로 활동한 인사로 학회에 재정적인 후원을 하기도 하였으며, 앞서 보았듯이 안악의 또 다른 지교인 봉삼학교를 재정적으로 지원하기도 하였다.[77] 그는 김구 등 개명인사들과 교류하면서 지역사회에서 상당한 영향력을 행사하였다.[78] 그는 학교 교육의 중요성뿐 아니라 신문과 서북학회월보 등 각종 애국계몽단체의 잡지를 통한 계몽도 중요하다는 것을 잘 알고 있었기 때문에 지역사회에서 그의 재력과 영향력을 바탕으로 하여 한편으로 학교를 운영하고 지역의 다른 사립학교를 재정적으로 돕기도 하면서, 또 다른 한편으로는 지역민들이 교육의 중요성을 깨우치도록 계몽하는데 앞장서기도 하였다.[79] 학교 개교초기부터 학교의 교과과정의 실제 운영은 朴承幹이 담당하였다. 박승간은 표치정을 뒤이어 직접 교장으로 학교를 이끌기도 하였다.[80]

배영학교는 1908년 11월 11일에 서북학회의 지교가 되었다. 지교의 설립은 교장 표치정이 주도하였는데, 그의 지교 설립 청원에 대해 서북학회 본회 특별총회에서는 '李達元의 擔保書가 有하고 財團證明이 有하니 依規認許'한다고 하였다. 이로서 봉삼지교에 이어 안악에서는 두번째로 서북학회의 지교가 되었다.[81]

배영학교는 지교 설립 직후인 1908년 12월에 서북학회 본회에 公函을 보낸 것을 시작으로 그 이듬해 4월에는 학교의 제1회 졸업을 맞이하여 졸업생의 명단을 본회에 보고하였던 것을 보면 서북학회 본회와 상당히 활발한 교류를 하였음을 짐작할 수 있다. 배영학교는 1909년 12월에는 '야학강습

---

76) 『安岳郡誌』, 147면 · 235면.
77) 『京鄕新聞』, 1907년 3월 8일자, 「긔서」; 『西友』, 제4호, 「會報」, 45면; 『西北學會月報』, 제15호, 「會計員報告」, 49면.
78) 『백범일지』, 학민사, 173면.
79) 『皇城新聞』, 1907년 2월 27일자, 雜報, 「好個斯人」.
80) 『安岳郡誌』, 155~156면.
81) 『西北學會月報』, 제1권 제7호, 「會事記要」, 32면.

소'를 설치하여 지역의 빈민에 자제들의 교육에까지 교육의 기회를 주고자 하였다. 야학강습소의 강사로는 학교 주간부 졸업생인 오찬규가 활약한 것을 보면 아마도 배영학교는 교원양성을 위한 '사범과'를 설치·운영했을 것으로 추정된다.[82]

서북학회의 지교로서 배영학교가 어떠한 교육방침을 교육하였으며, 교과운영과 학교의 임직원의 구성은 어떠했는지 거의 확인되지 않지만, 1919년 3·1 운동 때의 배영학교 임직원과 학생들의 행적을 보면 서북학회의 지교로 활동한 한말에도 '교육구국'의 자세를 견지하고있었던 것으로 보인다.

3·1 운동 때는 안악에서도 격렬한 만세시위가 전개되었다. 배영학교가 위치한 동창리에서는 그해 3월 29일에 시위가 폭발하였다. 이 시위에 배영학교에서는 동창포 예수교회 林成根 등 신도들과 더불어 시위를 주도하였다. 당시 학교의 교장이었던 박승간이 바로 시위를 주도한 인물 중 한 명이었고, 학교설립자였던 표치묵도 후견인으로 시위운동에 가담하였으며 학교의 지하실이 시위를 주도한 기독교도들이 태극기를 그리고 독립선언서를 등사한 장소로 제공되었다는 것 등을 보면 배영학교의 교육정신을 엿볼 수가 있다.[83]

3. 安岳 西北學會支校 교육진흥운동의 성격

봉삼지교와 배영지교는 국권피탈 이후 여러 어려운 난관에 부딪히면서도 군내의 대표적인 명문 사립학교로 발전하였는데[84], 이러한 학교의 발전

---

82) 『西北學會月報』, 제1권 제8호, 「會事記要」, 46면 ; 『大韓每日申報』, 1909년 12월 30일자, 學界, 「培英夜學」. 한편 1909년 4월 28일에 졸업한 배영학교 제1회 졸업생은 우등생은 元春道·表永鐸·金學悅·李泰三·吳燦奎·高雲鶴·安鳳雲·洪淳益이며, 及第生은 趙胤錫·高光勳 등 모두 10명이었다(『西北學會月報』, 제1권 제13호, 「會事記要」, 67면).

83) 독립운동사편찬위원회, 『독립운동사』제2권, 296~297면. 황해도지편찬위원회, 『黃海道誌』, 1982, 272면 ; 『安岳郡誌』, 147~148면·155~156면.

의 원인을 크게 몇가지로 나누어 살펴볼 수 있다.

첫째, 두 지교가 위치한 용문면의 지리적 특성을 지적할 수 있다. 용문면은 군 한가운데 위치한 지역으로 봉삼학교가 위치한 용문면 매화동은 군내 천주교의 본거지였다. 천주교 세력뿐 아니라 용문면 일대는 기독교 교세 또한 강하여 일찌기 東倉敎會·上洞敎會(오가몰)·茂洞敎會(上茂里)가 세워졌던 곳이었다. 때문에 용문면은 군내 다른 지역보다도 비교할 수 없을 정도로 개화의 물결을 빨리 받아들일 수 있는 여건을 갖추고 있었다. 특히 배영학교가 위치한 용문면 東倉里는 면내에서도 최고의 교통요지였다. 동창리는 인접한 文山·安谷·西河面뿐만 아니라 강건너 載寧·鳳山·黃州 郡과도 이웃하고 있고, 더욱이 재령강의 지류인 水合江의 한 줄기가 東倉浦에 이어져 육로뿐 아니라 수로의 이점도 지니고있었다. 동창리의 東倉場에는 군내에서는 물론 봉산군과 재령군에서 장꾼들이 몰려들었던 것은 이러한 지역의 특성을 잘 말해주는 것이다.[85]

이러한 용문면 특히 동창리의 지리적인 이점은 안악지역과 접경한 재령 지역의 애국계몽운동이 안악과 긴밀한 관계를 가지면서 발전할 수 있게 하였다. 안악군에서 인근 지역과의 교류와 교육의 중심이 동창리였던 것처럼 재령군에서는 左栗面과 右栗面[86]이 안악과의 교류의 중심지가 되었다. 좌율면과 우율면은 군의 북부지역에 위치한 지역으로 안악군과 접경지역이었는데, 두 면의 인사들은 이러한 지리적 이점을 이용하여 안악지역을 오가며 면학회를 중심으로 활발하게 전개되던 안악의 교육과 실업운동을 재령으로 재빨리 옮겨왔던 것이다.

후술하겠지만 좌율면과 우율면에서 광리·융예·창동학교 등 세 학교가 동시에 설립되고 또 이 세 학교가 서북학회의 지교로 발전하였고, 이

---

84) 『安岳郡誌』, 235면.

85) 『독립운동사』제2권, 296면 ; 『安岳郡誌』, 147면·223면·518~519면.

86) 좌율면과 우율면은 시간이 지나면서 현재의 北栗面과 南栗面으로 명칭이 바뀌었고 각 면의 경계도 다소 변경되었다. 그러나 당시에도 두 면은 안악군과의 접경지역으로 안악 지역과의 교통에 가장 유리한 지역이었다(『海西邑誌』, 1871년(규장각소장본—奎 No12171), 韓國地理志叢書 邑誌十二 黃海道, 亞細亞文化社, 1985, 99면).

세 지교를 기반으로 재령지회가 조직되었던 것이다. 재령지회가 설립되자 이번에는 반대로 재령지회의 영향력이 안악군 동창리로 미쳐 서북학회의 지교가 동창리에서 승인되었던 것이다. 이처럼 봉삼지교와 배영지교가 군내 다른 사립학교보다 먼저 설립되고 또 두 학교가 서북학회의 주목을 받으면서 발전할 수 있었던 한 요인이 바로 이러한 지리적 이점 때문이었고, 또한 재령 지회와 지교가 군 좌율·우율면을 중심으로 조직·발전되었던 것도 바로 이러한 점 때문이었다.

안악의 봉삼지교와 배영지교의 두번째 발전 요인으로는 학교가 설립된 용문면 일대가 안악지역에서 천주교와 기독교의 영향이 가장 먼저 미쳤던 지역이었다는 점을 지적할 수 있다. 천주교에서 설립한 봉삼지교와 기독교의 영향 아래 설립된 배영지교는 1902년 金昌國·林澤權·宋榮珪·車承庸 등 기독교도들에 의해 설립된 安新학교와 더불어 지역민들에게 천주교와 개신교의 영향을 크게 미치게 하였다. 지역민들은 비록 천주교나 개신교에 직접 입교하지는 않았다 하더라도 신문명의 전파자인 천주교와 개신교를 통해서 '세상을 보는 눈뜨기(開眼)'라는 영향을 받았던 것이다. 안악의 대표적인 부호이자 민족운동가 가문인 김씨문중의 인사들이 면학회의 조직과 활동에 적극적으로 나서게 된 원인도 천주교와 개신교가 일으킨 개화의 물결과 밀접하게 관련되어 있는 것이었다. 특히 면학회를 발기하였던 김용제는 독실한 기독교 신자였으며, 김홍량의 경우 천주교나 기독교의 신자는 아니었으나 그가 양산학교를 설립하게 된 것은 결국 이들 종교의 영향 아래에서 이루어진 것이었다.[87]

봉삼지교와 배영지교가 설립되던 시기만 하더라도 안악지역에는 신식학교가 거의 없었기 때문에 학교는 비단 학생 교육뿐만 아니라 지역 발전 위한 훌륭한 자극제가 되었다. 당시 교회는 신문화와 접촉할 수 있는 유일한 기관이었고, 또 김구가 안악의 교회에서 예배를 본 후 반일 연설을 통해 청중의 민족의식을 고무시켰던 것처럼 교회의 예배 의식을 빌어 집회의 기

---

87) 이경남, 앞의 책, 65~66면·87면.

68

회를 마련할 수 있었다는 점에서도 안악의 애국계몽운동에 큰 기여를 하였던 것이다.[88]

셋째로 안악 지교의 교육은 상업자본가의 주도로 이루어졌으며 대단히 개방적이고 진취적이었다는 점을 지적할 수 있다. 배영지교를 설립한 표치묵과 표치정은 용문면 출신의 상업자본가였다는 것은 이러한 지역 교육의 특수성을 잘 보여주는 것이다. 면학회의 교육과 실업진흥운동에 열정적으로 참여하였던 김씨문중 인사들 또한 대를 이은 사대부 집안 출신이 아니라 당대에 치부한 상업자본가였다. 김씨문중의 부를 축적한 이는 金孝英이었다.

여기서 잠시 김효영의 부 축적과정을 살펴보면, 당시 황해도 지방에서는 목화 재배가 잘 되어 면포 생산이 왕성했는데, 그는 면포상으로 멀리 평안북도 지방까지 보부상으로 나서 부를 축적했다. 그는 축적한 부를 이용해 값싼 미개간의 박토나 강변의 갈밭을 주로 구입하였고 시간이 지나자 그는 수천석을 거두는 대지주가 되었던 것이다. 그리고 춘궁기와 춘경기에 돈이나 곡식을 꾸어주고 가을에 변리를 쳐서 환수함으로 부를 증식하기도 하였다. 이러한 방법으로 늘어난 부는 손자 김홍량이 태어날 무렵에는 1만석 가까운 안악을 대표할 만한 부호가 되었던 것이다.[89]

김효영은 부의 축적과정에서 그러했듯이 대단히 개방적이고 진취적이었으므로 그의 장손 김홍량으로 하여금 해외로 유학하여 견문을 넓히도록 하였던 것이다. 김홍량은 귀국한 후 유학시절 친분을 쌓았던 최광옥을 안악으로 불러들임으로 면학회 결성이 실현될 수 있었던 것이다.

봉삼지교와 배영지교는 각각 천주교와 기독교의 강한 영향을 받으면서 여기에 지역의 상업자본가들의 지원이 더해져 학교의 분위기는 진취적이면서도 개방적 성격을 띠게 되었다. 봉삼지교에서 안악에서 최초로 남녀공

---

88) 한편 최명식은 그의 회고록에서 1905년 을사조약이 체결될 당시만 하더라도 안악지방에서 신문화 운동이라 할만한 것은 안악예수교 예배당에서 경영하는 소학교 하나 뿐이었다고 한 것은 이러한 기독교의 역할을 잘 말해준다(최명식, 앞의 책, 14면).

89) 이경남, 앞의 책, 51면.

학을 실시하였던 것도 이러한 분위기의 단면을 보여주는 것이라 하겠다.

4. 서북학회 재령지회 · 지교 설립과 면학회

재령은 안악에 인접한 지역으로 이 지역에서의 애국계몽운동은 左栗面과 右栗面을 중심무대로 전개되었다. 서북학회의 활동도 마찬가지였다. 좌율 · 우율면에서는 서북학회의 지교가 군내에서 가장 먼저 설립되고 또 이를 바탕으로 하여 군 지회가 조직되었는데, 이것은 두 면이 안악과 인접하고 있었으므로 재령의 다른 지역보다 안악지역과의 교류에 유리하였고, 또 안악의 인사들도 이 지역에서 많이 활동하고 있었기 때문이었다.

서북학회의 지회와 지교가 재령에 설립된 것은 좌율 · 우율면의 인사들의 교육에 대한 남다른 열성이 있었기 때문이었다. 이 지역의 崔正業 · 崔膺根 · 羅秉熙 · 盧春瑞 등 인사들은 지역발전을 위해 무엇보다 학교를 설립하기로 뜻을 모아 廣理학교 · 隆藝학교, 그리고 昌東학교 등 세 학교를 동시에 설립하였다. 이 세 학교의 설립자인 최정업 등 지역인사들은 학교발전을 위해서는 서울에서 활약하는 서북지방 출신 인사들이 망라된 서북학회의 지도와 협조가 필요하다는데 인식을 같이 하여 1908년 5월 20일에 세 학교가 함께 서북학회에 지교 승인을 청원하였다. 서북학회에서는 이를 기꺼이 승인하여 세 학교는 한꺼번에 서북학회 지교의 자격을 얻었다.[90]

서북학회에서는 '학회'로서의 특성을 살려 본회에서 직접 西北協成學校를 설립하였으며, 그 支校를 서북 각 지역에 설립하였다. 서북학회가 설립한 지교 가운데 같은 지역에서 세 학교가 동시에 지교로 승인된 것은 이 경우가 유일하였는데, 이를 보더라도 재령에서의 근대교육에 대한 열기가 얼마나 급속하게 확산되었는가를 잘 알 수 있다.

광리 · 융예 · 창동지교의 임원들은 여기서 한발 더 나아가 장기적인 지

---

90) 『皇城新聞』, 1908년 7월 30일자, 雜報, 「三校成立」 ; 『西北學會月報』, 제1권 제2호, 「會事記要」, 41면.

역 교육 발전을 위해서 세 학교를 설립했던 인적·물적 기반으로 하여 서북학회의 지회를 조직하기로 하였다. 지회 설립을 위해 최정업 등은 지회 설립 승인 청원을 서북학회 본회로 제출하였으며, 본회에서는 "그 군 두 면의 인사들이 열성적으로 교육에 임하고 있는 것을 총무 金允五의 '擔保書'를 통해 확인할 수 있어" 1908년 8월 1일에 지회 설립을 승인함으로써 지교가 설립된 뒤 불과 2, 3개월만에 재령지회가 설립된 것이었다.[91]

재령지회의 설립은 이처럼 광리·융예·창동학교의 조직을 기반으로 결실을 보았지만, 지회 설립을 논의하는 과정에서 지역 인사들 특히 학교의 소재지인 좌율·우율면 인사들의 폭넓은 지지를 얻어냈던 것을 알 수 있다. 지회 설립 후 평의원으로 활약한 金正洪은 좌율면장으로 지역 사회에서 상당한 영향력을 미칠 수 있는 인사였고 지역의 교육과 실업진흥을 주도하던 인사였지만[92] 학교 설립 초기에는 교무에 관여하지 않았던 인물이었다. 더욱이 지회가 설립되면서 세 지교의 주도 인사들을 포함한 좌율·우율면의 인사가 무려 53명이나 동시에 서북학회 본회로 입회하였던 것은 지회의 설립이 재령에서 서북학회의 영향력 확산에 얼마나 큰 역할을 하였는가를 잘 보여주는 것이다.[93]

재령에서 짧은 기간 안에 여러 지교를 설립하고 또 이를 기반으로 황해도에서 가장 먼저 서북학회의 지회를 설립할 수 있었던 것은 재령 좌율·우율면 인사들을 중심으로 한 지역 인사들의 노력이 있었기 때문이었지만, 이들 인사들이 서북학회의 지회와 지교 설립에 적극적으로 나설 수 있게 한 것은 바로 인접한 안악에서 면학회와 서북학회 지교를 통한 교육과 실업진흥운동이 활발하게 펼쳐지고 있었기 때문이었다.

---

91) 『皇城新聞』, 1908년 7월 30일자, 雜報, 「三校成立」; 『西北學會月報』, 제1권 제4호, 「會事記要」, 36면.
92) 『皇城新聞』, 1909년 3월 23일자, 雜報, 「敎育과 實業」.
93) 『西北學會月報』, 제1권 제3호, 「會計員報告」, 49~50면.

V. 맺음말

이제까지 면학회의 활동과 봉삼·배영학교 등 안악에 설립된 서북학회 지교의 활동을 통해 한말 안악에서의 애국계몽운동의 실상에 대해 살펴보았다. 이를 통해 을사조약 체결 이후 국권이 날로 쇠약해 가던 시기에 안악은 이를 극복하기 위한 교육과 실업 진흥운동이 황해도에서 가장 활발하게 일어난 지역이었다. 이 지역에서의 애국계몽운동이 활기를 띠게 된 것은 면학회의 조직이 중요한 계기가 되었고, 서우학회와 서북학회의 활동 또한 중요하였음을 알 수 있었다.

면학회와 서북학회의 활동상을 살펴본 결과 다음과 같은 사실을 알 수 있었다. 먼저 면학회에 대해 살펴보았는데, 이 학회의 조직은 1906년 말에 최광옥·김용제·최명식 등이 중심이 되어 이루어졌음을 알 수 있었다. 당시 안악에는 지역 토박이 인사들 외에도 김구·노백린·장응진 등 걸출한 외지 인사들이 모여들어 활기가 넘쳐 황해도 애국계몽운동의 메카로 부상하고 있었다. 이러한 열기 속에 발족한 면학회는 설립초기부터 의욕적으로 각종 사업을 전개하여 황해도의 대표적인 애국계몽단체로 발전하였다.

면학회에서는 지역의 교육과 실업 발전을 위해서 여러 가지 사업을 추진하였다. 대표적인 교육사업으로는 1907년 면학서포를 설립한 것을 비롯하여 1907년부터 1909년까지 3회에 걸쳐 양산학교에서 사범강습소를 운영하여 교사를 양성한 것, 1907년과 1908년의 두번에 걸쳐 연합운동회를 개최하여 지역의 교육진흥을 도모한 것, 그리고 해서교육총회를 조직한 것 등을 살펴보았다. 이외에도 안악의 대표적인 부호인 김씨·최씨·원씨문중 인사들과 함께 지역의 실업 진흥을 주도한 것, 모범농촌사업을 추진 한 것 등에 대해서도 알아보았다.

면학회가 조직된 시기는 서울에서 대한자강회가 활동하고 있었을 뿐 선구적인 애국계몽학회로 꼽히는 서우학회와 한북흥학회조차 설립되지 않았던 때였다. 이러한 시기에 황해도 지방의 교육과 실업발전을 위해 안악지역인사들이 중심이 되어 독자적으로 애국계몽단체를 조직하여 괄목할 만한 성과를 이루어 낸 것은 안악 지방의 사회·경제적 선진성을 반영하는 것이기도 했다.

면학회 활동은 안악은 물론 황해도 일대의 애국계몽운동 발달에도 큰 영향을 끼쳤음을 알 수 있었다. 안악과 인접한 재령은 직접적으로 그 영향을 받게되었다. 좌율·우율면은 안악과 접경하고 있어 지역에서 교육과 실업운동이 가장 먼저 활발하게 일어난 곳이었다. 이 지역의 광리·융예·창동학교는 재령에서 가장 먼저 설립된 서북학회의 지교였고, 서북학회 재령지회는 이들 세 학교를 기반으로 하여 조직되었다. 재령지회의 활동이 활발해지면서 이제는 반대로 그 영향이 안악지역으로 미쳐 안악에서 서북학회의 영향력이 증대되게 되었던 것이다. 이것은 재령과 교류가 가장 빈번했던 용문면 동창리에 위치한 배영학교가 서북학회의 지교로 발전하는 결과를 낳았던 것이다.

한편 안악에는 서북학회의 지회가 설립되지 못했기 때문에 이 지역에서의 서북학회 활동은 지교인 봉삼학교와 배영학교에 의해 주도되었다. 그러므로 이들 두 지교는 단순한 학교로서의 교육기능뿐 아니라 지역의 애국계몽운동 확산에 크게 기여했음을 알 수 있었다.

봉삼학교는 지역의 천주교 중심지인 용문면에 설립된 안악 최초의 사립학교로 지역 교육 발전에 크게 공헌한 학교였다. 이 학교는 처음 천주교회 부속학교로 설립되었는데, 설립자는 프랑스 선교사였고 천주교회의 보호 아래 발전하다가 서북학회의 지교가 된 것이다. 봉삼학교가 서북학회의 지교가 된 것은 서북학회가 지방에서 강한 영향력을 행사하고 있던 천주교 세력과도 공통의 이해관계를 가지고 일정하게 협력하고 있었다는 것을 보여주었다.

반면 배영학교는 지역의 상업자본가와 기독교 세력에 의해 주도된 학교였다. 학교가 위치한 용문면 동창리는 지역 교통의 요지로서 재령지회가 조직되자 그 영향으로 성립된 지교였다.

봉삼학교와 배영학교를 살펴보는 것을 통해 안악에서 서북학회의 근대교육은 상당히 개방적이면서도 진취적인 성격을 띠고 전개되고 있음을 알 수 있었다. 또 당시 안악사회에서 천주교와 기독교로 상징되는 근대문화와 상업자본가들의 영향력이 얼마나 큰 것이었는가를 살필 수 있었다. 면학회 조직의 기반이 된 안악의 양산학교의 설립과 발전도 두 학교가 영향을 미치고 있었던 것도 확인할 수 있었다.

결국 안악에서의 애국계몽운동은 면학회와 서북학회에 의해 주도되었는데, 면학회의 활동은 안악은 물론 인접한 재령지역에 직접적으로 영향을 미쳐 재령에서 황해도에서 처음으로 서북학회의 지회가 설립되도록 하였다. 이후 면학회와 서북학회의 영향력이 황해도 전역으로 확산되어 나가면서 각지에 서북학회의 지회와 지교가 설립되었던 것이다. 한말 안악이 평안도의 평양이 애국계몽운동의 중심지였던 것과도 같이 안악이 이에 버금가는 황해도의 중심지역으로 부각될 수 있었던 것은 면학회와 서북학회의 활약이 있었기 때문이었다.

The patriotic enlighten campaign in Anak district
—By focusing on the activities of Myung Hak Hwae and Su Buk Academic Society

Cho Hyun-Wook

It was Anak(安岳) district where the patriotic enlighten campaign broke out most actively after entering into the Ulsa Treaty(乙巳條約) which made the power of the Korean government(Dae Han Imperial Government) grow weaker and weaker. Myun Hak Hoae(勉學會) and the Su Buk Academic Society(西北學會) had a great effect for the enlighten campaign in this region to grow vividly.

Myun Hak Hoae was composed of several dominant leaders such as Choi Kwang Ok(崔光玉), Kim Young Chei(金庸濟), and Choi Myung Sik(崔明植) in Anak district. At those time, a lot of outstanding people coming from other regions such as Kim Koo(金九), No Baeck Leen(盧伯麟) and Chang Woon Jin(張膺震) flock together in Anak district. Therefore, it naturally became the center of the patriotic enlighten campaign in Hwang Hae Do.

Myun Hak Hoae developed several kinds of important businesses as follows; establishing Myun Hak Book Store(勉學書鋪), operating the summer teacher training course three times, holding the unified spring field day two times, organizing the educational general meetings in western side and developing the national industry promoting campaign.

These businesses of Myun Hak Hoae shows the advancement of society and economy in Anak district since even in Seoul, at those times there were no establishment of the organization for patriotic enlightenment. In addition, those achievements was also important in that important figures of the Hwang Hae Do made the patriotic enlightenment organizations for themselves during this hard time.

These businesses of Myun Hak Hoae affected a lot to the peripheral region of Anak. Chaeryung(載寧) was affected for the first time by those activities because it was adjacent to

Anak district. Especially the nearest location of Choa Uyl Myun(左栗面) and Woo Uyl Myun(右栗面) of Chaeryung enabled those regions to develop the patriotic enlighten campaign a lot through the influence of Myun Hak Hoae. Kwang Lee(光理) School, Yung Yai(隆藝) School, Chang Dong(昌東) School established in those regions were the first branch schools of Su Buk Academic Society. Chaeryung branch office of Su Buk Academic Society was incorporated by the people driving those three schools.

In Anak, no branch parties of Su Buk Academic Society were established, but two branch schools, Bong Sam(奉三) School and Bae Young(培英) school, were built. Those two branch schools did the role of not only delivering the modern learning but also spreading the patriotic enlighten campaign.

Bong Sam School was the first private school established in the Young Moon Myun(龍門面), the center of Catholicism in that area. Although originally this school was founded by French missionaries as the attached school of Catholic church, it was evolved under the protection of Catholic church into the branch school of Su Buk Academic Society. The fact that Bong Sam school became the branch school of Su Buk Academic Society shows that Su Buk Academic Society was also related to the Catholic power which was dominant in Anak .district.

The modern education of Su Buk Academic Society wore the characteristics of openness and progressiveness through those branch schools of Su Buk Academic Society such as Bong Sam School and Bae Young School. In addition to this, the fact shows how great(strong) the influence of the modern culture symbolized by the Catholicism and Christianity and commercial capitalists were in Anak society at that time.

Finally, the patriotic enlighten campaign in Anak district was leaded by Anak Myun Hak Hoae and Su Buk Academic Society. Later the influencing power of these two organizations was spread out all over the region of Hwang Hae Do to set up branch societies and schools in every place. The activities done by two organizations enabled Anak district to became the center of Hwang Hae Do as Pyung Yang, the heart of Pyung An Do at the beginning of 20th century.

1907·8년 地方金融組合의 설립과 운영

최재성[*]

Ⅰ. 머리말
Ⅱ. 지방금융조합의 설립
Ⅲ. 지방금융조합의 운영
Ⅳ. 맺음말

[*] 성균관대 사학과 박사과정

I. 머리말

지방금융조합은 재정고문 目賀田種太郎의 주도로 농공은행의 보조기관으로서 1907년부터 전국 각지에 설립되었다. 재정·화폐정리사업의 결과 나타난 지방금융의 경색현상을 완화하고, 지방행정의 말단인 농촌에서 식민지 금융기관으로서 기능하도록 설립된 것이다. 첫해인 1907년에 10곳에 설립된 지방금융조합은 3년 만인 1910년에 120개로 늘었고, 1918년에 그 명칭이 앞의 '지방' 두 자를 삭제한 '금융조합'으로 변경되었으며, 1939년에는 그 수가 최대에 이르렀는데 939개(본소 723개, 지소 216개)에 달하여 1개 부·군에 평균 4개씩의 금융조합이 설립되었다. 또한 조합원수도 첫해 5,616명에서 5년 만인 1912년에는 12배에 가까운 67,768명이 되었고, 1919년에는 약 21가구당 1명이 가입할 정도인 146,791명이 되었으며, 1934년에 100만 명을 돌파한 이후 1944년에는 2백 67만여 명으로 거의 전체 인구 대비 10명당 1명 꼴로 급팽창하였다.

이렇게 설립된 지방금융조합은, 설립초기에는 예금업무는 취급하지 않고 정부보조금으로 대출업무만을 담당하는 '정책금융기관'이었는데, 대출업무도 정부보조금의 범위 내에서만 실시하였다. 또한 화폐정리사업과정에서는 화폐교환업무를 담당하는 기구 가운데 하나로 기능하였고, 1915년 '始政5주년 기념 共進會' 때에는 조합원을 조직하여 공진회 관람을 주도하였으며, 試作田 설치·농사개량·종자배부·부업장려 등을 통해 식민농업정책 보조기관의 역할을 하였다.

한편으로는 공동구입·위탁판매·창고보관 등 협동조합의 兼營업무를 취급하였는데, 이 역시 식민농업정책의 원조를 위한 것이었다. 그러나 1914년에 예금업무를 시작하고, 공동구입 등 겸영업무의 비중을 줄였으며 1929년에는 '창고보관'을 제외한 겸영업무를 폐지함으로써 금융기관의 성격을 강화하였다. 그리하여 1920년대 '산미증식계획'과 1930년대의 '농촌진흥운동', 그리고 전시통제기를 관통하며 농업금융기관으로서 기능을 일관되게 수행하였다.

금융조합에 대한 기존 연구성과를 보면, 먼저 1920년대의 '산미증식계획', 1930년대의 '농촌진흥운동', 일제말기 '국가총동원령' 등 일제의 정책과 금융조합과의 관련을 고찰한 것들이 주류이다.[1] 일제 식민지시대 금융조합의 성격에 대한 전반적인 평가를 하기 위해서는 1907년 지방금융조합이 설립된 배경과 그 설립과정, 그리고 설립초기의 활동에 대한 연구도 필요한데, 이에 관한 연구성과로는 정용욱·이동언·이경란 등의 글이 있다.[2] 이들을 통해 지방금융조합의 설립 배경·과정과 1910년대의 조합활동 등에 관한 연구가 많이 진전되었지만[3], 설립초기 조합활동에 대한 고찰

---

1) 秋定嘉和의 「朝鮮金融組合の機能と構造―1930~40年代にかけて」(『朝鮮史研究會論文集』5, 1968), 金森襄作의「日帝下 朝鮮金融組合과 그 農村經濟에 미친 影響」(『史叢』15·16합집, 1971), 波形昭一의 「朝鮮金融組合の構造と展開」(『金融經濟』 170, 1978), 김영희의「1920년대 금융조합의 금융활동」(『숙대사론』 13·14·15합집, 1988) 등이 그것이다.

   秋定嘉和는 '農山漁村振興運動', '國民總力運動'에서의 정치적·경제적 지배의 담당자로서 금융조합의 역할과 기능에 대해 서술하였고, 金森襄作은 금융조합의 시기를 설립기(1907~14년), 기초확립기(14~18년), 비약적확장기(18~29년), 완성기(29~35년), 모순기·전시체제하기(36~45년) 등 5개로 나누고, 농촌경제에 미친 영향으로 농민층 분해와 미곡상품화 촉진, 지주제 강화 재편성으로 들었으며 波形昭一은 농가경제와 금융조합의 구조적 관련, 일제 식민정책과의 관련에 중점을 두어 파악하고 있다. 또한 김영희는 자금조달과 자금운영 양면에 대한 고찰을 통해 일본 5대 증권회사의 公債와 大藏省預金部 자금의 특수채권이 '식산은행-금융조합'의 고리를 통해 조선 농촌경제에 침투하는데, 금융조합의 자금운용은 상층 조합원을 중심으로 계층적으로 이루어져 조합의 금융 활동이 식민지 농정을 관철시킨 하나의 동력이라고 파악하고 있다.

2) 정용욱의「1907~1918년 '지방금융조합' 활동의 전개」(『한국사론』16, 1987), 이동언의「일제하 조선금융조합의 설립과 성격」(『한국독립운동사연구』6, 1992), 이경란의「한말시기 일제의 농업금융정책과 지방금융조합의 설립」(『국사관논총』79, 1998) 등이 그것이다.

3) 정용욱은 조합의 설립배경에 대해 1905년 이래 일제가 추진한 식민지 금융기구의 수립 과정에서 준비되고, 식민지 경제구조 재편작업의 일환인 '재정정리사업'과 '화폐정리사업'으로 빚어진 금융경색과 신용통화기구의 혼란이 조합설립을 촉진하였으며, 농사개량 등 일제의 식민지 농정을 직접대행하고 원료생산물의 원활한 對日移出과 유통구조의 급속

은 여전히 미진한 편이다.

이 글에서는 지방금융조합 설립초기인 1907 · 8년에 시기의 초점을 맞추어 설립배경 · 설립과정 · 조합활동 · 감독기관의 업무지도 등에 대하여 특히 24개 지방금융조합의 자료를 통해 조합설립 초기의 활동과 그 성격에 대해 파악하고자 한다. 다만, 이 시기 조합활동 가운데 대출관련 실태 분석은 지면의 제약으로 다음 기회로 미루기로 한다.

Ⅱ. 지방금융조합의 설립

1. 설립배경

지방금융조합은 재정고문 目賀田種太郎의 주도로 1907년부터 각지에 설립되었다. 目賀田이 재정고문으로 부임하면서부터 지방금융조합이 설립되는 1907 · 8년까지의 상황을 대략 살펴보면 다음과 같다.

러일전쟁이 한창이던 1904년 8월 22일, 대한제국 정부는 일본정부가 추천하는 재무 · 외교고문을 傭聘한다는 것을 골자로 하는 제1차 한일협약이 체결되었다. 이에 따라 이해 10월 일본 대장성 주세국장 目賀田種太郎이 재정고문으로 부임하였다. 일본이 러일전쟁에서 승리한 후인 1905년 11월 17일 제2차 한일협약(을사조약)이 체결되었는데, 이는 일본이 통감을 파견하는 것을 주요 내용으로 하고 있다. 이에 따라 1906년 2월 1일 통감부가 사

한 식민지적 종속구조로의 개편을 도모하는 데 조합설립 목적이 있다고 하면서, 설립과정, 조합원의 계층별 구성과 자산상태, 조합의 구성 및 1910년대의 전반적인 조합활동 등에 대하여 고찰을 하였고, 이동언은 금융조합의 설립배경과 과정, 조합관련 법규의 제 · 개정과 조합의 성격변화, 조합의 조직 및 기구 등에 대하여 서술하였다. 또한 이경란은 지방금융조합의 설립배경과 설립과정에 초점을 맞추어 그 배경으로 1906년 농공은행 설립이전에 이루어진 일본측의 한국농업조사와 한국 농업금융인식에 대하여 고찰하였고, 설립과정으로는 재정고문 目賀田種太郎의 구상과 역할을 중심으로 파악했으며, 지방금융조합 설립의 결과 한국 농촌이 일본자본주의를 위한 일환으로 재편되었다고 하였다.

무를 개시하였으며 3월에는 伊藤博文이 초대 통감으로 부임하였다.[4] 이후 헤이그 밀사파견의 결과 고종이 퇴위당한 직후인 1907년 7월 24일 한일신 협약(정미7조약)이 체결되어 일본인들이 각 부 차관 및 고위 관리에 임명 되었다.[5] 이에 따라 재정고문 이하 顧問府의 각 부국이 폐지되고 재정고문 부의 사무는 탁지부로 이관되었으며, 탁지부 차관에 荒井賢太郎이 임명되 어 目賀田의 역할을 계승하였다.

目賀田이 재정고문으로 부임한 이후 1905년 7월 대구·전주·평양에 재 정고문지부가 설치되었고, 점차 전국 주요지에 고문지부·분서·분청이 설치되어 지방재무를 감독하였으며, 1907년 6월에는 한성·대구·전주· 평양·원산에 顧問監府를 두어 지부 이하를 감독케 했다. 그리하여 재정고 문 이하 고문부의 각 부국이 폐지되기까지 5개소의 고문감부·13개소의 지부·69개소의 분청에 일본인 고용원만 410여 명에 달하는 조직으로 발 전하였다.[6]

目賀田은 임기동안 재정정리·화폐정리사업과 식민지적 금융기관 설립 등 이른바 '目賀田개혁'을 추진하였다.[7] 먼저 재정정리사업으로 국고제도 의 실시, 회계법규 및 징세기구의 정비, 세수확충 등이 추진되었는데, 국고 제도의 실시에 따라 일본의 한 일반은행인 주식회사 第一銀行으로 하여금 국고금출납업무를 취급케하여 중앙은행화하였다.[8] 또한 회계법규의 정비 는 1905년 6월 20일 탁지부령 제5호「세입세출처리순서」의 공포로 시작되 었다.[9] 그리고 징세기구의 정비는 1906년 9월 24일「관세관관제」의 제정

---

4) 제1차 한일협약 체결에서 이등이 통감에 부임하기까지의 과정은 統監官房,『韓國施政年 報』(1906·1907년 도판), 1~6면 참조.

5) 統監官房, 위의 책, 49면.

6) 統監官房, 위의 책, 152~154면.

7) 이른바 '目賀田개혁'에 대해서는, 황하현의「目賀田種太郎의 대한경제공세」,『일제의 대 한침략정책사연구』, 현음사, 1996, 211~233면 참조.

8) 제일은행은 1905년 1월 31일 한국정부와의 계약에 따라 국고금출납업무를 취급하게 되 었고, 나아가 한국정부의 동의없이 일본정부의 일방적인 조치(칙령 제73호, 1905.3.24) 에 의해 한국 중앙은행의 역할을 하게 되었다. 이석륜,『한국화폐금융사연구』, 박영사, 1984, 383~387면.

82

을 통하여 이루어졌는데, 이에 따르면 탁지부대신의 관리 하에 세무감독기관으로 각도에 稅務監을 두고 집행기관으로서는 세무관과 세무주사를 두어 세금징수를 담당하게 했다.[10] 아울러 세수확충은 왕실재정의 국가재정으로의 편입, 관세의 국고편입, 세원조사, 조세창설 등을 통해 이루어졌다.[11] 요컨대 재정정리사업의 골자는 국고출납을 제일은행이 담당토록 하고, 세수를 확충하며 外劃폐지·징세기구 정비를 통해 지방관을 징세과정에서 배제하는 것이었다.

또한 화폐정리사업은 1904년 11월 典圜局을 폐지하고 일본의 화폐제도를 도입하여 당시의 조선화폐인 白銅貨·엽전·기타화폐(舊銀貨·舊銅貨)를 신화폐(제일은행권·新銀貨)로 교환하는 것으로, 1905년 6월 훈령「신화폐조례 실시와 구백동화환수에 관한 건」의 공포에 따라 7월부터 본격적으로 실시되었는데, 그 본질은 조선인의 화폐자산을 수탈하는 것이었다.[12]

---

9) 이의 제정과 공포에 대해, 소속년도·출납기관·출납 및 정리의 방법·감독작용을 명확히 하여 종래의 不法徵求, 각개 任意收支를 禁하고 종래 최대폐해였던 外劃제도를 근절함으로써 징수의 통일을 기하고 지출의 節制를 도모하기 위한 것이라고 기술하고 있다. 統監官房, 앞의 책, 166면.

10) 도내 세무행정을 지휘감독하는 각도 세무감은 관찰사가 겸하였고, 세무관은 각 도내 중요한 지역에 배치되었으며, 세무주사는 각 군에 파견되어 세무집행을 담당하였다. (조기준, 『한국자본주의 성립사론』, 대왕사, 1985, 218~222면.) 이 시기 세무감 13명, 세무관 36명, 세무주사 118명이었으나, 1907년 6월에는 세무관 50명, 세무주사는 370명으로 증가했으며, 1907년말에는 세무감부 13개소, 세무서(세무관 주재지) 50개소, 세무분서(세무주사 소재지) 181개소에 이르렀다. 한일신협약에 따라 재정고문 이하 고문부의 각 부국이 폐지되고, 「재무감독국관제」와 「재무서관제」의 공포(1907.12.18)에 의해 1908년 1월부터는 세무감이 폐지되었으며, 5개소의 고문감부는 재무감독국으로, 세무서와 세무분서는 각각 재무서와 재무분서로 바뀌었다. 統監官房, 앞의 책, 154~156면.

11) 高嶋雅明, 『朝鮮における植民地金融史の硏究』, 大原新生社, 1989, 134~138면.

12) 화폐정리사업에서 구화회수의 주목표는 백동화와 엽전이었는데, 백동화의 경우 '구화 2개 = 신화 1개'의 교환비율에 따라 백동화를 소유한 조선인의 화폐자산 1/2이 수탈당했으며, 엽전의 경우 당시 세계적인 구리가격 등귀에 따라 엽전을 회수하여 수출하려는 목적이었다. 구화회수결과 백동화는 유통액 11,500,000원 가운데 1908년까지 83%가 환수되었다. 또한 1905년 8월~1909년 11월까지 엽전환수액은 4,767,418원으로 전체 엽전유통액 13,000,000원의 약 37%이다(이석륜, 앞의 책, 392~416면). 또한 구화의 환수를 도모하면서 제일은행권 보급에 주력한 결과 제일은행권 유통량이 1904년 337만원, 1905년 813만원, 1906년 922만원, 1907년 1,280만원, 1908년 1,038만원,

이러한 재정정리·화폐정리사업의 결과 조선의 전통적인 금융기구가 붕괴되어 금융경색이 전국으로 확산되었는데, 이는 징수된 세금과 교환된 舊貨幣가 제일은행에 집중됨으로써 지방자금 공급의 경로가 차단되었기 때문이었다. 특히 외획의 폐지는 지방생산물의 거래부진과 가격하락을 초래했고 그 결과 지방민의 금융경색이 가중되었으며 이는 다시 징세의 곤란 및 징세실적의 저조로 이어져 재정상의 문제를 야기하였다.

이와 같은 금융경색현상의 전국 확산으로 그 대책이 필요하였는데, 그것은 조선의 전통적인 금융기구를 대신하여 새로운 식민지적 금융기관을 설립하는 것이었다. 그런데 식민지적 금융기관의 설립은 이른바 '目賀田개혁'의 일환으로 계획되어 있던 것이기도 했다. 이에 따라 먼저 1905년 9월 한성공동창고회사를 시작으로 漢城手形組合, 農工銀行 등이 차례로 설립되었다. 농공은행의 설립으로 농공은행 본·지점이 설립된 일부 도시지역은 금융경색현상이 어느 정도 완화되었지만, 농촌지역은 여전히 그 현상이 해소되지 못했다. 그리하여 농공은행의 역할을 농촌에서 담당할 보조기구로서 설립된 기관이 지방금융조합이다. 지방금융조합은 재정정리·화폐정리사업, 식민지적 금융기관 설립이라는 '目賀田개혁'의 일환으로 계획되었으며 농공은행을 보조하여 재정정리·화폐정리사업으로 야기된 지방 농촌의 금융경색을 완화하고, 확산되고 있던 의병투쟁을 조선농촌 및 농민으로부터 분리·차단하기 위해 설립되었던 것이다.[13)]

2. 설립과정

지방금융조합 설립과정을 살펴보면 다음과 같다.[14)] 1906년 4월 재정고

1909년 1,343만원, 1910년 2,016만원으로 늘어나 조선내 통화량중 차지하는 비율이 1906년 38.9%에서 1910년까지 매년 46.6%, 47.2%, 56.8%, 67.4%로 증가하였다. 배영목,『식민지조선의 통화금융에 관한 연구』, 서울대 경제학과 박사학위논문, 1990, 26~27면.

13) 波形昭一,『日本植民地金融政策史の硏究』, 早稻田大學出版部, 1985, 201면.

문 目賀田은 통감 伊藤博文에게 의견을 제시한[15] 후 한국정부에 의견을 묻고, 다시 1907년 2월에는 각지 농공은행 지배인에게 「출장대부와 농업창고시설」에 관한 통첩을 보내 그들의 의견을 들었다. 이 과정에서 지방금융조합 설립계획안이 만들어졌다. 또한 재정고문부는 5월 15일 각지 세무관에게 「지방금융조합창설에 관한 건」이란 통첩을 보내고 「지방금융조합설립계획요령」, 「지방금융조합 모범정관」, 「지방금융조합 공동자금하부에 관한 명령」, 「地方金融組合設立細條說明」을 시달하였다.

그후 5월 30일 칙령 제33호로 「지방금융조합규칙」이 공포되었다. 모두 14개조로 이루어진 이 규칙은 대체로 '농민의 금융을 완화하고 농업의 발달을 企圖함을 목적으로 하는 사단법인'으로 '1군 또는 數郡 내에 주소를 갖고 농업을 영위하는 자'를 조합원으로 하고, 조합원에 대해 '농업상 필요한 자금의 대부'와 '생산한 곡류를 창고에 보관'하는 업무를 營爲하며 '종묘 비료 등 농업상의 재료를 분배 또는 대여'하고 '그 생산물의 위탁판매'를 겸영한다는 내용을 골자로 하고 있다.[16] 지방금융조합의 설립에 관한 방법은 탁지부 대신이 정한다는 「지방금융조합규칙」 제13조에 따라 탁지부에서도 부령 제16호로 「지방금융조합설립에 관한 건」을 공포하였다.

「지방금융조합규칙」이 공포되고, 여러 통첩이 시달되자 각지 세무관들은 관내의 설립 예정지를 보고하였고, 정부는 이에 기초하여 세무관 소재지의 주요 각 군 50개소에 금융조합을 설립할 계획을 수립하였다. 이때의 조합설립방침을 보면, 조합은 1개 군 또는 수 개의 군으로써 1구역으로 하고, 세무관 소재지인 전국 주요 각 군 50개소에 설립하며 세무관이 주재하지 않는 지방은 추후 그 설치 후에 설립하도록 하였다.[17] 또한, 농공은행 본·지

---

14) 설립과정에 대해서는 秋田豊의 『朝鮮金融組合史』, 朝鮮金融組合協會, 1929, 71~90면 참조.

15) 이 과정에서 伊藤은 조선에서 전래로 뿌리깊은 가까운 이웃끼리 서로 돕는 정신을 환기하는 것이 아주 급한 일이라고 했다. 이 정신은 곧 契의 정신을 의미하는 것이다. 高杉東峰 편저, 『朝鮮金融機關發達史』, 實業タイムス社, 1940, 301~302면.

16) 「地方金融組合規則」, 박복래, 『한국농업금융사』, 1963, 농업협동조합중앙회, 304면.

17) 「地方金融組合設立計劃要領」제1조, 秋田豊, 앞의 책, 76~77면.

점 · 출장소, 창고, 手形組合 등이 설치된 곳은 가급적 피하라고 하였다.[18]
<표 1>은 지방금융조합 설립계획에 따라 1908년 말 현재 설립된 조합(설립
준비중인 지역 2곳 포함)에 대하여 그 설립과정에서 설립지 방침의 준수정
도를 비교해보기 위한 표이다.

먼저 조합구역 내의 관할 부 · 군수에 대해 살펴보면, 평양지방금융조합
의 경우 1907년말 기준(<표 4> 참조)으로 그 수가 14개나 된다.[19] 1개 내지
수 개 군의 범위를 훨씬 넘어서는 것이다. 그러다가 1908년 7월(<표 5> 참
조)의 자료에는 삼화부, 평양 · 순안 · 상원 · 중화 · 강동 · 강서 · 영유 · 용
강 · 함종군 등 10개 부 · 군으로 확인되는데[20], 7개월 전에 비해 4개 군이
줄어든 것으로 이는 4개 군이 조합구역에서 제외되었다기보다 조합구역에
포함되었어도 대출실적이 없거나 자료가 누락되었기 때문으로 보인다. 이
후 1908년말의 상황은 <표 1>에서 보듯이 6개로 대폭 줄었다. 이는 1908년
하반기에 시행된 일부 郡 폐합시 관할구역 내의 함종군이 폐합되고[21], 기
존의 관할구역이던 강서군에 4개 군을 관할하는 지방금융조합이 신설되었
기 때문이다.

관할 부 · 군수는 1907년에 54개와 1908년에 160개인데, 매년 증가하여
1914년에 이르면 226개 부 · 군이 조합의 관할구역으로 되어 거의 1개 부 ·
군마다 금융조합 1개씩이 설립된 셈이 되었다. 즉 1914년에 설립조합수는
230개(영업조합 227개)[22]로 늘고, 그해 3월에 시행된 부 · 군 폐합의 결과
100개 군이 폐합되고 3개 군이 신설되어 종전의 329개 부 · 군에서 232개
부 · 군으로 줄었다.[23] 그리하여 전체 232개 부 · 군 가운데 지방금융조합의

---

18) 「地方金融組合ノ創設ニ關スル件」, 秋田豊, 앞의 책, 76면.

19) 『第二次統監府統計年報』(1907년도판), 제169표 「한국지방금융조합영업총황」, 237~
238면.

20) 「平壤地方金融組合 貸付金旬報 · 貸付金個人別明細表」(규26502)

21) 함종군을 폐하고 셋으로 나누어 그 가운데 하나는 강서군에, 다른 하나는 용강군에, 나머
지 하나는 증산군에 합해졌다. 統監府, 『第二次韓國施政年報』(1908년도판), 26~27면.

22) 朝鮮總督府財務局, 『朝鮮金融事項參考書』(1923년도판), 250면.

23) 부군폐합에 대해서는, 朝鮮總督府, 『朝鮮總督府施政年報』(1914년도판), 29~31면 참조.

<표 1> 조합연황과 설립지 환경(1908년말 기준)

조합명	조합연황			설립지 환경	
	개업일	군수	조합원	재무서	금융기관
수원	07. 10. 8	3	346	설치	한성支
개성	08. 1. 6	5	244	〃	一出 한호支
남양	08. 5. 29	2	200	미설치	-
강릉	07. 12. 28	1	392	설치	-
원주	08. 3. 28	2	256	〃	-
철원	08. 11. 25	1	-	〃	-
공주	07. 11. 5	7	1,358	〃	한호出
홍산	07. 11. 5	7	192	〃	-
천안	08. 7. 17	3	324	〃	-
서산	08. 8. 21	5	269	미설치	-
홍주	07. 12. 10	5	384	설치	-
청주	07. 8. 31	6	261	〃	-
영동	08. 9. 21	2	460	〃	-
진주	07. 8. 8	4	483	〃	경상支 수형
밀양	07. 10. 8	4	381	〃	밀양本
창원	07. 11. 9	4	575	〃	-
울산	08. 5. 30	1	269	미설치	-
대구	08. 9. 21	4	316	설치	一支 경상本 수형
경주	07. 10. 30	1	288	〃	-
상주	07. 10. 5	2	297	〃	경상出
성주	07. 11. 25	1	445	〃	-
안동	08. 6. 12	1	357	〃	-
광주	07. 6. 28	8	483	〃	광주本 수형
나주	07. 7. 15	6	259	〃	18出
영암	07. 7. 3	7	315	〃	-
순천	07. 7. 15	5	315	〃	-
제주	07. 7. 3	3	173	〃	광주支
전주	07. 9. 21	7	951	〃	전주本 수형
남원	08. 3. 3	4	603	〃	전주支
서흥	08. 4. 1	7	316	〃	-
안악	08. 6. 27	3	335	미설치	-
송화	07. 10. 15	4	406	설치	-
옹진	08. 10. 9	1	-	미설치	-
평양	07. 9. 25	6	224	설치	一支 58出 평안本 수형
안주	07. 9. 25	4	574	〃	-
덕천	07. 11. 9	3	142	〃	-
성천	08. 9. 11	2	181	미설치	-

강서	08. 9. 1	4	346	〃	−
의주	07. 11. 20	1	417	설치	−
강계	08. 2. 7	3	177	〃	−
초산	08. 9. 4	3	234	〃	−
함흥	07. 12. 21	1	262	〃	一出 함경支
북청	08. 6. 27	1	610	〃	−
영흥	08. 8. 21	1	475	미설치	−
덕원	08. 12. 1	2	583	〃	−
단천	08. 11. 27	1	286	〃	−
경성	08. 4. 9	1	229	설치	一出 함경支
길주	08. 11. 10	1	−	미설치	−
금성	준비중	−	−	설치	−
강경	〃	−	−	미설치	한호 支

주1) 조합현황은 『第三次統監府統計年報』(1908년도판), 제225표 「韓國地方金融組合營業總況」에서 작성.

　2)　一 : 第一은행, 18 : 十八은행, 58 : 第五十八은행, 밀양 : 밀양은행, 한성 : 한성은행, 한호 : 한호농공은행, 경상 : 경상농공은행, 광주 : 광주농공은행, 전주 : 전주농공은행, 평안 : 평안농공은행, 함경 : 함경농공은행, 수형 : 手形組合. 本 : 본점, 支 : 지점, 出 : 출장소

관할구역에 편입되지 않은 부·군은 겨우 6개에 지나지 않게 되었다.

다음으로 설립계획에 따른 50개 조합의 설립지와 1908년의 50개 '재무관 위치 및 관할구역'과의 일치여부를 확인해 보면, 설립된 48개 조합 가운데 37개 지역이 일치하고, 설립 준비중인 강원 金城까지 포함하면 일치하는 지역은 38개이다. 세무관(1908년 이후에는 재무관)이 주재하지 않는 지방은 추후 그 설치 후에 설립하도록 하였지만, 12개 지역에서 그 방침에 어긋나게 재무관 주재 전에 조합이 설립된 것이다. 12개 지역 가운데 남양 등 남부지방 4곳을 제외하면, 모두 북부지방이 다수를 차지하는 것이 특징이다.

또한 가급적 피하라던 금융기관 기설치 지역과의 중복여부를 확인해보면, 일본계은행을 제외하면 수원·개성·공주·진주·대구·상주·광주·제주·전주·남원·평양·함흥·경성 등 13개 지역(설립준비중인 충남 강경을 포함하면 14개 지역)이 일치하는데, 이들은 주로 농공은행 본·지점 설치지역이다. 이는 지방금융조합 설립과정에서 농공은행 지배인들의 의견이 참작된 사실과 거액자금 대출신청이 있을 경우 농공은행에 매개

시키도록 한 사실과 관련이 있다고 생각된다.

금융조합 설립계획에 따라 50개소의 설립이 일단락된 후, 1909년 2월 탁지부차관은 각 재무감독국장 앞으로 통첩을 발하여 조합구역과 관련한 방침을 변경하였는데, 이전에는 地勢, 관습(苗垈 또는 용수를 공동사용하는 경우), 교통기관의 完否나 조합업무집행의 便否(종묘·비료의 분배 등)를 고려하여 정하도록 했던 것[24]을 이때부터 행정구역을 표준으로 하고 경제교통을 기초로 하여 1개 군 또는 2개 군으로 하도록 하였다.[25]

다음으로 조합 설립절차를 보면 군수, 재무관·재무관보·세무관 및 관찰사가 추천하는 민간위원 약간 명으로 설립위원을 삼아 조합설립을 추진하며, 설립위원은 지방금융조합의 정관을 만들어 탁지부대신의 인가를 받은 후 조합원의 모집에 착수하고 조합원의 모집을 마감한 후 창립총회를 열어 창립에 관한 사항을 보고하고 임원의 선거를 행하게 하였다.[26]

또한 조합원의 자격에 대하여는 농민의 경제상태를 구제한다고 표방한 조합설립취지에 따라 가급적 소농 즉 소작인으로써 조직하고, 지주는 단순히 토지의 소유자일 뿐 농업과 관계가 없으므로 가급적 가입을 피하며 소상인 또는 小工者도 적당하다고 인정될 경우 가입시키도록 했다.[27] 이러한 사실을 뒷받침하는 것이 다음의 <표 2>인데, 1907·08년의 조합원 직업을 알 수 있는 수원[28]·강릉[29]·홍산[30]·밀양[31]·경주[32]·상주[33]·나주[34]·전주[35]·평양[36]·안주[37]·강계[38] 등 11개 지방금융조합 조합원의

---

24)「地方金融組合ニ關スル細條說明」제2조, 秋田豊, 앞의 책, 82면.

25)「地方金融組合增設ニ關スル注意ノ件」(理監發 第59號, 1909.2.1), 秋田豊, 앞의 책, 122면.

26)「地方金融組合設立ニ關スル件」(度支部令 제16호), 秋田豊, 앞의 책, 81면.

27)「地方金融組合ニ關スル細條說明」第3條

28)「水原地方金融組合 貸付金旬報」(규26492).

29)「江陵地方金融組合 貸付金旬報」(규26513).

30)「鴻山地方金融組合 貸付金旬報·個人別明細表」(규26493).

31)「密陽地方金融組合 貸付金旬報·個人別明細表」(규26503).

32)「慶州地方金融組合 貸付金各個人別表」(규26795).

33)「尚州地方金融組合 貸付金旬報」(규26497).

<표 2> 조합원 직업별 구성(단위 : 명, %)

구 분	농 업	상 업	兼 業	鹽 業	합 계
조합원수	913 (92.3)	44 (4.5)	30 (3.0)	2 (0.2)	989

출전) 해당 지역금융조합의 『대부금순보』 등에서 작성

직업별 구성을 보여준다.

앞 페이지 <표 2>에서 11개 조합의 직업을 알 수 있는 조합원은 989명이다. 그 가운데 농업인구가 92.3%인 913명으로 압도적이다. 겸업인구 30명까지 합하면 95% 정도가 된다. 이 시기 조합에 가입한 조합원은 농업인구가 절대적인 다수를 차지하였고, 따라서 지방금융조합이 농촌금융기관이었다는 사실을 확인할 수 있다.[39]

그러나 이 시기 조합원 모집은 순탄치 않았다. 농민들은 금융조합에 대하여 경계심을 갖고 있었고[40], 1907년 군대해산 이후 전국 각지에서 의병의 활동이 활발하였기 때문에 일본인 관리들이 마음놓고 나다닐 수 있는 상황이 아니었다. 총독부 재무국장을 역임한 河內山樂三의 회고에 의하면, 지방금융조합 설립위원들은 권총과 일본도를 휴대하고 조합설립에 나섰다.[41] 또한 광주지방금융조합 이사 奧田種彦은 대출금 회수를 위해 1908년

---

34) 「羅州地方金融組合 貸付金旬報·個人別明細表」(규26500).

35) 「全州地方金融組合 貸付金旬報」(규26487).

36) 「平壤地方金融組合 貸付金旬報·貸付金個人別明細表」(규26502).

37) 「安州地方金融組合 貸付金旬報·個人別明細表」(규26489)

38) 「江界地方金融組合 貸付金旬報」(규26507)

39) 한편, 1912~1913년의 173개 조합 62,484명에 대한 조합원 직업별 구성을 보면, 농업 84.3%, 농업 겸 상업 8.2%, 농업 겸 공업 0.9%, 半農半漁 0.5%로 겸업을 포함한 농업인구가 93.9%에 달하고, 상업인구가 5.1%, 공업인구는 0.7%이다(정용욱, 앞 논문, 235면). 이는 위의 결과와 비교할 때 대체로 그 추세가 유지되고 있다고 생각된다.

40) 이와 관련해서는, 서광운의 『한국금융백년』, 창조사, 1973년, 446면 참조. 또한 이에 대해 정용욱은 '당시 조선인들이 조합을 일제에 의해 수립된 관청 또는 관설 고리대기관 정도로 여기고 가입을 기피'하였다고 하였다. 정용욱, 앞 논문, 221면.

41) 河內山樂三, 「組合創設當初のことども—理事諸氏の奮鬪を想起して」, 『金融組合』제4호(1929년 2월), 朝鮮金融組合協會, 5~6면 ; 朝鮮金融組合協會, 『金融組合逸話集』,

5월 출장가는 재무관을 따라 나섰다가 곡성 근처에서 의병들의 공격을 받고 가까스로 도망친 일이 있었다.[42]

조합원 모집과 관련하여 조합의 이사후보자인 설립위원이 지방의 식자층과 유력자들을 찾아다니며 筆談으로 조합의 목적과 사업을 설명하기도 하고, 면장과 지방위원들이 조합원 모집활동에 적극 나섰다.[43] 그 결과 많은 농민들이 조합원 모집에 응모하였으나 응모한 사람 모두가 조합원이 되는 것은 아니었다. 조합원은 조합의 경비에 충당하기 위해 매년 2원 이내를 2기로 나누어 분납해야 했다.[44] 광주지방금융조합의 경우 8월 10일 조합원 모집을 마감한 결과 응모자가 1,000명을 넘어 그들을 모두 참석케 할 수 없어 창립총회에는 각 군 대표 5명이 참석하도록 한정했다[45]고 하나 <표 4>에는 광주지방금융조합 조합원이 298명으로 되어 있는데, 이는 조합원 모집에 응모한 자가 아닌 조합비 납부자만 조합원으로 인정하였기 때문이 아닌가 한다. 이러한 사례는 상주지방금융조합에서도 발견되는데, 상주지방금융조합의 경우 응모자가 1,174명이었으나 조합비 납부자는 219명에 불과하였다고 한다.[46]

이렇게 매년 조합비를 납부하는 것이 부담되는 조합원도 많아 1909년에는 가입시 1회에 한하여 가입금을 납부하는 것으로 바뀌었다.[47] 또한 조합

1931, 103면.

42) 秋田豊, 앞의 책, 103면.

43) 설립위원의 활동에 관해서는 초산지방금융조합 설립위원이었던 牧田淸吉의 사례가 있는데, 그는 1908년 6월 15일 설립위원의 사령을 받고, 서당의 훈장과 유력자들을 찾아다니며 필담으로 설명을 하고, 재무주사의 도움을 받아 일요일에는 출장강연회도 열었다. 또한 면장과 지방위원의 활동에 힘입어 9월에 280여 명의 조합원을 모집하여 10월에 업무를 개시하였다(牧田淸吉, 「懷しき追憶」, 『金融組合』 제9호(1929년 7월), 朝鮮金融組合協會, 64~65면). 또한 면장의 활동에 대해서는 1909년 황해도 황주지방금융조합이 설립될 당시 면장으로 있었던 이충건의 사례가 있는데, 그는 당시 면장임에도 면의 일은 둘째로 하고 거의 전문적으로 마을을 순회하여 지방유력자를 방문하고 야간에는 호별방문을 하면서 강제적으로 가입시켰다고 한다. 이충건, 「舊韓國時代思想から自發的加入に至るまで」, 『金融組合逸話集』, 朝鮮金融組合協會, 1931년, 281~282면.

44) 「地方金融組合設立計劃要領」 제4조; 「지방금융조합규칙」 제8조.

45) 秋田豊, 앞의 책, 91면.

46) 정용욱, 앞 논문, 221면.

원의 수에 대해서도 초기에는 제한하지 않았으나 1909년 2월 탁지부 차관이 각 재무감독국장 앞으로 발한 통첩을 통하여 조합원수는 300명 이내로 하도록 하였다.

어쨌든 설립위원·면장·지방위원들의 적극적인 활동으로 1907년에는 5,616명의 조합원을 모집하게 되었다. 그리고 이듬해인 1908년에는 조합원수가 16,128명이 되어 전국 호수총수 1,942,690호의 0.83%로 1,000가구당 8가구 꼴로 가입하였다.[48]

조합원을 모집한 후에는 창립총회를 열어 임원을 선출하였다. 임원은 조합장 1명과 평의원 약간 명을 둘 수 있도록 했다.[49] 또한 창립총회를 마친 조합에는 이사가 임명되었는데, 이들은 <표 5>에서 보는 대로 모두 일본인이었고[50], 동양협회 부속전문학교(척식대학의 전신) 졸업생들이 많았는데, 동양협회는 拓植을 위한 자료조사와 척식업무 종사자 양성을 위한 단체로 1908년 2월경 동양협회 부속전문학교 졸업생 가운데 금융조합이사는 14명으로 <표 5>의 25명 중 과반수이다.[51] 河內山樂三의 회고에 의하면 1907년 초여름 동양협회 부속전문학교 졸업생 30명이 동양협회 간사 門田正經의 인솔로 조선에 와서 교육을 받은 후 지방금융조합 설립위원의 사령을 받고 任地에 갔는데, 이들 설립위원은 조합설립 후 '당연히' 조합의 이사가 되었다고 한다.[52] 공주와 鏡城지방금융조합의 이사 藤本周三과 前田興七郎이 이사에 임명되기 전후의 사령장을 보면, 藤本은 재무서주사였고, 前田은 鏡城

---

47) 秋田豊, 앞의 책, 184면.

48) 秋田豊, 앞의 책, 118~119면.

49) 임원은 조합원의 선거에 의하고 탁지부대신이 이를 임명하며 임기는 2년으로 하였다. 「地方金融組合設立計劃要領」 제3조, 秋田豊, 앞의 책, 77면.

50) 이들 가운데 공주의 藤本周三과 안주의 山根譓는 1930년대 조선금융조합연합회의 간부를 역임하는데, 山根譓는 교육부장을, 藤本周三은 강원지부장을 맡았다. 阿部薰, 『朝鮮金融組合大觀』, 民衆時論社, 1935, 12면.

51) 동양협회전문학교 졸업생 287명중 1908년 2월경 조선에 취직한 사람은 62명이고, 그 가운데 지방금융조합에 취직한 사람은 14명이며, 1909년 10월에는 졸업생 539명중 조선에 취직한 사람이 209명, 지방금융조합에 취직한 사람은 101명이다. 波形昭一, 앞의 책, 213면.

52) 河內山樂三, 앞의 글, 5~6면.

재정고문지부에 근무하였다. 또한 牧田淸吉은 탁지부 주사, 楚山지방금융
조합 설립위원이었다.[53]

　이사가 임명된 각 조합에는 조합의 운전자금으로 탁지부로부터 1만원[54]
의 기본금이 무이자 貸下되었다.[55] 그 상황에 대해 『대한매일신보』의 '탁
지부에서 남원군 금융조합소에 돈 일만환을 보내엇다더라'라는 기사[56]에
서 확인할 수 있다. 조합의 기본금으로 대하된 자금은 1905년 12월 일본정
부로부터 차입한 금융자금채로 조달된 것이었는데, 1907년 말 지방금융조
합에 대하된 자금은 17만원이었고[57], 1908년 말에는 27만원이 증가하여 44

---

53) 牧田淸吉은 1908년 6월 13일 탁지부주사에 임명되고 이틀 뒤인 6월 15일 초산지방금
　　융조합 설립위원에 임명되었다. 그가 초산지방금융조합 이사였는지는 확인할 수 없으나
　　전후사정을 감안하면, 이사에 임명되었을 것으로 보인다. 또한 藤本周三은 1908년 2월
　　7일 재무서주사에 임명되었는데, 牧田의 경우를 참조할 때 곧이어 공주지방금융조합 설
　　립위원에 임명되었을 것이다. 그는 이후 같은 해 5월 현재 공주지방금융조합 이사였다.
　　그리고 前田興七郞은 경성재정고문지부 근무명령을 받았다. 그후 재정고문지부가 없어
　　지면서 재무서로 이동되고, 다시 경성지방금융조합 설립위원이 되었을 것으로 보인다.
　　그는 1908년 4월 30일 탁지부로부터 경성지방금융조합 이사에 임명되었다. 그 형식은
　　탁지부대신 고영희로부터 경성지방금융조합장 앞 추천이다. 秋田豊, 앞의 책, 97～98
　　면.
54) 이 시기의 화폐단위에 대하여 살펴보면, 1901년 2월의 '화폐조례'에서 순금 2푼을 가격
　　단위로 삼아 이를 圜으로 하였고, 1905년 1월의 '화폐조례'에서는 종래 圜·元·냥이라
　　는 화폐단위에서 元과 냥은 제외되고 圜으로 일원화되었다(1901년의 화폐조례에 대해
　　서는 이석륜, 앞의 책, 327면. 1905년의 화폐조례에 대해서는 이석륜, 앞의 책, 381
　　면). 또한 1886년에 시험주조된 도금주석시주화로부터 1907년 발행된 '半圜 은화'에 이
　　르기까지 당시 발행된 화폐에는 한자로 '圜', 한글로는 '원'으로 액면표시를 하였다. 그리
　　고 1901년 이후 주조된 화폐의 영문단위도 'WON'이다(한국조폐공사, 『화폐도감』,
　　1970년, 332～361면). 따라서 이 글에서는 화폐단위를 한글 '원'으로 한다.
55) 「共同資金下付ニ關スル命令案」 제1조(秋田豊, 앞의 책, 78면). 자금대하방침에 대해 이
　　경란은, 일본에서 日本興業銀行과 農工銀行이 설립될 당시 외국인 고문 엑케르트 계획으
　　로부터 目賀田이 영향을 받았기 때문이라 한다. 일본에서는 엑케르트의 안에 의거하여
　　1896년 日本興業銀行과 農工銀行이 설립되었는데, 엑케르트 계획은 중앙에 전국을 구
　　역으로 하는 日本興業銀行을 설립하고, 각지방에 府縣구역의 農業銀行을 설립하며, 그
　　아래 各 町村구역의 信用組合을 설립하려는 것이었는데, 신용조합의 독자적인 기능만으
　　로는 고리대자본을 배제할 수 없으므로 미리 신용조합 보조금대부법을 마련하여 각 조합
　　에 보조대부한다고 기획되어 있었으나 결국 성사되지는 않았다고 한다. 이경란, 앞 논문,
　　26～28면.
56) 『대한매일신보』 1908년 3월 20일자.

만원이 되었으며58), 1909년도분은 '起業公債'로 조달한 100만원 가운데 40만원을 책정하였다.59)

그밖에 경비보조금도 있었는데, 이는 모든 이사의 봉급 전부와 설립 후 2년 이내인 조합의 서기 봉급의 일부를 보조하기 위한 것이었다.60) 경비보조금은 1906년 3월 日本興業銀行으로부터 차입한 起業資金債 가운데에서 1907년에 40,000원이 지원되었다.61) 이후 경비보조를 위한 1908년과 1909년의 예산은 각각 50,000원과 150,000원이었다.62) 지방금융조합의 기본금과 경비를 지원하기 위한 이들 자금은 위에서 보았듯이 공채발행과 일본정부로부터 차입을 통해 조달한 국채의 일부로서, 국채는 조선경제의 식민지화를 위한 비용부담을 대한제국의 정부와 국민에게 전가한 것인데63), 국채보상운동으로 대표되는 조선민중의 거센 저항을 불러일으켰다. 이들 지방금융조합의 기본금·경비 지원금의 규모는 1907년도 정부 예산이

---

57) 금융자금채는 공동창고회사·수형조합·보통은행 기타 금융기관의 창설·정리에 요하는 보조금과 정부창고의 자금 등에 供用하기 위한 국채였는데, 일본정부로부터 차입한 1,500,000원으로 조달되었다. 1907년말 금융자금의 용도를 보면, 정부창고자금 100,887원, 각지 수형조합자금 330,000원, 천일은행대하 225,000원, 한성은행대하 130,000원, 공동창고회사대하 100,000원, 지방금융조합자금 170,000원, 지방창고건축비 106,383원, 경비 857원, 예금 342,260원이었다. 統監官方, 『韓國施政年報』(1906·1907년도판), 193~197면.

58) 統監府, 『第二次韓國施政年報』(1908년도판), 81면.

59) 기업공채 100만원은 대한제국 정부가 1908년 11월 칙령으로써 「기업공채조례」를 공포하여 발행하였는데, 100만원 가운데 60만원은 각 농공은행 발행의 농공채권을 인수하고, 40만원은 지방금융조합자금에 充用하기 위한 것이었으며 12월 일본 대장성과 募入계약을 맺고 해당 금액을 受入하였다. 統監府, 『第二次韓國施政年報』(1908년도판), 79면.

60) 秋田豊, 앞의 책, 165면.

61) 기업자금채는 1906년 3월 관세를 담보로 하고, 연리 6.5%의 이자와 5년거치 5년상환 (1916년 3월)의 조건으로 일본흥업은행으로부터 차입한 500만원이다. 이 자금의 사용목적은 산업·교육 기타 起業의 자금 또는 금융기관 확장보조비에 충당키 위한 것이었는데, 治道공사, 인천·평양水道, 농공은행보조, 學事확장 등에 지출하였고, 1907년 금융조합 보조로 4만원을 지출하였다. 統監官房, 앞의 책, 193~197면.

62) 統監府, 『第三次統監府統計年報』(1908년도판), 593면.

63) 황하현, 앞의 글, 236면.

15,093,381원이었고, 1908년도 정부 예산이 23,352,857원이었음에 비춰볼 때 그 비중이 컸음을 알 수 있다.64)

조합이 운전자금과 경비에 대한 보조를 받았던 사실은 홍산지방금융조합의 자료를 통해 확인할 수 있는데, 대차대조표(1908년 6월말 현재) 등에는 貸邊에 조합자금 10,000원, 경비보조금 370원, 利息 316.375원, 조합비 121원 등 10,827.380원이 기록되어 있고, 借邊에는 대부금 4,165원, 정기예금 1,412.400원, 당좌예금 4,024.960원, 급료 및 수당 177원, 여비 172.8원, 잡비 132.61원, 집기 162원, 현금 580원 등이 기재되어 있다.65)

운전자금과 경비에 대한 보조금을 받은 지방금융조합은 이를 가지고 업무를 개시하였다. 앞에서 본대로 1907년 말 현재 기본금으로 지방금융조합에 대하된 자금이 17만원이었음을 볼 때 운전자금을 받은 조합은 17개였음을 알 수 있다. 또한 실제로 1907년에 대출활동을 한 조합은 <표 4>에서 보듯이 7개 조합이었다. 그리고 1907년에 설립된 조합수에 대하여 자료마다 다른데, 이를 자료별로 비교하면 다음 <표 3>과 같다.

<표 3>에서 확인한대로『조선금융조합사』에는 1907년 설립된 조합이 26곳으로 되어 있고, 그 가운데 수원 등 10개 조합을 '창설된' 조합으로 구분하고 있다. 또한『조선금융사항참고서』에서는 조합명은 구체적으로 나와있지 않지만, 설립조합 17개소과 영업조합 10개소로 구분하였으며,『통감부통계연보』는 1907년도판(<표 4> 참조)과 1908년도판(<표 1> 참조)이

---

64) 1907년도 대한제국의 정부 예산이 15,093,381원(경상 8,663,790원, 임시 6,429,591원)이었고, 1908년도 정부 예산이 23,352,857원(경상 14,714,934원, 임시 8,637,923원)이었으며, 그 가운데 탁지부 예산은 1907년도 7,116,755원(경상 3,904,516원, 임시 3,212,239원), 1908년도 12,368,654원(경상 6,937,201원, 임시 5,431453원)이었다. 統監府,『第二次統監府統計年報』(1907년도판), 422~426면.

65) 위의 내용은 홍산지방금융조합의 貸借對照表・總勘定元帳元帳差引殘高表・損益勘定・任置金勘定 등을 통해 알 수 있는데, 그 가운데 이식 316.375원의 명세는 정부대하금 10,000원 중 9,850원을 1907년 12월 5일부터 2월 하순까지 제일은행 군산지점에 당좌예금으로 예입하고 받은 이자 77.55원과, 4월 2일부터 5월 25일까지 한호농공은행 강경지점에 당좌예금으로 예입한 4,000원에 대한 이자 24.96원, 또 3월 9일부터 6월 1일까지 한호농공은행 공주출장소에 예입한 정기예금의 이자 27.02원, 그리고 조합원에게서 받은 대출금 이자 186.845원 등이다.「鴻山地方金融組合 서류철」(규26493)

<표 3> 자료별 1907년도 설립 지방금융조합 현황

구분 도별	조선금융조합사		조선금융사항참고서		통감부통계연보	
	설립	창설	설립누게	영업조합	1907년도판	1908년도판
경기	수원 개성	수원	1	1	-	수원
충북	청주	-	1	-	-	청주
충남	홍산 공주 홍주	-	3	-	-	공주 홍산 홍주
전북	전주	-	-	-	-	전주
전남	광주 나주 영암 순천 제주	광주 나주	4	2	광주 나주 영암	광주 나주 영암 순천 제주
경북	상주 경주 성주	상주 경주 성주	3	3	상주 경주	경주 상주 성주
경남	밀양 진주 창원	밀양 진주	2	2	진주 밀양	진주 밀양 창원
황해	송화 서흥	-	-	-	-	송화
평남	평양 안주 덕천	평양 안주	2	2	평양 안주	평양 안주 덕천
평북	의주	-	-	-	-	의주
강원	강릉 원주	-	1	-	-	강릉
함남	-	-	-	-	-	함흥
함북	-	-	-	-	-	-
계	26	10	17	10	9	24

출전 :『朝鮮金融組合史』, 「금융조합설립연도별표」
　　　『朝鮮金融事項參考書』(1923년도판), 「금융조합업무개황표」
　　　『第二次統監府統計年報』(1907년도판), 제169표 「한국지방금융조합영업총황」
　　　『第三次統監府統計年報』(1908년도판), 제225표 「한국지방금융조합영업총황」

달라 각각 9개와 24개이다. 이처럼 자료마다 설립조합수가 다른 것은 '설립'의 기준을 각기 다르게 적용했기 때문으로 보인다. 광주지방금융조합의 경우 탁지부로부터 설립인가를 받은 것은 6월 28일이고, 조합이사 부임 및 기본금 지원은 10월에 이루어졌으며 업무개시일은 11월 1일이다. 이를 통해 볼 때 다른 조합들도 양상이 이와 같을 것으로 보인다. <표 3>에서 26·24개 등은 설립인가일 기준이고, 17개는 기본금 支援日 기준이며, 10·9개 등은 영업개시일 기준으로 보인다.

그러나 설립인가일보다는 영업개시일이 의미있는 기준으로 생각되며, 당사자인 금융조합의 자료를 기본으로 하고 감독기관인 총독부의 자료를 참조해야 할 것으로 보인다. 이에 따라 『조선금융조합사』의 설립 26개는 『통감부통계연보』(1908년도판)를 참조할 때 설립인가일 기준에 의한 것이고, 창설 10개는 『조선금융사항참고서』와 『통감부통계연보』(1907년도판)

를 참조할 때 영업개시일로 보여, 영업개시일 기준 10개를 1907년에 설립된 지방금융조합의 개수로 파악해야 한다고 생각한다. 그 결과 1907년 말까지 설립된 지방금융조합은 광주를 포함해 수원·나주·상주·경주·성주·밀양·진주·평양·안주 등 10곳이다. 이후 1908년에는 설립조합 47개소와 영업조합 43개소에 이르렀고, 1909년에는 각각 100개소와 97개소에 이르렀다.

Ⅲ. 지방금융조합의 운영

1. 조합활동

조합의 주된 업무는 대출업무였는데, 지방금융조합 설립 첫해인 1907년의 조합현황과 대출실적은 다음 <표 4>와 같다.

<표 4>에서 대부금 실적에 차이가 있는 조합은 광주·상주·진주이다. 먼저 광주지방금융조합의 차이는 11월 26일에 기한 전 상환된 1건, 50원에 대한 통계치 산입여부에서 비롯된 것이다.66) 「대부금(B)」는 상환여부에 관

<표 4> 1907년 지방금융조합 현황 및 대출실적

구분	광주	나주	영암	진주	밀양	상주	경주	평양	안주	계
개업일	11. 1	12. 2	11. 1	12.11	12.10	11. 5	12.21	11. 1	11. 1	
郡數	10	6	7	4	4	2	1	14	6	54
조합원	298	686	315	419	830	219	40	459	344	3,610
대부금(A)	7,987	925	–	565	–	5,875	280	4,490	2,485	22,607
대부금(B)	8,037	925	–	–	–	6,035	280	4,490	2,485	22,252
건수	237	19	–	–	–	186	4	126	54	626

출전) 개업일부터 대부금(A)까지는『第二次統監府統計年報』(1907년도판), 제169표 「韓國地方金融組合營業總況」에서, 대부금(B)와 건수는 각 조합의 대부금순보·개인별대부금명세표에서 작성.

---

66) 「光州地方金融組合 貸付金旬報」(규26486)

계없이 대출실적 모두를 통계치로 산입했고, 「대부금(A)」는 12월말 대출잔액만을 대상으로 하여 산입시키지 않았기 때문이다. 상주지방금융조합의 사례도 이와 동일한 경우로서 5건, 160원이 12월 27일과 31일에 상환되어 연말 대출잔액에서 제외되었다.[67] 진주지방금융조합의 경우는 「대부금순보」가운데 1907년도 실적을 담고있는 자료가 없어 발생한 차이이다. 「대부금순보」를 통해서는 1907년도의 대출실적을 알 수 없지만[68], 그러나 『통감부통계연보』를 통해 그 개업일이 12월 11일이고, 대출금액이 565원임을 확인할 수 있을 뿐이다.

다음으로 1907년 설립부터 1908년 7월까지 25개 지방금융조합의 현황 및 대출실적을 보면, 다음 <표 5>와 같다. 이를 통해 볼 때, 25개 지방금융조합이 설립된 시점 1908년 7월에 이르기까지 대출실적은 12만 4천여 원이었음을 알 수 있다.

지방금융조합은 대출업무 외에 화폐정리사업과정에 참여하였는데, 新貨보급의 방법은 제일은행에서 발행한 지폐와 새로운 보조화로써 조합원에게 대출하는 것이었다.[69] 또한 1908년부터는 舊貨回收도 담당하였는데, 『대한매일신보』의 '…… 백동화를 가진 사람은 기한 안에 금고나 은행이나 혹 금융조합소에 가서 교환 ……'이란 기사에서 확인할 수 있다.[70] 그리고 엽전회수과정에 대해서는 영광지방금융조합 이사였던 小林省三의 회고담이 있다.[71] 그리하여 1908년도 신화(보조화) 보급액이 18,311원이었고, 구화회수실적은 1908년 97,020원이었으며, 1909년에는 각각 149,764원과 321,265원으로 늘었다.[72]

그밖에 공동구입 · 위탁판매 · 창고보관 등 겸영업무에 대한 것으로, 이들 업무에 관해서는 1907년에 제정된 「지방금융조합업무집행내규」에는 규정되어 있었지만, 그 실시는 1908년부터였다. 먼저 공동구입에 대한 규정을 보면, 공동구입품 종류와 수량은 의뢰자로 하여금 미리 신청하게 하고 구입비용에 대한 槪算額을 미리·내도록 했으며, 가지수를 적게하고 수량을

---

67) 「尙州地方金融組合 貸付金旬報」(규26497)
68) 「晉州地方金融組合 貸付金旬報」(규26509)

<표 5> 25개 지방금융조합 현황 및 대출실적(1908년 7월 기준)(단위 : 건, 원)

조합	이사이름	조합원 주소지(부·군)	기 간	실적 건수	실적 금액
수원	矢俊啓三	수원 용인 진위 안산	(1.하) ~ 6.30	221	8,912
개성	松井五郎	개성 장단	(3.초) ~ 6. 2	108	5,130
강릉	小島	강릉	(3.중) ~ 6.30	169	7,222
원주	野村金兵衛	원주	(5.중) ~ 6.24	32	1,525
공주	藤本周三	공주 연산 부여 석성	(5. 2) ~ 5.28	39	1,450.5
홍산	井田魯一	홍산 비인 남포 보령 한산	2. 7 ~ 7. 7	130	4,475
청주	佐下橋鎽次郞	청주 문의 회인	1.10 ~ 3.27	111	5,375
진주	高田政雄	진주	? ~ 6.30	87	3,653
밀양	中村孝嗣	밀양	1.23 ~ 6.30	180	6,685
경주	陸川辰士助	경주	12.26 ~ 3.30	65	1,922
상주	松田文雄	상주 함창	11. 8 ~ 6.29	249	8,380
성주	松山信一	성주	(1.중) ~ 6.30	-	6,431
광주	奧田種彦	광주 남평 능주 화순 동복 창평 담양 곡성 구례 옥과	11. 2 ~ 7.18	528	14,636
나주	高取爲吉	나주 지도 무안	12.20 ~ 5.27	190	7,585
영암	松山信雄	영암	1.초 ~ 6.20	123	4,915
순천	土屋泰助	순천 여수 낙안	3. 6 ~ 7.20	117	3,312
전주	菊池一德	전주 옥구 용안	4. 2 ~ 6.22	255	7,888
남원	小川一三	남원 임실 운봉	5.하 ~ 6.초	34	1,328
평양	井上祀亮	평양 삼화 순안 상원 중화 강동 강서 영유 용강 함종	11.22 ~ 7. 6	294	11,230
안주	山根譓	안주 순천 자산 개천 숙천 은산	12. 5 ~ 6.초	145	5,747
덕천	松本淸司	덕천 맹산	2.10 ~ 7.중	43	1,890
의주	古市正之	의주	(2.하) ~ 6.22	61	2,760
강계	栗原斐	강계	5.15 ~ 6.하	30	?
함흥	加藤謐	함흥	5. 7 ~ 6.29	18	820
경성	前田興七郞	경성	6.22 ~ 6.30	20	960
합계	-	-	-	3,249	124,231.5

출전) 각 지방금융조합 대부금순보·각 개인별명세표에서 작성.
주) 기간의 ( )안은 추정시기

---

69) 이에 관한 奧田種彦의 사례가 있다. 서광운, 앞의 책, 452~453면; 고승제, 『한국금융사연구』, 일조각, 1975, 131면.

70) 『대한매일신보』 1908년 11월 14일자

71) 그 과정에 대해서는 小林省三의 「貨幣整理と徵稅事務援助」, 『金融組合逸話集』, 朝鮮金融組合協會, 1931, 179~188면 참조.

72) 朝鮮總督府財務局, 『朝鮮金融事項參考書』(1923년도판), 「金融組合業務槪況表」, 251면.

많게 해서 싼 값에 살 수 있도록 하라고 했다.[73] 공동구입에 대한 사례는
홍산지방금융조합에서 발견할 수 있는데, 조합이사가 탁지부에 보고한 영
업보고서의 영업개황에서 보인다. 이를 살펴보면

…… (전략) …… 他業務는 二月十九日 五円의 種子物共同購入이 有ㅎ後
五月十七日 八八号로 報告홈과 如히 四月上旬에 杉苗木과 其他樹木 價十二
円餘의 共同購入申請이 有홈으로 東京에 注文ㅎ야 種植케 ㅎ얏스나 運搬에
時日을 消費홈으로 苗木이 太牛枯死ㅎ야 種植흔後 結果가 良好치 못ㅎ고
現時生長의 成就가 有흔 것시 十分一에 不過ㅎ오며 後牛期예는 種種흔 業
務를 執行ㅎ기로 計畫ㅎ오니 前後査照ㅎ심을 伏望하나이다.[74]

라고 하여 2월에 (곡식의) 종자와 4월에 묘목에 대한 공동구입이 있었으나
그 실적은 각각 5원과 12원으로 미미했음을 알 수 있다.

다음으로 위탁판매에 대한 규정을 보면, 수요공급의 관계를 고찰하여 가
급적 값이 비쌀 때 팔도록 하고, 위탁판매 의뢰자에 대해 위탁판매예증을
교부하며, 의뢰자에게 대부금이 있을 때 그 판매대금 중에서 대부금을 공
제한 잔액을 환부하도록 했는데, 이때 위탁판매대금의 환부는 예증권 또는
위탁판매예증과 교환하도록 했다.[75]

그리고 창고보관에 대한 규정을 보면, 입고품에 대한 예증권을 발행하
고, 곡류 외에 지방에 따라 종이 · 소금 등 적당하다고 인정되는 것은 보관
할 수 있도록 했으며 소금에 대하여는 염창을 설치하게 했다. 또한 재고품
을 담보로 하여 대부를 할 경우 조합자체가 예증권을 소지하고, 재고품의
판매에 대하여는 창고부근에 임시시장을 개설하여 가급적 편의를 도모하
도록 했다. 그리고 담보동산은 반드시 창고에 보관하고 부득이하게 채무자

---

73) 「地方金融組合業務執行內規」 제12조 · 제13조, 秋田豊, 앞의 책, 86면.
74) 홍산지방금융조합 제1기 영업보고서(鴻金發 제114호, 1908년 7월 5일)로, 국한문 혼용
　　으로 작성된 1부와 일어로 작성된 1부가 있는데, 두 가지의 내용은 동일하다. 「鴻山地方
　　金融組合 第一期營業報告書」(규26493)
75) 「地方金融組合業務執行內規」 제15조~제18조.

가 보관할 때는 조합에서 창고열쇠를 소지하여 담보효과를 충분히 거둘 수 있게 했다.[76] 창고보관대출은 청주지방금융조합의 사례가 있는데,[77] 백미를 담보로 한 대출 20건, 1,000원이다. 이때 창고보관 수수료는 백미 1석에 매월 4전이었다. 그리고 공동구입·위탁판매·창고보관에 대한 1908년도의 실적은 각각 1,491원·205원·7,526원(입고 3,821원, 출고 3,705원)이었다.[78] 공동구입 등은 협동조합의 겸영업무를 도입한 것으로, 식민 농업정책을 원조하기 위한 것이었다.[79]

이러한 조합업무에 대하여 조합의 실질적 운영주체인 이사는 장부를 정리하고 또 감독기관에 이를 보고하여 업무지도를 받았다. 이때의 장부로는 원장·일기장·대부금원장·화물출납일기장·화물원장·신용대장·집기대장·통신료수불부·組合員及役員名簿·共同購入申込控帳·委託販賣申込控帳·貸與物品控帳·금은출납부 등 13종이 있었고, 감독기관에 제출할 보고서로는   대부금순보·재고품월보·매월실제보고표·매기영업보고표 등이 있었다.[80]

2. 감독기관의 업무지도

지방금융조합의 업무는 탁지부대신의 감독에 속하였는데[81], 각지 재무관과 재무관보로 하여금 감독케 하였다가[82] 1908년 7월 「지방금융조합감

---

76) 「地方金融組合業務執行內規」 제19조~제23조.

77) 「淸州地方金融組合 貸付金各個人別明細表」(규26504)

78) 朝鮮總督府財務局, 앞의 책, 251면.

79) 정용욱, 앞 논문, 264~271면.

80) 4종의 보고서 중 대부금순보는 매월 11일·21일·익월 1일에, 재고품월보·매월실제
    보고표는 익월 5일까지, 매기영업보고표는 차기초에 발송하고, 매월실제보고표와 매기
    영업보고표는 소할재무감독국장을 경유하여 탁지부대신에게 제출하여야 했다. 「地方金
    融組合業務執行內規」 제25조.

81) 「지방금융조합규칙」 제12조.

82) 「地方金融組合ニ關スル細條說明」 제6조.

리내규」를 제정하여 재무감독국장의 감독을 명시하였다.[83] 대부금순보는 각 지방금융조합 이사가 작성하여 열흘마다 관할 재무감독국을 경유하여 탁지부 이재국 감독과 앞으로 제출하였다. 이 과정에서 감독기관의 업무지도를 받았는데, 그와 관련한 내용이 대부금순보 상에 남아있으며, 그 내용은 다시 각 지방금융조합 이사 앞으로 통보되었다.[84]

각 지방금융조합으로부터 탁지부 이재국 감독과 앞으로 대부금순보가 제출될 때, 발송문서를 표지로 사용하여 대부금순보를 첨부한 경우(홍산 · 청주 · 밀양 · 경주 · 영암 · 덕천 · 강계지방금융조합)도 있고, 대부금순보에 바로 발송번호를 기재한 경우(강릉 · 원주 · 공주 · 성주 · 순천 · 함흥 지방금융조합)도 있다.

관할 재무감독국장을 경유한 사례로는 공주 · 남원 · 진주 · 밀양 · 상주 지방금융조합 등 5개 조합의 대부금순보에서만 발견된다. 공주 · 남원지방금융조합의 대부금순보에는 '전주재무감독국 경유'라는 문구와 전주재무감독국 직인이 남아 있고[85], 진주 · 밀양 · 상주지방금융조합의 대부금순보에는 대구재무감독국의 직인이 찍혀 있다. 위의 사례를 통해 볼 때 전남 · 북과 충남지역의 지방금융조합은 전주재무감독국의 감독을 받았음을 알 수 있다. 또한 이 시기 대구재무감독국의 관할구역은 경남 · 북과 충북이었으므로[86], 경남 · 북과 충북지역의 지방금융조합은 대구재무감독국의

---

83) 秋田豊, 앞의 책, 85~90면.

84) 이러한 일련의 과정이 하나의 문서철에 잘 남아있는 사례는 밀양지방금융조합 대부금순보 1908년 5월 20일자인데, 이 대부금순보는 발송문서(送 제90호, 1908년 5월 21일)에 첨부되어 5월 22일 대구재무감독국을 경유, 탁지부 이재국 감독과 앞으로 제출되었다. 이 문서가 언제 탁지부에 도착했는지는 알 수 없으나, 이에 대한 감독과의 지적사항은 감독과장으로부터 밀양지방금융조합 이사 앞 발신문서(理監發 제500호, 1908년 5월 29일)에 기재되어 있는데, 그것은 5월 20일부 대부금순보상의 글자가 조잡하여 불분명하니 정정하고 整然하게 기재하라는 것이었다.「密陽地方金融組合 貸付金旬報 · 個人別明細表」(규26503)

85) 「公州地方金融組合 貸付金旬報」(규26496) ;「南原地方金融組合 貸付金旬報」(규26530)

86) 대구재무감독국의 관할구역은 1908년 1월부터 9월까지는 경남 · 북과 충북이었다가 10월부터 경남 · 북으로 변경되었는데(田中愼一,「韓國財政整理における「徴税台帳」について―朝鮮土地調査事業史研究序論―」,『土地制度史學』63호, 1974, 7면), 이는 공

감독을 받았을 것이다. 재무감독국은 1908년 1월 한성·평양·대구·전주·원산 등 5군데로 출발했다가 1908년 8월 <재무감독국관제>의 개정으로 한성재무감독국 산하에 공주지국이 설치되었다.[87] 공주지국이 설치된 후 한성재무감독국은 경기·강원지역을, 공주지국은 충남·북지역을, 평양재무감독국은 황해도와 평남·북지역을, 대구재무감독국은 경남·북지역을, 전주재무감독국은 전남·북지역을, 원산재무감독국은 함남·북지역을 관할하였다.[88]

각지 재무감독국을 경유한 대부금순보는 탁지부 이재국 감독과 앞으로 제출되어 과장 供覽을 받았다. 이 과정에서 감독과장 櫻井小—[89] 이하 직원들은 각 대부금순보를 정밀히 검사하고, 미흡한 부분에 대해서는 각 대부금순보에 그 지적사항을 적고 도장을 찍었다.[90]

그후 그 지적사항을 정식문서로 작성 발송한 경우도 발견되는데, 그것은

주지국 설치에 따른 결과이다.

87) 대구·전주재무감독국의 관할구역이 넓어 1908년 8월 「재무감독국관제」의 개정을 통해 충남·북을 분리하여 한성재무감독국 관할로 하고, 공주재무지국으로 하여금 충남·북의 재무를 감독케 했다. 統監府, 『第二次韓國施政年報』(1908년도판), 71면. 이후 1909년 3월 공주지국을 폐지하고 이를 독립된 재무감독국으로 하여 재무감독국은 모두 6개소가 되었다.

88) 統監府, 『第三次統監府統計年報』(1908년도판), 제279표 「韓國國稅及諸收入收納額」, 598~599면.

89) 櫻井은 1914년 9월에서 1915년 2월까지 지방금융조합회 간사를, 1919년 5월에서 1926년 11월까지 조선경제협회이사를 역임하였다(山根謙, 『朝鮮金融組合協會史』, 1934, 부록 39~40면). 지방금융조합회는 이사구락부의 후신인데, 이사구락부는 1909년 8월 지방금융조합 이사 및 감독관청 관계직원의 상호공제를 주목적으로 만들어진 단체였으며 1914년 9월 지방금융조합회로 발전하였다(山根謙, 앞의 책, 37~39면). 지방금융조합회는 이후 1919년 5월 조선경제협회가 되었고, 1928년 9월에 조선금융조합협회가 되었다.

90) 대부금순보상에 남아있는 도장은 櫻井·伊藤·殿岡·大庭, 그리고 성명미상 1명 등의 것이다. 櫻井과장은 개성·밀양·안주·의주 등 4개 조합에 대하여 지적을 남겼고, 伊藤은 개성·강릉·원주·공주·홍산·밀양·상주·광주·영암·순천·전주·평양·덕천·의주·함흥 등 15개 조합에 대한 지적사항을 작성하여 이들 가운데 업무지도과정에 가장 많이 관여하였다. 여기서의 伊藤은 1907년 11월부터 1911년 8월까지 이재국내에서 조합계 주임을 역임한 伊藤榮일 것이다. 朝鮮金融組合聯合會編, 『朝鮮金融組合の現勢』, 1937, 부록 172면, 「歷代監督官廳關係者」명단.

밀양 · 영암(理監發 제426호, 1908년 5월 5일)[91] · 덕천('貸付金旬報記載方注意ノ件', 理監發 제396호, 1908년 4월 16일)[92] · 의주지방금융조합(理監發 제439호, 1908년 5월 5일)[93]의 사례이다. 그밖에 다른 조합들의 지적사항이 대부금순보 상에 기록되어 있다.

그 지적사항을 앞의 대부금순보 양식상의 순서에 따라 유형화해보면, 첫째 차주와 보증인의 주소 기재에 관한 것, 둘째 보증인에 대한 것, 셋째 금액기입에 대한 것, 넷째 사용목적에 대한 것, 다섯째 이자율에 대한 것, 여섯째 이식에 대한 것, 일곱째 담보물에 대한 것, 여덟째 기타 등이다.

먼저 차주와 보증인 주소 기입에 대한 지적은 개성지방금융조합에서 사례가 보이고, 보증인에 대한 지적은 '일본인을 보증인으로 하는 것은 가급적 피하라는 것'(나주)[94]과 '1명이 다수 채무자의 보증인'(전주)[95]이라는 경우이며, 금액기입에 대한 지적은 '貸付金欄內의 貸付額 · 回收額 및 現在額은 前旬累計를 繰越하여 本旬計와 累計記入할 것'으로 덕천을 비롯하여 광주 · 영암 · 전주 · 평양지방금융조합의 경우와 '殘高欄을 만들어 잔고를 기입하고 回收欄을 만들 것'을 요구한 개성지방금융조합[96]의 경우에서 보인다.

또한 사용목적에 대한 것은 개성을 비롯하여 의주지방금융조합에서 보이고, 이자율에 대한 것은 '100원에 대한 日步 3전 5리의 이율이 저렴'하다는 덕천지방금융조합의 경우이며, 이식에 대한 것은 '이식지불기한에 관한 상세 기입을 요한다'는 광주 · 순천 · 평양 · 의주 · 함흥지방금융조합의 경

---

91) 4월 21일자 대부금순보에 대하여 납입이식기재가 불분명하니 이식납입의 경우에는 차주의 씨명 · 대부액 · 기한 · 이율 등을 상세히 기입하라는 것이다. 「靈巖地方金融組合 貸付金旬報」(규26499)

92) 4월 11일자 제7호 대부금순보에 대하여 부동산담보에 대한 전당증명의 유무 및 이식지불기한 등에 관하여 적요란내에 상세기입할 것, 대부금난내의 대부액 · 회수액 및 현재액은 전순누계를 繰越하여 본순계와 누계기입할 것, 회수액은 朱字로써 기입할 것 등이다. 「德川地方金融組合 貸付金旬報」(규26508)

93) 4월 30일자 대부금순보 제6호에 대하여 기한전에 회수한 金龍祚의 대부액 50원에 대한 이식 징수에 관한 것 등이다. 「義州地方金融組合 貸付金旬報」(규26488)

94) 「羅州地方金融組合 貸付金旬報 · 個人別明細表」(규26500)

95) 「全州地方金融組合 貸付金旬報」(규26487)

96) 「開城地方金融組合 貸付金旬報」(규26491)

우와 '납입이식에 대한 기재가 불분명'하다는 영암지방금융조합에 대한 지적이다.

담보에 대한 지적이 가장 많아 '부동산담보에 대하여 摘要欄에 典當證明有無를 기입'하라는 지적은 원주·홍산·밀양·상주·광주·나주·영암·순천·평양·안주·덕천·의주·함흥·경성지방금융조합 등 14개 조합에서 그 사례가 보인다. 또한 '擔保欄內에 담보유무를 기입할 것'(의주), '전답 등 담보물에 대한 군수 증명서를 첨부할 것'(함흥)[97] 등의 지적도 있다. 담보와 관련하여 신용대출에 대한 지적도 있는데, '차주와 보증인의 신용정도를 상세히 기입할 것'(개성), '신용대부의 경우 적요란에 채무자의 재산 신용정도를 상세기입할 것'(평양) 등과 '신용대출은 가급적 피할 것'(개성), '신용대부를 피하고 채무이행에 확실한 대부방법을 강구할 것'(의주)과 안주지방금융조합의 경우가 그것이다. 그밖에 '담보평가액에 대한 대부금의 비례를 기입할 것'(광주)과 '대부년월일과 회수년월일란을 증서번호란 앞에 만들어 기입할 것'(개성·함흥) 등의 지적과 글자의 색(덕천) 및 필체(밀양)에 대한 지적도 있다.

이러한 지적은 해당 지방금융조합에 통보되었는데, 앞에서 서술한대로 감독과장으로부터 밀양 등 4개 지방금융조합 앞으로 발신된 문서를 통해 알 수 있다. 그리고 그 지적사항이 곧바로 다음 대출 때 반영되는 것을 안주지방금융조합(이사 山根譓)의 경우에서 발견할 수 있는데, 1907년 12월 업무를 개시한 이후 초기 38건의 대출은 모두 신용대출이었으나 '신용대부'에 대한 지적(12월 10일자 대부금순보)이 있은 이후 107건에 대한 대출에서 신용대출 4건을 제외한 나머지는 모두 부동산 담보대출로 전환하였다. 이후 부동산담보의 전당증명유무에 대한 기입요구 지적(1월 11일자 대부금순보)이 있자 다음부터는 '토지매매계약서 보관'·'문기보관'·'전당증명' 등을 기입하였다.[98] 그밖에 개성지방금융조합의 경우는 차주와 보증인의 주소를 기입하고 대부년월일과 회수년월일란을 증서번호란 앞에 만들어

---

97) 「咸興地方金融組合 貸付金旬報」(규26528)
98) 「安州地方金融組合 貸付金旬報·個人別明細表」(규26489)

기입하라는 지적을 받고, 그동안 사용하던 한성농공은행 개성지점의 '정기대부금일보' 용지를 손으로 쓴 대부금순보로 문서양식을 바꾸었다.99)

Ⅳ. 맺음말

지방금융조합은 조선농촌을 식민지 경제체제로 재편하는데 큰 역할을 하였으며, 식민지시대를 일관하여 식민지 금융기관으로서 일제 식민농업정책을 보조하였다. 지방금융조합 설립계획은 조선경제를 식민지적으로 개편하기 위해 실시되었던 재정·화폐정리사업과 근대적 형태의 식민지 금융기관 창설 등 소위 '目賀田改革'의 일환으로 재정고문 目賀田種太郎의 구상과 통감 伊藤博文의 간여 및 후원에 의해 작성되었다. 또한 재정·화폐정리사업의 결과 발생한 지방금융의 경색을 완화할 목적도 지니게 되었다.

지방금융조합 설립계획에 따라 최초로 광주지방금융조합이 창설된 후 '정미7조약'으로 1907년 9월 目賀田이 맡았던 재정고문직이 폐지되고 '차관정치'가 시작되자 目賀田의 역할을 승계한 탁지부 차관 荒井賢太郎이 조합운영에 관한 기조를 계승하여 계획대로 전국 50개소에 조합설립을 완료하고, 다시 1909년에 약간의 방침을 변경하여 1910년에는 130곳에 지방금융조합이 설립되었다. 이후 총독부에서도 그 정책기조를 계속 유지하여 1914년에 이르면 설립조합수 230개가 되어 전국 232개 부·군 가운데 226개 부·군이 조합의 관할구역으로 되었고, 1918년에는 <금융조합령>개정으로 그 이름이 앞의 '지방' 두 자를 삭제한 '금융조합'으로 바뀌었으며, 1939년에는 전국 939개에 달하여 1개 부·군에 평균 4개씩의 금융조합이 설립되었다. 조합원수도 1919년에는 14만 7천여 명이 되었고, 1934년에 백만 명을 돌파한 이후 1944년에는 2백 67만여 명으로 거의 전체 인구 대비 10명

---

99) 「開城地方金融組合 貸付金旬報」(규26491)

당 1명 꼴로 급팽창하였다.

지방금융조합이 식민지 금융기관으로서 기능하였음은 지방금융조합에 지원된 자금 및 지방금융조합 운영 실무자의 출신, 그리고 일본인 관리의 감독을 통한 통제의 사실을 통하여 확인할 수 있는데, 설립초기인 1907·8년의 지방금융조합 기본금과 운영경비에 대한 보조금은 국채를 통해 조달한 자금의 일부였다. 이 시기 국채는 식민지경영비를 대한제국 정부와 국민에게 전가한 것으로 국채보상운동으로 대표되는 조선민중의 거센 저항을 불러일으켰던 것이다. 또한 지방금융조합의 운영 실무자로는 동양협회 부속전문학교 졸업생들이 조합의 설립위원을 거쳐 이사로 임명되었다. 이처럼 국채를 통해 조성된 식민지경영비 가운데 일부가 기본금과 경비보조금으로 지방금융조합에 지원되었다는 것과 척식을 위한 자료조사와 척식업무 종사자 양성을 위한 단체인 동양협회의 부속전문학교 졸업생들이 각 지방금융조합의 운영실무자였다는 사실에서 식민지금융기관으로서의 지방금융조합의 성격을 파악할 수 있다.

그리고 이들 이사들은 여러 장부를 작성하고 관할 재무감독국을 경유하여 탁지부 이재국 감독과 앞으로 제출·보고하였는데, 그 과정에서 감독기관의 업무지도를 받았다. 그 내용은 차주와 보증인의 주소 기재에 관한 것, 보증인에 대한 것, 대부금난에 대한 것, 사용목적에 대한 것, 이자율에 대한 것, 이식에 대한 것, 담보물에 대한 것 등 대출업무 전반에 관한 것이며, 심지어 이사의 글씨체가 조악하다는 지적까지 있었다. 이렇게 업무 전반에 대해 감독기관의 지적과 업무지도를 받은 각 이사들은 그 내용을 업무에 즉시 반영하였다. 지방금융조합의 주무부처이자 감독기관인 탁지부를 荒井賢太郎 차관이 재정고문 目賀田種太郎의 역할을 계승하여 장악한 가운데, 이재국 감독과 櫻井小一 과장과 조합계 伊藤榮 주임 등 일본인 관리들이 감독과정을 통해 지방금융조합의 업무를 통제하였던 데에서도 식민지 금융기관으로서 지방금융조합의 성격을 알 수 있다.

한편 지방금융조합의 설립이 계획되고 추진되던 시기는 항일의병투쟁이 고조되던 시기였다. 을사조약에 반대하는 의병의 활동이 계속되어 오던

차에 군대해산으로 대한제국 군대까지 가세하였고, 거기다 조선 전래 금융기구의 붕괴에 따른 금융경색현상으로 조선 전역에서 반일의식이 팽배하였다. 따라서 일제는 항일의병투쟁의 근거지인 지방농촌에서 의병들로부터 농민을 차단할 필요성을 느꼈던 것이다. 나아가 조선의 농민을 일제측으로 끌어들이려는 목적도 있었다. 이에 따라 1개월 이자 10%의 고리사채에 시달리던 농민들에게 '그보다 다소 저율'의 이자로써 '가급적 소농 즉 소작인'을 대상으로 조합원 모집에 나섰던 것이다. 조합원 모집과정에는 군수·면장 및 관찰사가 추천하는 민간위원 등 농민에게 영향력을 미치는 조선인 유력자들뿐만 아니라 지방재무 감독 및 집행기관에 근무하는 재무관·재무관보·세무관·세무주사 등 일본인 관리들까지 동원되었다.

또한 지방금융조합은 징세사무를 원조하고 화폐정리사업에 참여하였으며 공동구입·위탁판매·창고보관 등의 겸영업무도 담당하였는데, 이러한 사실은 식민지 '금융기관'으로서의 성격 외에 일제 식민정책을 지방말단에서 원조하는 기관으로서의 성격을 아울러 갖고 있었음을 보여주는 사례이다. 징세사무에 대한 원조는 간접적 방법으로 이루어졌는데, 이는 창고보관업무와도 관련된 것으로 납세의무자의 미곡을 조합창고에 보관하여 이를 담보로 자금을 융통해주기도 하고, 공전영수원 등의 소개로 신용대부를 하여 우편국에 세금으로 납부케 하는 것이었다. 또한 화폐정리과정에는 지폐와 신은화 등 신화를 보급하고, 백동화와 엽전 등 구화를 회수하는 직접적인 방법으로 참여하였다. 그리고 창고보관 업무는 쌀 등 조선농업생산물의 일본수출과 관련된 것으로 공동구입·위탁판매와 더불어 일제의 식민농업정책을 보조하기 위한 것이었다.

The establishment and management of the local financial cooperatives in 1907 · 1908

Choe Jae Seong

Local financial cooperatives had been established to settle a credit crunch generated from the modification of the Korean finance system and the currency reform since 1907 when they were opened in 10 areas including Gwangju in where the first cooperative started to do business, and 939 of financial cooperatives were established till 1939. And they were aimed to isolate the righteous troops from the rural commnities by lending peasantry money at low interest than other lender's.

They played roles to make Korean rural communities to be adapted under the economic structure of Japanese Imperialism. They were established by a plan of Megata Shotaro(目賀田種太郎) who was a financial adviser for Korean Government and supports of Ito Hirobumi(伊藤博文) who was a residental-general, and maintained by Arai Gentaro(荒井賢太郎) who was the deputy Minister of Finance of Korean government and the office of a governor-general.

They were financial facilities which dealt with only loan business not deposit business before 1914. The funds for loan business were provided from a part of the national dept which Japanese imperialists passed the liability for colonization onto Korean people. And managers of the financial cooperatives are all young Japanese graduated from a junior college.

Managers of the financial cooperatives registered in account books and submitted them to the supervisory division of the Ministry of Finance. In this process, the supervisory officers who were Japanese instructed managers of the financial cooperatives to do business and register in account books.

Local financial cooperatives helped in the process of the tax collection and an exchange of money. Also they operated cooperative buying, consignment sale and warehousing in addition to a loan business. The consignment sale and warehousing were relative to the export of agricultural products from Korea, whereas the cooperative buying relative to the import of products from Japan. These businesses assisted Japanese imperialists to colonize Korea.

As we see above, the establishment, management and activity of local financial cooperatives were aimed to assist to colonize Korea.

1910년대 同化政策과 私立京城幼稚園

김형목[*]

Ⅰ. 머리말
Ⅱ. 일본어 보급과 동화정책
Ⅲ. 경성유치원규칙과 설립 과정
Ⅳ. 교과 과정과 교육 내용
Ⅴ. 설립주체의 성격과 현실인식
Ⅵ. 맺음말

* 중앙대 사학과 강사

Ⅰ. 머리말

우리의 유치원교육은 선교사업인 每日學校[1]를 중심으로 시작되었다. 그러나 普通教育의 '단순한' 예비과정으로 인식하는 등 유치원교육은 별다른 주목을 받지 못하였다.[2] 반면 주요 도시와 개항장을 중심으로 조직된 일본 거류민단은 일찍부터 자신의 자제교육을 위한 유치원 설립·운영에 노력을 아끼지 않았다.

이에 1910년을 전후하여 선교사와 조선인에 의한 유치원 설립으로 유아교육에 대한 관심은 점차 고조되었다. 특히 3·1운동 이후 文化運動 확산과 더불어 아동에 대한 고조된 관심은 1923년 '어린이날'을 제정하기에 이

---

1) 盧鍾海, 「韓國監理教會의 每日學校運動」『監神大學報』 6(감리교신학대학, 1986), 3면 ; 李萬烈, 『韓國基督教文化運動史』(대한기독교출판사, 1987), 253면.

2) 『官報』 1908년 4월 4일 「高等女學校令(칙령 제22호)」, 「學部直轄學校及公立學校官制改正」, 「官立漢城高等女學校學則(학부령 제10호)」; 宋炳基·朴容玉·徐柄漢·朴漢卨 편저, 『韓末近代法令資料集』 Ⅵ(국회도서관, 1971), 347, 362, 364면.

당시 위정자들은 官立高等女學校의 실습장인 부속기관 정도로 유치원교육을 인식하였다. 법령에서 규정한 바처럼, 유치원 설립은 '의무' 조항이 아니라 학교장의 재량권에 불과할 뿐이었다. 더욱이 관립유치원 설립은 논의만 무성한 채 실행되지 않았다[『대한매일신보』 1908년 3월 14일 잡보 「유치원셜시」, 4월 8일 잡보 「유치원셜시」;『황성신문』 1908년 8월 4일 잡보 「幼稚園設立」;『大韓每日申報』 1908년 3월 14일 잡보 「幼院保姆」, 4월 8일 잡보 「稚園附屬」 참조]. 이리하여 우리 유치원교육은 다른 교육과 마찬가지로 사립유치원에 의해 주도될 수밖에 없었다. 한편 매일학교는 유치과와 초등학과를 병행한 교육을 시행하였다. 주요한 원인은 교사 확보와 교육시설 미비 등에서 비롯되었다. 또한 유치원교육에 대한 당시 인식도 이러한 상황과 무관하지 않았다. 유아교육과 초등교육의 미분화와 병행은 유치원교육을 진전시키는데 커다란 장애요인이었다. 특히 3·1운동 이후 敎育熱 고조에 따른 초등교육기관의 입학시험은 이러한 측면을 더욱 조장시켰다. 유치원교육의 목적인 '아동중심주의교육'은 문자 습득·해득을 위한 '기능중심주의교육'으로 변질되었다. 대다수 유치원은 최근까지 이러한 성격에서 크게 탈피하지 못한 실정이다. 이는 유치원교육의 본질을 왜곡하거나 발전을 저해하는 주요한 요인으로 작용하고 말았다. 유아교육을 포함한 식민지교육의 잔재는 지금까지 우리 교육의 진전을 가로막는 '멍에'로 남아 있다.

르렀다. 이후 각 청년단체·여성단체 등을 중심으로 기부금이나 주민 부담에 의해 전개된 '幼稚園設立運動'은 어린이운동의 중심 영역이자 과제였다.[3] 매년 많은 유치원이 설립되는 등 유치원교육은 널리 확산되었다. 1940년 이전 각지에 설립된 유치원수는 이를 실증적으로 보여준다. 즉 해방 후부터 1970년대 초반까지 남한에 설립·운영된 유치원수와 비슷할 정도였다.

  반면 私立京城幼稚園(이하 경성유치원으로 표기)은 친일 관료·실업가를 중심으로 內鮮一體에 의한 同化主義에 입각하여 설립되었다. 그런 만큼 경성유치원은 당시 동화정책과 이에 대한 친일파의 현실인식을 이해하는데 중요한 사례로서 가치를 지닌다. 이러한 중요성에도 지금까지 거의 주목되지 않았다. 다만 근대유치원사상 '특이한' 유형의 하나로 지적될 뿐이다.[4] 이 글은 1910년대 경성유치원 설립 배경과 동화정책의 관련성에 주목하였다.

---

  3) 이상금, 『한국 근대 유치원 교육사』(이대출판부, 1987), 166~182면 ; 이상금, 『해방전 한국의 유치원』(양서원, 1995), 90면 ; 李淑姬, 『중앙대학교 사범대학 부속유치원83년사』(양서원, 1999), 38면.
    이상금의 연구는 이 방면에 대한 '지침서'로서 충분한 가치를 지닌다. 필자는 이를 통하여 유아교육사 전반에 관한 많은 시사를 받았다. 경성유치원의 교사나 교육 내용 등에 대한 분석은 주목되지만, 설립자의 성격이나 동화정책과 관련성을 간과한 사실은 아쉬움으로 남는다. 한편 유치원설립운동은 靑年運動史나 少年運動史上 대단히 높은 비중을 차지한다. 그런데 지금까지 연구는 이러한 사실조차도 제대로 파악하지 못한 수준이다[조찬석, 「1920년대 경기지방의 소년운동」, 『기전문화연구』 7(인천교대, 1976) ; 한국보이스카우트연맹, 『한국보이스카우트60년사』(한국보이스카우트60년사편찬위원회, 1985) ; 김정의, 「한국근대소년운동 고찰」, 『한국사상』 21(한국사상연구회, 1989) ; ____, 『한국소년운동사』(한국문화사, 1992) ; ____, 「국권침탈기 경기도의 소년운동」, 『한국민족운동사연구』 11(한국민족운동사연구회, 1995) 참조]. 이는 식민지시기 文化運動에 대한 연구자들의 편협된 시각을 그대로 반영하는 부분이다.
  4) 중앙대학교사편찬위원회, 『중앙대학교사』(동편찬위원회, 1970) ; 중앙대학교60년사편찬위원회, 『중앙대학교60년사』(중앙대, 1978) ; 중앙대학교80년사편찬위원회, 『중앙대학교80년사』(중앙대, 1998) ; 鄭忠良, 『梨花八十年史』(이대출판부, 1980) ; 이화여자대학교, 『이화100년사』(이대출판부, 1994) ; 이상금, 『한국근대유치원교육사』 ; 이상금, 『해방전 한국의 유치원』 ; 손영의, 『한국 유치원 교육발달에 관한 일 연구』(이대석사학위논문, 1973) ; 노수남, 『중앙대학교 사범대학 부속유치원의 역사적 고찰』(중앙대석사학위논문, 1987) ; 이숙희, 앞책.

먼저 1910년대 동화정책의 주요한 방안인 일본어 보급 배경을 살펴보았다. 당시 성행한 國語講習會(국어는 일본어를 의미 : 필자주)는 일본어를 통한 한일 양 민족의 정서적인 공유를 최우선 과제로 삼았다. 중심적인 논리는 一視同仁5)에 의한 同化主義였다. 이에 따라 국어강습회(소)는 행정기관의 지원을 받는 가운데 이전 夜學運動을 변질시켜 나갔다. 일본어 '만능시대'의 도래와 함께 일본문화가 생활 속에 점차 확산되는 결과를 초래하고 말았다. 이어 <경성유치원규칙>, 설립 과정과 목적, 교육 내용 등을 파악하였다. 이 유치원의 궁극적인 지향은 內鮮一體에 의한 일본인을 양성하는데 있었다. 마지막으로 유치원 설립·운영자의 경력을 비롯하여 동화정책에 대한 인식 등을 살펴보았다. 식민정책에 부응한 이들은 이러한 시류에 철저히 편승한 현실론자들이었다. 일본을 시찰한 후 이들은 일제의 문물을 극찬하는 등 식민당국에 이전보다 적극적으로 의존하였다. 그런 만큼 동화정책은 이들에게 이상적·환상적(?)인 정책일 수밖에 없었다. 세계사상 전무후무한 폭압적 식민통치는 광범한 친일·부일 세력의 동조로 가능할 수 있었다.

이러한 시론을 통해 1910년대의 동화정책을 이해하는데 조그만한 도움이 되기를 바란다.6) 이 글은 1910년대 유치원교육의 전체적인 양상이 아니라 특수한 사례임을 거듭 밝혀둔다.

---

5) 조선과 대만을 포함한 일제의 식민지 민족을 저들과 같이 널리 사랑함을 의미한다. 이는 한일 양 민족의 차별화가 아니라 內鮮一體라는 '동등권'을 표현한 미사여구에 불과하다. 1930년대 후반 民族抹殺政策의 '換骨奪胎'는 바로 "조선적인 정신과 인식"을 모두 부정하는 입장이었다. 오직 '皇國臣民'에 입각한 일본인화를 획책한 사실은 이러한 의도를 반증한다.

6) 유치원교육 전반에 관해 필자는 무지에 가까운 수준이다. 그런 만큼 이 글은 많은 문제점을 지닐 수밖에 없다. 많은 조언을 해주신 중앙대 이원영교수님과 이화여대 백혜리선생님께 지면을 통해 사의를 표합니다.

Ⅱ. 일본어 보급과 동화정책

러일전쟁의 승리로 일제는 제국주의 열강으로부터 조선에 대한 '독점적인' 지배를 인정받았다. "內政改革, 施政改善"의 구실로 단행된 법령 정비는 식민지배에 필요한 여러 기반을 구축하는 계기였다. 1905~1910년 '한일합방' 직전까지 공포·시행한 각종 법령은 이러한 상황을 잘 보여준다.7) 특히 1908년 공포된 <私立學校令>은 민족교육을 철저히 탄압하는 등 오직 복종만을 능사로 하는 愚民化를 지향한 식민교육정책의 근간이었다. 일본인과 '차별화된' 同化主義는 이 법령의 궁극적인 취지이다.

일본인들은 개항 이래 일제의 묵인이나 협조하에 일어보급을 위한 여러 활동을 전개하였다.8) 민간단체인 東亞同文會·大日本海外敎育會, 불교종파 大谷派本願寺, 일본거류민단 등은 일어보급을 통해 조선 내에 침략 기반을 조성·은폐하기에 이르렀다. 1896년 설립된 京城學堂과 1899년 전주관찰사 李完用의 협력으로 설립된 三南學堂은 당시를 대표하는 일어학교였다.9) 1900년 2월까지 東萊 釜山學院, 大邱 達成學校, 安城 安城學校, 城津 일어학교, 光州 實業學校 등 무려 11개교가 설립되었다.10) 이어 馬山·開城·鎭南浦·群山·江景·水原·木浦·慶州·晋州·海州·統營 등지에도 설립되는 등 널리 확산되어 나갔다.11) 이와 더불어 일진회도 일본어를 중심으로

---

7) 한국법제연구원, 『한말법령체계분석』 1(한국법제연구원, 1991).

8) 이명화, 「韓末 日帝의 日本語 普及 實態」, 『충북사학』 11·12(충북대, 2000), 453~470면.

9) 『독립신문』 1896년 9월 8일 잡보, 1897년 4월 15일 론설 : 『황성신문』 1899년 4월 1일 별보 「日本時事新報의 韓民子弟의 敎育論을 抄出ㅎ노라」, 1899년 5월 23일 잡보 「北靑設校」, 1899년 11월 16일 잡보 「東亞同文會支部」와 「日本人의 三南學堂」 : 윤건차(심성보 외 역), 『한국근대교육의 사상과 운동』(청사, 1987), 206~213면.

10) 『황성신문』 1900년 2월 5일 잡보 「京鄕學校」.

11) 渡部學, 「韓國敎育における二言語主義」, 『韓』 21(한국연구원, 1973), 50면.

가르치는 34개 사립학교를 설립·운영하였다. 이는 양국인 유대강화라는 미명하에 이루어졌다.[12) 그런데 고조된 排日感情과 달리 상당수 조선인은 별다른 거부감없이 이에 편승하고 있었다. 일본인이 설립한 강습소·야학에 대한 호응은 당시 상황을 반증하는 부분이다.[13)

일어학교는 일제 침략의 가속화와 더불어 점차 제도권 교육기관으로서 위치할 수 있었다. 統監府는 顧問政治를 시행하는 가운데 일어 능통자를 우대하는 등 일어보급에 노력을 아끼지 않았다. 이러한 상황은 관립외국어학교 학생 중 일본어 전공자를 증가시켰다.[14) 또 경성학당은 官立漢城第二日語學校, 평양일본어학교는 官立平壤日語學校(1909년 관립평양고등보통학교로 승격)로 각각 승격되었다. 나아가 관·공립학교는 물론 사립학교에도 일본어 교육을 강요하는 상황이었다.[15) 심지어 초등교육기관조차 일인 교사에 의한 일어 교육을 시행하려는 계획까지 입안하였다. <敎科用圖書檢定規則>[16) 공포·시행과 '모범학교' 지정은 이러한 의도와 관련 속에서 이루어졌다.[17) 더욱이 일제 침략성을 제대로 간파하지 못한 자강론자들은 식민

---

12) 『황성신문』 1905년 10월 5일 잡보 「一進設校數」.
　　34개교의 재학생수는 34명에서 140명에 달하는 등 다른 사립학교보다 비교적 큰 규모였다. 이는 근대교육을 통한 개인 능력배양에만 매몰된 당시인의 인식을 반영하는 부분이다. 일진회의 文明化 논리는 초기 지방사회에서 거의 여과없이 수용되는 계기였다. 곧 일진회원이 지방관의 불법적인 수탈에 저항하는 농민운동을 주도하거나 계몽단체 지회원과 함께 사립학교 설립을 통한 근대교육을 주도하는 경우도 적지 않았다[『金炯睦, 「畿湖興學會 京畿道 支會 現況과 性格」『중앙사론』 12·13(중앙대, 1999), 60면]. 大韓自强會조차도 총대 沈宜性을 일진회·東亞開進敎育會 등에 파견하여 친목의 예의를 표하였다[대한자강회, 『大韓自强會月報』 1, 37면 참조]. 西北學會 개회식에는 崔永年(전 국민신보사 사장)·韓錫振(현 국민신보사 사장)·洪肯燮(일진회 부회장) 등이 참석한 후 찬조 연설을 마다하지 않았다[『大韓每日申報』 1908년 1월 14일 잡보 「西北學會盛況」 참조]. 이러한 사실은 계몽운동가와 친일파의 범주와 구분을 더욱 어렵게 하는 요인이다.
13) 金炯睦, 「1906~1910년 서울지역 야학운동의 전개 양상과 실태」, 『鄕土서울』 59(서울특별시사편찬위원회, 1999), 184~185면.
14) 학부편, 『韓國敎育の現狀』, 「1910년 7월 통계」 참조.
15) 孫仁銖, 「日帝 植民地 敎育政策의 性格」, 『日帝下의 敎育理念과 그 運動』(정신문화연구원, 1986), 85~89면.
16) 『官報』 1908년 9월 1일 「學部令; 敎科用圖書檢定規則」; 宋炳基 외, 『韓末近代法令資料集』 Ⅶ(국회도서관, 1971), 286~289면.

교육체제 내로 점차 흡수되고 있었다. 곧 일어보급은 친일세력 육성을 위한 조선 식민지화 일환의 하나였다.

한편 친일세력 육성책은 재일유학생 파견, 우호적인 인사에 대한 지원, 정치적 망명자에 대한 후원, 시찰단 파견, 정책의 선전·홍보 등을 통해 지속적으로 추진되었다.[18] 러일전쟁 이후 계몽단체로 위장한 각종 학회·사회단체는 사회구성원간의 대립·갈등을 조장시켰다. 특히 安重根에 의한 伊藤博文 저격을 계기로 親日派는 정·재계의 주요한 지위를 독점할 뿐만 아니라 노골적으로 '한일합방'을 주창하고 나섰다.[19] 이를 계기로 文明開化論者·啓蒙運動論者 등으로 위장된 친일세력은 비로소 실체를 드러내기 시작하였다. 결국 이들은 항일운동전선에서 스스로 일탈되는 등 개인적인 불행은 물론 민족적인 비극을 초래하고 말았다.[20] 이들에게 국가·민족의식은 "허황된 망상"에 불과하였다. 오직 자신들의 기득권 유지를 위한 방편인 일제의 주구로서 존재할 뿐이었다.[21]

'한일합방'을 단행한 일제는 전·현직 관료나 협력자에게 작위 수여와 恩賜金을 하사하는 등 '최소한'의 우대책을 강구하였다.[22] 이와 더불어 朝

---

17) 윤건차, 앞책, 299~305면 ; 정재철, 「교육정책」, 『한민족독립운동사』 5(국사편찬위원회, 1990), 269~278면 ; 이광호·전명기, 「식민지교육과 민족교육」, 『한국사』 14(한길사, 1993), 216~225면.

18) 姜東鎭, 『日帝의 韓國侵略政策史』(한길사, 1980), 119~155면 ; 趙恒來 편저, 『日帝의 大韓侵略政策史研究—日帝侵略要因을 중심으로—』(현음사, 1996) ; 玄光浩, 「大韓帝國期(1897~1904) 亡命者問題의 政治—外交的 性格」, 『사학연구』 57·58(한국사학회, 1999), 1058~1062면.

19) 趙恒來, 『韓末社會團體史論考』(형설출판사, 1972) ; ______, 『一進會研究』(중앙대박사학위논문, 1984) ; ______, 「日帝侵略과 그 追從勢力(1904~1910)」, 『제2판 한국사연구입문』(지식산업사, 1987) ; 朴成壽, 「一進會의 賣國聲明」, 『한국근대사』(학연사, 1988).

20) 趙東杰, 「舊韓末 國民演說會 小考」, 『韓國學論叢』 4 (국민대, 1981) : 韓明根, 「大韓帝國末期 國是遊說團에 대한 一考察」, 『한국민족운동사연구』 15(한국민족운동사연구회. 1997).

21) 金炯睦, 「私立興化學校(1898~1911)의 近代敎育史上 位置」, 『白山學報』 50(백산학회, 1998), 308~309면 : 金炯睦, 「自强運動期 漢城府民會의 義務敎育 施行과 性格」, 『中央史論』 9(중앙대, 1987), 99~102면 : 김형목, 「1910년대 夜學의 實態와 性格 변화」, 『국사관논총』 94(국사편찬위원회, 2000), 172면.

22) 『官報』 1910년 10월 7일 「朝鮮貴族令」 : 『매일신보』 1910년 10월 7일 잡보 「貴族의 敍爵」, 10월 8일 잡보 「授爵榮式」, 「授爵式의 結了」, 「樞院敍任」, 10월 9일 잡보 「恩

鮮總督府는 『매일신보』를 통해 '한일합방'의 정당성과 필연성을 대대적으로 선전·홍보하는데 노력을 기울였다.23) 寺內總督은 諭示에서 "새로운 한일 양 민족의 진정한 우호관계 정립"을 역설하고 나섰다. 나아가 '한일합방'으로 양 민족은 신시대 도래와 더불어 조선의 국제적인 지위를 격상시킨 쾌거라는 망언도 서슴지 않았다.

> ……(상략)…… 我国이 東洋의 제一中心地에 處ㅎ여 和意롤 不酬ㅎ고 深契롤 不허ㅎ면 東洋一局에 平和主意롤 永遠히 維持키 難홀지니 엇지 和衷으로 相告치 아니ㅎ며 安堵도 相勸치 아니ㅎ리오 今日에 局勢의 萍換과 物態의 雲變은 自然호 勢이오 一朝一夕의 故가 아니로다. 日本이 强ㅎ면 我国도 强ㅎ고 我国이 弱ㅎ면 日本도 弱홀 것은 一家內에 兄則 飽ㅎ며 弟則 飢홀 理는 萬無타 홀지니 可히 憂樂을 同ㅎ고 休戚을 共ㅎ여 東洋의 安寧秩序을 共享홀 것은 我兩国間에 共同企圖홀 자라 是以로 兩国 主權자가 互相主唱ㅎ여 合倂을 約成ㅎ엿스니 此는 日本이 維신호 後에 我国도 維신ㅎ는 日이라 ……(하략)……24)

일제만이 서구 제국주의 침략으로부터 동양평화를 保持할 수 있다. 조선의 운명은 여기에 달려 있다는 논리였다. 이는 양국이 과거부터 同祖同根論에 입각한 '운명공동체'라는 사실에 근거하고 있었다. 그런 만큼 新思潮와 신시대에 부응하는 최선책은 양 민족의 융화에 의한 同化主義로 귀결되었다.25) 이러한 논리는 이후 일본 천황에 대한 충성심 강조로 확대되어 나갔다. 天長節·紀元節·地久節을 전후한 『매일신보』 지면은 천황 중심의 '新日本主義'를 거듭 강조하였다. 이는 천황을 중심으로 하는 신일본주의를 정신적인 구심체로서 설정한 사실을 의미한다.26)

賜金에 對호 諭示」.

23) 張錫興, 「日帝의 植民地 言論政策과 總督府機關紙 ≪每日申報≫의 性格」, 『한국독립운동사연구』 6(독립기념관 한국독립운동사연구소, 1992), 426~454면.

24) 『매일신보』 1910년 8월 30일 논설 「同化의 主意」.

25) 『매일신보』 1911년 5월 3일 사설 「廣義의 愛國心」, 1912년 9월 12일 사설 「日鮮의 同化」, 1915년 2월 18일 사설 「日鮮融和論」, 1917년 6월 6~6일 사설 「內鮮一體의 理想」.

총독의 시정방침에 반영된 양 민족의 동화를 위한 방법론은 다양하게 모색되었다.[27] 가장 적극적인 방안은 개항 이래 줄기차게 추진된 일어보급을 통한 言語同化政策이었다.[28]

> ……(상략)…… 今日을 當ᄒ야 一國人民을 作成훈 以上에ᄂ 親密훈 關係가 日日層生ᄒ야 疎코져ᄒ야도 得치 못훌 것이오 遠코져ᄒ야도 得치 못훌지니 兩地人民이 言語를 相通치 못ᄒ야 同化上에 不便훈 點이 必生ᄒ리로다. 其 性이 合ᄒ고 其情이 同훈 後에야 一點靈犀가 暗裏相照ᄒ야 膠漆의 誼가 生ᄒ고 斷金의 契를 成ᄒ면 彼我가 無分ᄒ야 同化룰 期치 아니ᄒ여도 自然히 化ᄒ리라 ᄒ노니 其方法은 何에 在ᄒ고 心地를 相許ᄒ고 意思를 疏通케ᄒ기ᄂ 語論酬酌의 在훈즉 同化의 急務ᄂ 語學이라 謂훌지나 一朝一夕의 事가 아닌즉 急遽히 圖謀ᄒ기ᄂ 得치 못훌 者이니 水와 如히 漸케ᄒ야 今日에 解一語ᄒ고 明日에 解一語ᄒ야 久久成習ᄒ면 不期然而然훌 者로다. ……(중략)…… 顧今 形便컨딘 教育을 擴張ᄒ야 語學을 普及케ᄒ고 磨以歲月ᄒ야 一般人民으로 同 化域에 齊進케ᄒᄂ 것이 當局者의 第一急務라ᄒ노라.[29]

양 민족 동화를 위한 지름길은 일어 일상화를 통한 사상·감정 교류로 집약되었다. 이러한 과정에서 양 민족은 자연스럽게 동화된다고 낙관하는 분위기였다. 강제적·강압적인 동화는 한국인의 강한 저항을 초래할 뿐만 아니라 역효과를 초래할 가능성까지 예견하였다. 결국 교육기관 확충에 의한 일어보급을 통한 '점진적인' 언어동화정책은 시급한 현안으로 부상되었다.[30]

---

26) 『매일신보』 1916년 10월 6일 사설 「新日本主義를 高唱함」.

27) 『매일신보』 1910년 9월 14일 논설 「同化의 方法」, 11월 8일 사설 「民志宜一」, 1912년 5월 11일 「日鮮同化의 方法」, 1913년 6월 28일 「寺內總督 談(四), 同化策」.

28) 한일 양국인의 '차별된' 동화정책은 식민정책의 궁극적인 지향점이었다. 지금까지 동화정책 연구는 1930년대 후반부터 시행된 民族抹殺政策에 집중되므로써 한말이나 1910년대는 별다른 주목을 받지 못하였다. 필자는 동화정책을 시기별로 다음과 같이 구분·사용하였다. 1905~1919년 3·1운동 직전까지 일어보급을 통한 언어동화정책기, 3·1운동 이후 중일전쟁 이전까지 일본 문화·생활양식 등을 통한 문화동화정책기, 이후를 민족말살정책기로 각각 개념화하였다.

29) 『매일신보』 1910년 9월 14일 논설 「同化의 方法」.

30) 『매일신보』 1910년 9월 16일 잡보 「女子敎育의 方針」과 9월 23일 잡보 「朝鮮人의 語

취지에 부합한 식민교육정책은 1911년 8월 제정·공포된「朝鮮教育令」이었다.31) 교육방침은 "교육에 관한 勅語 취지에 기초하여 忠良한 國民 육성을 本意로 하는 동시에 時勢와 民度에 적합한 교육"이었다. 곧 日本臣民으로서 오직 의무만을 충실히 수행하는 '복종적인' 인간 양성이 궁극적인 의도였다.32) 이리하여 일본어는 각 교육기관의 필수과목인 국어로서 채택된 반면 한글은 선택과목인 '조선어'로 전락되었다.

일어 교육 강화는 일인 교사에 의한 수업과 국정교과서 편찬이었다. 교과서에 대한 통제는 일찍이 '乙巳勒約'과 동시에 이루어졌다.33) 일제는 '충량한 신민'의 양성을 위한 교과서 편찬에 대한 관심과 지원을 아끼지 않았다. 이에 필요한 교재를 통일적으로 편찬하는 동시에 교육 효과의 극대화 방안은 번역 교수보다 직접 회화로 귀결되었다.34) 특히 修身은 학생들에게 일제 신민으로서 "品性陶冶와 국민성 함양"이라는 내용을 추가하기에 이르렀다. 內鮮一體感을 심화시키는 방안은 일본 역사나 지리 등을『국어독본』에 첨가·서술하는 문제였다. 특히 양국 관계의 왜곡된 傳說·史話 등도 교과서의 주요한 내용으로 서술되었다. 이는 학생들에게 자국사와 자국 문화에 대한 卑下나 劣等感을 심어주려는 의도였다.35) 곧 '단순한' 일어 교수가 아니라 일본 정신·문화·풍습 등을 부지불식간 아동에게 주입시키는 문제로 귀결되었다. 그런 만큼 민족의식이나 독립정신을 고취하는 교재 출

學」, 1911년 2월 23일 사설「國語研究의 必要」, 1913년 11월 2일 사설「國語普及의 急務」, 1914년 3월 13일 사설「國語普及의 急務」, 1917년 2월 28일 사설「國民統一과 國語」.

31)『관보』명치 44년 8월 23일(勅令 제229호)「朝鮮教育令」;『매일신보』1911년 8월 26일 관보「朝鮮教育令」; 弓削幸太郎,『朝鮮の教育』(자유사, 1923), 86~93면 : 국사편찬위원회,『日帝侵略下韓國三十六年史』一 (대한교과서주식회사, 1966), 413면.

32) 韓基彦,「日帝의 同化政策과 韓民族의 教育的 抵抗」,『日帝의 文化侵奪史』(정음사, 1970), 17~22면 ; 鄭在哲,『日帝의 對韓國植民地教育政策史研究』(일지사, 1985), 295~296면 ; 윤건차, 앞책, 299~329면.

33) 李萬珪,『朝鮮教育史』下(을유문화사, 1947), 111~115면 ; 김봉희,『한국 개화기 서적 문화 연구』(이대출판부, 1999), 130~133면.

34) 高橋濱吉,『朝鮮教育史考』(제국지방행정학회, 1927), 443~446면.

35) 정재철,「교육정책」,『한민족독립운동사』5(국사편찬위원회, 1990), 281~282면.

판은 사실상 불가능하였다.[36)]

　일제는 야학조차 일어보급을 위한 교육기관으로 활용하였다.[37)] 즉 武斷統治 강화와 더불어 야학마저도 제도권 교육체제 내로 포섭하고 말았다. 1913년 <私設學術講習會에 關한 件>[38)]의 시행은 야학·강습소 등을 제도권 내로 吸收하려는 의도에서 비롯되었다. 이 법령은 시행 과정상 지방관의 자의적인 판단이나 월권이 개입할 여지를 지니고 있었다. 집회자유마저 허용되지 않는 폭압적인 상황은 啓蒙夜學[39)] 시행조차도 사실상 불가능하게 만들었다. 더욱이 대다수 自强運動論者들이 친일파나 부일파로 전락하는 등 민족해방운동 전선에서 일탈되어 나갔다. 곧 비밀결사단체나 일부 종교단체를 제외한 민족운동세력은 거의 '공백기'나 다름없었다.

　반면 일어보급을 위한 '국어강습회'는 관변의 보호·지원 속에서 널리 운영되었다. 관청·관리나 일본인 실업가 등은 제도권 교육기관 부설로 이를 설립·운영하는 등 가장 적극적인 입장이었다.[40)] 운영비는 행정기관의

---

36) 『매일신보』 1910월 11월 2일 잡보,「朝鮮學童과 敎科書」, 11월 6일 잡보「不良敎科書調査」.

37) 金炯睦,「1910년대 夜學의 實態와 性格 變化」, 180~187면 ; 김형목,「한말·1910년대 女子夜學의 性格」,『中央史論』 14(한국중앙사학회, 2000), 40~44면.

38) 『官報』 1913년 1월 15일 ;『每日申報』 1913년 1월 17일「私設學術講習會에 관한 件」 ; 朝鮮總督府學務局學務課,『現行朝鮮敎育法規』(조선총독부, 1942), 728면; 국사편찬위원회,『日帝侵略下韓國三十六年史』 二, 17면.
　　대다수 연구자는 법령 취지로 야학을 비롯한 사설학술강습회 통제를 위한 수단으로 보았다. 이러한 견해는 피상적으로 매우 합당한 사실처럼 보인다. 그런데 근본적인 요지는 "각 공립보통학교 부설인 국어강습회를 보다 효율적으로 운영하려는 취지"였다. 법령 위반에 따른 폐쇄된 야학은 1910년대 전혀 없었다. 야학은 식민교육체제 내로 철저히 편승된 사실을 의미한다. 그런 만큼 야학에 대한 통제나 탄압할 필요성이 없는 상황이었다. 이른바 改良書堂도 일어보급을 위한 교육기관으로 변질되는 경우가 적지 않았다[『매일신보』 1913년 4월 20일「最近의 平南, 書堂敎師의 召集」, 4월 23일「舊書堂의 注意」, 1913년 6월 29일 평남통신「新敎育法을 講習」]. 이러한 사실은 사설학술강습회나 개량서당에 대한 통제보다 통일적·효율적인 일어보급과 무관하지 않음을 의미한다. 3·1운동 이후 일제는 민족교육적인 야학·강습소 등을 탄압할 때, 이를 적극 활용하였다. 이는 文化運動의 개량화와 순응적인 측면을 강화시키는 주요한 요인이었다.

39) 김형목,「1906~1910년 서울지역 야학운동의 전개 양상과 실태」, 158면.

40) 『매일신보』 1911년 2월 23일 잡보「國語敎授의 通牒」, 6월 30일 잡보「京畿管內의 國語夜學會數」, 7월 26일 잡보「寺內總督의 諭示」, 1914년 2월 24일 學校歷訪「私立中

지방비·보조금으로 충당될 수 있었다. 물론 일본인 실업가의 기부금이나 생활 정도에 따른 '재산세'로 일부는 보충되었다.[41]

교사는 공립보통학교 교사나 관리들로서 대부분 일본인이었다. 일본인 헌병이나 순사 등이 야학 설립자·교사·후원자로서 활동하는 경우도 적지 않았다. 그런데 주민들의 이에 대한 반응은 외형상으로 매우 긍정적이었다. 즉 별다른 거부감이나 저항감이 거의 없었다. 수백 명에 달하는 수강생은 야학에 대한 당시인의 현실인식을 강하게 반영하는 부분이다. 결국 한국인의 愚民化를 획책하는 식민교육정책에 부응하는 성격을 지닌 야학만이 시행되었다. '국어강습회'로 대표되는 '식민야학' 성행은 당시 상황을 반증한다.[42] 변호사들도 스스로 국어강습회를 설립·운영하는 상황이었다. 해주에 거주하는 변호사들은 일본인을 교사로 초빙하는 등 야학을 통한 일어 교육에 열중하였다.[43] 이는 당시 일본어 교육에 대한 열기와 사회적인 분위기를 극명하게 보여준다.

식민정책의 수행상 한국인 관리에게도 초보적인 일어 해독력을 요구하였다. 일어에 무지한 관리는 면직·감봉되는 등 불이익 처분을 받기에 이르렀다.[44] 반면 일어 능통자는 면접이나 간단한 '특별시험'으로 하급관리나 통역주사로서 채용되었다. 이러한 분위기는 일어에 대한 사회적인 관심을 촉발시키는 계기였다.[45] 국어강습회의 성행과 사립학교 재학생들의 일어교육기관으로 전학 사태는 당시 상황과 밀접한 관계 속에서 이루어졌다.

東夜學(典洞) : 國語, 英語, 漢語, 漢文, 算術 五大 專門夜學」, 2월 25일 學校歷訪「水下洞公立普通學校 : 産國民的 性格의 陶冶와 勤勞的 陶冶에 留意홈」, 3월 1일 學校歷訪「校洞公立普通學校(校洞) : 誠實 從順 勤儉의 躬行實踐으로써 忠良혼 國民되기를 生徒가 自期홈」.

41) 『매일신보』 1917년 1월 23일 「안성에서, 國語의 普及」, 1918년 3월 31일 「馬山, 夜學會에 補助金」.
　　"舊馬山에 在혼 私設國語夜學會及 私設夜學의 成績이 頗히 優良호다호야 本道廳으로브터 補助金으로써 金十五圓을 下附호얏다더라"
42) 金炯睦, 「1910년대 夜學의 實態와 性格 變化」, 176면.
43) 『매일신보』 1915년 3월 22일 지방통신「황해도, 國語講習(海州)」.
44) 『매일신보』 1910년 9월 7일 잡보「恨不語學」, 9월 13일 잡보「國文習讀」.
45) 『매일신보』 1911년 2월 10일 잡보「日語研究會의 好況」, 4월 22일 잡보「日語研究會好積」.

심지어 일어보급을 선도·주도한 사람은 '모범적인' 교육가로서 칭송되었다.46) 바야흐로 "일본어 전성시대 또는 만능시대"가 도래하기에 이르렀다.

지방관들은 이러한 분위기에 부응하여 주민들에게 『매일신보』 구독을 권장하였다. 군수나 면장 등은 신문의 공동 구독에 앞장섰다. 이 신문은 1913년 1월 하순부터 일상생활에 필요한 간단한 인사법 등 일어를 연재하고 있었다.47) 당시 일어 습득에 필요한 교재 확보는 쉽지 않은 반면 신문 구독은 지방관에 의해 마을주민 전체를 대상으로 널리 이루어졌다. 신문 보급은 식민정책을 선전·홍보할 뿐만 아니라 일어보급을 위한 주요한 수단이었다.48) 결국 일어보급은 동화정책을 위한 주요한 수단이었다. 1916년 『매일신보』를 일종의 교육기관이라고 강변한 사실은 이러한 상황과 밀접한 관련성을 지닌다.49)

Ⅲ. 경성유치원규칙과 설립 과정

개항장과 주요 도시를 중심으로 형성된 일본인거류지는 '비교적' 일찍부터 유치원을 설립·운영하였다. 1888년 설립된 元山幼稚園은 우리나라에 설립된 일본인을 위한 최초의 유치원으로50), 설립자는 일본인 원산거류민단이었다. 이어 1897년 부산유치원, 1900년과 이듬해 서울과 인천에 일본 황태자 탄생 축하를 기념하여 경자기념경성유치원과 인천기념유치원이 각

---

46) 『매일신보』 1912년 7월 7일 논설 「敎育界의 模範人」.

47) 김형목, 「1910년대 夜學의 實態와 性格 變化」, 177면.

48) 『매일신보』 1912년 2월 26일 「平壤 面洞長의 頌聲」, 6월 8일 「模範 補助員의 美擧, 모범홀만흔 보조원의 쟝흔 일」, 6월 28일 「殷栗郡의 光線, 본보 청구쟈의 답지 은률군의 문명진보」과 「最近泗川에셔, 申報讀者의게 割引券配付」, 7월 6일 「順川郡의 文明, 슌쳔군슈의 익민」, 11월 12일 「加賀홀 黃面長, 가히 ㅎ례홀 황면쟝」, 12월 19일 「南郡守의 聲價, 남군슈의 됴훈셩여」와 「各里長의 文明, 리쟝 이십일인이 본보 구독」, 1914년 10월 8일 「安城郡守의 新聞熱心」.

49) 『매일신보』 1916년 10월 3일 사설 「社會敎育과 新聞紙」.

〈표 1〉 한말·1910년대 일본인유치원 현황[51]

年 度	保 姆	保姆와 助手	園 兒 數			經 費(円)	유치원수
			男	女	計		
1908	13	14	270	263	533	5,869	6
1909	13	21	271	244	515	7,113	7
1910	18	19	305	301	606	7,319	9
1911	17	17	304	310	614	8,848	8
1912	19	20	371	306	677	10,255	9
1913	21	24	409	385	794	10,060	11
1914	26	27	413	401	814	11,899	14
1915	31	32	513	421	934	16,164	17
1916	36	39	572	460	1,032	18,787	19
1917	41	48	616	525	1,141	17,083	21
1918	44	47	592	527	1,119	18,086	22

각 설립되었다. 이후 평양·군산·진남포·대구 등지에 설립되는 등 일본인의 유치원교육은 본격적으로 실시되었다. 일본인의 조선으로 대량 이주는 이러한 변화를 초래하는 주요한 계기였다.

　일제는 이들 자제교육에 대한 지원을 아끼지 않았다. 당시 거류지에 설립된 일본인 소학교는 義務敎育의 일환으로 시행될 정도였다. 유치원도 거류민단을 중심으로 설립되는 등 점차 유치원교육은 확산되기에 이르렀다. 이러한 유치원에도 지방비를 보조하는 등 사실상 공립유치원과 같은 형태로 운영되었다. 그런 만큼 일본거류민단 조직과 더불어 유치원·소학교 등은 널리 설립될 수 있었다. 3·1운동 이전 일본거류민단이나 개인이 설립한 유치원 현황은 〈표 1〉과 같다.

---

50) 이상금, 『한국근대유치원교육사』, 84~85면 : 이상금, 『해방전 한국의 유치원』, 70~71면.
　　이상금은 우리나라 최초 유치원으로 부산 일본거류민단이 설립한 부산유치원으로 보았다. 이러한 주장은 현재까지 우리나라 유치원사에서 널리 통용되고 있다. 그런데 일본인이 우리나라에 세운 최초 유치원은 원산유치원이다[조선통감부, 『朝鮮總督府統計年報』, (조선통감부, 1908), 121면]과 [조선통감부, 『韓國施政年報』 1(조선통감부, 1908), 417~418면]. 물론 원산유치원이나 부산유치원은 우리의 최초 유치원으로서 설정될 수 없다. 우리의 유치원 기점 문제와 성격, 일본인 최초 유치원 등은 차후에 다루고자 한다.
51) 〈표 1〉은 다음 자료에 의해 정리하였다[『朝鮮統督府統計年報(1908~1918년)』, 『韓國施

<표 1>에 나타난 바처럼, 1910년 3월 말 현재 일본인 유치원은 9개소로 18개 학급에 원아수는 남자 305명과 여자 301명 등 총 606명이었다. 19명의 保姆가 평균 30명을 약간 넘는 원아 교육을 담당하였다. 1년간 경비는 7,319円이었다. 일본거류민의 유입에 비례하여 일본인을 위한 유치원 설립도 활성화되었다. 즉 1918년 22개소의 유치원에 소속된 원아수는 1,119명에 달하였다. 유치원수 증가는 결국 경비를 18,086엔으로 상승케 하는 요인이었다. 운영비는 초기에 거류민단 자체의 부담이었다. 그런데 유치원교육 보편화는 지방비로 보조되는 등 의무교육과 유사한 형태로 운영되었다.

이러한 상황은 조선인들에게 유치원교육에 대한 관심을 촉발시키는 계기였다. 1910년대 각지에 설립·운영된 유치원 현황은 이를 반증한다.[52] 선교사와 교육가들은 일제의 통제가 거의 없는 유치원교육에 관심을 두었다. 이리하여 종교학교·교회 등지를 중심으로 유치원 설립이 추진되는 계기를 맞았다. 당시 조선인 아동을 위한 유치원 현황은 <표 2>와 같다.

政年報(1908~1918년), 『매일신보』]. 자료상에 나타난 통계는 약간의 오차를 나타낸다. 그런데 전체적인 양상은 사실과 크게 다르지 않았다. 주요한 요인은 조사·정리한 시기별 차이에서 비롯되었다. 이를 근거로 파악한 일본인유치원 현황은 당시 상황과 크게 다르지 않다고 생각한다.

52) 중앙대학교80년사편찬위원회, 앞책, 57~59면.
현재 중앙대학교 사범대학 부속유치원(일명 중앙유치원 : 필자주)이 한국인에 의해 설립된 최초 유치원으로 파악하였다. 이는 사실과 다르다[<표 2> 참조]. 이러한 원인은 민족교육의 일환으로 중앙유치원이 설립된 사실을 지나치게 강조하려는 입장에서 비롯되었다. 경성유치원이 친일관료·실업가 등이 일본인화를 목표로 설립한 반면 이화유치원은 선교사업에 위해 설립하였다는 논지이다. 그런데 중앙유치원 역시 중앙교회 신자인 朴熙道(3·1운동의 민족대표 33인 중 1인)·柳養浩(실업가로서 제화점 운영)와 목사인 張樂道 등에 의해 설립되었다. 유치원 장소도 중앙교회 내 부설로 설립된 종로여학교였다. 또 교사진은 보모 브라운리(한국명 富來雲 : 필자주)와 조수 趙愛理施로 이들 역시 선교사업에 종사하는 인물이었다. 따라서 중앙유치원도 이화유치원과 마찬가지로 선교사업의 일환임을 알 수 있다. 물론 1920년대 이후 중앙유치원은 중앙교회에서 독립·운영되는 등 차별성을 지닌다. 그런 만큼 이후 상황을 마치 초기 상황으로 미화시키는 이러한 관점은 반드시 재고를 요한다. 지금까지 밝혀진 한국인이 설립한 최초 유치원은 密陽幼稚園이다[『大韓每日申報』 1910년 3월 22~23일 광고와 4월 10일 학계 「幼園進就」 : 『대한매일신보』 1910년 4월 1일 학계 「유치원진취」 참조]. 즉 지방자치제를 표방한 密陽民議所는 義務敎育의 일환으로 사립학교와 유치원을 설립하였다. 후원자는 민의소 임원인 朴章億과 韓春玉이었다.

<표 2> 1910년대 조선인유치원 현황[53]

유치원명	설립자	소재지	설립년월일	비고
密陽幼稚園	밀양민의소	밀양군 밀양읍	1910.4	『大韓』1910.3.22,4.10,『대한』1910.4.1
鎭川幼稚園	대한성공회 진천교회	진천군 진천읍	1912	『진천교회사』
協成幼稚園	협성학교	대구부	〃	『매』1912.6.16
京城幼稚園	趙重應·兪吉濬·李完用·芮宗錫·白完赫	서울 경성여자고등보통학교 내	1913.4.8	『매』1913.3.30,1914.1.2,6.8,1920.3.20,『동』1921.2.25
梨花幼稚園	프라이	서울 손택호텔	1914.1	『동』1921.9.6,『이화80년사』,『이화100년사』
平壤幼稚園	평양교회	평양부	1914	『매』1915.8.3
貞信幼稚園	모리스	서울 연동	1915	『통계』
中央幼稚園	朴熙道·柳養浩·張樂道	서울 인사동 중앙교회 내	1916.10.17	『매』1916.10.11,12.24,1917.10.11,1918.3.2,1920.5.5,『중앙대학교80년사』,『부속유치원83년사』
晋州基督敎幼稚園	마부인	진주 광림학교 내	1916	『옥봉리야소교장로회연혁사』
信明幼稚園	고성교회	경남 고성군 읍내	〃	『동』1922.6.9
南山峴幼稚園	남산교회	평양남산교회 내	〃	『통계』『동』1922.3.22
約翰幼稚園	정진여학교	평양정진여학교 부설	〃	『동』1921.3.24
安州幼稚園	장로교회	안주군 안주읍	1917(1915?)	『동』1922.1.13
培花幼稚園	애드워드	서울 누하동	1917.4	『동』1924.3.31,1925.1.1,1926.2.8
德壽宮幼稚園	왕실	서울 덕수궁 내	1917.4.10	『매』1926.3.10 『삼천리』1939.4
永化幼稚園	영화여학교 부설	인천 우각동	1917.4.1	『영화70년사』『조』1923.6.4
興海幼稚園	유지제씨	영일군 흥해읍	1917.5	『동』1927.7.5
咸從幼稚園	〃	강서군 함종면	1918	『동』1922.11.15
三崇幼稚園	池根是	진남포 용정리	〃	『조』1929.11.9
阿峴幼稚園	밴플리트	서울 아현동	1918.12	『동』1920.4.6 『아현교회칠십년사』
好壽敦幼稚園	호수돈여자보통학교 부설	개성군 송악면	1918.4	『동』1921.2.25,1923.3.23

好壽敦南幼稚園	"	"	"	"
得信幼稚園	비석리교회	진남포부 비석리	1910년대	『매』1920.4.23
好壽敦東幼稚園	"	"	"	"
海州幼稚園		해주군 해주면	1919.6	『동』1921.2.25
懿貞幼稚園	의정여학교	해주군 해주읍	1919	『동』1921.3.24
公州幼稚園	徐思德	공주군 공주면	1919.9	『동』1921.2.25 『매』1933.3.9
東明幼稚園	교회	울진군 읍내	1919	『매』1931.11.23
會寧幼稚園	유지제씨	회령군 읍내	"	『동』1923.1.25,1927.10.15
培英幼稚園	감리교회	평강군 평강면	1918.8	『동』1921.2.25,5.26
貞新幼稚園	감리교회	원주군 원주면	1918.12	『동』1921.2.25 『원주제일교회70년사』
花城幼稚園	교회와 신도	횡성군 횡성면	1919.4	『동』1921.2.25,5.27
義崇幼稚園	모리스	강릉군 강릉면	1919.11	『매』1920.5.4 『동』1921.2.25,5.2,1922.6.11

<표 2>는 1910년대 설립·운영된 유치원 전부를 의미하지 않는다. 당시 비교적 널리 알려진 대표적인(?) 유치원으로서 성격을 지닌다. 설립지역은 개신교가 일찍부터 정착한 곳과 대체로 일치하는 양상이다. 서울과 서북·해서지방은 개신교의 전래와 더불어 일찍부터 유치원교육을 실시하였다. 곧 밀양유치원·경성유치원·덕수궁유치원을 제외한 대다수 유치원은 교회 부속이나 신자들에 의해 설립·운영되었다. 이는 선교사업에 의해 주도

---

53) 『大韓』은 대한매일신보(국한문혼용판), 『대한』은 대한매일신보(한글판), 『매』는 매일신보, 『동』은 동아일보, 『조』는 조선일보, 『통계』는 조선총독부통계연보를 각각 의미한다. 『통계』에는 1922년 이전까지 당시 널리 알려진 梨花幼稚園이나 中央幼稚園조차도 포함하지 않았다. 이는 1922년 시행·공포된 「유치원규정」에 의해 인가된 유치원만 기록하는 데서 비롯되었다. 어린이운동의 활성화와 더불어 1920~30년대 설립된 유치원은 대부분 인가를 받지 못하였다. 그런 만큼 일제의 공식적인 통계에 의한 유치원사 연구는 많은 문제점을 지닐 수밖에 없다. 사료에 대한 신중한 비판이나 검정은 유치원교육운동의 실상을 파악하는 지름길이다. 이는 교육운동을 포함한 문화운동 전반에도 마찬가지로 적용된다.

된 사실을 그대로 반영한다.[54] 호수돈여자보통학교는 부속기관으로 3개 유치원을 운영하는 등 이 지방 유치원교육을 주도하였다.[55] 평양의 약한유치원은 1921년 3월 당시 제5회 졸업생을 배출하기에 이르렀다. 이 유치원은 수료자만 26명에 달할 정도로 비교적 대규모였다.[56] 이처럼 유치원교육이 각지로 확산·보급되는 등 유치원교육사는 물론 소년운동사상 중요한 의미를 지닌다.

한편 식민정책에 포섭된 친일세력은 자제들의 早期敎育에 관심을 기울였다. 곧 자제들의 '일본어 만능시대'에 부응하는 한 방편이 바로 유치원교육이었다.[57] 친일 관료와 실업가인 李完用·趙重應·韓相龍·芮宗錫 등은 1912년부터 유치원 설립을 계획하였다. 이들은 여러 차례 의견교환으로 유치원 설립에 필요한 제반 준비를 차질없이 진행시켰다.[58] 이들은 총독에게 이러한 사실을 알리는 동시에 자문과 지원을 요청하였다. 총독은 이들의 유치원 설립에 대해 격려와 지원을 아끼지 않았다.[59] 이러한 총독의 활동은 관청에까지 영향을 미쳤다. 즉 경기도청이나 경성부청은 행정적인 지원은 물론 재정적인 지원에 앞장섰다.[60]

---

54) 이상금의 『해방전 한국의 유치원』에 정리된 유치원 현황도 이러한 양상이었다. 물론 1920년대 후반부터 청년운동 주도층 변화와 더불어 선교사업의 일환으로 설립된 유치원은 점차 감소되는 추세였다.

55) 『동아일보』 1921년 2월 25일 「全道 幼稚園狀況, 園數가 十個所, 園兒가 六百七十一」. 이 기사에도 이화유치원과 중앙유치원에 관한 언급은 전혀 없었다. 이후 사회적인 관심도와 더불어 수료식·10주년기념행사나 유치원확장기성회 등에 대해 널리 기사화되므로써 중앙유치원은 사회적인 관심을 받기에 이르렀다. 이는 문화운동 확산과 더불어 유치원설립운동을 활성화시키는 주요한 계기로 작용할 수 있었다.

56) 『동아일보』 1921년 3월 25일 지방통신 「正進女校와 幼稚園」.

57) 중앙대학교80년사편찬위원회, 앞책, 57면.

58) 이상금, 『해방전 한국의 유치원』, 106면. 경성유치원 설립 활동은 1913년 1월부터였다고 보았다. 이는 사실과 다르다. 늦어도 1912년 5월부터 조중응·예종석 등을 중심으로 유치원 설립에 필요한 여러 방법을 모색하고 있었다[『매일신보』 1912년 6월 5일 사설 「朝鮮人幼稚園」, 1912년 6월 22일 「趙子邸의 好議」 참조].

59) 『매일신보』 1912년 6월 22일 「孰不贊成乎」, 1913년 1월 31일 「京城幼稚園 創設, 敎育界의 曙光, 幼稚兒의 福音」.

60) 『매일신보』 1913년 1월 31일 「京城幼稚園 創設, 敎育界의 曙光 幼稚兒의 福音」, 2월

이에 부응한 총독부 당국자들은 우리의 전통적인 유아교육을 비판하고 나섰다. 유치원은 단체생활을 통해 사회적인 존재로서 역할을 인식하는 동시에 준법성을 터득하는 교육기관으로 규정하였다.[61] 새로운 사회변화에 적응할 수 있는 능력은 유치원교육을 통해 가능하다는 논리였다. 그런데 한국의 전통 유아교육은 전혀 동시대와 유리된 채 형식주의로 일관된다고 지적하였다. 이러한 준법성 강조나 사회적인 존재로서 역할은 식민체제를 부정하지 말고 사실로 인정함과 아울러 순응하라는 입장에서 비롯되었다.

경성유치원 설립·운영 등에 관한 사항은 19개조로 된「私立京城幼稚園規則」이었다.[62] 이 규칙의 주요한 내용은 다음과 같다. 원아 자격은 만3세부터 만6세인 발기인 자제로 제한한다(제1조). 원아 정원은 50명이나 평의회의 의결을 거쳐 증원할 수 있다(제4조). 보육료는 월사금으로 매월 2원이다(제5조). 발기인 자격은 기금 100원 이상을 기부한 자로 한정한다(제6조). 단 경성유치원 설립 후 새로 창립자로서 가입을 원하는 자는 평의원 의결을 거친 후 200원 이상의 기부금을 납부한 자로 제한한다(제7조). 운영비는 유지자금의 이자와 보육료로 충당한다(제8조). 이와 더불어 유치원운영비로 1만 원에 달하는 유치원적립기금을 모금한다는 등이었다.

당시 노동자 월급은 10원 정도였다. 1918년 中央幼稚園의 월보육료는 30전(20전)에 불과하였다. 곧 경성유치원은 극소수 특권층 자제를 위한 이른바 '귀족유치원'이었다.[63] 즉 입학자격은 거물급 친일관료·실업가 등의 자손에게만 부여되었다. 발기인 자격이나 적립기금 목표는 이를 분명히 보여준다.[64] 1930년대 유치원교육 폐지론이나 1970년대까지 잔존한 부정적

4일 사설「幼稚園의 美擧」, 3월 9일「幼稚園의 開設」:『京城府史』2, 231면.
경기도 지방비로 이 유치원에 매년 1,300여 원이라는 막대한 운영비를 지원하였다. 이는 '한일합방'을 통해 우리 민족을 회유하려는 恩賜金의 이자였다[『매일신보』1913년 4월 11일 사설「幼稚園의 授業」].

61)『매일신보』1912년 3월 15일「八面鋒」.
62)『매일신보』1913년 3월 4일「私立京城幼稚園規則」.
63)『매일신보』1916년 10월 11일「中央에 幼稚園이 싱긴다; 경성의 중앙되는 인사동에 유치원이 싱기여 엇더한 집으하던지 환영」, 1917년 10월 11일「成績 됴흔 中央幼稚園; 졈졈 발뎐된다」.

인 인식은 이러한 사실과 무관하지 않았다.

유치원 설립에 즈음하여 여러 계획을 입안 추진하는 기구는 사립경성유치원설립임시사무소였다.[65] 실무는 조중응·예종석 등을 중심으로 추진되었다. 유치원교실은 당분간 官立京城女子高等普通學校를 차용하는 방안을 강구하였다. 원장은 학교장인 桑原護一이 겸임하며, 보모는 일본인 채용을 결정하는 등 급진전되었다.[66] 일어와 일본인의 풍습 등을 배워 장차 원아들이 일제 문물에 익숙한 '일본인화'를 궁극적인 교육목표로 삼았다. 발기인 총회석상에서 이들의 자제 중 종로심상소학교 安田信太郎(당시 7세)[67]은 유치원 설립의 필요성을 일본어로 유창하게 연설하였다. 그의 연설을 듣고 발기인 일동은 감격과 찬탄을 아끼지 않았다.[68] 이어 감사 민병석·홍운표, 평의원 이완용·조중응·유길준·조진태·백완혁·한상룡·예종석·백인기·안순환 등으로 임원진을 각각 구성하였다.[69] 대한제국기와 1910년대를 대표하는 친일 관료·실업가·명망가 등이 발기인·임원진에 포진한 셈이었다.

경성유치원은 1913년 4월 7일 개원식을 성대히 개최하였다.[70] 보모는

---

64) 『매일신문』 1914년 1월 22일 「幼稚園入學者調査」.

65) 『매일신보』 1912년 6월 22일 「趙子邸의 好議」, 1913년 2월 4일 사설 「幼稚園의 美擧」, 1913년 3월 12일 「幼稚園에 對한 協議」.

66) 『매일신보』 1913년 3월 9일 「幼稚園의 開設」, 3월 25일 「京城幼稚園의 計劃」, 3월 26일 「幼稚園 臨時總會」.
일본인 보모 초빙은 조선인으로서 이를 담당할 인물 부족이라고 강변하였다[『매일신보』 1913년 4월 11일 사설 「幼稚園의 授業」]. 당시 경성관립고등여학교는 물론 사립여자고등보통학교는 유치원교육을 담당할 보모를 양성하고 있었다. 이는 일본인에 의한 유치원 교육을 희망한 설립자들의 핑계에 불과하다. 특히 교육방침을 일본인에게 위임한 사실은 시사하는 바가 많다[『매일신보』 1913년 4월 10일 「幼稚園의 授業始」 참조].

67) 초등학교 학생의 創氏改名은 친일파의 당시 상황을 보여주는 부분이다. '자발적인' 창씨개명에 대한 실태는 친일파 연구에 중요한 위치를 차지한다. 『매일신보』에 보도된 경성유치원 원아들의 옷차림은 일본인과 전혀 구별할 수 없을 정도였다. 이는 이들의 정세에 대한 인식을 간접적으로나마 표현한 형태로 볼 수 있다[『매일신보』 1913년 9월 2일 「9월 1일에 開學式을 擧行한 京城幼稚園」, 1914년 1월 1일 「京城幼稚園의 現狀과 將來」 참조].

68) 『매일신보』 1913년 3월 12일 「幼稚園에 對한 協議」.

69) 『매일신보』 1913년 3월 30일 「幼稚園의 職員選擧」.

일본인 京口貞子로 폐원될 때까지 근무하는 등 유치원교육을 통한 同化教育을 수행한 산증인이다. 조수는 경성여자고등보통학교를 졸업한 張玉植이었다. 원아수는 60명을 모집할 계획이었으나, 응시자가 적어 30명만 선발하여 개원하기에 이르렀다. 대부분 원아는 4~5명의 유모·하인 등과 함께 등원하는 '진풍경'을 연출하였다. 이는 원아들의 사회적인 위치는 물론 성격을 보여주는 부분이다. [<표 1>과 <표 3>을 비교하면 쉽게 알 수 있음]. 『매일신보』는 경성유치원과 관련된 사항을 비교적 상세히 보도하는 등 사회적인 관심을 불러 일으켰다.

독립적인 유치원 건물 신축은 경기도청과 경성부청의 협력으로 이루어졌다.[71] 임원진의 총독부 당국자와 지속적인 밀월 관계는 이를 가능케 하는 요인이었다. 이리하여 1914년 5월 11일 유치원 건물 신축과 동시에 관인방 園洞으로 이전하였다.[72] 원장과 보모는 그대로 유임되었다. 원사의 신축 비용은 1만여 원에 달할 정도였다. 園舍는 초화판 시설로서 장안의 주요한 명소(?)로 부각되었다.[73] 李埌公 자제의 경성유치원 입학은 사회·경제적인 기반을 더욱 강화하는 계기였다. 친일파 거두는 물론 경기도지사·경성부윤·정무통감 등이 입학식·졸업식에 참석한 사실은 이를 반증한다. 특히 李埌殿下 부인은 원복을 경성유치원에 기부하는 등 지속적인 관심을 표명하였다.[74]

제1회 졸업식은 1915년 3월 29일 이강전하 부인과 兒玉부인, 이완용·조중응 등이 참석한 가운데 성황리에 개최되었다.[75] 이완용의 축사가 끝난 후 수료생 대표의 일어 답사에 대해 청중들은 갈채로 환호하였다. 또한 수

---

70) 『매일신보』 1913년 4월 8~9일 「幼稚園의 入園式」, 4월 10일 「幼稚園의 授業始」, 4월 11일 사설 「幼稚園의 授業」.

71) 『매일신보』 1913년 11월 20일 「幼稚園位置視察」, 12월 16일 「幼稚園의 評議會」, 1914년 1월 22일 「幼稚園新建築」.

72) 『매일신보』 1914년 3월 5일 「幼稚園不日起工」, 5월 20일 「京城幼稚園移轉」.

73) 당시 각지에 상경한 시찰단은 거의 경성유치원을 방문할 정도였다[『매일신보』 1914년 5월 2일 「지방매일, 원산」 참조].

74) 『매일신보』 1915년 5월 9일 「李埌公妃殿下의 發明ᄒ신 新兒童服」.

<표 3> 경성유치원 현황[76]

年 度	組數	保姆와 助手	園 兒 數			經 費(円)	備 考
			男	女	計		
1913	1	2	23	7	30	2,617	
1914	2	3	26	10	36	1,985	
1915	2	3	36	4	40	1,930	
1916	2	3	32	8	40	1,797	
1917	2	3	40	9	49	2,062	
1918	2	3	48	6	54	2,289	

료생 일동이 부른 창가에 대한 극찬과 아낌없는 찬사도 있었다. 이리하여 경성유치원은 친일관료·실업가를 망라한 '귀족유치원'으로 굳건한 위치를 차지하기에 이르렀다.

한편 1918년까지 원아수와 보모수, 운영비 등을 포함한 경성유치원의 현황은 <표 3>과 같다.

<표 3>에 나타난 바처럼, 원아수와 운영비는 지속적으로 증가하는 양상이었다. 그런데 설립 초기 원아수에 비하여 운영비는 대단히 많았다. 이는 경성유치원의 설립 배경과 원아의 출신 성분과 밀접한 관련성을 지닌다. 발기인들의 유치원교육에 대한 열의는 이를 가능케 하는 요인이었다. 특히 행정기관의 지원도 풍부한 운영비 조달에 어느 정도 이바지하였다. 한편 1914년부터 조수 1명이 추가되었다. 경성관립고등여학교장은 여전히 유치원 원장을 겸임하였다.

---

75) 『매일신보』 1915년 3월 30일 「幼稚園의 初慶事」, 1915년 5월 1일 「兒童의 光榮, 스십 명의 유치원∘ 챵덕궁 비원을 비관」.
　　이는 조선인 유치원생을 대상으로 한 최초 수료식이었다. 수많은 군중은 이 광경을 목격하기 위해 운집할 정도였다. 이강전하 부인은 수료생 전원을 비원으로 초대하여 선물을 하사하는 등 이들에 대한 격려를 아끼지 않았다.

76) <표 3>은 『朝鮮統督府統計年報(1913~1918년)』와 『韓國施政年報(1913~1918년)를 참고로 정리하였다. 그런데 원아수는 약간의 차이를 보인다. 즉 1913년 당시 23명 [『매일신보』 1913년 4월 24일 「幼稚園의 好景氣」]과 27명[『매일신보』 1913년 6월 8일 「幼稚園의 大進步」]이었다. 이는 학기 중 새로운 원아의 편입과 중도탈락자 발생 등에 따른 현상이다.

Ⅳ. 교과 과정과 교육 내용

원아들의 일과표에 관한 현존하는 기록은 거의 없다. 일기 불순이나 전염병 창궐 등 상황에 따라 교과 과정은 약간 변경·운영되었다. 등원과 하원 등을 비롯한 시간은 비교적 잘 지켜졌다. 이화유치원의 일과표[77]와 중앙유치원의 교육 과정[78]을 정리하면 다음과 같다.

9시~9시 30분 : 등원, 신발바꾸어신기
9시 30분~10시 : 자유선택시간(수공)
10시~10시 40분 : 회화·창가·율동
10시 40분~11시 10분 : 간식, 휴식, 화장실가기
11시 10분~11시 50분 : 동화, 운동장에서 유희나 놀이
11시 50분~12시 10분 : 정리정돈(노래를 부르면서 부모님을 기다림)
12시 10분 : 하원

경성유치원의 교과 과정도 이와 크게 다르지 않았다.[79] 위의 두 유치원 보모는 미국인이었고, 조수는 한국인이었다. 당시 미국과 일본의 유아교육 과정이나 내용은 서구사회와 달리 진보적인 관점하에 실시되는 등 매우 유사하였다. 다만 오후 2시에 귀가하는 사실만이 다르다. 이는 원아들에게 집단 급식을 통해 일본식 예절을 체득하려는 의도에서 비롯되었다.[80] 즉 일

---

77) 부래운, 『활동에 기초한 아동교육법』(이화보육학교, 1932), 5면 : 이상금, 『한국근대유치원교육사』, 279면.

78) 이숙희, 앞책, 26면.

79) 徐基英(현 86세, 전 동국대교수, 1922년 중앙유치원 수료생)선생과 2회에 걸친 면담(1998년 4월 20일과 1999년 11월 29일, 광진구 극동아파트 자택에서)으로 많은 사실을 청취할 수 있었다. 교과 과정이나 유치원 생활 전반에 대한 증언은 당시 상황을 이해하는데 많은 시사를 받았다. 노령에도 면담에 응해 주신 서선생께 지면을 통해 감사를 드린다.

본 문화나 생활양식 등이 비판적인 여과없이 그대로 원아들에게 주입되는 과정이었다.

두 유치원의 교과목은 주로 창가·유희·수기(그림)·동화 등이었다. 미국인 보모는 본국에서 널리 성행한 유아교육법을 그대로 적용하였다. 한국인 조수는 원아들에게 이를 쉽게 이해할 수 있도록 많은 노력을 기울였다. 그러나 대부분 학부모들은 이러한 방법론에 대해 매우 불만이었다.[81] 대부분은 유치원을 초등교육기관의 '예비과정'으로 인식하였기 때문이다. 1920년대 중반 이후 유치원 보급과 더불어 이는 어느 정도 극복될 수 있었다.

노래는 일반적으로 독일이나 미국 민요 등을 우리말로 번역하여 가르쳤다. 널리 애창된 노래는 주로 스코틀랜드풍인 「밀밭을 지나서」·「보리밭」·「클레맨타인」 등이었다. 이러한 동요는 수업 전에 보모를 따라 원을 그리면서 율동과 함께 불렀다. 당시 유치원교육은 율동 중심으로 시행되는 시기였다.[82] 일상사와 관련된 청결·청소 등 위생문제나 질서지키기 등도 반복·연습하였다. 운동장이나 야외에서 모래나 장난감 등으로 진행되는 놀이도 주요한 교과 과정의 하나였다.[83] 경성유치원도 이와 유사하였다.

> ……(상략)……교슈ᄒᄂ 방법은 최ᄌ로 ᄒ야곰 습독케홈이 안이오 그만 입으로 각죵 물명을 교슈ᄒ고 쏘는 그ᄋ희들의 심지를 화평ᄒ게 홀 목뎍으로 풍금을 샤용ᄒ야 혹 창가와 합ᄒ게 홈으로 어린ᄋ희들은 여긔에 자미를 부쳐 집에 도라가기를 이져바린다ᄒ며……(하략)……[84]

80) 『매일신보』 1913년 6월 8일 「幼稚園의 大進步」.

81) 이상금, 『해방전 한국의 유치원』, 27면.

82) 『동아일보』 1920년 4월 6일 「幼稚園의 目的과 實效, 阿峴幼稚園教師 밴플넛」, 1925년 10월 7일 「민족발뎐에 필요한 어린아희 기르는 법, 허영슉」; 車士百, 「유아교육상으로 본 율동운동의 가치」 『신동아』 12월호 (동아일보사, 1931), 9~11면.

83) 『매일신보』 1913년 2월 9일 사설 「遊戲具의 必擇」, 4월 11일 사설 「幼稚園의 授業」, 6월 8일 「幼稚園의 大進步, 유치원의 됴흔셩적 부모의 열심ᄒ 효력」.

84) 『매일신보』 1913년 4월 24일 「幼稚園의 好景氣」.

이들이 부른 창가는 일어로 된 창가였다. 더욱이 일어를 교수하는 한편 일본어 인사를 일상화하고 있었다. 그런데 학부형이나 보모 등은 이를 유치원의 자부심으로 인식할 정도였다.[85] 보모인 京口貞子는 이에 대해 다음과 같이 언급하였다.

> ……(상략)…… 내가 처음에 근고기민단유치원에셔 시무하다가 소직하고 이곳으로 올 째에 은근히 속으로는 넘려하기를 죠션으히들은 맛타가라 치는 것이 처음인더 만일 성격이 조흐면 모로거니와 그럿치 못하면 엇지할가하고 억기우에 무슴 묵어운 짐이나 진 것갓치 항샹 마음이 안이노이더니 쳐음에 몃칠동안은 죠션풍속으로 함부로 방향업시 놀던 으히들이라 부모나 어른이 싸리고 꾸짓는것만 졔일 어렵고 무셔운 줄로 알더니 졈츠로 문명한 교육으로 찬찬히 일너셔 가라치는 법을 쓴즉 그효험이 지금은 오히려 싸리는 것보다 더하야 아히들도 말로 하는 것을 더어렵게 알게되얏고 챵가와 슈예 등을 가라치면 한아도 이저바리지 안이하고 영리하게 힝하며 국어도 죠곰식 가라치면 비혼 것은 능히 리용하야 활용하고 가라치는 말은 반다시 직히여셔 오히혀 니디 아히들보다도 성격이 죠혼 모양이오 ……(중략)…… 집으로 도라가는 길이라 닷토아가며 션싱을 향하야 「센셰이 스요—나라」 하는 소리는 보는 사롭으로 하야곰 감탄함을 마지안이케 하며 ……(하략)……[86]

원아들은 새로운 교육방법에 잘 적응하는 등 교육적인 성과를 거두었다. 특히 일어 교육은 철저한 '일본인화'를 위한 여러 교육 과정과 병행되었다. 원아들은 부지불식간에 일어로 인사하거나 일본식 생활예절을 습득하는 등 뚜렷한 성과를 나타내었다. 보모는 이러한 상황 변화에 대해 자부심을 느끼는 입장이었다. 1920년 수료식에 참석한 李完用·松永(경기도지사) 등은 "同化教育에서 豫期 이상의 好成績을 거두었다"고 관계자들을 치하하였다.[87] 이처럼 경성유치원은 본질적인 유아교육과 상당한 괴리감 속에서 시

---

85) 『매일신보』 1913년 6월 8일 「幼稚園의 大進步」, 1914년 1월 1일 「京城幼稚園의 現狀과 將來, 京城幼稚園 京口 保姆談」.

86) 『매일신보』 1913년 6월 8일 「幼稚園의 大進步」.

작되었다. 훌륭한(?) 예비적인 일본인 양성은 궁극적인 목표이자 취지였다. 다음은 이러한 사실을 분명히 보여준다.

> …… (상략) …… 개원 후 2개월쯤 지나 유아들이 마당에 나가서 모래장난을 하였다. 이웃의 여자고등보통학교(관립경성여자고등보통학교 : 필자주)로부터 기미가요(일본국가 : 필자주)의 합창이 들려왔다. 원아들이 이 기미가요를 듣자 일제히 가미가요를 부르기 시작하였다. 그들이 부른 기미가요는 너무나 아름다웠다. …… (중략) …… 그 기미가요를 듣는 순간 지금까지 나의 고생은 충분히 보상받았다는 생각이 들었다.[88]

모래장난에 열중이던 원아들은 기미가요가 들려오자, 일제히 기립하여 이를 제창하는 등 '눈물겨운' 현장을 연출하였다. 이는 자연스럽게 유치원교육을 통한 예비적인 친일적인 인사가 양성되는 사실을 의미한다. 이러한 상황은 우리 유치원교육에 부정적인 영향을 미치지 않을 수 없었다. 즉 1920년대 중반 서울에 소재한 주요 유치원의 원아들은 부모의 사회적인 위치가 유사한 부류끼리 구성되었다.[89] 부모의 사회적인 활동 무대로 유치원이 활용되고 있었다. 경성유치원 발기인 등도 이러한 목적에 따라 운영하였다. 발기인의 망년회나 보모·원장 등과 간담회는 유치원을 사회활동 영역의 한 방편으로 활용한 사실을 의미한다.[90]

---

87) 『매일신보』 1920년 3월 30일 「京城幼稚園의 第三回 保育證書授與式 擧行; 지나간 이십팔일에 텬진난만한 귀여운 아해들」.

88) 일본유치원협회, 『幼兒の敎育』(일본유치원협회, 1917), 394~395면; 이상금, 『한국근대유치원교육사』, 81면에서 재인용.

89) 『동아일보』 1926년 1월 31일~2월 8일 「유치원방문긔(1~8)」.

90) 『매일신문』 1913년 12월 20일 「幼稚園學父兄 忘年會」, 12월 26일 「幼稚園職員 忘年會」.

V. 설립주체의 성격과 현실인식

이 유치원 설립·운영에 관계된 인물은 많았다. 자제들 중 유치원교육 대상자가 60여 명에 달한 사실은 이를 반증하는 부분이다. 그런데 신문에 보도된 사람은 趙重應·芮宗錫·兪吉濬·趙允鏞·李載鉉·安淳煥·張斗鉉·李完用·閔丙奭·洪運杓·趙鎭泰·白完爀·韓相龍·白寅基 등이다. 이들의 친일 관료·실업가로서의 친일 행각은 널리 알려진 사실이다.[91] 이들 경력과 동화정책에 대한 견해 등을 통하여 성격을 밝혀보았다.

유길준(1856~1914)은 개화사상가로서 널리 알려진 인물이다. 일본에서 오랜 망명생활을 청산한 후 1907년 귀국한 그는 漢城府民會·興士團을 기반으로 본격적인 사회활동을 펼쳤다.[92] 이어 홍사단 내에 隆熙學校와 始興郡 北面 노량진(현 서울특별시 동작구 흑석동 : 필자주)에 恩露學校를 각각 설립하였다. 또 각 방회를 중심으로 사립학교를 설립·인수하는 등 주민부담에 의한 의무교육을 실시하기에 이르렀다. 노동야학·국문야학 등의 발흥에 부응하여 『노동야학독본』을 저술·발간하는 한편 勞動夜學會 고문으로 취임하였다.[93] 그의 관심은 9개소에 달하는 연초직공야학을 설립하

---

91) 반민족문제연구소 엮음, 『친일파99인』(돌베개, 1993) ; 역사문제연구소 편, 『인물로 보는 친일파 역사』(역사비평사, 1993) ; 정운현·김삼웅 편, 『친일파』(학민사, 1993).

92) 細井肇, 『現代漢城風雲과 名士』(일한서방, 1910) ; 한국학문헌연구소, 『舊韓末日帝侵略史料叢書(社會篇)』3 (아세아문화사, 1985)영인, 155~166면 ; 牧山耕藏, 『朝鮮紳士名鑑』(일본전보통신사, 1911) ; 한국학문헌연구소, 『舊韓末日帝侵略史料叢書(社會篇)』5 (아세아문화사, 1985), 164~166면 ; 金炯睦, 「自强運動期 漢城府民會의 義務敎育 施行과 性格」, 79~80면 ; 兪東濬, 『兪吉濬傳』(일조각, 1987), 277~282면 ; 윤병희, 『兪吉濬研究』(국학자료원, 1999), 142~149면.

93) 大村友之丞, 『朝鮮貴族列傳』(조선총독부인쇄국, 1910) ; 한국학문헌연구소, 『舊韓末日帝侵略史料叢書(社會篇)』4 (아세아문화사, 1985)영인, 195~199면 ; 李勛相, 앞글, 751~752면 ; 김형목, 「1906~1910년 서울지역 야학운동의 전개 양상과 실태」, 193면.

는 등 야학을 통한 근대교육 보급에 노력을 기울였다. 1913년 助産婦養成所 長에 취임한 직후 여자국어강습소를 설립하는 등 야학 설립·후원에 앞장 섰다.[94] 그런데 『노동야학독본』은 거의 판매되지 않았다. 일련의 친일 행 적인 일본인관광단의 환영회 개최, 伊藤博文 사후 조문 참가와 추도대회의 개최 계획 등이 요인이었다.[95] 특히 社會進化論에 경도된 계몽론자 대부분 이 그러하듯이, 그는 적극적인 저항보다 '타협'의 길을 택할 수밖에 없었다. 즉 적극적인 친일행적은 드러나지 않지만, 그의 '이중적인' 활동은 많은 의 문으로 남는다.[96] 경성유치원 발기인으로서 참여도 이러한 그의 생활태도 와 무관하지 않다.

이완용(1858~1925)은 1882년 增廣文科 병과로 급제한 이래 규장각 대교 검교, 홍문관 수찬, 동학교수, 우군영사마 등을 거쳐 育英公院에서 영어를 배웠다. 사헌부 장령, 홍문관 응교에 이어 1887년 주차미국참찬관으로 미 국공사관에 재직하였다.[97] 귀국한 이후 1895년 학부대신에 취임하는 한편

---

94) 『매일신보』 1914년 5월 7일 「女學生界의 福音」, 5월 23일 「女子의 國語普及」 : 金炯
　　睦, 「1910년대 夜學의 實態와 性格 變化」, 178~179면과 188면 : 金炯睦, 「한말·
　　1910년대 女子夜學의 性格」, 42면.

95) 윤희병, 앞책, 204~208면 ; 김형목, 「自强運動期 漢城府民會의 義務教育 施行과 性格」,
　　101~102면.

96) 『황성신문』 1907년 10월 23일 잡보 「辭職疏」, 10월 29~30일 「光復策」 ; 『대한매일신
　　보』 1909년 9월 28일 「리씨불구」, 1909년 11월 11일 론설 「이왕 국亽범 졔씨에게」
　　; 李丙燾, 『成己集』 (정화출판문화사, 1983), 281~282면.
　　이병도는 유길준을 일제에 포섭된 '狂人'으로 보았다. 지금까지 개화계몽사상가로서 유길
　　준에 대한 평가는 상당히 긍정적인 입장이었다. 그런데 伊藤博文 사후를 전후한 그가 행
　　한 일련의 행적은 의도적이든 아니든 간에 친일적인 성향을 반영하고 있다. 일본인한국
　　관광객을 위한 환영회 개최, 정권장악을 위한 일본에서 행적, 이완용·조중응과 친교,
　　일진회 임원진과 친교성, 예종석·한상룡과 교류 등은 대표적인 예이다. 한성부민회·
　　흥사단의 운영비는 물론 그가 설립·후원한 사립학교에 대한 막대한 자금 조달은 어떻게
　　가능할 수 있었는가 하는 점이다. 이러한 부분이나 인간 관계 등이 제대로 규명될 때, 그
　　에 대한 평가는 결코 긍정적일 수는 없다고 생각한다.

97) 細井肇, 『現代漢城風雲과 名士』; 한국학문헌연구소, 『舊韓末日帝侵略史料叢書(社會篇)』
　　3, 21~28면 : 牧山耕藏, 『朝鮮紳士名鑑』; 한국학문헌연구소, 『舊韓末日帝侵略史料叢
　　書(社會篇)』 5, 22~23면 ; 大村友之丞, 『朝鮮貴族列傳』; 한국학문헌연구소, 『舊韓末日
　　帝侵略史料叢書(社會篇)』 4, 57~60면 ; 국사편찬위원회, 『大韓帝國官員履歷書』 (탐구

독립협회 창설에 동참하는 등 계몽운동에 남다른 노력을 기울였다. 전주관찰사로 재직시에는 학교를 설립하는 등 교육활동에 앞장섰다. '을사늑약'을 계기로 그는 철저한 친일파로서 화려한(?) 변신을 꾀할 수 있었다. 이후 일제에 철저히 굴종하므로써 '친일파=이완용'으로 인식될 만큼 상징적인 인물로서 부각되었다.98) 상상을 초월하는 불굴의 의지(?)에 불타는 친일행적은 화려한 명성을 얻는 요인이었다.

조중응(1860~1919)은 1890년 李堈 수행원으로 일본을 다녀온 후 친일의 길을 들어섰다. 俄館播遷 이후 10여 년간 일본 망명생활은 그를 철저한 친일분자로 만들었다.99) 헤이그밀사사건이 발생하자, 광무황제의 퇴위를 주장하는 한편 1907년 10월에는 궁궐 경호의 책임자로서 이들을 감시하는 등 온갖 만행을 서슴지 않았다.100) 1909년 친일신문인 『법정신문』을 발행하는 동시에 친일단체 國民演說會 발기를 주도하는 친일파의 화신이 되었다.101) 그는 京城府民會와 大正親睦會 회장을 맡는 등 일제주구로서 역할을 충실히 수행하여 나갔다. 전통문화를 타파하는 대신 일제 문화를 이식시키는 방편은 경학원 설립으로 귀결시켰다.102) 그는 아세아연대주의를 강조하는 등 일제의 대륙침략 선동·미화에 노력을 아끼지 않았다. 조중응 역시 유길준과 마찬가지로 야학을 통한 동화정책에 적극적인 입장이었다.

　당, 1972), 40, 750, 892면.
 98) 朴永錫, 「이완용연구―친미·친로·친일파로서의 행위를 중심으로―」, 『국사관논총』
　　32(국사편찬위원회, 1990) ; 임대식, 「이완용의 변신과정과 재산축적」 『역사비평』 가을
　　호(역사비평사, 1993) ; 강만길, 「이완용―한일'합방'의 주역이었던 매국노의 대명사―
　　」, 『친일파99인』 1(돌베개, 1993) ; 이이화, 「영원히 씻을 수 없는 매국노의 오명」, 『인
　　물로 보는 친일파 역사』(역사문제연구소, 1993) ; 윤덕한, 『이완용 평전』(중심, 1999).
 99) 장석흥, 「조중응―친일의 길이라면 물불 가리지 않았던 매국노―」, 『친일파99인』 1(돌
　　베개, 1993).
100) 大村友之丞, 『朝鮮貴族列傳』 ; 한국학문헌연구소, 『舊韓末日帝侵略史料叢書(社會篇)』4,
　　92~94면 ; 국사편찬위원회, 『大韓帝國官員履歷書』, 754면.
101) 細井肇, 『現代漢城風雲과 名士』 ; 한국학문헌연구소, 『舊韓末日帝侵略史料叢書(社會篇)』
　　3, 34~41면 ; 牧山耕藏, 『朝鮮紳士名鑑』 ; 한국학문헌연구소, 『舊韓末日帝侵略史料叢
　　書(社會篇)』5, 26~27면 ; 『매일신보』 1912년 12월 8일 「朝鮮人物觀(無順), 大臣의 任
　　命을 聞ᄒ고 驚喜失道ᄒ 正四位 趙重應子」.
102) 『매일신보』 1913년 2월 1일 사설 「孔子敎의 復活」.

예종석(1872~?)은 궁내부 전선사감동을 역임한 전직 관료였다. 그는 동양용달합자회사 총무, 경성상업회의소 임원 등을 거쳐 실업가로서 명성을 떨쳤다. 1907년 한성부민회 발기인으로 참여하는 동시에 서무주임과 남부부장 등을 역임하였다.[103] 한성부민회·國是遊說團 등을 통하여 그는 사회적인 활동 영역을 확대하기에 이르렀다. 남대문공동시장·남부공익회근검저축조합·납세조합·개초공장조합·한성기생조합 등의 임원으로 실업활동·사회활동과 工數學校·職工學校 등의 임원으로 활동하는 등 교육활동도 병행하였다.[104] 특히 연초직공야학의 설립·운영 실무는 그에 의해 진행될 정도였다.

안순환(1865~?)은 조실부모와 동시에 양자로 입양된 후 상업에 종사하여 많은 재산을 모았다. 그러나 갑오농민전쟁으로 파산당하는 비운을 맞았다. 그는 무학을 개탄하여 관립영어학교에 입학하였다. 영어학교를 졸업한 후 준원전 참봉, 전환국 기수, 궁내부전선사 장선, 이왕직 사무관 등을 역임하였다.[105] 그는 일진회 평의원을 역임하는 등 일진회를 통하여 친일관료로 성장한 인물이었다. 또 경성상업회의소 특별의원, 애국부인회 찬조원, 적십자사 정회원 등으로 활동하였다.[106] 실업가로서 명성을 날릴 수 있었던 배경은 1903년부터 운영한 명월관이었다.[107]

장두현(1874~1938)은 장례원 전사와 농상공부 비서과장 등을 역임한 전형적인 관료였다. '한일합병'이 단행된 후 실업계에 투신하여 朝鮮取引所 이사 등을 역임하였다.[108] 이어 조진태와 大韓天一銀行(상업은행 전신 : 필

---

103) 牧山耕藏, 『朝鮮紳士名鑑』; 한국학문헌연구소, 『舊韓末日帝侵略史料叢書(社會篇)』5, 239면.

104) 『매일신보』 1912년 12월 29일 「朝鮮人物觀(無順), 無人不知無處不當의 百事可 堪人好事者 熱心者 芮宗錫氏」.

105) 牧山耕藏, 『朝鮮紳士名鑑』; 한국학문헌연구소, 『舊韓末日帝侵略史料叢書(社會篇)』5, 191면.

106) 『매일신보』 1913년 1월 1일 「朝鮮人物觀(無順), 勇斷家 研究家 誠實家 勤儉家 實業家 安淳煥氏」.

107) 『매일신보』 1912년 12월 18일 「商店評判記, 朝鮮料理店의 始祖 明月館」.

108) 국사편찬위원회, 『대한제국관원이력서』, 265·748·857면; 牧山耕藏, 『朝鮮紳士名

자주)을 설립하는 등 그는 금융계의 실력자로 부상하였다. 그와 가까운 인물은 조중응·정영두·김한규·안순환·金用集 등이다.[109] 이러한 재력을 배경으로 중앙유치원과 중앙여자보육학교·보성고등보통학교의 설립자·후원자로서 활동하기에 이르렀다.[110] 1920년대 어린이날 행사나 조선체육회 등의 활동에 대한 지원도 병행하였다. 이러한 사회적인 활동에도 불구하고 일제 권력에 밀착되는 등 체제 내로 포섭·동화되고 말았다.

조윤용(1863~?)은 1896년 경 일본을 시찰한 후 친일활동에 적극적이었다. 그는 竹內綱과 한국철도회사를 조직한 후 경부철도노선을 직접 답사하였다. 부산에 도착한 그는 노동자들에게 철도의 유용성을 강연하는 등 일제의 경제적인 침략 선봉에 나섰다. 특히 한성시제준비회와 한성부민회 창립에 주도적인 역할을 다하였다. 그의 교제자는 조중응·유길준·예종석·조진태·정영두 등으로 친일관료와 실업가 등이 대부분이었다.[111]

민병석(1858~1940)은 민씨 척족으로 1879년 문과에 급제한 이래 예조참판, 규장각 직제학, 강화유수 등을 두루 거친 관료였다. 1905년 일본 시찰을 핑계로 그는 이등박문을 왕실 최고 고문으로 교섭하려는 노력을 기울였다. 이러한 공로로 육군부장, 표훈원 총재, 시종원경 겸 내대신, 제도국 총재 등 승진을 거듭하였다.[112] '한일합방' 직후 자작의 작위와 은사금을 하사받는 동시에 이왕직 장관과 중추원 고문 등을 지냈다. 식민지시기를 대표하는 대지주는 바로 그였다.[113]

조진태(1854~?)는 1876년 무과에 급제한 후 부사과, 오위장, 순무영 체

鑑』; 한국학문헌연구소, 『舊韓末日帝侵略史料叢書(社會篇)』5, 101면.

109) 『매일신보』 1913년 1월 25일 「朝鮮人物觀(無順), 廣結有志ᄒ고 周恤貧窮ᄒᄂ 穩健豪俠ᄒ 實業家 張斗鉉氏」; 『매일신보』 1913년 2월 2일 「朝鮮人物觀(無順), 忠實勤儉으로 致富ᄒ 實業家 金用集氏」.

110) 중앙대학교80년사편찬위원회, 앞책, 72~73면.

111) 매일신보』 1912년 12월 26일 「朝鮮人物觀(無順), 篤志家 無愁翁 趙允鏞氏」.

112) 細井肇, 『現代漢城風雲과 名士』; 한국학문헌연구소, 『舊韓末日帝侵略史料叢書(社會篇)』 3, 41~44면.

113) 서영희, 「민병석―조선인 대지주로 손꼽힌 민씨 척족의 대표―」, 『친일파99인』1 (돌베개, 1993).

솔군관 등 주로 무관직에 종사하였다. 1894년 인동부사를 거쳐 1905년 경성상업회의소 설립위원을 시작으로 경성공동창고회사 설립위원과 사장, 한성수형조합 평의원과 사장, 한호농공은행 설립위원, 대한천일은행 이사와 취체역, 한성은행 감사를 역임하는 등 실업가로 부각되었다.114) 또 한성부민회 부회장, 선린상업학교 평의원에 피선되는 등 교육활동에 종사한 친일실업가였다.

백완혁(1855~?)은 장위영 초관, 훈련원 주부, 훈련원 판관, 군기시 첨정, 친영장위영 대장 등을 역임한 관료였다. 이후 실업계에 투신하여 한호농공은행장, 경성상업회의소 의원, 한성수형조합 평의원, 한성은행 감사역, 대한천일은행 취체역 등을 두루 거친 실업가였다. 그는 三興學校長과 善隣商業學校 찬성원을 맡는 등 근대교육운동에 종사하는 한편 한성부민회 발기인으로 활동하였다.115) 그는 조진태·趙秉澤과 더불어 조선의 3대 실업가로서 부각될 정도로 대단한 부를 축적할 수 있었다.

한상룡(1880~?)은 이완용·이윤용의 생질로서 관립외국어학교를 수학하다가 일본 유학길에 올랐다. 귀국 후 사립중교의숙 교사로서 재직하는 등 잠시 교육계에 종사하였다. 1903년부터 漢城銀行 총무로 재직하는 가운데 민족자본 말살을 위한 '화폐개혁'에도 깊숙이 관여하기에 이르렀다.116) 이후 한성수형조합 평의원, 한호농공은행 설립위원, 경성상업회의소 평의원과 간사, 동양척식회사 설립위원, 경성상업회의소 상의원, 조선중앙농회 평의원, 조선농회 이사·부회장을 역임하는 등 그는 일제의 경제적인 침략에 상당히 이바지하였다.117) 조선인 자본가들의 회사 설립이나 인가 등을

---

114) 牧山耕藏, 『朝鮮紳士名鑑』; 한국학문헌연구소, 『舊韓末日帝侵略史料叢書(社會篇)』5, 102면 : 국사편찬위원회, 『大韓帝國官員履歷書』, 732면 ; 『매일신보』 1912년 12월 3일 「朝鮮人物觀(無順), 實業界의 元老 趙鎭泰氏」.

115) 牧山耕藏, 『朝鮮紳士名鑑』; 한국학문헌연구소, 『舊韓末日帝侵略史料叢書(社會篇)』5, 84면 ; 『매일신보』 1912년 12월 7일 「朝鮮人物觀(無順), 實業界 三元老 中의 一人 白完爀氏」.

116) 김경일, 「한상룡-식민지 예속경제화의 첨병-」 『친일파99인』2 (돌베개, 1993).

117) 牧山耕藏, 『朝鮮紳士名鑑』; 한국학문헌연구소, 『舊韓末日帝侵略史料叢書(社會篇)』5, 148면 ; 『매일신보』 1912년 12월 24일 「朝鮮人物觀(無順), 靑年實業界의 首席을 占혼

<표 4> 한일 양국인 동화를 위한 방법

성 명	주 요 내 용	비 고
조중응	조선인의 언행일치, 양국인 이해심 증진, 식민정책에 따른 새로운 문화를 창출	
백완혁	청년층의 분발, 관민 상호간의 활발한 교류와 유대 강화	
한상룡	일인에 대한 편견 불식, 일어 보급을 통한 감정 교류, 경제 교류 활성화	
안순환	빈번한 교류에 의한 내선일체감 조성, 시찰단 파견, 전국교육자대회·기자대회 등을 통한 상호간 이해증진	

조선총독부와 교섭을 중계하는 대가로 막대한 부를 축적한 재산가였다.

백인기(1883~?)는 탁지부 주사, 외무부 참서관을 역임하였다. 이후 한상룡·조진태·백완혁 등과 같이 경제계에 종사하면서 이들과 교분을 쌓았다. 즉 한일은행 전무취체역, 한성실업회 평의원, 한호농공은행 이사, 조선권농주식회사 취체역, 일한와사전기주식회사 취체역 등을 두루 역임하는 등 실업가로서 부각되었다.[118] 그는 한성부민회 발기인으로 참여하는 등 침략정책에 철저히 편승하였다.

이상에서 주요 발기인은 전형적인 친일관료였다. 다만 일부는 시대변화에 따라 일제의 침략정책에 편승하여 부를 축적한 실업가로서 변신하였다. 이들에게 식민정책은 자신들의 사회적인 지위를 보장·유지하는 유효한 기회였다. 한편 한일 양 민족 동화를 위한 우선적인 방법론으로 이들은 <표 4>와 같이 제시하였다.[119]

이들은 동화를 위한 내선일체의 필요성을 모두 인정하고 있었다. 구체적인 방법은 바로 일어보급을 통한 양 민족의 정서적인 공유였다. 1914년 조선총독부가 추진한 朝鮮縉紳視察團員에 대다수 참가한 사실은 우연이 아니다.[120] 이들은 귀족회를 중심으로 이러한 정책에 포섭·동화되었다.

韓相龍氏」.

118) 牧山耕藏, 『朝鮮紳士名鑑』; 한국학문헌연구소, 『舊韓末日帝侵略史料叢書(社會篇)』5, 84~85면 ; 『매일신보』 1912년 12월 25일 「朝鮮人物觀(無順), 靑年實業界의 泰斗 白寅基氏」 ; 金炳睦·鄭英熹, 「韓末 漢城府民會의 活動과 地方自治論」, 『민족문화연구논총』 1 (인천대, 1994), 95면.

119) 『매일신보』 1915년 6월 13~26일 「如何히 ᄒ면 日鮮人이 融和될가」, 1916년 3월 3일 「文化進展의 過程」.

144

조중응은 아시아연대주의를 표방하는 등 일제에 대한 굴종과 아부로 일관하였다. "동양의 일부분인 일본은 문명 발달한 獨力으로 동양 전체의 체면과 평화를 유지할 수 있다. 서양제국의 침략으로 위험한 지경에 처한 동양을 부강하고 문명한 일본에 의해 지킬 수 있었다"는 일제 침략을 옹호하는 논리였다.[121] 친일파의 현실인식은 이러한 범주에서 크게 벗어나지 않았다. 경성유치원 설립 목적은 동화정책에 부응하는 자손들의 일본인화를 관철시키는 한 과정이었다.

Ⅵ. 맺음말

결론은 이 글을 쓰는 과정에서 나타난 문제점과 과제를 제시하고자 한다. 즉 근대유치원사 연구가 앞으로 해결해야 할 난제이다. 그런데 우리 유아교육학계의 근·현대 유아교육사에 대한 무관심은 이를 단시일에 해결할 문제는 아니다. 다만 연구자들의 관심과 분발을 촉구시키려는 입장에서 지적하고자 한다.

첫째, 우리 나라 유치원의 기점이다. 이는 지금까지 논의조차도 거의 없었다. 유치원사 연구 수준이 아직 초보적인 단계에 불과한 상황을 반영한다. 현재 통용되는 일본인의 유치원이 우리 유치원의 기점으로 이해되는 등 심각한 문제점을 지니고 있다. 비주체적·몰역사적인 이러한 입장은 철저히 극복되는 동시에 배격되어야 한다. 또한 매일학교나 초등교육기관에 부속된 유치과를 유치원교육의 범주로서 설정할 것인가 하는 점이다.

둘째, 1910년대 동화정책의 논리이다. 식민지시기의 동화정책은 어떠한 변화 과정을 거쳤으며, 각 시기별 특성은 무엇인지 등을 규명해야 한다. 內鮮一體·日鮮同祖論은 식민지시기 전 기간을 관통하는 同化主義의 논리이

---

120) 『매일신보』 1914년 3월 27일 「朝鮮縉紳視察團員」.
121) 『매일신보』 1916년 9월 19~20일 「東洋人一致相保之必要」.

다. 그런데 이 논리가 시기별로 어떻게 달리 적용되고, 그 차별성을 어떠한 기준으로 파악할 것인가 하는 문제이다. 나아가 당시 교육정책과 동화정책이 어떤 관계 속에서 시행되었는지 하는 점이다.

셋째, 각 인물에 대한 평가 문제이다. 경성유치원과 관련된 대표적인 인물은 유길준이다. 그는 비록 '한일합방' 이후 爵位 수여를 거부하는 반일적인 태도를 보였다. 하지만 1907년 10월 귀국한 이래 一進會 부회장인 洪肯燮은 물론 친일관료·실업가인 이완용·조중응·김가진·한상룡·예종석 등과 끊임없이 교유하였다. 漢城府民會長·興士團副團長·勞動夜學會 고문 등을 역임하는 가운데 교육활동에 전념하는 '이중성'을 보여준다. 그는 9개소에 달하는 연초직공야학이나 부인조산소야학 등을 운영하였다. 이 야학은 모두 일어를 중시하였는데, 이는 일어보급을 통한 동화정책과 궤를 같이 한다. 중앙보육학교(현 중앙대 전신) 설립자의 한 사람인 장두현 역시 그러한 범주에 속하는 인물이다. 과연 이러한 인물을 계몽론자나 자강론자로 설정할 수 있는가 하는 문제이다.

마지막으로 경성유치원이 다른 유치원교육에 끼친 해악이다. 3·1운동 이후 敎育熱 고조는 세계 교육사상 전무후무한 보통학교입학시험을 실시하게 만들었다. 유치원교육도 이에 부응하여 '입시준비기관'으로 기능하는 경우도 적지 않았다. 당시 초등학교입시는 간단한 일본말로 인사하면 거의 합격되었다. 그런 만큼 유치원교육도 일어를 교육하는 경우도 적지 않았다고 생각된다. 보모인 京口貞子는 유치원 설립부터 폐원될 때까지 계속 근무하면서 일어는 물론 일본식 생활방식까지 원아들에게 주입시켰다. 또한 유치원교육정책 수립에도 관여하는 등 동화주의에 입각한 유치원교육을 그녀가 주도하였기 때문이다.

A Study of Assimilatory policy & the private Kyungsung kindergarten(私立京城幼稚園) in the 1910 years.

Kim, Hyung Mok

The Japanese imperailism forced to open the ports of Chosun by compulsion and devised a schime in order to forster the pro-Hapanese. Therefore the Japanese imperialism sent students studying in Japan, supported poltical refugees, and managed the schools for studing Japanese in Chosun. In the long perspective, the Japanese spreading policy promoted Assimilatory policy of Japanese imperialism in Chosun. Japanese religious and social organizations and busynessmen founded the Japanese language school every place in Chosun, such Kyungsung school in 1896. Just before Ul-Sa-Nuk-Yak(乙巳勒約) the Japanese laguage schools could reach the number of 30.

Moreover the men of enlighten, those who could not see through the imperialistic intention of Japan, were absorbed in the colonial system. These were so realistic conformists that understood the term of social evolution as universe order. According to the strengthen of Japanese imperialistic invasion in Chosun, for that reason, they were departured at the line of national liberation movement. They were parasite to colonial system in oder to keep up own versted intersests. Since the Japanese annexation of Korea the assimilatory policy, based on the theory of same ancestry between Korean and Japan(日鮮同祖論), was reinforced. Such pro-Japanses officials and busynessmen founded private Kyungsung kindergarten in conformity with that policy. Learning Japanese language and culture, the kindergarten children were unconsciously used to Japanese style of life. Namely, education of Japanese language was not only the spreading of language, also the instrument in order to weakening the national and resistance consciousness. The kindergarten children became those, who thought and acted in japanese style, more and more. This had an negative influence on the our standpoint of kindergarten.

Like this, the education of kindergarten was resulted from the Japanese assimilatory policy. Naturally the most of kindergarten at that time was not conformity with the Japanese imperialistic assimilatory policy. However these pro-Japanese kindergartens had a social influence on the new colonial culture in Chosun. Taking the Japanese assimilatory policy into the consideration, it is necessary to approach in broad perspective. After all Japanese culuture and life style, had brought in Chosun by Japanese assimilatory policy, were accepted without critique in Chosun, and Chosun's identity of value passed to that of Japanese.

1920년대 민족주의계열 경제운동론의 정치적 성격

오미일[*]

Ⅰ. 머리말
Ⅱ. 부르주아층의 형성과 경제운동의 추이
Ⅲ. 경제운동론의 정치적 성격
Ⅳ. 경제운동론의 유형과 한계
Ⅴ. 맺음말

* 부경대학교 강사

Ⅰ. 머리말

1920년대 국내 부르주아 민족주의계열의 운동은 한국민족주의운동의 지형을 이룬다는 점에서 그동안 주요 연구주제로 다루어져 왔다. 당시 정치운동이 불가능했던 국내 상황에서 민족주의계열의 운동은 경제운동이 큰 비중을 차지하였다.

따라서 종래 국내 민족주의운동사연구 가운데 가장 활발했던 분야가 물산장려운동이나 금주금연운동, 농촌·농민운동과 같은 경제운동의 개별사례연구였다.[1] 그러나 이들 연구는 운동의 전개과정 자체에 초점을 둔 것이고 이들 경제운동의 정치적 성격 또는 주도세력의 정치사상적 측면이나 운동노선에 관해서는 구명되지 못하였다.

그러나 1980년대 후반 이후 민족해방운동사연구가 사회주의운동사 영역으로 확장되면서 민족주의운동사 연구시각도 균형감각을 유지하게 되고 이에 민족주의계열의 운동노선이나 정치사상 등에 관해서도 본격적으로 천착되었다. 특히 민족주의계열 내 우파가 견지한 실력양성론이 자본주의 근대화론에 기초하여 결국 민족개량주의로 귀결되었음을 논증한 글이[2] 발표됨으로써 종래 민족주의운동=반일운동으로 평가해왔던 그동안의 도식적이고 편향적인 연구시각에 인식의 전환을 가져왔다. 뒤이어 한말부터 1920년대에 이르는 민족주의우파의 정치사상적 전개[3], 그리고 물산장려운동을 둘러싼 민족주의계열 내부의 운동이념의 차이[4], 안재홍 등 민족주의

---

1) 민족주의운동에 관한 기존의 연구사 정리는 전우용, 「민족주의계열의 이념과 활동」, 『민족해방운동사-쟁점과 과제』, 역사비평사, 1990 ; 박찬승, 「부르주아민족주의운동」, 『한국역사입문』 3권, 풀빛, 1996 참조.
2) 서중석, 「한말 일제침략하의 자본주의근대화론의 성격-도산 안창호사상을 중심으로」, 『한국 근현대의 민족문제연구』, 지식산업사, 1989.
3) 박찬승, 『한국근대정치사상사연구-민족주의우파의 실력양성운동론』, 역사비평사, 1992.

좌파의 현실인식과 운동노선[5], 민족주의계열 내 대중동원력이 가장 컸던 천도교계열[6] 그리고 기독교의 민족운동[7]에 대한 연구 등이 진행되어 상당한 분량의 연구가 축적되었다.

이들 연구는 대개 민족주의계열을 좌·우파 내지 비타협·타협세력으로 나누어 각 정치사상이나 운동론에 대해 차별성을 강조하고 또한 민족주의우파의 실력양성론에 대해 비판적인 입장이었다. 그런데 소수이기는 하지만, 한편에서는 민족주의 좌·우파 범주의 현실 적합성에 의문을 제기하여 1920년대 식민지상황에서 비타협과 타협을 구분하는 것은 실제 매우 곤란하다는 입장도 존재하였다.[8]

그런데 어떠한 입장이든 민족주의계열의 각 정파를 존재형태나 운동노선을 근거로 개념적으로 범주화하는 데에, 또는 그것의 차별적 범주화가 무의미함을 논증하는 데에 도달하지는 못한 것으로 보인다. 민족주의우파 또는 민족개량주의의 정치이념에 대해서는 어느 정도 개념이 정립되었으나 전체 민족주의세력을 일정한 준거로 범주화, 유형화하지는 못하였다.

요컨대 1980년대 후반 이후 상당한 분량의 연구성과가 축적되었음에도

---

4) 윤해동, 「일제하 물산장려운동의 배경과 그 이념」, 『한국사론』 27(서울대 국사학과), 1992.

5) 이지원, 「일제하 안재홍의 현실인식과 민족해방운동론」, 『역사와 현실』 6, 1991.

6) 김정인, 「1910~25년간 천도교세력의 동향과 민족운동」, 『한국사론』 32, 1994; 윤해동, 「한말 일제하 천도교 김기전의 '근대' 수용과 '민족주의'」, 『역사문제연구』 창간호, 역사비평사, 1996; 고정휴, 「3·1운동과 천도교단의 임시정부 수립구상」, 『한국사학보』 3·4 합집, 고려사학회, 1998; 조규태, 「1920년대 천도교의 문화운동 연구」, 서강대 사학과 박사학위논문, 1998; 김도형, 「1920년대 천도교계의 민족운동 연구」, 『역사와 현실』 30, 1998.

7) 이만열, 『한국기독교와 민족의식』, 지식산업사, 1991; 김상태, 「1920~30년대 同友會·興業俱樂部研究」, 『한국사론』 28, 1992; 노치준, 『한국기독교 민족운동연구』, 한국기독교역사연구소, 1993; 김상태, 「일제하 申興雨의 '社會福音主義'와 민족운동론」, 『역사문제연구』 1, 1996; 한규무, 『일제하 한국기독교 농촌운동』, 한국기독교역사연구소, 1997; 방기중, 『裵敏洙의 농촌운동과 기독교사상』, 연세대출판부, 1999; 강명숙, 『일제하 한국기독교인들의 사회경제사상』, 백산자료원, 1999.

8) 고정휴, 「태평양문제연구회 조선지회와 조선사정연구회」, 『역사와현실』 6, 한국역사연구회, 1991; 임경석, 「식민지시대 한국의 민족주의와 민족운동」, 『인문과학』 30, 성균관대 대동문화연구원, 2000.

불구하고 민족주의운동을 체계적으로 정리하는 데에 있어 필수적인, 또는 연구의 궁극적 귀결점이라 할 민족주의세력의 유형화, 범주화문제는 정면으로 다루어진 적이 별로 없었다.9) 암묵적인 합의 하에 일반적으로 민족주의계열을 좌·우파 내지 비타협·타협으로 유형화해왔던 것이다. 이는 상대적으로 빈약한 비타협민족주의계열에 대한 개별 연구가 진척됨으로써 자연적으로 해결될 수 있는 문제는 아니라고 생각한다.

그렇다면 혹 식민지 상황에서 민족주의자들을 비타협세력과 타협세력으로 구분하기가 매우 곤란하다는 어느 논자의 지적대로 실제 그들의 정세인식이나 정치사상 및 운동노선은 일정한 차이가 없었던 것일까? 대개 식민지 각국의 민족주의세력은 일반적으로 민족해방운동을 전개하는 가운데 운동노선을 둘러싸고 자치파와 독립파(에이레), 또는 온건파와 과격파(인도)로 분화되었는데, 이는 식민지 조선의 경우에도 마찬가지였다.

최근 사회주의운동연구의 진척에 따라 사회주의계열 내부의 파벌투쟁이 단지 헤게모니 장악을 위한 분파투쟁이 아니라 정세인식의 차이에서 출발하여 조직·투쟁 방침을 둘러싸고 전개된 이론투쟁이었다는 사실이 밝혀지고 있는데, 이는 민족주의계열 내부에서도 마찬가지였을 것이다. 따라서 정확하게 표현한다면 민족주의계열 내부에 정세인식, 정치경제사상, 민족운동론을 둘러싼 차별성이 없었던 것이 아니라, 차별성의 내용을 구체화, 유형화하는데 있어서 종래 통용되어온 '타협성'10)이란 척도가 문제라

---

9) 아마도 박찬승이 한말에서 1920년대에 이르는 민족주의의 형성과 분화에 대해 체계적으로 정리한 정도일 것이다(주 3과 「총론: 식민지시기의 지성사와 민족해방운동」, 『역사와 현실』 6, 1991 참조)

10) 고정휴는 '합법공간에서 이루어지는 모든 운동은 일단 일제와의 타협을 전제로 한 운동'이라고 하고 민족주의계열이 모두 조선사정연구회나 태평양문제연구회, 신간회 등에서 함께 활동했다는 사실을 강조하였다. 그러나 여기에서 그가 말하는 '타협'의 개념 및 범주는 과도하게 확장되었다. 그렇다면 신간회도 일제와의 타협을 전제로 한 운동이고, 기타 농민, 노동단체도 모두 타협의 소산물이라고 해야 할 것이다.

한편 임경석은 '노선의 타협성 여부, 사회주의세력과의 통일전선 참여 여부를 기준으로 삼을 때 민족주의세력 내부의 차이점은 쉽사리 발견되지 않는다'고 하고 사회주의자들이 연대 대상을 선정할 때 고려한 것은 민족주의세력의 대중성이었지 타협성 여부가 아니었으며 이에 민족주의우파와도 공동행동을 여러 차례 시도했다고 하였다(주8 논문 참조).

고 해야 할 것이다. 이는 결국 각 정파 내지 그룹간의 차별성의 내용을 어떤 기준으로 어느 수준에서 위치지울 것이냐의 문제라고 할 것이다.

필자는 민족주의운동을 제대로 구명하기 위해서는 그 주도세력이라고 할 자본가층의 물적 토대와 정치·사회적 활동에 대한 분석이 전제되어야 한다고 생각하여, 자본가층의 존재양태와 산업자본으로의 전환문제에서 출발하여 그들의 민족운동(한말자강운동, 비밀결사운동, 문화운동) 참여와 사회정치활동에 대해 지역단위로 분석하여 왔다.[11] 또한 한말의 식산흥업론과 1920년대 전반의 물산장려운동론, 후반의 협동조합론에 이르는 민족주의계열의 경제운동론에 대해 분석함으로써[12] 종래 정치사상을 통해 민족주의세력의 분화에 접근해온 연구방법론의 한계를 보완하고자 하였다. 이는 민족주의세력의 범주화에서 종래 논점이 되어 온 '타협성'이란 척도를 단지 일제에 대한 태도란 정치적 측면만이 아니라 경제적 측면이란 또 다른 관점에서 인식하고자 하는 의도에서 출발한 것이었다.

본고는 그동안의 일련의 작업의 연장선상에서 경제운동론을 준거로 민족주의세력을 유형화 범주화해보려는 시도이다. 본고에서는 먼저 1920년

사실 신간회 참여 여부를 비타협, 타협의 절대적 준거로 삼는 것은 문제가 있다. 그러나 사회주의자들이 민족주의세력과의 연대 대상을 선정하는 기준으로 노선의 타협성 여부를 고려하지 않았다는 사실이 곧 민족주의 세력 내부의 분화에서 타협성 여부가 문제되지 않았다는 의미가 될 수는 없다. 해방 후 즉시 민족주의계열 내 '타협'세력이 한민당으로, 그리고 '비타협' 세력이 국민당으로 정치세력화한 데서 알 수 있듯이 민족주의계열의 정치적 범주화는 해방 이후 시점이 아닌 일제시기에 이미 이루어졌던 것이다.

11) 오미일, 「1910~1920년대 공업발전단계와 조선인자본가층」, 『한국사연구』 87, 1994; 「1910~1920년대 평양지역 민족운동과 자본가층」, 『역사비평』 28, 1995 봄; 「1910~1920년대 부산지역 조선인 자본가층의 존재양상과 민족주의운동의 전개」, 『항도부산』 12, 부산시사편찬위원회, 1995; 「한말~1920년대 조선인 자본가층의 형성 및 분화와 경제적 志向」 1장, 성균관대 박사학위논문, 1998; 「한말~1920년대 조선인 자본가층의 경제동향과 민족주의운동-대구지역을 중심으로」, 『한국민족운동사연구』 24, 2000.
12) 오미일, 「한말 식산흥업론의 경제건설 방안과 그 정치적 성격」, 『역사문제연구』 2호, 1997; 「1920년대 초 조선인 부르주아층의 산업정책론」, 『성대사림』 12·13 합집, 1997; 「1920년대 부르주아민족주의계열의 물산장려운동론」, 『한국사연구』 112, 2001; 「1920년대 부르주아민족주의계열의 협동조합론」, 『역사학보』 169, 2001.

대 초에 경제운동이 대두하게 되는 과정과 그 운동론의 시기별 추이를 살펴본 후, 경제운동론에 나타난 민족문제 인식과 분배문제 인식을 통해 민족주의계열 내부의 입장 차이를 살펴보려 한다. 나아가 이를 기초로 민족주의 각 계열의 경제운동론의 정치적 성격과 이론적 한계를 분석할 것이다.

민족주의계열을 비타협적 민족주의세력과 타협적 민족주의세력으로 범주화하는 데에 있어 합법공간에 드러난 현실운동만으로 접근할 때 각 세력의 정체성을 개념화하기란 매우 어렵다. 이는 사회주의계열의 각 정파를 정세인식 내지 정치노선을 둘러싼 이론투쟁에 대한 파악없이 당운동이나 대중운동이란 실천적 측면에서 접근하여 각 그룹의 정체성을 파악하기 힘든 것과 마찬가지이다. 따라서 민족주의계열 내부 가 세력의 경제운동론을 통해 민족주의계열의 분화와 그 범주에 대해 접근하려고 하는 본 작업은 그간 민족주의계열을 암묵적으로 분류해온 비타협적·타협적 민족주의 또는 민족주의 좌·우파의 범주를 규정하는 데에 객관적인 기준을 제공해줄 것으로 기대한다.

Ⅱ. 부르주아층의 형성과 경제운동의 추이

1) 부르주아층의 형성과 경제운동의 배경

·부르주아층 형성의 개연성은 19세기 후반 20세기 초 부르주아개혁운동의 전개과정에서 찾을 수 있을 것이다. 이 시기에 근대 경제제도(화폐·금융, 재정, 회사제도)로의 재편이 시도되고 경제건설 방안에 대한 논의가 활발했던 것은 부르주아층 형성의 조짐을 말해 주며, 또한 그 조건을 마련하려는 것이었다고 할 수 있다. 실제 일부 소수에 국한되기는 하지만 전·현직 고급관료나 군대장교 등 관인집단이나 지방의 토호·상인층이 공업·

광업에 투자하는 현상이 나타나고 있었다.[13]

그러나 독립협회 지도부가 자유무역주의를 주장하고[14], 자강운동 시기 식산흥업론의 주류 내용이 공업진흥론보다 상업적 농업의 생산력증대를 통한 경제건설론이었던[15] 데에서 알 수 있듯이 사회세력으로서 부르주아층의 형성은 아직 시기상조였다. 그러나 이 시기에 자본주의경제체제의 주체인 부르주아층이 형성되지는 못했으나 사회경제적 여러 변화 가운데 서구의 자본주의경제사상이 유입되어 근대적 경제인식이 폭넓게 확산되었다는 점은 그 역사적 의미를 지나칠 수 없다.

조선후기 이래 전개되어 온 상품화폐경제의 내재적 발전과 이를 배경으로 한 부르주아층의 형성은 일제 자본의 침투를 목적으로 한 메카다개혁과 토지조사사업이 기존의 소상품생산의 재생산구조를 붕괴시킴으로써 좌절되었다. 그러나 한편으로 일제 권력에 의한 폭력적인 자본주의경제체제의 법적 제도화는 화폐신용도를 안정시키고 토지의 상품화를 가능하게 함으로써 급속한 화폐자본의 축적이란 보편적 경제현상을 수반하였다.

그러나 조선인의 화폐자본은 조선 내 이입상품과 일본인 제조상품에 의해 국내시장이 점령됨으로써 산업자본화가 여의치 못했다. 그러나 1차대전을 계기로 이입품·수입품의 대체 상품으로 국내제조품에 대한 일정 수요가 형성됨으로써 노동력과의 결합이 가능해져 산업자본화할 수 있었다. 이와 같이 조선인 지주, 상인층은 1910년대 중·후반경 투자대상을 토지, 고리대, 유통 부문으로부터 제조업으로 전환하기 시작하면서 모름지기 원래적 의미에서의 부르주아로 변신하였던 것이다.[16]

부르주아층이 형성된 이러한 경제적 변화는 이후의 민족해방운동의 전개에 중요한 배경으로 작용했다. 국내 민족해방운동은 3·1운동 이후 사회

---

13) 전우용, 「19세기 말~20세기 초 韓人會社研究」, 서울대 국사학과 박사논문, 1997; 오미일, 박사학위논문, 28~45면.

14) 주진오, 「독립협회의 경제체제 개혁구상과 그 성격」, 『한국민족주의론』 Ⅲ, 창작과 비평사, 1985, 95~96면.

15) 오미일, 「한말 식산흥업론의 경제건설방안과 그 정치적 성격」, 251면.

16) 오미일, 박사학위논문, 1장 참조.

주의사상의 도입과 민족주의운동의 노선 변화 등 상당한 변화를 겪었다. 그 가운데 부르주아민족주의계열은 '小範의 정치적 狹路를 버리고 大範의 경제적 廣路를 取'[17]하는 노선으로 전환하였다. 여기에서 '小範의 정치적 狹路를 버리고 大範의 경제적 廣路를 取'하였다는 것은 비밀결사 형태의 정치운동으로부터 합법적인 경제운동으로의 전환을 의미한다. 이러한 경제운동노선으로의 전환에는 대내외 정치적 요인이 작용하였지만, 무엇보다 경제운동의 주체인 자본가층의 물적 기반이 변화하여 산업자본가층이 형성되고 이들이 민족운동에서 주도적 역할을 하게 된 사회경제적 변화를 주목해야 한다.

즉 이미 지적했듯이 한말~1910년대 초반 자본가층의 자본축적 기반은 주로 토지·상업·고리대였는데, 제국주의유통체계로의 재편에 의해 가장 큰 피해를 입었던 상인층이 이 시기 민족운동의 주류적 형태였던 비밀결사운동을 주도하였다. 그러나 1910년대 중·후반 이후 자본가층의 자본축적 부문이 제조업으로 이동하면서 형성 초기의 산업자본에 대한 보호장려책이 요구되었으니 이것이 1920년대 경제운동 전개의 중요한 배경을 이루는 것이다.

산업자본가와 민족주의계열은 공업 발전의 조건으로 국가적인 보호장려책과 함께 인민적 자각, 사회적 경제운동이 필요하다고 보았다.[18] 먼저 1921년 조선산업조사위원회 개최를 계기로 보호관세 설치, 산업보조금 지급, 독자적인 조선인 금융기관 설립 등 조선인공업에 대한 국가적인 보호장려책을 총독부에 제출하고 산업정책에 반영해줄 것을 요구하였다.[19] 조

---

17) 선우전, 「우리의 사회에 새로히 비치우려 하는 경제사상과 경제운동의 發現如何」, 『개벽』 30, 1922. 12.
   '즉 정치적으로 發生하엿든 조선인의 사회적 세력은 源을 發하야 境路에 入하려 할 그 때에 事實 過大한 前衝의 痛打를 당하야 直進突出은 一時 停止하얏스나 流의 逆退에 變化키 不能한 그 勢力은 형식으로 변화하고 태도로 변화하야 新面의 進路를 取코저 하나니 卽前衝의 左面에 向하야는 新主義와 新思想의 宣傳에 猛進하려 하는, 前衝의 右面에 向하야는 小範의 政治的 狹路를 棄하고 大範의 經濟的 廣路를 取하야 前衝의 衝突點을 分岐하여 가지고 左側으로 新路를 취하려 하며 右側으로 前進을 준비하려 한다.'
18) 「조선인산업대회 발기 취지서」, 『동아일보』 1921년 6월 28일.

선인부르주아층이 국가권력에게 보호관세와 보조금 지급을 요구한 것은 이때가 처음이었으니, 한말 자유무역주의와 외국인자본에 의한 광공업 개발을 주장했던 경제론으로부터 상당히 변화한 것이었다. 이러한 보호관세, 산업보조금 요구는 자본가층의 자본축적 기반이 상업, 토지로부터 제조업으로 전환하였음을 단적으로 말해주는 것이다.

그리고 인민의 경제적 자각이란 '경제적 각성'을 의미하는 것으로 조선의 경지면적, 생산력의 상태, 생산력 증가의 방법, 소작제 문제, 일본인 소유 경작지의 증대, 조선의 수입수출상태 등 전반적인 조선경제의 현상과 조선인경제의 파멸 원인에 대해 인식함을 말한다.[20] 이러한 대중의 경제적 각성을 전제로 생존권 옹호를 위한 산업운동 즉 경제운동을 전개할 것을 주장하였다.[21]

그런데 토착자본이 산업자본으로 형성된 경제적 변화와 또한 이에 기초하여 민족주의운동에서 경제운동노선이 대두한 사회적 변화를 가져온 배경 요인으로 지적하지 않으면 안될 것은 개항기에 수입되어 자강운동을 통해 확산된 근대적 경제인식이 이제 계몽적인 경제건설론을 벗어나 현실경제에 구현되기 시작했다는 점이다. 민족주의계열은 1920년대 초 전개한 문화운동의 초점을 경제에 두었으니 '문화운동의 골자는 실력양성이며 실력양성 중에서 현대 문명의 기초되는 자본주의적 경제력의 발달이 主眼이라'[22] 따라서 '조선민중의 힘을 更新하여 그 理想을 달하는 第一着의 방법은 富力의 增進이라'[23]는 관점을 견지하였다. 즉 이 시기의 경제운동은 '경

---

19) 오미일, 「1920년대 초 조선인 부르조아층의 산업정책론」, 332~351면 참조

20) 사설 「경제적 조사기관의 필요를 更論하노라ー조선인의 경제적 각성이 필요」, 『동아일보』 1922년 1월 28일.

21) 사설 「산업적 자각과 권리에 대하야ー지방여행의 所感」, 『동아일보』 1922년 4월 4일. 사설 「조선인과 산업문제ー노력의 여지가 과연 업는가」(2)(4), 『조선일보』 1926년 3월 31일, 4월 2일.

22) 「激變又激變하는 最近의 朝鮮人心」, 『개벽』 37, 1923년 7월
또한 설태희는 '금일 吾人의 문화운동은 먼저 산업으로서 기초를 삼는 것이 가장 절실한 운동인 것 가치 보임니다'고 하였다(梧村, 「物産獎勵에 關하야」(1) 『동아일보』 1923년 3월 4일).

제는 사회의 기초이며 인생의 제일 조건이고 문화 향상의 근본토대이라'[24] '대개 정치는 경제의 형식이오 경제는 정치의 실질이라'[25]고 하는 근대적 경제인식에서 출발했던 것이다.

따라서 민족주의계열은 기존의 토지·고리대·주식투기에 기초한 부호 실업가의 물적 토대와 자본축적 방식을 비판함으로써 부르주아층의 자본 축적방식과 차별화하고 부르주아층이 조선의 경제발전을 담당할 주체임을 부각시켰다.[26] 즉 '사회의 융성을 도모치 아니하고 오직 守錢하여 죽음을 기다리는 조선 부호의 태도는 민족과 자기를 겸하여 망하게 하는 것'이라고 비판하는 한편, 학교 사회를 위해 금전을 이용할 것을 권유하였다.[27] 특히 부호층은 出資協同하여 산업계에서 활동해야 하며,[28] 고리대금회사나 전당포 경영에서 벗어나 財貨를 근본적으로 증진하는 기업, 공업에 투자해야 한다[29]고 주장하였다. 이 시기 조선인산업자본(대자본)을 대변하였던 동아일보나 기타 잡지에는 부호의 각성을 촉구하고 그 사회적 경제적 책무를 강조하는 글이 다수 실렸다.[30]

---

23) 위의 사설 「경제적 각성을 促하노라—금년에 決行할 綱領」.

24) 사설 「경제적 각성을 促하노라—금년에 決行할 강령」, 『동아일보』 1922년 1월 4일.

25) 사설 「정치와 경제—생산에 着意」, 『동아일보』 1922년 8월 17일.

26) 사설 「산업상으로 자립하라」, 『동아일보』 1922년 3월 17일
  "소위 實業家 諸君이여 高利貸金이 諸君의 기업이며 株式 投機가 제군의 能事인가……."
  사설 「상공업진흥에 對하야 一言하라—보호와 장려가 필요」, 『동아일보』 1922년 4월 27일
  "現今의 소위 實業家라 하는 것은 고리대금업자가 아니면 株式 期米에 분주한 투기업자가 其大部이라. 이러하고 엇지 民衆의 生榮을 企圖하며 문화의 발달을 기대하리오"

27) 사설 「조선부호에게 바라노라—사회적 공헌을 권고함」, 『동아일보』 1920년 9월 18일.

28) 위의 사설 「조선 부호에게 바라노라—사회적 공헌을 권고함」.

29) 石鎭衡, 「實業界를 爲하야」, 『개벽』 7(2-1), 1921년 1월.
  起廛, 「먼저 有識·有産者側으로부터 反省하라」, 『개벽』 24(3-6), 1922년 6월.
  「平壤漫筆: 평양에 有志者借帖슈監」(1), 『동아일보』 1921년 9월 18일.

30) 崔承萬, 「부호의 각성을 요함」, 『동아일보』 1921년 9월 11~12일.
  석진형, 앞의 글.

2) 경제운동의 추이

앞에서 살펴보았듯이 1920년대 경제운동은 근대적 경제인식이 확산되어 현실경제에 적용되는 가운데 1910년대 중·후반 토착자본의 본격적인 산업자본으로의 전환이라는 경제적 변화를 배경으로 전개되었던 것이다. 1920년대 민족주의계열에서는 소비절약 및 저축운동·금주단연운동·조선물산장려운동·협동조합운동·생활개선운동 등의 경제운동을 전개하였는데, 이 가운데 대표적인 것은 1920년대 전반기의 물산장려운동과 후반기의 협동조합운동이었다.

1920년대 초부터 조선인공업이 가장 발달했던 평양지역에서 시작된 물산장려운동의 주요 목적은 조선인자본의 축적과 생산력 증대였다. 물산장려운동에서 주요한 대립축은 사회주의계열과 일제자본 및 총독부였다. 전체 부르주아민족주의계열은 사회주의자들의 물산장려운동 비판에 대해 그들이 혁명이론을 무차별적으로 조선사회에 적용하는 오류를 범하고 있다고 비판하고, 조선의 현 상황에서 긴급한 것은 계급혁명이 아닌 생산력증대를 통해 조선인의 경제적 실력을 공고하게 함으로써 제국주의자본을 배척하고 민족해방을 이루어야 한다는 일치된 논리를 전개하였다. 또한 日貨排斥이라고 경계하는 일제당국이나 일본인자본가층에 대해 日貨不買, 외화배척 등의 투쟁적이고 정치적인 강령보다 '조선 사람 조선 것'이란 온건하고 비정치적인 표어를 표방하였다. 일화배척을 대중적 슬로건으로 표방하지 못했던 것은 일제당국의 탄압을 피하려는 전술적 측면도 있었지만, 조선인공업이 일본이입품을 대체할 정도의 생산력을 확보하지 못한 경제적 측면을 고려하였기 때문일 것이다.

당시 민족주의계열은 물산장려운동의 전개과정에서 사회주의계열과 총독부의 비판, 견제에 대해 일치된 대항논리를 전개하였지만, 실천방법론에서는 애용장려와 생산장려의 실천 순위, 생산의 주체문제 등을 둘러싸고 내부적으로 견해 차이를 드러냈다.31) 그러나 운동의 전술적 차이는 실제 운동의 전개과정에서 적용되지 않았으며 따라서 물산장려운동은 생산력증대란 전략 하에 자본가층 및 부르주아민족주의계열의 결속을 강화하는 계기로 작용하였다.

1920년대 중반 이후 물산장려운동이 침체되자, 조선인물산장려를 통한 조선인자본 축적과 생산력 증대에 당면 목표를 둔 경제운동 전략을 수정하고 대중의 자주경제 수립과 정신적 단결을 지향하는 협동조합론을 전개하였다. 협동조합이론은 이미 1920년대 초부터 일본에서 도입된 산업조합론으로 소개되었으나 그 신용·생산조합적 내용과 관제적 성격으로 인해 퇴조하였고, 물산장려운동이 전개되면서 애용장려의 실천수단으로 소비조합을 주목함으로써 영국의 로치델소비조합론이 상세히 소개되었다. 그러나 이 시기의 소비조합론은 로치델조합의 정신인 소비자의 이익구현보다 조선인자본의 축적과 조선인공업의 발전을 위한 일환으로서 적용되었다.

협동조합의 목적과 경제적 사회적 기능을 농촌구제와 농민획득이란 관점에서 주목하고 새로운 협동조합론을 전개 실천한 것은 1920년대 중반 이후에 이르러서였다. 그러나 소비·신용·생산조합 가운데 어느 사업부문을 주축으로 할 것인가란 협동조합의 사업부문문제와 출자원칙문제에서 1인1구주의를 견지할 것인가 아니면 소수 자본가의 出資口數를 최대한으로 확대할 것인가란 조직원리, 그리고 잉여금을 출자고에 따라 분배할 것인가 혹은 이용고에 따라 분배할 것인가란 운영원리 등의 전술적 측면에서는 각기 운동주체 별로 편차를 드러냈다. 전진한의 협동조합운동사와 천도교 농민공생조합은 소비조합을 당면 활동사업 부문으로 주력했으나, 기독교 산하 협동조합은 대개 신용조합에 주력하였다. 조직원리에서 협동조합운동사는 1인1구주의, 1인1표주의를 표방하고 철저하게 견지하였으나, 농민공생조합은 자본가가 최대 구수를 50구까지 소유하게 함으로써 소수 자본가의 조합 장악이 가능해졌다. 그리고 협동조합운동사는 이용고에 비례한 잉

---

31) 이상의 물산장려운동론에 대해서는 오미일, 「1920년대 부르주아민족주의계열의 물산장려운동론」.

여금 배당을 실천하였으나 기독교 산하 신용조합은 배당을 하지 않았으며, 공생조합은 출자고와 이용고를 함께 고려하여 배당하였다.[32]

주로 캠페인 형태로 전개되었던 물산장려운동에서는 각 세력별 전술의 차이가 실제 운동과정에서 드러나지 않았으나, 농촌지역에서 세력별로 실천되었던 협동조합운동에서는 조직, 운영 면에서 전술적 편차가 드러났다. 이는 민족주의계열의 경제인식이 심화되면서 경제운동의 실천방법에 대한 견해가 구체적으로 표명되고 분화되었음을 의미한다.

이와 같이 민족주의계열의 경제운동전략은 크게 보아 1920년대 전반 조선인공업 육성과 생산력 증대에 목적을 둔 물산장려운동으로부터 후반에 농민·농촌문제 해결과 농민 획득을 의도하는 가운데 대중의 경제적 이익과 자주경제 수립을 표방한 협동조합운동으로 전환하였다. 경제운동전략의 수정, 전환에는 물산장려운동 형태의 경제운동노선에 대한 사회주의계열의 비판, 즉 생산력증대를 표방한 물산장려운동이 결국 소수 조선인자본가계급의 자본축적에 기여할 뿐 대다수의 조선인대중에게는 하등의 경제적 향상을 가져오지 못한다는 비판과 함께 물산장려운동에 대한 대중의 호응이 식음으로써 새로운 대중적 경제운동의 방향을 모색하지 않을 수 없는 사회운동 상황이 직접적인 계기로 작용했다. 그러나 보다 근본적으로는 인구의 대다수를 차지하는 농민층의 경제적 파탄이 방치할 수 없는 사회문제로 파급되면서 소작쟁의와 같은 생존권투쟁이 고조되는 경제상황에[33] 대처하지 않을 수 없는 가운데 경제운동의 전략을 수정하였던 것이다. 즉 노동자 농민층의 대중운동이 사회운동의 주류를 형성해나가는 사회운동의 변화 속에서 민족주의계열의 지지 기반으로 농민대중 획득의 필요성이 제기되었던 것이다. 이러한 경제운동전략의 수정은 당면 운동실천 상의 중점이 변화된 것이지 기존 경제인식의 골간인 자본주의경제론, 보다 구체적으

---

32) 이상은·오미일, 「1920년대 부르주아민족주의계열의 경제운동론-협동조합론을 중심으로」 참조.

33) 1920년대 농민층의 생활과 소작쟁의의 전개에 대해서는 허장만, 『1920년대 농민운동의 발전』(평양:조선로동당출판사, 1963), 4~83면 참조.

로는 생산력증대론을 폐기한 것은 아니었다. 이는 생산력증대론에 기초한 물산장려운동이나 그 연장선상에 있는 소비절약, 저축, 금주단연, 생활개선운동이 한편으로 계속 주창된 사실을 통해서도 알 수 있다.

Ⅲ. 경제운동론의 정치적 성격

위에서 부르주아층의 형성과정과 경제운동이 대두하는 배경, 그리고 경제운동전략이 대개 1920년대 중반을 계기로 전환하는 추이에 대해 살펴보았다. 여기에서는 이러한 민족주의계열의 경제운동을 전체 민족해방운동 가운데에서 어떻게 위치지울 수 있는 지에 대해 살펴보기로 한다. 이는 경제운동의 실천내용을 통해 파악해야 하지만 운동이 각 지역별로 또는 세력별로 전개되었고 운동의 전략전술이 시기별로 변화한다는 점을 고려할 때 개별 경제운동의 내용을 시기별로 모두 고찰하기가 지면상 불가능하므로, 서술대상을 운동의 목적과 방향, 방법 등 전략전술적 측면을 포괄하는 경제운동론의 차원에 국한하기로 한다.

경제운동론의 정치적 성격은 민족성과 계급성이란 두 가지 차원에서 접근할 수 있다. 경제운동이론의 민족성은 경제운동이 민족해방운동에서 어떠한 정치성을 지향하는가에 관한 인식문제이다. 그리고 경제운동이론의 계급성은 분배구조에 대한 인식문제이다.

1. 민족성 인식

먼저 경제운동론에 내포되어 있는 민족성, 즉 일제에 대한 정치적 태도 문제에 대해 살펴보자. 민족주의계열은 경제운동의 정치성 여부에 대하여 경제운동이 정치운동의 수단이 되어서는 안된다는 입장과 경제운동이 정치운동으로서 의의를 가지지 않으면 무의미하다는 입장으로 나뉘었다.

먼저 일부 민족주의세력은 이미 1920년대 전반기부터 경제운동의 정치성을 배제해야 한다는 입장을 견지하였다.

> '最後 경제운동을 실행하거나 又는 경제사상을 一般群衆에게 告吹하려 하는 一般에게 說告치 아니치 못할 것은 經濟運動을 절대로 他의 운동과 混合치 아니할 것, 경제문제의 연구는 어대까지던지 경제의 원리원칙에 準하야 獨立한 범위 내에서 연구할 것, 現發하는 조선의 경제문제를 實地에 依하야 研究調査하야 一般에게 普知케 할 것이 極히 필요타 하노니 此를 다시 總說的으로 말하면 가령 경제운동을 起할 際에 經濟的 運動으로 政治的 結果를 得코저 하야 經濟運動을 政治運動의 手段으로 利用코저 하는 것은 經濟運動의 根本意에 不合한다'[34](밑줄은 필자가 임의로 표기. 이하 인용문의 밑줄도 마찬가지임)

대표적으로 선우전은 위에서 나타나듯이 경제운동으로 정치적 결과를 얻으려고 하여 정치운동의 수단으로 이용하는 것은 경제운동의 근본적 의의에 합치하지 않는다고 하며, 경제운동이 민족해방투쟁으로서의 성격을 지녀야 한다고 주장하는 견해에 대해 비판적이었다. 그는 早稻田大 政經學部를 졸업하고 1919년 경성방직주식회사 설립 초기에 중역을 지냈으며 1923년 5월 이후 동아일보 기자촉탁을 거쳤고 延專·普專의 강사로도 활동했다. 1925년 9월 朝鮮事情調査研究會에 참여했고, 1924~1930년대까지 조선물산장려회 이사를 지냈다.[35] 이러한 이력은 그가 주장하는 정치성을 배제한 순수한 경제운동론의 범주를 넘지 않는 것이었다.

그런데 정치성을 띠지 않고 순수하게 경제영역에 국한한 운동이란 것은 역설적으로 강한 정치적 입장의 표명이라고 할 수 있다. 즉 정치운동과 분

---

34) 선우전, 앞의 「우리의 사회에 새로히 비치우려 하는 경제사상과 경제운동의 發現 如何」.
35) 방기중, 「1920·30년대 조선물산장려회연구—재건과정과 주도층분석을 중심으로」, 『국사관논총』 67집, 1996, 100면 ; 中村資良 編, 『조선은행회사요록』, 1921년판, 53면 ; 김준엽·김창순 저, 『한국공산주의운동사』 3권, 44면.

리되는 선에서 경제운동에만 주력하겠다는 것 자체가 현실경제에 불가분 관련된 일제의 경제정책과 같은 정치적 사안에 대해서는 관여하지 않겠다는 정치적 입장이다.

한편 경제운동이 그 목적이나 방향 면에서 궁극적으로 정치운동의 성격을 띠어야 한다는 입장은 1920년대 중·후반 조선일보 사설에서 전형적으로 나타난다.

'朝鮮人된 者로서 문제되는 온통이 우선 조선인의 생존문제 그것이다. ……그리고 <u>조선인의 생존운동은 상대적으로 解放의 鬪爭이</u> 되는 것이오 절대적 見地로서는 그의 자체의 도덕적 사회적 개선이 되는 것이다.'[36]

조선일보는 조선인의 집단적 사회적 생존운동인 경제운동은 절대적으로는, 즉 민족 내부적으로는 조선인 자체의 도덕 사회적 개선이지만 상대적으로는, 즉 일본에 대항해서는 '해방투쟁'이 된다고 하여 그 정치적 성격을 강조하였다.

민족주의계열의 개량화 조짐이 뚜렷하게 나타나는 1930년대 초에도 경제운동의 정치성을 강조하는 입장은 계속 찾아볼 수 있다. 즉 잡지『東光』(1932년 3월호)에서 각계 명사, 지식인에게 ①「조선인이 현재 환경 밑에서 경제적으로 自活할 가능성이 없을까」③ 현재의 환경 하에서 생존을 위한 경제운동의 목표, 방법 如何」란 항목으로 실시한 설문에 대해 경제운동의 정치적 성격을 강조한 한 논자는 이렇게 답변하였다.

① '가능성이 없겠습니다. 그 특수한 환경이 自活의 불가능을 강제하는 것이니 현재의 환경대로는 가능성이 있을 수가 없을 것입니다'
③ '個體의 생명을 연장하고자 경제적 운동의 필요도 있지만 現存의 환경을 벗어나기 위하여 운동하지 아니할 수 없는 것이다. 여기에서 <u>政治運動을 意味하는 經濟運動이</u> 아니면 그는 <u>現狀을 延長</u>하지도 못할 뿐 아니라 앞

---

36) 사설 「朝鮮人 生存努力의 一方向–輕視되는 重大條件」, 『조선일보』 1927년 2월 11일.

으로 <u>絶對希望을 위한 運動이 되고</u>('되지 않고'의 誤記로 보임: 필자) 말 것
입니다'[37]

그는 조선인이 현재의 상황에서 경제적으로 自活할 가능성은 없으며 '특
수한 환경' 즉 식민지 상황 자체가 경제적 자활이 불가능한 요인이므로 경
제운동은 단순한 생존운동에서 나아가 궁극적으로 식민지 상황을 타개하
기 위한 운동 즉 정치운동이 되지 않으면 무의미하다고 주장하였던 것이
다. 이는 민족주의계열의 경제운동노선 가운데 가장 선명한 정치적 민족적
인 입장이라고 볼 수 있다.[38]

기본적으로 경제운동이 민족해방운동을 지향해야 한다는 노선이지만
현실적으로 정치성을 띠지 않은 경제운동이 필요함을 인정하는 중간적 입
장도 존재하였다. 1930년대 초 시점에서 정치적 민족적 운동으로서의 경제
운동론이 현실과 타협한 유형이라고 할 것이다. 대표적으로 李晶燮은 위의
『동광』 설문에서 '일 민족의 전체적 경제생활의 발전은 오직 그 민족의 이
익에 가장 충실한 민족 스스로가 정치를 司掌하는 한에서만 가능한 것이
다. 남을 지배한다 함은 원리상 결코 피지배자의 이익을 주체로 함이 아니
라 지배자의 이익 增長이라는 것을 출발점으로 함이다'고 하여 정치를 장
악하지 않고서 경제발전을 기대하기 어렵다고 하고 '조선인이 현재 환경
밑에서는 경제적으로 자활할 가능성이 매우 적은 것 같이 보인다'고 하였
다. 그러나 '현재 환경 밑에서는 경제적으로 자활할 가능성이 매우 적다 하
여 아무 노력도 안한다면 그야말로 永久自滅이 될 것이다. 정치적 의미를
가지지 아니한 경제운동으로도 우리의 생활을 어느 만큼 향상시킬 수 있
다'고 보아 협동조합운동, 低利 생산자금을 얻기 위한 합법운동, 산업상 不
正當한 정책철폐운동, 경제연구단체의 조직을 제안하였다.[39] 경제발전을

---

37) 「조선인의 경제적 活路」 중 姓名未詳, 「現狀打破의 不斷의 운동 農工業竝進의 과학적 調
　　 和」, 『동광』 1932년 3월호.

38) 따라서 다른 논자들이 모두 記名으로 이름을 밝혔는데 반해 이 논자만 성명난을 가리고
　　 익명으로 처리하였는데 정치성을 띤 경제운동노선의 공개적인 천명은 현실적으로 곤란
　　 했기 때문일 것이다.

위해서는 궁극적으로 현재의 경제조건을 조성하고 있는 정치상황을 개선하는 경제운동을 전개해야 하나 현실조건상 불가능하므로 경제파멸을 막고 어느 정도 생활의 향상을 가져올 수도 있는, 정치성을 배제한 경제운동이라도 해야 한다는 것이다.

그런데 이정섭은 프랑스유학을 다녀온 지식인으로 3·1운동에 참가한 경험이 있으며 조선일보 政經部長을 지낼 당시 신간회 발기인으로 참가하였는데[40], 이후 신간회에서 적극적으로 활동하지는 않았다. 1927년 중반 이후 중외일보 논설반 기자로 활동하였는데, 1928년 2월 말경 중외일보 게재 「세계일주기행－조선에서 조선으로」란 글[41]에서 愛蘭(에이레)의 민족운동을 소개한 것으로 인해 보안법위반으로 체포된 적이 있었다.[42] 그는 문제의 글에서 자신의 민족주의적 입장을 밝혔으며[43], 또한 절대독립론을

---

39) 「조선인의 경제적 활로」 중 이정섭, 「獨裁政治하의 産業的 總動員, 商工業으로도 進就할 條件具備」, 『동광』 1932년 3월호.

40) 경상북도경찰부, 『고등경찰요사』, 49면; 이균영, 『신간회연구』, 역사비평사, 1993, 99, 101면.

41) 이 글은 그가 1927년 7월 2일 경성을 출발하여 일본, 영국, 에이레, 프랑스 등 유럽 각지를 여행하며 보고 느낀 것을 1927년 8월 20일~1928년 2월 27일간 91회에 걸쳐 연재한 것이다. 이 가운데 에이레 민족운동을 소개한 1928년 2월 18~23일자가 문제되었다(23일자는 삭제되어 보이지 않음).

42) 이정섭의 필화는 단순한 일상적인 검열 차원에서가 아니라 당시 일제경찰의 신간회 참여 민족주의세력에 대한 탄압 의도에서 비롯되었던 것이라고 생각한다. 왜냐하면 비슷한 시기인 1928년 1월 조선일보의 발행인 안재홍, 편집인 白寬洙도 '보석지연의 희생'이란 사설(1928년 1월 21일자)로 인해 체포되어 안재홍은 금고 4개월, 백관수는 벌금 1백원을 언도받았는데, 때문에 안재홍은 1929년 1월말에 출옥하였다(『조선일보』 1928년 1월 27일, 1929년 1월 27일; 『중외일보』 1928년 4월 17일, 4월 29일). 신간회가 대부분의 지방에서 지회를 건설하고 사회운동의 구심점으로 역할하자, 주시하던 일제경찰이 이를 저지 탄압하기 위해 신간회 내 민족주의계열의 주축세력인 조선일보·중외일보계열을 겨냥한 필화사건을 획책했던 것으로 보인다.

43) 에이레공산당 영수 Jim Larkin과 회담하면서 짐 라킨이 "조선의 운동은 무엇인가요. 사회주의운동인가요 그렇지 않으면 민족주의운동인가요?" 라고 묻자 "두 가지 운동이 있습니다. 지금의 조선내의 운동은 아직까지도 이 두 종류의 운동의 이론적 투쟁기에 있다고 볼 수 있습니다. 그러나 右傾的 민족운동이 勝勢하는 도중에 있습니다"고 대답하여 자신의 민족주의적 견지를 피력하였다. 그는 에이레의 민족운동에서 파넬을 높이 평가하였는데 그가 종래의 폭력적 정치적 운동에서 경제적 운동으로 전환하여 1879년 토지개혁 즉

견지한 에이레독립당 영수의 글을 소개함으로써[44] 자신의 절대독립론을 간접적으로 피력하였다. 따라서 활동이력으로 보아 그의 입장은 위의 정치성을 띤 경제운동론자의 범주로 볼 수 있을 것이다.

한편 역시 같은『동광』설문에서 숭실전문 교수인 蔡弼近은 '현재 환경 밑에서라도 경제적으로 자활할 가능성이 있다. 대단히 곤란하지만 최선의 노력을 다하면 아주 불가능하지는 않다'고 하여 경제운동의 목표는 자작자급에 있고 소극적 방법으로는 절약숭상, 적극적 방법으로는 저축이라고 하였다.[45] 앞의 선우전과 같이 순수한 의미에서 생활의 향상을 위한 경제운동을 상정하였음을 알 수 있다.

이렇게 볼 때 1930년대 초 시점에서 姓名未詳의 필자와 이정섭은 현재의 정치적 상황에서 조선인이 경제적으로 자활할 가능성이 '없다', '매우 적은 것 같이 보인다'고 파악한 반면, 채필근은 '가능성이 있다'고 각기 다르게 파악하였다. 따라서 1920년대～1930년대 초 민족주의계열은 현재의 경제상황과 그것을 초래한 배경원인에 대한 인식 차이에 의해 경제운동의 목표 및 방향을 둘러싸고 첫째 경제조건을 근본적으로 개선할 정치상황의 타개에 궁극적 목표를 두고 그 수단으로써 경제운동을 설정하고 있는 입장, 둘째 정치적 상황과 분리하여 단지 순수한 경제적 조건의 개선에 목표를 둔 입장, 셋째 경제조건을 규정하는 정치상황의 타개를 목표로 한 경제운동에 동조하나 현실적으로 정치성을 띠지 않은 경제운동이 필요하다는 중간적 입장으로 나뉘어 있었음을 확인할 수 있다.

地面均分論을 내건 토지연맹(후에 국민연맹으로 개칭)을 조직함으로써 비로소 진정한 의미의 혁명이 시작되었다고 소개하였다(「세계일주기행–조선에서 조선으로」(84), 『중외일보』1928년 2월 19일).

44) 독립당 영수 데바리라와의 회견 내용이 실려 있는데 "일 민족이 해방되어 가는 도상에서는 필연적으로 자치당과 독립당의 二黨으로 분열되는 법이외다. 결코 자치주의로 달아나지 말고 최후의 목적을 달하도록 노력하여야 합니다"고 소개하였다(위의 글(86), 『중외일보』, 1928년 2월 21일).

45) 「조선인의 경제적 활로」중 蔡弼近, 「자작 자급절약 저축 농업을 주로 하고 상공업으로」, 『동광』1932년 3월호.

2. 분배문제 인식

식민지 조선에서 분배문제라 함은 토착경제와 일본경제 사이의 분배문제와 그리고 토착자본과 조선인노동자 사이의 분배문제를 모두 포함하여 말함이다. 토착경제와 일본경제 사이의 분배문제 인식은 경제운동의 궁극적 목적을 경제운동을 수단으로 하여 정치상황의 개선을 꾀하는 데에 두느냐 혹은 정치성을 배제하고 단지 현 경제상황의 개선에 국한하느냐란 경제운동에서 정치성의 내포 여하 문제와 밀접하게 연관되었다. 1절에서 언급한 경제운동에서 민족성 내지 정치성 문제의 본질은 바로 토착경제와 일본경제 사이의 분배문제라고도 할 수 있다. 민족주의계열은 토착경제와 일본경제 사이의 분배문제에 대해서는 상당한 인식의 차이를 보였으나, 토착자본과 조선인노동자 사이의 분배문제에 관해서는 별다른 입장 차이를 보이지 않았다.

1) 민족간 분배문제

먼저 토착경제와 일본경제 사이의 분배문제에 대해 살펴보자.

'……그럼으로 일반적 조선경제는 조선인의 부르지즘을 기다리지 안코도 自然으로 振興된다. 다만 문제중 문제는 이것이다. 이 발전되는 경제는 조선인의 경제적 또한 사회적 행복을 標準한 발전인가 함이다. 밧구어 말하면 조선경제의 生産所得이 분배되는데 조선인에게 도라오는 配割이 公義에 基本치 아니함을 말함이다.
조선인과 일본인 사이에 統治者와 被治者의 구별에다 有産者와 無産者의 經濟的 階級이 漸漸 發生한다. 그래서 現時 政局下에 잇서서는 조선경제문제라 함은 조선경제의 분배 문제로 본다.'[46]

---

46) 趙炳玉, 「經濟問題의 一觀」(上), 『동아일보』 1927년 1월 16일.

위의 인용문은 延專敎授 조병옥의 글인데, 그는 현 조선경제의 문제는 본질적으로 조선인과 일본인 사이의 분배문제라고 주장하였다. 그리고 '분배의 불공평이 정치적 의식을 助長케 하며 분배의 경제적 투쟁이 민족운동으로 聯化가 된다'고 하였다. 조병옥의 논리는, 경제운동은 곧 분배의 개선을 위한 것이 되어야 하고 분배의 개선을 목적한 경제운동은 정치운동, 민족운동으로 연결된다는 것이다. 그는 일제 당국이 '자본공급을 확충하기 위해 소비를 적게 하고 저축을 장려하자는 운동이나 토지를 개척하며 개량하는 농업정책이나 기능의 분배를 공평케 하기 위한 기술교육의 발전책이나 기업자 양성과 공업의 발전을 위하여 각종 실업교육의 시설을 하자는 것은 조선의 利害點에 비추어 보아도 적절한 사회정책이며 생산증가에 중요한 요소이다'고 하여 '정치문제를 떠나 경제문제를 강구할 때에는 생산문제에 대하여 일본인과 조선인 사이에 충돌점이 없고 경제적 利害點이 동일하다'고 하였다.47) 즉 단순한 생산력 증대문제에서는 조선인과 일본인 사이에 경제적 이해관계가 일치하지만, 분배문제를 둘러싸고서 민족간 이해가 대립한다고 인식하였다. 따라서 '우리는 우리의 分配의 配割을 상대적으로 증가케 함이 우리의 경제운동이라 한다'고 주장하였다. 이는 경제운동의 본령은 조선인경제의 분배비율의 상대적 증가, 즉 민족간 분배구조 개선에 있다는 의미이다.

그는 '소위 조선인 유산자는 소수에 불과한데 토지세가 超加되고 산업화한 민족과 공통된 경제를 하게 됨으로써 생활가치는 매우 高騰해가며 조선인 유산자는 점점 무산화되어 간다'고 하여 조선의 주요 모순은 결국 전체 조선인무산자와 일본인유산자의 경제적 계급대립관계라고 인식하였던 것이다. 이에 생산력 증대로 조선경제가 발전하고 있다고 하지만 그 결실이 모두 일본인에게 귀속되고 조선인경제는 더욱 더욱 피폐해져 가는 현상을 타개하기 위해 민족간 분배구조 개선의 방향으로 나아가는 경제운동이 필요하다는 주장이다.

---

47) 조병옥, 위의 글(하), 『동아일보』 1927년 1월 18일.

조병옥은 와이오밍대학 예과와 콜롬비아대학 등에서 경제학을 전공한 후 귀국하여 연희전문 상과대 교수로 재직했다. 조선사정연구회(1925. 9), 태평양문제연구회(1925. 11)에 참가했고, 이 글을 쓴 직후에는 신간회 중앙 집행위원, 신간회경성지회 집행위원장으로 활동했다. 광주학생운동 당시 조선민중대회를 개최하려다가 체포되어 징역 1년 4개월을 살았으며『조선지광』사장을 지냈다.[48] 토착경제와 일본인경제 사이의 분배구조 개선에 초점을 둔 조병옥의 경제운동론은 이러한 활동경력 선상에서 그 정치성을 파악할 수 있을 것이다.

이와 달리 정치성을 배제한 경제운동론을 주장하는 민족주의세력은 대개 조선의 현 단계 경제현실에서는 분배문제가 아닌 생산문제가 중심이 되어야 한다고 주장하였다. 대표적으로 동아일보는 「經濟時論」난을 통해 '조선사람에게 관한 경제문제로는 무엇보다도 생산문제가 가장 중요한 문제가 된다. 분배문제도 생산이 有한 후에 분배문제이오 ……조선사람의 경제생활이 곤란한 원인은 분배제도의 결함에서 生하였다 하느니 보다도 생산부족에서 生한 바가 多하다'고[49] 주장하였다. 또한 사설에서 '조선의 현상으로는 인민의 생활의 풍족은 분배에 있는 것이 아니라 실로 생산에 있다. 조선 현재의 富力을 아무리 平分하더라도 각 개인이 풍족한 생활의 資를 얻을 수는 없는 것'이라고 하며, 현재 일 개인의 평균 1년 수입이 매인당 20여원에 불과할 정도로 전체적인 富力이 낮아 '설혹 금일에 공산주의가 실현된다고 가정하더라도 금일의 민족적 산업능력으로는 풍족한 생활은 바랄 수 없는' 정도이니 산업의 유치함을 극복하고 생산력의 증진을 도모해야 한다는 것이다.[50]

당시 동아일보를 비롯한 일부 민족주의계열에서 주장하던 생산력증대론에 편향된 이론이 결국 어떤 논리로 귀착되었는지는 다음의 글에서 잘

---

48)『고등경찰요사』, 47, 48면; 독립운동사편찬위원회,『독립운동사자료집』13권, 259면;
　　『독립운동사자료집』14권, 314, 841면.
49)「경제시론: 누구든지 생산자가 되자」,『동아일보』1924년 7월 15일.
50) 사설「有産階級의 覺醒을 促함」,『동아일보』1926년 11월 6일.

나타난다.

> '모든 경제행위는 가치를 대상으로 하며 생산으로 始하고 분배로 歸하는
> 것이다. 물론 생산의 참여자는 분배를 목적으로 함으로 상당한 보수가 있어
> 야 할 것이다. 그러나 분배문제에만 몰두하고 생산문제를 忽略함은 극히 무
> 모한 일이다. 빈궁이 극도에 달한 우리의 급선무는 생산에 在한 것이다. 우
> 리의 토지와 자본이 얼마나 되며 기계가 얼마나 되며 공장이 얼마나 되는
> 가. 이 현상에서 분배를 唯一로 認함은 乞人鬪食의 격이다. 물론 생산의 결
> 과가 다수의 이익이 되게 할 것도 중대한 要이다. 우리 자본이 거의 外人의
> 것이면 그 분배의 當務者는 吾人이 아니며 우리는 오직 협력적으로 우리의
> 勞動報酬와 손해배상을 요구할 뿐이다' 51)

위 글의 필자는 상해에서 홍사단계열의 한인동맹회에서 활동하고 있던
申彦俊으로 그는 우리의 目前急務는 분배문제가 아닌 생산문제라고 단언하
였다. 이러한 생산력증대론은 1920년대 초 물산장려운동 때부터 민족주의
계열 일반이 기본적으로 견지하였던 논리였다. 그런데 그가 조선 내 자본
이 거의 모두 일본인자본이고, 따라서 분배문제의 권한을 가진 그들에게
대해 우리가 취해야 하는 태도로 '오직 협력적으로 우리의 노동보수와 손
해배상을 요구할 뿐'이라고 한 것은 민족간 분배문제에서 매우 타협적 태
도였음을 나타낸다. 이는 조선사람의 처지에서는 자본주로서 분배의 권한
을 가지고 있는 총독부나 일본자본이 분배문제를 시혜적으로 처리해주기
를 바랄 수 밖에 없다는 이야기이다. 따라서 자연히 경제운동의 방향이나
역점은 생산력증대에 두게 되며, 민족간 분배구조의 불평등성을 최소화하
기 위한 운동은 부차적 문제일 뿐이다. 이는 민족간 분배구조의 개선을 요
구하는 것은 일제 경제정책을 전환하거나 지배정책을 개조하는 정치운동
의 영역이므로 이를 유보하고, 그에 앞서 생산력 증대에 관련된 자본축
적·기술 획득·시장 확보 등의 문제에 국한하자는 논리로 연계되는 것이
다.

---

51) 申彦俊, 「경제적 頹廢의 원인과 그 대책」(6), 『동아일보』 1926년 1월 27일

172

앞에서 조병옥이 '정치문제를 떠나 경제문제를 강구할 때에는 생산문제
에 대해 일본인과 조선인 사이에 충돌점이 없고 이해점이 동일하'며 따라
서 조선인과 일본인의 이해가 대립하는 민족간 분배문제가 경제운동의 주
축이 되어야 한다고 하였는데 반해, 동아일보계열은 바로 민족간 이해가
다르지 않은 생산문제에 대해 집중해야 한다는 것이다. 결국 동아일보계열
이 내세운 조선인공업 보호 · 육성론은 바로 이러한 일본인자본의 이해와
충돌하지 않는 범주의 생산력증대론 즉 일본자본이 주장하는 '조선생산력
증대론'과 짝하는 '조선인자본축적론'인 셈이다.

2) 계급간 분배문제

민족내부의 계급간 분배구조문제에 대해서는 자본가들이 계급간 분배
나 노동문제에 유념해야 한다는 입장과 조선의 경제발전단계상 계급간 분
배투쟁은 아직 시기상조라는 입장이 존재하였다. 전자의 입장은 대표적으
로 金鐸이 '사회주의자들이 사회가 원만히 발달하게 하려면 사유재산제와
자유경쟁제도를 폐지함이 可하다고 주장하는데 이는 최후의 극단적인 개
혁이요 개인의 자유방해와 같은 폐단이 있으니, 일반 자본가들은 公益心에
특히 주의하여 勞力者와 企業家에게 애정을 주어 경제적 분배에 유념해야
한다'52)고 주장한 것을 들 수 있다.
그런데 이러한 견해는 전체 민족주의계열에서 극히 소수였고, 대개 후자
의 분배투쟁유보론이 우세하였다. 앞에서 정치성을 띤 경제운동, 민족해방
투쟁의 일환으로서의 경제운동의 전개를 주장하였던 조선일보를 비롯한
민족주의계열도 대개 분배문제의 핵심은 일본인유산자와 조선인무산자 사
이의 대립구도에 존재한다고 인식하였던 것이다.

> '중간계급이 몰락한 결과 집중된 자본은 조선민족의 대자본주에게 흡수
> 축적됨이 아니고 제국주의적 異民族에게 집중되고 말았노라. 실로 대자본

---

52) 김탁, 「우리의 경제적 자각」, 『我聲』 4, 1921년 10월.

주가 소자본주를 병합함은 사실이노라. 그러나 그 대자본주는 이민족의 대
자본주이노라. 그리하여 타국에 있어서 자본주의적 폐해에 의하여 받는 고
통보다도 더 심하노라. 왜 그런고 하니 소자본가의 자본이 대자본가의 수중
에 흡수된 후에도 대자본가가 조선인이면 흡수된 자본은 조선사회 내에 있
기 때문에 그 활용되는 방향에 따라서는 조선 무산계급에게 혹 이익을 미칠
수도 있으나 사실 대부분이 이민족의 수중에 흡수됨으로써 그 자본은 조선
사회를 영구히 떠나감에 있어서랴.'[53]

위의 조선일보 사설의 논지는 조선의 중간계급의 몰락 결과 그 자본이
일본인대자본주에게 흡수되어 조선사회를 떠남으로써 조선경제계는 가속
도적으로 궁핍해져 다른 나라에서 자본집중의 폐해에 의해 받는 고통보다
더욱 심한 고통을 받게 되었다는 것이다. 일본대자본가에게 흡수되지 않고
조선인대자본가에게 흡수 축적된다면 조선무산계급에게도 이익이라는 것
이다. '일본인자본에 대항하는 조선인자본가=총체적 무산자'란 이러한 논
리의 연장선상에서는 조선인자본가 대 조선인노동자 사이의 분배투쟁은
발생의 여지가 없으며 발생한다 하더라도 부차적 문제일 뿐이었다. 이미
1923년 평양 양말직공 총파업이나 1926년 5월 경성방직 노동자의 파업 등
조선인공장에서 쟁의, 파업이 빈발하고 있는 상황이었지만, 민족주의자들
은 이를 간과하였던 것이다.

앞에서 민족해방운동의 일환으로서 정치적 경제운동의 당위성을 주장
하면서도 정치성을 배제한 경제운동의 현실적 필요성을 인정하였던 중간
적 입장의 이정섭도 '경제운동의 목표는 생산보다 소비, 즉 이익의 공정한
분배를 목표로 해야 하지만 조선과 같이 산업이 유치한 곳에서는 경제운동
이 분배의 개선을 목표로 한다는 것은 마치 벼 심기 전에 네가 한 숟가락
더 먹으리 내가 한 숟가락 더 먹으리 하는 싸움의 종류'라고 하고 '조선의
경제운동의 주목적은 분배보다 생산에 두어야 한다'고 주장하였다.[54]

---

53) 사설 「외래자본과 조선경제계」, 『조선일보』 1924년 12월 4일(『조선일보명사설오백
    선』, 113면).
54) 이정섭, 앞의 글, 59면

토착경제와 일본경제 사이의 분배구조 개선문제에 관해 일본자본에게 타협적 태도를 취하고 생산력증대론에 편향되었던 입장 역시 당연히 민족 내부의 분배문제 즉 조선인자본가와 노동자 사이의 계급간 분배문제에 대해 시기상조론을 주장하였다. 조선인자본가층을 대변하였던 일부 민족주의계열은 당시의 노동운동의 대두와 발전에 대해 우려하고 조선인자본의 축적을 위해 노동운동을 자제해야 한다는 논리를 전개했던 것이다. 예를 들어 韓重銓은 '근래 데모크라시이니 동맹파업이니 하는 문제가 적지 않게 떠들지만 우리는 결코 如此한 문제에 拘泥될 때가 아니'[55)라고 하였다. 또한 선우전도 계급간의 투쟁이 없어지지 않으면 자본가의 사업열이 일어나지 않아서 생산사업도 일어날 수 없을 것이라 하며,[56) 자본축적과 생산력 증대를 위해 노동자와 자본가는 경제적으로 협동해야 한다고 주장하였다. 한중전이나 선우전은 동아일보와 밀접한 관련을 맺은 인물들로서[57) 주로 지주자본으로부터 산업자본으로 전환한 대자본가층을 대변하였던 동아일보의 논조와 경향을 같이하였던 이들이라고 할 수 있다. 민족간 분배문제에서 일본자본에 대해 '협조'적 태도를 취할 것을 주장한, 앞의 신언준 역시 '민족 내에서는 자본가와 노동자가 서로 희생하며 서로 扶助하여야 할 것'[58)이라고 하며 '勞資聯合'[59)을 주장하였다. 그는 선진국의 목전문제는 노자문제이지만 우리의 경우에는 사정이 달라 遊民 내지 無業者의 勞動化 問題라고 주장하였다.[60) 無業者의 취업을 위해 조선인자본, 조선인공업의 발전이 급선무이므로 민족 내부의 분배투쟁은 불가하다는 입장이었던 것

---

55) 한중전, 「經濟界新現象을 보고서」, 『서울』 4, 1920년 6월.

56) 선우전, 「사회적으로 타협하고 경제적으로 협동하라」, 『동아일보』 1923년 5월 27일

57) 한중전은 1920~1922년간 동아일보사의 경리부장, 판매부장, 영업국장 대리를 지냈다 (『東亞日報社史』 1권, 동아일보사, 1975, 420면). 선우전의 약력에 대해서는 앞에서 이미 언급했으며, 이 글을 게재할 당시에는 동아일보의 기자촉탁이었다. 그는 1923년 이후 매년 1월 1일에 게재되는 「과거 1년의 경제계」난을 집필하였으며, 많은 경제 관련 논평이나 특집물을 실었다.

58) 신언준, 앞의 글(6) .

59) 신언준, 앞의 글(7), 『동아일보』 1926년 1월 28일.

60) 신언준, 앞의 글(6).

이다.

　이상에서 살펴본 결과 민족주의계열 일반은 산업발전이 낙후한 조선의 경우 생산력증대가 시급하며 경제운동을 여기에 집중해야 한다는 점에서 기본적으로 의견이 일치하였다. 따라서 현 시기에 조선의 노동운동은 시기상조이며 조선인자본가와 조선인노동자 사이의 계급대립보다 계급협조가 필요하다는 관점을 공통적으로 견지하였다. 이는 조선인자본의 축적과 기업의 육성은 자본가층의 계급적 이익에 국한되지 않고 전체 조선인경제의 발전을 가져옴으로써 결국 조선인노동자층에게도 유리한 민족적 이익이라는 논리에 기초하여 조선인자본을 옹호, 지지하는 관점이었다. 그러나 생산의 결과를 분배하는 문제에서 조선경제를 장악하고 있는 일본인자본에 대해 어떻게 대처할 것인가 하는 데 대해서는 경제운동의 방향을 민족간 분배구조 개선으로 설정하고 적극 요구해야 한다는 입장과 경제운동의 급선무는 생산력증대이며 분배문제는 '협력적' 태도로 요구한다는 입장으로 편차를 보였다.

Ⅳ. 경제운동론의 유형과 한계

　위에서 우리는 경제운동론의 민족성(정치성) 내포 여하와 분배문제에 대한 인식을 둘러싸고 민족주의계열 내부에 각기 입장 차이가 존재함을 살펴보았다. 그러면 이러한 각 경제운동론의 주체세력에 대해 고찰하여 그 유형화를 시도하고, 민족운동노선으로서의 의미와 한계에 대해 살펴보자.

　먼저 Ⅲ장에서 살펴보았듯이 정치성을 띠지 않은 순수한 의미의 경제운동을 주장했던 이들은 민족간 불공평한 분배의 개선보다 우선적으로 토착경제의 생산력 증대에 역점을 둔 경제운동노선을 견지하였는데 이들 세력을 타협적 민족주의세력이라고 범주화할 수 있다. 이들은 조선의 현 경제상태가 근본적으로 식민지란 정치상황에서 연유한 것임을 인지하였으며,

또한 '정치적 권리를 장악하지 않고서는 경제적 발전을 도모할 수 없다'[61)
는 사실을 공언하면서도 정치성을 배제한 합법적인 경제운동으로 활동영
역을 국한하고 있었다. 때문에 이들 세력의 경제운동은 대개 적극적으로는
조선인공업의 생산력증대를 목적으로 한 물산장려운동 또는 소극적으로는
절약, 금주금연, 저축과 같은 자본축적운동에 비중을 두는 경향이 강했
다.[62)

그런데 조선인경제의 생산력 증대를 목적으로 한, 정치성을 배제한 경제
운동은 본원적 자본축적 과정에서 식민지화함으로써 자본축적도가 낮고
재생산기반이 취약한 점 때문에 일제 경제정책이나 정치적 상황 등의 요인
에 의해 동요되면서 民族經濟圈의 건설이란 경제운동의 목표로부터 벗어나
언제든 탈각할 수도 있었다. 이는 경제운동이 대중적 반향을 불러일으키지
못하고 실패하면 총독부 당국의 조선인산업 보호육성책에 기대하고 여기
에 傾斜하는 경향을 보였던 데에서 단편적으로 드러난다. 예를 들어 물산
장려운동이 침체된 1924년 전후 무렵 특히 생산력증대를 중시했던 타협적
민족주의계열과 그 범주의 자본가층의 개량화 현상이 두드러졌던 것을 들
수 있다. 1923년 후반~1924년경 '문화운동세력의 軟派' 즉 타협적 민족주
의계열 일부는 府面協議會 선거에 다투어 참가한다든가, 또는 인권확장이
란 명분으로 관청출입을 하는 등 개량화되고 있었다.[63)

---

61) 사설「정치와 경제의 관계-조선인 본위의 보호정책을 제창하는 所以」,『동아일보』
　　1921년 9월 13일.
62) 사설「조선인의 경제적 운명」(下),『동아일보』1923년 5월 28일; 사설「금주단연: 소비
　　의 절약, 민중의 각성」,『동아일보』1923년 1월 17일; 선우전, 앞의「사회적으로 타협
　　하고 경제적으로 협동하라」;「조선인의 경제적 활로」중 蔡弼近,「자작 자급 절약 저축,
　　농업을 위주로 하고 상공업으로」,『동광』1932년 3월호.
63)「漸漸漸 異常해가는 朝鮮의 文化運動」,『개벽』44, 1924년 2월.
　　'그네들(文化運動者中의 軟派 혹은 舊派)은 言必稱, 우리 조선사람으로서의「民族一致」
　　「大同團結」을 주창한다. 1924년인 금년에 드러와서는 그 주장이 漸漸漸 분명해져서 印
　　度의 國民議會(밧구아 말하면 朝鮮議會), 菲律賓의 獨立請願問題 가튼 것을 떠들어낸다.
　　昨年來로 지방의 몃군대에 道民大會가 열리고 각지의 府面協議員의 선거가 一層 활발히
　　되고 各道 道評議會의 記事가 別로 有力하게 보도됨과 가튼 것은 모다 이 實力養成主義
　　의 進化의 例示가 아닌지, 이다 뿐이냐 그네는 土産장려한다 하야 有産階級과 더불어 손

타협적 민족주의세력의 경제운동노선은 물산장려운동의 실패를 계기로 해서가 아니라 이미 자체논리 면에서 개량성을 내포하고 있었다고 생각된다. 민족주의세력은 국민경제 시각에서 조선인경제와 조선경제를 구별하고 조선인경제의 상대적, 절대적 피폐현상을 지적하는 등 독자적인 민족경제권을 상정하였다. 그런데 타협적 민족주의세력은 민족경제권 건설전략 즉 경제운동의 실천방향 내지 방법을 토착경제와 일본자본 사이의 분배구조 개선이나 일본독점자본의 수탈구조 완화를 통해 조선경제 가운데 조선인경제의 비중을 높이면서 생산력을 증대하는 것이 아니라, 단지 생산력 증대만을 강조하고 그 생산력증대의 결과물에 대한 분배를 일본자본에 대해 협력적 태도로 요구하는 수준으로 설정하였다. 여기에서 한발 나아가게 되면, 생산력 증대의 주체가 반드시 '조선인자본'이 아닌 '조선자본'이라 하더라도 부수적으로 조선인자본의 생산력증대를 동반하게 될 것이라고 보는 '생산력증대지상주의'에 매몰될 수도 있을 것이다. 이러한 경제노선의 연장선에서 본다면, 일본제국주의경제권 내에서 조선인경제권역(민족경제권)에 대한 산업보호정책의 입안, 집행을 자본가층이 주도할 수 있는 자치주의노선을 견지하게 됨은 당연할 것이다.

요컨대 타협적 민족주의계열의 경제운동론은 지주·상인자본에서 전환한 산업자본 특히 조선인대자본을 대변하였는데, 그 자본축적도가 낮고 재생산기반이 취약하여 일본자본과 제휴하거나 협력하지 않으면 독자적 생존이 불가능하였으며 이는 민족경제권 건설의 물적 기반으로 기능하는 데 있어 胎生的 한계로 작용할 수밖에 없었다.64) 따라서 타협적 민족주의계열

을 잡고, 교육을 보급한다 하야 自由主義者(사회주의자에 대비해서 하는 말)와의 연결을 急히 하고 人權을 확장한다 하야 관청 출입을 頻煩히 하는 등 그 행동은 恰然히 엇던 나라의 特權階級의 所爲에 彷佛하다. 다시 말하면 뎌 한편에서 금방 일어나는 社會運動에 대한 일종의 牽制, 아니 反動運動과 가튼 행동을 하고 잇다.'

64) 기존 연구에서는 민족해방운동의 물적 기반인 민족자본의 기준에 대해 일제에 포섭되지 않은 독자적인 원료 조달, 판로, 금융 영역을 확보한 산업자본이라고 하고, 이러한 재생산조건에 적합한 자본은 중소 규모의 자본이라고 규정하고 있다. 따라서 대자본은 대개 예속자본이거나 예속자본화하고 있다고 본다(장시원, 「식민지반봉건사회론」, 『한국자본주의론』, 까치, 1984; 정진상, 「일제하 한국인 토착자본의 성격」, 『한국근대 농촌사회

의 경제운동론은 일본자본에 대해 '협력적' 태도 즉 타협적 태도를 취하지 않을 수 없었던 것이다. 결국 그들의 경제운동은 결과적으로 총독부가 주도하는 조선산업발전책과 별로 다를 바 없게 되고, 때로 당국의 경제정책과 관변 경제운동을 선전하고 지지하는[65] 개량화의 측면을 드러내기도 하였다.

한편 생산력증대를 주장하면서도 조선인경제의 상대적 피폐를 강조하고 일제 경제정책의 식민지성을 폭로함으로써 민족간 분배구조의 개선을 목표로 하며 민족해방운동의 일환으로서의 경제운동노선을 견지한 세력은 소위 비타협민족주의세력이라고 범주화할 수 있다. 이들의 노선은 1920년대 전반기에는 물산장려운동논쟁에서 보았듯이 사회주의계열의 비판으로부터 민족주의계열을 결집하기 위해, 그리고 일제당국의 탄압을 피하기 위한 전술적 차원에서 日貨排斥, 민족간 분배구조 개선 등의 구호로 제기되지 못했다. 즉 현실운동에서는 타협적 민족주의계열의 경제운동노선이 관철되었으며, 비타협적 민족주의계열의 경제운동노선은 이념적으로 존재하였을 뿐 실제 운동과정에서는 지도이념으로 역할하지 못하였던 것이다. 비타협민족주의계열의 경제운동노선이 현실에 적용되지 못한 것은 그 경제인식이 심화되지 못하여 아직 경제운동론의 정체성이 확립되지 못하였음을 의미하기도 한다. 따라서 1920년대 전반의 물산장려운동에서는 독자적인 조직을 갖고 운동을 전개하지 못했던 것이다.

와 일본제국주의』, 문학과지성사, 1986; 허수열, 「일제하 한국에 있어서 식민지적 공업의 성격에 관한 연구」 서울대 경제학과 박사논문, 1983; 전우용, 「1930년대 '조선공업화'와 중소기업」, 『한국사론』 23, 1990 참조)

65) 대표적인 예를 하나만 든다면 잡지『新民』은 총독부의 朝鮮産品獎勵運動이 시작되던 때에 「국산장려운동의 세계적 추세」란 글을 실어 국산장려운동이 外貨의 수입초과를 방지하고 국민산업사상을 고취하는 유력한 운동으로 1차대전 후 歐美에서 유행하고 있다고 하며 영국 미국 프랑스 이태리 덴마아크 스위스 등의 국산장려운동에 대해 소개하고, 그 뒤에 시무카 정무총감이 1925년 6월 29일 조선산품애용을 장려하기 위해 각 소속관서에 發한 通牒 全文을 수록하였다(「國産獎勵運動의 世界的 趨勢」, 『신민』 7, 1925년 11월). 이는 타협적 민족주의계열의 이 잡지가 총독부의 국산장려운동에 호응하여 이를 간접선전하였음을 나타낸다.

1920년대 중·후반에 이르러, Ⅱ장에서 언급했듯이 사회주의운동과 대중운동이 가열되는 가운데 생산력증대를 목적으로 한 물산장려운동은 대중의 자립경제 수립에 목표를 둔 협동조합운동으로 전환하였다. 협동조합운동에는 여러 민족주의세력이 모두 참여하였지만, 이러한 경제운동론의 수정, 전환을 주도한 것은 바로 민족해방운동의 차원에서 경제운동의 실천을 역설한 비타협민족주의세력이었다.

1928년 8월경 중외일보에 「조선의 경제와 경제운동」이란 글을 게재한 한 논자는[66] '종래의 경제운동은 민족주의적 정열을 선동하였을 뿐' '조선의 현실경제에 대한 비판으로부터 조선의 경제운동의 노선비판에까지 미쳐서 조선의 현실정세가 요구하는 운동이론을 수립하고자 노력하는 자는 없다'라고 종전의 경제운동에 대해 반성하였다. 또한 '조선의 좌익운동은 그 이론투쟁과 아울러 어느 정도 발전을 보았다고 할 수 있으나, 우익운동은 그 실천에 있어서 지도이론인 민족주의가 경제운동의 범주 내에 있어서 비조직적 무체계한 이론일 뿐만 아니라 발전된 시대사실을 포섭하여 그 이론의 전개에 노력하는 자도 없어 금일에 있어서는 명백히 時代遲한 이론에 타락된 만큼 물산장려운동의 소위 「조선사람 조선것」의 정신도 퇴색하여 전혀 보잘 것 없는 일시의 氣分運動에 그치고 말았다'고[67] 평가하였다. 민족주의계열의 경제운동론이 비조직적이고 시대에 뒤떨어진 비과학적 이론이며, 이 점이 물산장려운동이 결국 일시적인 운동으로 실패한 이유라는 것이다. 이에 '조선산업의 발전대세와 조선인생활의 低落 정세를 구명하고 그에 조응하여 제기된 경제운동을 분석 비판하여 재래의 우익운동의 방향

---

66) 익명의 이 논자는 '자본주의의 揚棄가 결코 일부 局部的 經濟鬪爭 及 政治鬪爭으로 불가능한 만큼 현단계에 있어서 이 국제적 적극적 좌익운동이 극히 중요한 주동적 위치에 처하는 것은 喋言할 필요가 없을 것이다'고 좌익운동의 의의, 역할을 적극 인정하는 가운데 '조선인의 현실적 존재가 현재 자본주의에 대한 적응이 없이는 존속할 수 없다'고 하며 우익운동의 방향전환과 소비자협동조합운동의 제창을 주장하였다(「조선의 경제와 경제운동-과거 조선경제운동의 비판·전개」(2) 『중외일보』 1928년 8월 4일). 이러한 논지로 보아, 그리고 당시 중외일보가 안희제 등 비타협 민족주의계열에 의해 경영되었다는 점에서 그는 비타협민족주의자로 생각된다.

67) 위의 글(2).

전환과 아울러 소비자협동조합운동을 일으키게 제창'한다고 하였다.[68]

　이를 통해 경제운동의 주축이 물산장려운동에서 협동조합운동으로 이동하는 배경에 대해 짐작할 수 있으며, 또한 1920년대 중·후반 협동조합운동을 선도한 세력이 비타협민족주의세력이었음을 알 수 있다. 이와 같이 비타협민족주의계열의 일부는 과학적이고 조직적인 경제운동론의 수립, 나아가 우익운동론의 체계화가 필요함을 인식하고 이를 모색하기도 하였으나 그 실천은 용이하지 않았다.

　협동조합운동에서 '1인1구주의', '이용고에 의한 배당'과 같은 로치델조합의 조직·운영원리를 강하게 표방하였던 비타협적 민족주의세력인 협동조합운동사의 협동조합운동이 주류적 위치를 점하지 못하고 천도교의 조선농민공생조합이나 기독교계열의 산업신용조합이 현실 운동에서 큰 비중을 차지했던 것은[69] 여러 가지 이유가 있겠지만, 무엇보다 그들의 경제운동노선이 유약했던 때문인 것으로 생각된다. 그 경제운동노선의 유약성은 이론구조면에서 기인하기도 하지만 더욱 중요한 원인은 지지기반 세력의 취약함이었다.

　즉 타협적 민족주의계열이 지주·상인자본에서 산업자본으로 전환한 대자본가층의 후원을 배경으로 하였는데 반해, 비타협민족주의계열의 경우 그 주요 지지기반으로 소상품생산자(수공업자), 자소작층을 상정할 수 있다. 그런데 이들 계층의 속성상 사회적으로 분산적이고 또한 물적 기반이 상이하여 이들을 결집할 수 있는 경제운동론을 제기하는 것은 쉽지 않았다. 더구나 기형적 식민지자본주의의 발달로 경제적 양극화 현상이 뚜렷한 조선에서 비타협민족주의계열의 지지 기반이라 할 중농층이나 소상품생산자, 소상인층의 물적 토대는 취약할 수밖에 없었다. 특히 1920년대 말 공황기에 이들 계층이 급격하게 몰락하여 사회주의자들이 지도한 혁명적 대중운동에 포섭됨으로써 비타협민족주의계열의 대중적 지지기반이 위축되어[70] 그 경제운동론의 논리적 정체성에 동요를 가져왔을 것이다.

---

68) 위의 글(3), 『중외일보』 1928년 8월 5일.
69) 오미일, 「1920년대 부르주아민족주의계열의 협동조합론」, 67~68면 참조.

1920년대 말에 들어서 경제공황과 이에 수반한 지지기반의 해체란 사회 경제적 배경 하에 비타협민족주의세력의 경제운동론이 퇴색의 조짐을 보였음은 조선일보의 生活改新運動에서 잘 드러난다. 비타협민족주의세력을 대변했던 조선일보는 1929년 4월 14일자 신문에서 '조선 사람아 새로 살자'는 표어를 내세우고 그 실천방법으로 ① 色衣斷髮 ② 건강증진 ③ 상식보급 ④ 소비절약 ⑤ 虛禮廢止運動을 주장하였다. 이에 호응하여 지방에서는 생활개신운동의 실천을 목적으로 한 공제조합이 설립되거나[71] 또는 조선일보 지국이 중심이 되어 지방의 신간지회, 청년회, 여자청년회, 소년회 등의 지원을 받아 운동을 전개하였다.[72]

5월 16일에는 대대적인 시가행렬이 전개되었는데, 전체 민족주의계열이 대거 참가한 물산장려운동 때와 마찬가지로 민족주의세력 일반이 결집하여 그 勢를 과시하였다. 이 생활개신운동이 신간회 창립으로 인해 정치적 입장이 조직적으로 분화된 민족주의세력을 재결집한 계기였음은 이날 열린 강연회의 연사로 조선일보 부사장 안재홍, 조병옥, 이순탁(연희전문 商科長), 閔泰瑗(중외일보사) 등의 비타협적 민족주의계열과 윤치호(조선기독교청년회연합회장), 송진우(동아일보 사장), 兪珏卿(경성여자기독교청년회 총무) 등의 타협적 민족주의계열이 망라되어 있는 데에서도 알 수 있다.[73] 물산장려운동 당시 대변인이자 운동주체가 동아일보였는데 반해, 이 생활개신운동은 조선일보가 앞장섰던 점이 다를 뿐이었다.

---

70) 안재홍은 '일제 통치당국의 산미증식 토지개량 철도부설 水産 水電 등 조선에 대한 시설이 10년 내지 12년 계획으로 예정되어 10년 이후 조선의 경제적 변동이 자못 괄목할 상태에 달할 것이니, 즉 조선인과 일본인의 민족적 지위를 더욱 懸隔케 될 것이니 이러한 조선의 경제사정은 조선인 대다수로 하여금 점점 비타협적인 경향을 촉성할 수 밖에 없을 것'이라고 예견하였는데 실제 10년 주기인 1930년대 초에는 조선인경제의 동요와 중간계층의 프롤레타리아화는 비타협민족주의계열의 지지기반 해체로 나타났다(사설「조선 금후의 정치적 추세」(2)(4), 『조선일보』 1926년 12월 17, 19일).

71) 경기도 안성에서는 식산흥업과 생활개선을 목적한 공제조합이 설립되었다(『조선일보』 1929년 6월 1일).

72) 삼랑진 · 興海 · 진주 · 안성 · 평양 · 利原 · 楊口 등지에서 생활개신운동강연회를 개최하여 운동의 선전보급에 나섰다(『조선일보』 1929년 5월 10일).

73) 『조선일보』 1929년 5월 16일.

이 생활개신운동에 대해 사회주의계열에서는 조선청년총동맹이 반대연설회를 개최하는 등 격렬히 비판하였다.[74) 사회주의계열은 특히 조선일보가 이미 1928년 3월 17일자 사설 「실제 운동의 당면문제—신간회가 무엇을 할까」에서 신간회의 6대 행동강령의 하나로 染衣斷髮의 勵行·白衣와 網巾의 폐지 등을 주장하였다는 점에서 이 생활개신운동이 결코 우연한 것이 아니며 신간회와 결부된 것이라고 비판하였다.[75) 이에 안재홍은 이 운동이 '일반 통상적 의미로서의 신문사가 흔히 주최하는 다른 사업과 본질적으로 큰 차이가 없는 一個의 선전사업이니 독자적 사회체계를 가지는 엄정한 의미로서의 운동이 아니라' '아무 정치적 의미가 없는 순연한 문화운동적 선전사업'이라고 방어하였다.[76)

그런데 이러한 생활개신운동은 생활개신의 전제인 경제적 조건과 그리고 그것을 규정하는 정치적 상황과 분리하여 전개됨으로써 종래 비타협적 민족주의계열이 주장하여 왔던 정치성을 띤 경제운동의 영역으로부터 오히려 후퇴한 것이었다. 신간회 집행위원장 허헌이 '생활개신은 그 토대, 물질적 조건을 전제로 하는 것이요 물질적 생산은 그에 관련하여 있는 모든 인과관계에 의하여 좌우되는 것이다. 白이 色으로 변하거나 長髮이 短髮로 변하는 것도 일종의 變改가 아닌 것은 아니다. 그러나 이런 것으로써 소위 인간생활의 진정한 개신이라고 말할 수는 없는 것이다'고 비판하고 '소극적 보수적 개신을 버리고 좀 더 진취적이며 과학적 개신에 대하여 연구실행할 것'을[77) 요구한 것은 이때문이었다.

---

74) 『조선일보』 1929년 5월 18일.

75) 金一英, 「생활개신운동에 대하야」, 『조선지광』 85, 1929년 6월, 26~28면.
  또한 차재정은 '현하 조선의 모든 민중적 운동은 ××상태에 있어 중대한 크라이시스를 배태하고 있는 이 시기에 있어 무원칙한 一片의 개량적 운동을 민중집단이 아닌 신문사가 주체가 되어 대중적으로 전개하는 결과는 지극히 위험한 죄악적 결과를 나타내고 동시에 민중의 정당한 힘을 거세하는 것이 된다'고 비판하기도 하였다(「생활개신운동에 대한 나의 소견」 중 차재정, 「생활개신운동에 대한 감상」, 『조선지광』 85, 1929년 6월).

76) 「생활개신문제에 대한 나의 소견」 중 안재홍, 「매개기능으로서의 생활개신 선전」, 『조선지광』 85, 1929년 6월.

77) 「생활개신문제에 대한 나의 소견」 중 허헌, 「진취적 과학적 개신을 연구하자」, 『조선지

1927년 1월 신간회 창립 무렵 타협운동, 즉 자치운동에 대해 강한 비판적 입장을 견지하였던 조선일보가 1929년 4월에 이르러 신간회를 중심으로 주력해야할 정치운동을 벗어나 상투적인 생활개신운동을[78] 주창하였던 것에 대해서는 정치적인 측면과 경제운동적 측면에서 파악할 수 있다. 정치적 측면에서 볼 때 신간회 확립을 계기로 조직적으로 분화된 민족주의계열은 1927년 12월 이후 비타협민족주의세력이 타협민족주의세력에게 신간회 합류를 제의함으로써 다시 결속하였는데[79] 생활개신운동은 전체 민족주의진영의 결속 강화를 도모하는 정치적 의도에서 전개되었을 수 있다. 이러한 정치적 의도에 부합하기 위해 조직·운영원리 등에서 편차를 보이면서 각 세력별로 진행되고 있는 협동조합운동보다 전체 민족주의계열을 결집할 수 있는 공통적 사안의 생활개신운동을 주창하였을 것이다. 즉 사회주의진영에 대항하여 이전의 물산장려운동과 같이 조선대중을 장악할 수 있는 하나의 선전선동 작업으로 추진하였을 것으로 보인다.

또한 경제운동의 측면에서 볼 때 안재홍 등이 당시 경제운동의 주류를 점하고 있던 협동조합운동의 선전·보급보다 '구태의연하고 고전적인' 생활개신운동을 주창했던 것은 현장에서의 실천을 요하는 협동조합운동보다 선전활동 차원의 생활개신운동이 보다 용이했기 때문일 것이다. 이는 바로 민족주의계열의 경제운동전략이 수정 전환하였다고 하지만, 실제 운동의 실천방법이나 실천수준은 이전보다 별로 진전되지 않았음을 나타낸다. 이

광』 85, 1929년 6월.

78) 일제당국도 정책적으로 生活改善運動을 전개하였으니, 경성부에서는 1922년 12월부터 시간을 존중히 여길 것, 食物의 낭비를 피할 것, 허식 폐지 장비 절약, 공중위생 등을 내용으로 하는 생활개선운동을 전개하였으며(『조선일보』 1922년 12월 6일), 1924년 12월 총독부 사회과에서는 贈答 폐지, 送迎 폐지, 연회 폐지, 年始虛禮 폐지 등의 생활개선운동을 전개하였다(생활개선실행회, 「생활개선실행에 就하야」, 『新民』창간호, 1925년 5월). 한편 조선물산장려회에서는 조선일보가 생활개신운동을 제창하기 이전인 1928년 4월 6회 정기대회에서 의안으로 '생활개선을 전조선적으로 촉진할 것'을 제기하였고, 1929년 4월 말 7회 정기대회에서는 '생활개선운동을 지지하는 동시에 적극적으로 후원할 것'을 결의하였다(『조선물산장려회보』 1권 5호, 1권 10호).

79) 한상구, 「1926~28년 민족주의세력의 운동론과 신간회」, 『한국사연구』 84, 1994, 164~181면.

는 민족주의계열의 경제운동론이 내포하는 실천적 측면에서의 한계였다. 이와 같이 비타협민족주의세력의 경제운동론이 1920년대 말에 이르러 본 령의 경제운동론으로부터 벗어나 정치성 즉 민족성을 거세한 생활개신운 동의 방향으로 유도되었다는 사실은 당시의 정치동향과 관련하여 주목할 현상이었다. 그러나 한편으로 지지기반이 위축되고 경제운동노선이 후퇴 하게 되는 1920년대 말 상황에서 조선일보세력이 취한 태도와 달리 일부 비타협민족주의자들은 경제운동 자체의 한계를 인식하고 비밀결사 형태의 무장투쟁노선으로 회귀하기도 했다.[80]

V. 맺음말

토착자본인 지주·상인자본은 1910년대 중·후반경 산업자본으로 전환 하였다. 물적 기반의 상당부분을 제조업으로 전환한 조선인부르주아층의 형성을 배경으로 민족주의계열은 토지·고리대·주식투기에 기초한 종래 의 자본축적 방식을 비판하고 出資協同하여 기업의 경영에 나설 것을 촉구 하였다.

민족주의계열은 총독부에 국가적인 조선인산업 보호장려책을 요구하는 한편, 대중의 경제적 각성을 전제로 한 경제운동을 전개하였다. 민족주의 계열의 경제운동전략은 1920년대 중반을 계기로 물산장려운동(생산력증대

---

80) 대표적으로 安熙濟, 李康熙를 들 수 있다. 안희제는 1920년대 초 물산장려운동에 참여하 였고 백산무역주식회사, 조선주조주식회사 등의 기업을 설립하여 당시 경제운동의 일반 적 추세였던 조선인자본의 축적에 주력하였다. 그러나 이러한 자본축적을 목적한 기업 활동이 실패한 후 협동조합운동에 참여하여 1928년 이후 전진한 계열의 협동조합경리 사에서 이강희와 함께 간부로 활동하였다. 이강희는 합법공간에서 경제운동의 일환으로 협동조합경리사에서 활동하면서 정치적으로는 부산신간지회에서 활동하였는데 이러한 합법활동의 한계를 느끼고 1928년 4월경 조직된 비밀결사 'ㄱ 黨'에 가입하였다(오미 일, 「일제시기 안희제의 기업활동과 경제운동」, 『國學硏究』 5(서울:국학연구소), 20~ 23면).

론)에서 협동조합운동(대중의 자주경제 수립론)으로 전환하였다. 그러나 민족주의계열 내부에서는 각 운동의 실천방법과 방향을 둘러싸고 전술상의 의견 차이가 존재하였다.

민족주의계열의 경제운동론은 민족성과 계급성을 기준으로 유형화해볼 수 있다. 먼저 민족성 면에서 볼 때 민족주의계열은 경제운동노선이 ① 정치성을 띠어야 한다는 입장과 ② 정치성을 배제해야 한다는 입장으로 나뉘었다. 그런데 이러한 경제운동의 정치성 여부는 분배문제와도 관련되었다. 먼저 토착경제와 일본자본 사이의 분배구조문제에 대해 ① 경제운동의 본령은 그 분배비율의 상대적 증가 즉 분배구조 개선에 있다고 주장하는 입장과 ② 민족적 산업능력이 낮은 상황에서 분배문제보다 생산문제에 집중해야 하며 민족간 분배문제에 대해서는 자본주로서 권한을 가진 일본자본에 대해 협력적 태도로 요구할 수 있을 뿐이라는 입장으로 나뉘었다. 그러나 조선인자본가계급과 노동자계급 사이의 분배문제에 대해서는 ① 자본가들이 노동문제나 분배문제에 대해 공익적인 차원에서 유념해야 한다는 입장이 소수 있었으나 원론적인 언급에 불과했고, 조선일보 사설에서 나타나듯이 대개 일본인유산자 대 조선인무산자의 대립구도만을 중시하여 민족내 계급간 분배문제는 논의에서 배제하는 것이 일반적이었다. ② 조선인자본가계급을 대변하여 생산력증대론에 편향되었던 동아일보세력은 당연히 민족 내부의 계급간 분배문제에 대해 시기상조론, 분배유보론을 주장하였다.

토착경제와 일본인자본 사이의 불공평한 분배구조의 개선문제에 대해 일본자본에게 협력적 태도를 취하며 생산력증대에 역점을 두고, 따라서 정치성을 배제한 경제운동노선을 견지한 세력은 타협적 민족주의세력으로서 이들은 생산력 증대를 목적으로 한 물산장려운동이나 절약, 저축 등의 자본축적운동에 역점을 두었다. 타협적 민족주의세력과 그 범주의 자본가층의 경제운동론은 이미 자체 논리 면에서 개량성을 내포하고 있었는데, 물산장려운동이 침체된 1924년 전후 무렵 개량화 현상이 두드러졌다.

토착경제와 일본자본 사이의 분배구조 개선을 목적으로 하며, 따라서 민족운동으로서의 정치성을 띤 경제운동을 주장한 세력은 비타협민족주의세력이라고 범주화할 수 있다. 1920년대 전반 물산장려운동 시기에는 이들의 노선이 현실에서 관철되지 못했지만, 1920년대 중반 이후 협동조합운동으로의 전환을 주도했던 것은 이 세력으로 이들은 과학적이고 조직적인 우익 경제운동론의 수립을 모색하였다. 그러나 1920년대 말에 이르러 조선일보의 생활개신운동에서 드러나듯이 비타협적 민족주의그룹의 경제운동론이 견지한 정치성은 퇴색되었다. 이는 그들의 지지기반인, 사회적으로 분산적이고 물적 토대가 상이한 소공업자·자소작농층을 결집할 경제운동론의 수립이 쉽지 않은 데다, 1920년대 말 공황기에 이들 계층의 급격한 침체와 몰락으로 대중적 지지기반이 위축됨으로 인한 취약성에 기인하였다.

각 세력의 경제운동론이 물산장려운동에서는 독자적인 형태로 관철되지 못했지만 협동조합운동에서 비로소 실천방식에서 차이를 드러내며 세력별로 전개되었는데, 그러나 이러한 경제운동 영역에서의 실천적 편차가 민족주의운동의 향방에 결정적인 요인으로 작용하지는 못했다. 본문에서 살펴보았듯이 각 세력의 경제운동론이 내포한 이론적 편차가 상당하였으나, 그것이 현실경제에서 그대로 구현되는 데에는 주체적 역량 면에서나 외부적 압력에 의해 상당한 제약이 존재하였던 것이다.

The Political Charastic of Economic Movement Theory in 1920's

Oh, Mi Ill

In 1920's, the economic movement theory is developed in the background of formation of bourgeois that occurred in the middle or late of 1910's. Nationalists converted the strategy of economic movement from Mul-san Jang-rue Movement(물산장려운동) in the early 1920's to Cooperation Movement(협동조합운동) in the latter half of the 1920's.

Nationalist's economic movement theory could be classified on the basis of the consciousness of nationality and distribution. In the consciousness of nationality, nationalists divided into two group; the one that emphasized the politics in economic movement line, and the other that eliminated the politics from economic movement line. In distribution problem, nationalists were divided into two; the one that assisted to improve of distribution system existed national economy and Japanese capital, the other that emphasized product problem and demanded upon Japanese capital for distribution in a compromising attitude. But in regard to distribution problem between Korean capitalists and Korean labor, nationalists generally perceived that this problem was not urgent and avoided to debate. Especially Dong-A Il-Bo took standpoint of reservation in this problem.

The group that excluded politics in the economic movement line and took cooperative attitude in distribution between national economy and Japanese capitai may be classified compromising faction line of nationalism(타협적 민족주의계열) or the right faction line of nationalism(민족주의 우파계열). While the group that emphasized politics in the economic movement line and demanded to improve of distribution system in national economy and Japanese economy may be classified

uncompromising faction line of nationalism(비타협적 민족주의계열) or the left
faction line of nationalism(민족주의 좌파계열).

雪山 張德秀의 文化運動과 社會認識, 1912~1923

沈在昱*

* 동국대 강사

Ⅰ. 머리말

36년에 걸친 일제 식민통치가 한국 현대사의 전개에 커다란 굴절을 가져왔음은 주지의 사실이다. 그 극복의 과정에서 민족운동전선이 이른바 민족주의 진영과 사회주의 진영으로 내적 분화를 일으켰다는 사실과 이들의 대립과 갈등이 이후 해방공간에서 좌우 대립으로 연결되어 1950년 한국전쟁의 주요한 내적 요인을 이룬다는 사실 역시 그러하다. 그리고 이러한 사실들은 이 시기에 대한 연구에 중요한 의미를 부여하고 있다. 즉 일제 식민지배 시기에 전개된 다양한 양상의 민족운동과 그 추진 세력에 대한 연구는 개개 민족운동 그 자체의 방법론과 지향점을 살피는 과정으로서도 중요성을 지니지만 분단의 원인 및 과정을 이해하는 과정으로서도 그 의의를 지니고 있기 때문이다.

특히 일제하에서 『東亞日報』를 기반으로 국내 우파 세력의 민족운동을 전개하고, 해방 공간에서 '韓國民主黨'의 결성을 통해 국내 우파 세력의 결집을 이루는 이른바 '東亞日報 그룹'1)이라 불리는 일단의 세력에 대한 연구는 좌파의 그것과 더불어 일제하 국내 민족운동전선의 분화 및 해방 이후의 좌우 대립을 이해할 수 있는 한 계기를 마련하기에 중요한 의의를 지닌다고 할 것이다. 이들 '東亞日報 그룹'에 대한 연구는 미미한 실정이다가2)

---

1) 여기서 말하는 '東亞日報 그룹'의 범주는 단순히 『東亞日報』에 어떠한 형태로든 관계를 맺었던 인사들을 모두 포함하지는 않으며, 이들이 기반으로 하는 『東亞日報』와 그 社主인 仁村 金性洙가 거느린 기관('경성방직', '중앙학교', '보성전문' 등)에 직접적으로 관여하여 『東亞日報』가 전개한 일련의 운동에 적극적으로 동참함과 동시에 '한국민주당'에 주도적으로 참여하여 우파 운동을 전개한 인사들로 한정한다. 이 '그룹'을 주도한 인사들로는 仁村 및 古下 宋鎭禹, 雪山 張德秀, 芹村 白寬洙 등을 들 수 있다.

2) 沈之淵의 선행 연구(『韓國民主黨硏究』 1, 풀빛, 1982. ; 『韓國現代政黨論－韓國民主黨研究 2』, 창작과 비평사, 1984.) 이외에는 주로 東亞日報社가 중심이 되어 발간한 이들 인사들에 대한 전기류(仁村紀念會 편, 『仁村 金性洙傳』, 인촌기념회, 1976. : 傳記編纂

90년대 들어 보다 객관적이고 체계적인 연구 성과3)가 나오고 있는 점은 고무적인 현상이라 할 것이다. 그러나 아직까지 이들 인사들의 사상 구조 및 활동에 대한 개별적이고도 집중적인 연구는 미흡한 실정이며 본고에서 살펴 볼 雪山 張德秀(1894~1947)의 경우도 이에 해당된다고 할 것이다.4)

雪山의 생애와 활동은 자수성가를 통한 1910년대의 일본 유학, 상해 망명과 新韓靑年黨의 조직 및 활동, 1920년대 초반『東亞日報』를 기반으로 한 문화운동의 전개와 초기 사회주의 운동에의 참여, 14년에 걸친 서구 유학, 귀국 이후의 친일, 해방 이후의 '韓國民主黨' 정치·외교부장으로서의 우파 정치 활동, 정치 암살 등으로 요약할 수 있다. 그리고 이러한 그의 생애와 활동이 주목되는 이유로는 첫째 일제 지배하『東亞日報』의 핵심이며 해방 공간 '한민당'의 중추로서 활동하는 점, 둘째 일본·미국·영국 유학을 단행하여 당시 국내 최고 수준의 지식인 계층에 속했던 점, 마지막으로 20년대 초반 사회주의 단체에 참여한 것 등을 들 수 있을 것이다. 다시 말해, 그의 활동은 '東亞日報 그룹' 및 이들을 중심으로 하는 국내 우파 세력의 운동론을 대표함과 동시에 식민지 시기 일본·서구 유학을 통하여 지식계 층으로 성장하고 이후 우리 사회의 지배층을 이루는 지식인들의 인식 구조 및 행동 양상을 상징하며, 민족운동전선의 초기 사회주의 수용 양상 및 그 분화 과정을 보여주고 있다. 그렇기에 그의 활동과 인식을 고찰하는 것은

　　委員會 編,『古下宋鎭禹先生傳』, 東亞日報社, 1965. ; 李敬男,『雪山 張德秀』, 東亞日報社, 1981. 등)이거나 이들의 친일 행적에만 초점을 맞춘 연구(崔民之·金民洙,『日帝下民族言論史論』, 日月書閣, 1978.) 등이어서 객관성에 한계를 보이고 있다.

3) 朴贊勝,『한국근대정치사상사연구』, 역사비평사, 1992. ; 박태균, 「해방 직후 한국민주당 구성원의 성격과 조직개편」,『國史館論叢』58, 1994. ; 金炅宅, 「1910·20년대 東亞日報 주도층의 정치경제사상 연구」, 延世大 博士學位論文, 1998. ; 沈在昱, 「日帝下古下 宋鎭禹의 思想과 活動」,『한국민족운동사연구』23, 1999.

4) 심지연의 선행 연구(「雪山 張德秀의 정치이념」,『한국현대정당론』)가 있지만, 해방 이후의 정치활동에만 초점을 두어 체계적으로 파악하지 못하고 있다. 한편으로 東亞日報社가 주축이 되어 긍정적인 서술로만 일관한 회고(장덕희, 「張德秀 一家의 榮光과 悲哀」,『신동아』, 1977.) 등과 이를 바탕으로 작성된 전기(이경남, 앞의 글.)가 있을 뿐이며 이외에 친일 성향에만 초점을 맞춘 연구(서중석, 「張德秀」,『친일파 99인』2, 돌베개, 1993.) 등 그에 대한 체계적인 연구는 전무한 실정이다.

곧 이상과 같은 점을 파악하는 의의를 지닌다고 할 것이다.

따라서 본고에서는 이러한 의의를 지니는 雪山 張德秀에 대해 주로 1912
년에서 1923년의 시기 — 즉 일본 유학과 국내 문화운동을 전개하다가 미
국으로 유학을 떠나는 시기 — 에 그가 전개하는 운동의 특성 및 인식 구조
에 대해 살펴봄으로서 '東亞日報 그룹'으로 대표되는 국내 우파 세력의 '민
족운동론'의 근거와 그 특징에 대해 고찰하도 하고자 한다.

Ⅱ. 民族意識의 成長과 社會認識

1. 民族意識의 成長과 運動의 摸索

雪山은 유소년 시절 빈곤한 가정 환경으로 인해 일본인의 후견을 받는
'日本人의 養子'와 같은 특수한 상황을 겪었다.[5] 이는 雪山 개인에게 있어
당시 싹트고 있던 초보적인 민족의식과 충돌하여 개인적 갈등을 야기한 것
으로 보이며, 이는 '현실극복'이라는 측면으로 표출된 것으로 파악된다. 즉
일본인의 후견 아래 다소 안정적인 생활을 유지할 수 있는 여건을 마련했
음에도 불구하고, 독학으로 1912년 早稻田大學 高等豫科에 합격·진학하는
것은 '현실극복'의 측면을 반증하는 것이라 할 수 있다.[6] 이는 당시 한국
사회의 사상사조라 할 수 있는 '사회진화론'에 일정한 영향을 받은 것으로
보인다. 당시에는 의병전쟁과 더불어 '애국계몽운동'이 민족운동으로서 전
개되던 시기였고 애국계몽운동의 사상적 기반으로 작용한 것이 '우승열

---

5) 李敬南, 앞의 책, 40~41면. ; 柳光烈, 「東亞日報副社長 張德秀論」, 『彗星』 1권 8호,
   1931년 11월, 36면.

6) 雪山은 福井의 후견 아래 진남포 이사청의 급사로 있으면서 '중학강의록·보통문관시험
   강의록' 등을 독학으로 수료하고 판임관 시험에 합격하였으며, 다시 早稻田대학 '문학·
   정경과 강의록'을 수료하여 早稻田대학에 입학하였다.(이경남, 앞의 책, 47~50면. ; 柳
   光烈, 앞의 글, 37면.)

패·적자생존'을 강조한 사회진화론이었음은 주지의 사실이다.[7] 雪山은 '新學敎'와 '改神敎會'를 통해 이를 습득했던 것으로 판단되는데[8] 이들 집단은 유소년 시절의 雪山에게 새로운 문명을 접할 수 있게 하는 창구임과 동시에 초보적인 민족의식을 형성하게 하는 기관이었을 것이고, 이를 통해 사회진화론의 '생존경쟁·우승열패'의 개념을 접하고 초보적인 민족 의식을 싹틔우는 것이라 할 것이다.[9] 雪山의 '현실극복'에 대한 측면은 유학 초기에도 보여진다. 그는 1912년 도일 직후, 다른 유학생들이 '在東京朝鮮留學生學友會'[10](이하 學友會)에 가입·활동하였음에도 불구하고, 학우들과 교제가 없던 雪山은 日人 밑에서 고학을 하며 1년여 동안 학업에만 몰두하였다.[11] 이에 유학생들은 그를 '일본놈의 개'로 인식하여 '린치'를 모의할 정도로 그에 대해 부정적인 평가를 갖게 되었다.[12] 이처럼 雪山이 학업에만 몰두한 것은 다른 대부분의 유학생들이 중산층 이상의 사회경제적 배경[13]

---

7) 애국계몽운동에 대해서는 崔起榮, 「한말 愛國啓蒙運動의 연구현황과 전망」, 『韓國史論』 25-韓國史硏究의 回顧와 展望 Ⅲ, 1995. 참조.

8) 당시 新學敎들이 '교육자강론'에 영향을 받았는 점과 黃海道 지역 改神敎會가 美北長老敎 계의 영향 하에 있었고 이들이 사회진화론적 입장을 지니고 있었다는 점에서 이를 유추할 수 있다.(朱鎭五, 「獨立協會의 社會思想과 社會進化論」, 『孫寶基博士 停年紀念 韓國史學論叢』, 1988.)

9) 이는 그와 유사하게 행동한 중형 秋松 張德俊이 당시에 '명신중학교'에 재학하면서 한편으로 '보강중학교'에서도 '半선생·半학생'으로 활동했던 사실에서도 파악이 가능하다.(金九, 『백범일지』, 돌베개, 2000, 209면.)

10) '재동경조선유학생학우회'는 기존의 출신 지역별 단체 7개를 통합, 유학생 사회의 중심 단체 역할을 하였고 1년에 두번『學之光』을 발간하였다.(朝鮮總督府 警務局, 「大正5年6月朝鮮人槪況」, 金正柱 편, 『朝鮮統治史料』 7, 1971, 634면.) '학우회'에 대해서는 金仁德의 연구(「학우회의 조직과 활동」, 『국사관논총』 66, 1995.)가 참조된다.

11) 한국정신문화연구원 현대사연구소 편, 『遲耘 金錣洙』, 1999, 174면.(이하 『遲耘 金錣洙』)

12) 이는 '학우회' 내부의 강렬한 민족적 분위기에 기인한 것으로(김인덕, 앞의 글, 119면.), 日人들과의 오랜 생활로 한국어를 잘 구사하지 못할 정도였던 雪山에 대해 金錣洙 등 학우들의 유학 초기 그에 대한 인식이 대단히 나빴음을 보여주는 사례라 할 것이다.(『遲耘 金錣洙』, 174면.)

13) 당시 유학생 중 대부분인 재정적 뒷받침이 가능한 사비유학생들이었고 이들은 전체 유학생들 중 80% 이상을 차지하고 있었다.(「日本留學生史」, 『學之光』 6호, 1915년 7월, 10~16면.)

을 지녔던 것에 비해 안정된 경제적 기반을 갖지 못한 때문이고 한편으로, 그에게 '현실극복'이라는 측면을 보다 강조하는 상황으로 작용한 것으로 파악된다.

약 6년(1912~1917년)에 걸친 早稻田대학에서의 일본 유학 생활은 그의 생애에 있어 중요한 의미를 지니고 있다. 그것은 바로 이 시기에 이후 그의 활동에 있어 원동력을 이루는 人的 기반과 민족의식을 형성하기 때문이다. 즉 20년대 초반에 그가 동시에 전개하는 '문화운동' 및 '사회주의' 운동에서 의 인적 배경을 이루는 인사들－전자의 경우 仁村 金性洙・古下 宋鎭禹 등, 후자의 경우 遲耘 金綴洙 등－과의 관계가 이 시기에 형성되고 이들 및 여타 학우들과의 관계 속에서 민족의식을 성장시키고 있기 때문이다.

유학 초기 雪山에 대한 학우들의 인식은 그에 대한 '린치'를 모색할 정도로 대단히 부정적인 것이었으나 '학우회'에 가입한 이후의 모습14)은 많은 학우들의 인식을 바꾸게 하였다. 특히 古下는 자신이 맡고 있던『學之光』의 편집을 맡길 정도로 전폭적인 지지를 보여 주었는데15) 이는 그에 대한 학우들의 신임도가 매우 높은 것이었음을 반증하는 것이라 할 수 있다. 그리고 이러한 학우들과의 관계 속에서 雪山은 민족의식을 보다 성숙시키는데, 여기에는 특히 밀접한 친분을 지녔던 仁村과 古下, 그리고 遲耘 등의 영향력이 상당 부분 작용한 것으로 파악된다. 학우들과의 교류를 통해 민족의식을 성장시키는 것은 그의 인식의 변화를 통해서 파악할 수 있는데 그는 유학 초기 다음과 같은 글을『第三帝國』이라는 잡지에 게재하였다.

> 日本은 朝鮮을 合倂시켰다. 日韓人 모두 그것을 承認하지 아니 할 수 없
> 다. 나는 지금의 이것을 不問에 붙인다. …… 모든 朝鮮人은 먼저 日本人에
> 대한 惡感情을 自制하고 그 理由를 諒解시켜야한다. …… 우리는 스스로 罪

---

14) 雪山은 '학우회'에서 제4회 임원진에서 편집부장과 평의원을 맡았으며(『學之光』 5호, 1915년 5월, 63면.), '졸업생웅변회'(1916년 4월 28일, 演題「청년이여 우리의 치욕은 무엇인가」), '신도래학생 환영회 및 졸업생 축하회'(1917년 4월 29일, 「환영사」) 등 학우회 주최 여러 행사에 주도적으로 참여하였다.
15)『遲耘 金綴洙』, 175면.

를 짊어지고 日本人과 喔手해야 한다. …… 自我가 確立되어 個性의 尊嚴, 人格의 尊重, 自我의 自由發展을 要求하지 않으면 안된다. …… 우리는 意義가 있는 生活, 즉 自由平等한 生活을 日本에 對해 要求해야 한다. 죽음을 무릅쓰고라도 그것을 要求해야 한다. …… 나는 日本의 모든 先輩에게 批評審議를 要求한다. 日本의 輿論은 以上의 輿論에 對해서 眞知하게 檢討할 義務가 있음을 나는 믿어 의심치 않는다. …… 日本은 立憲國이다. 朝鮮의 合併을 斷行시킬 理由는 日本에 없다. …… 우리 朝鮮은 日本이 하루라도 빨리 本來의 모습인 立憲國이 되는 것을 바라고 있다.16)

  이 글에 나타난 그의 인식은, 일본인 발행 잡지에 게재한 글이라 어느 정도 내용의 한계성을 지닐 수밖에 없다 하더라도, 많은 문제점을 지니고 있다. 먼저 한국합병을 '承認'하지 않을 수 없는 세계대세의 기정사실로 받아들이고 있으며, 그 원인을 일본의 침략성이 아닌 '조선의 죄', '조선인의 미비'라는 한국의 낙후성에서 찾고 있다는 점이다. 다음으로 그가 주장하는 '독립'과 이를 위해 제시한 방법론상의 문제점을 들 수 있다. '의의가 있는 자유 평등한 생활'이라 하여 '독립'이라고 여겨지는 것을 '죽음을 무릅쓰고서'라도 '요구' 해야 한다고 함으로써 그 지향점은 분명히 한 것으로 보인다. 그런데 이를 위한 선결 조건으로 '자아의 확립'이라는 한국의 낙후성 타파와 그 과정에서 침략국 일본에 대한 '악감정 자제, '일본인과 악수'라는 그들과의 제휴를 주장하고 있다. 즉 일본과 유사한 수준으로 올라선 이후에 우호적으로 '(독립을)요구'하여야 한다는 논리구조를 지니고 있다. 그러나 '요구' 역시 '일본인의 비평심의' 과정을 거쳐야 하는, 그들의 '허락'을 구하는 모습을 보임으로서 그가 말하는 '요구' 즉 '독립'은 한국인의 자력으로

---

16) 張德秀, 「朝鮮青年の哀情」, 『第三帝國』 5호, 1914, 17면.
    이 글은 「朝鮮青年の心事」라는 대주제 아래 青邱生(金雨英)의 글(「朝鮮青年の苦痛」)과 같이 실린 글로, 현재까지 확인된 것 중 雪山이 가장 최초로 작성한 글로서 유학 초기 그의 한일 관계 인식 및 한국 상황 인식, 그리고 독립 방법에 대한 그의 견해를 보여주고 있다. 한편 김우영 역시 무단통치에 대해 비판을 하고는 있으나 "…… 舊한국이 망한 원인은 내적인 원인이라고 할 수 있다. …… 明治先帝가 일본 역사상 유례없는 仁君이라고 믿는 한 사람으로서 일본합병의 精神은 확실히 한국 인민의 행복의 증진에 있는 것이라고 拜察하고 있다. ……"라는 인식 상의 문제점, 서술상의 한계성을 보여주고 있다.

쟁취하는 것이 아님을 나타내고 있다. 그의 인식은 일본의 한국 지배를 하나의 사실로 인정하고 있는 문제점 외에도 '요구' 즉 '독립'이 '입헌국' 일본의 인정 하에 이루어질 수밖에 없다는 지극히 수동적이고 이상적인 논리를 지님으로 해서, '요구'가 '독립'을 의미하는 것인지 '자치'를 의미하는 것인지가 명확하지 않다는 문제점을 지니고 있다. 즉 1910년대 일본이 자국의 제국주의적 침략 및 자본주의적 팽창에 있어 가장 중요한 기반을 이루고 있는 식민지 한국의 '독립'을 '허락'한다는 것은 거의 실현 불가능한 일이었기 때문이다. 바로 이와 같은 인식상의 한계성은 그가 사회진화론을 하나의 세계질서를 인식함으로 나타나는 문제점이라 할 수 있으며, 아직 민족의식을 성숙시키지 못했음을 보여주는 사례라 할 것이다. 또한 이러한 점이 金雨英과 더불어 학우들로부터 '自治派'라는 비난을 받게되는 요소로 작용하였을 것으로 판단된다.17)

그러나 '학우회'에 가입하고 본격적인 활동을 전개하는 이후부터 보여주는 그의 모습은 사뭇 다른 양상을 나타낸다. 즉, 일제의 탄압으로 『學之光』이 3회 연속으로 발행금지를 당하자 "관헌이 잡지가 발행될 때마다 차압하는 것은 우리들 청년에게 오히려 유리한 현상으로, 왜냐하면 우리는 이 일 때문에 오히려 점점 각성하고 반성의 의지를 견고히 할 것"18)이라 하여 일제의 탄압을 비판하는 것과 "일본인이 우리들의 부모 처자에 대해서 폭행과 치욕을 가하고 있는데 이에 대한 방어책을 강구하고 보복을 하는 것이 하늘로부터 받은 권리"19)라 하여 한국에 대한 일본의 강압정치를 인식하고 대응을 강력히 주장하는 이러한 모습은 또한 『學之光』에 기고한 그의 글들에서 다음과 같이 강조하고 있는 것에서도 나타난다.

---

17) 金雨英은 비판의 원인을 자신들이 "日語로 연설하고 日本 雜紙에 투고"했기 때문이고 이
　　는 "유학생 중 극렬 排日論言者를 假裝한 總督府에서 파견한 密偵輩"의 책동에 의한 것이
　　라 하고 있다.(金雨英, 『靑邱回顧錄』, 新生公論社, 1953, 46~47면.)
18) 이는 『學之光』 9호가 발매분포 금지 처분을 받은 것에 대해 金榮洙, 邊鳳現, 盧俊泳 등과
　　의 대화에서 나온 것이다.(警保局保安課, 「大正5年6月調 朝鮮人槪況」, 644면.)
19) 이는 졸업생 웅변회에서 행한 「靑年이여 우리의 恥辱은 무엇인가」에서 나온 웅변 내용이
　　다.(「大正5年6月調 朝鮮人槪況」, 643면.)

    …… 靑年諸君이여 吾人은 沈默할 수 없도다! 眞實로 自己中心에 泰山같
은 確信과 雄大함이 蒼天같은 思想과 火山같은 熱情이 있으면 眞實로 끓는
피가 흐르고 뛰는 脈이 놀면 日月이 落下하고 天地가 動鳴할지라도 이를 막
지 못하리로다. ……
    …… 靑年이여 靑年諸君이여 朝鮮 사람은 果然 살았는가 죽었는가? 죽었
으면 己어니와 살았으면 소리하고 노래하고 運動하며 有爲하라. …… 칼날
같이 찬바람도 內部로 發動하는 生命力의 衝動을 斷絶할 수 없으며 鐵板같
이 굳은 찬 얼음도 春水의 膨脹力을 方遏할 수 없도다. ……[20]

    이러한 점은 雪山의 민족의식이 '학우회'라는 울타리 안에서 성장하고
있음을 나타내는 것이고, 이를 바탕으로 학우들과 더불어 '朝鮮學會'·'政治
結社'·'新亞同盟黨'과 같은 민족운동 단체의 조직에 참여하고 있다. '조선
학회'는 1915년 12월 말 崔斗善, 金良洙, 李光洙, 申翼熙 등과 같이 "조선사
정의 연구"를 목적으로 발기하여 이듬해 1월 29일 조선기독교청년회관에
서 제1회 총회를 열고 창립한 단체로서 여기서 雪山은 '식민'에 관한 연구
발표를 하였다고 한다.[21]
    그러나 무엇보다도 '정치결사'와 '신아동맹당'이 주목된다.[22] '정치결사'
의 명칭은 알 수가 없으나 1915년에 雪山이 金綴洙·尹顯振·鄭魯湜·金孝

---

20) 張德秀, 「學之光 第3號 發刊에 臨하야」, 『學之光』 3, 1914년 12월. ; 「靑春을 迎하여—
    生命이 充實하고 光明이 遍在하라」, 『學之光』 4, 1915년 2월.
    雪山은 이외에도 「意志의 躍動」(5호, 1915년 5월.), 「社會의 更生—具體的 活動方式」(6
    호, 1915년 7월.), 「社會와 個人」(13호, 1917년 7월.) 등의 글들을 『學之光』에 게재하
    고 있다.
21) 李光洙·신익희 등은 "농촌문제"에 대한 연구 발표를 하였으나, 雪山과 이들이 발표한 내
    용은 확인할 수 없다.(「大正5年6月調 朝鮮人槪況」, 634면. ; 「우리 소식」, 『學之光』 10
    호, 1916년 9월, 58면.)
22) '신아동맹당'은 雪山이 20년대 초반 전개하는 사회주의 운동의 기반을 이루는 '사회혁명
    당'과 '고려공산당(상해파)'의 모체를 이루며 이에 대해서는 여기에 주도적으로 참여한 金
    綴洙의 증언(『遲耘 金綴洙』; 「김철수 친필유고」, 『역사비평』, 1989년 여름호.)을 토대
    로 하였다. 한편 이들 각 단체의 관계에 대해서는 李賢周의 연구(『국내 임시정부 수립운
    동과 사회주의세력의 형성(1919~1923)—서울파, 상해파를 중심으로』, 인하대학교 박
    사학위논문, 1999.)가 참조된다.

錫·金喆壽·金翼之 등과 더불어 결성한 조직으로서, "將來 四方(싱가포르, 상해, 만주, 서백리아 등지)으로 흩어져서 獨立運動을 하자"는 맹세에서 알 수 있듯이 해외 활동을 통해 한국 독립을 목표로 한 조직이라 할 수 있다. '신아동맹당'은 이 '정치결사'가 조직된 후에 이를 모체로 하여 崔益俊·河相衍 등의 중개로 중국·베트남 출신 유학생들과의 논의를 통해 1916년 봄 東京 神田區의 한 중국음식점에서 결성한 단체이다.23) 이 신아동맹당은 '亞細亞에 있어서 日本 帝國主義의 打倒'를 그 활동의 목표로 정하였으며, 이를 위해 '中國, 朝鮮, 臺灣 동지'로 우선 조직을 결성하고 이후에 '亞細亞 弱小民族 同志들을 加盟'시키는 것을 방책으로 하였다. 이들 단체들은 비록 '일제 타도'에 대한 구체적인 방법론을 제시하고 있지는 못하지만 조국의 독립에 대한 의지를 분명히 밝힌 유학생들의 민족운동 단체라 할 수 있고, 여기에 참여한 雪山의 독립에 대한 의지와 그가 모색하는 민족운동의 한 방법을 보여준다고 할 것이다. 즉 雪山이 1917년 귀국 이후 칩거하다가 1918년 5월 上海로 망명하는 것을 이 시기에 모색한 운동방침을 현실화한 것이라 할 수 있다.

상해로 망명한 雪山은 夢陽 呂運亨과 함께 청년 중심의 독립운동 단체의 필요에 공감하고 金澈·鮮于爀·韓鎭敎·趙東祐 등과 1918년 11월 경 '新韓靑年黨'을 발기·창립하였고 활발한 활동을 전개하였다.24) 먼저 雪山은 夢養과 함께 「독립에 관한 청원서(控告書)」를 작성하여 美特使 크레인(Charels R. Crane)을 통해 윌슨 대통령에게 전달하였고25), 신한청년당의 대표로 尤史 金奎植을 파리에 파견하는 비용을 마련하기 위해 1918년 12월 경에 釜山

---

23) 여기에 참여한 인사들은 金綴洙, 崔益俊, 河相衍, 尹顯振, 鄭魯湜, 金明植, 金良洙, 張德秀, 金喆壽, 윤홍균, 김효석, 현익수(이상 한국계 학생), 黃覺(黃介民), 鄧潔民, 謝扶雅, 羅害谷(이상 중국), 彭華榮(대만) 등이다.(金綴洙, 앞의 글, 7~8면. ; 「김철수 친필유고」, 349~350면.)

24) 김준엽·김창순 편, 『한국공산주의운동사』 자료편 1, 1986, 293면.
'신한청년당'에 대해서는 愼鏞廈(「新韓靑年黨의 獨立運動」, 『韓國學報』 40, 1986.)와 金喜坤(「新韓靑年黨의 結成과 活動」, 『한국민족운동사연구』 1, 1986)의 선행 연구가 참조된다.

25) 「呂運亨被告人訊問調書」(김준엽·김창순, 앞의 책, 367면.)

에 잠입하여 3,000원의 자금을 모집해 오기도 하였다.[26] 특히 雪山은 일본
과 국내의 독립운동을 종용하기 위해 1919년 1월말 일본에 파견되었고, 여
기서 800원의 자금도 모집하여 2월 5일 이미 일본에 파견되어 있던 趙鏞殷
(趙素昻)과 회합, 모금한 자금을 그에게 전달하기도 하였다. 그러나 국내에
잠입한 雪山은 인천에 잠복해 있다가 일경에 의해 체포당함으로서 해외 독
립운동은 끝을 맺게 된다.

2. 社會進化論的 認識의 體系化

일본 유학 시절은 雪山이 자신의 인식을 체계화하는 시기라는 점에서도
그 중요성을 지니는데, 여기에는 다른 유학생들과 마찬가지로 당시 일본
사상계의 영향을 받은 것으로 파악된다. 당시 일본은 이른바 '大正데모크라
시'라 불리는 내부 변동을 겪고 있던 시기였다. 즉 정치적으로는 도시중산
층, 지식인, 학생층 등을 중심으로 참정권 확대의 요구를 본격화하는 시기
였으며, 경제적으로는 1차세계대전의 특수로 일본 자본주의가 급속도로
발전하는 시기였다. 그리고 이를 바탕으로 자유·평등·정의·인도·인
격 존중을 신념으로 하는 민본주의가 주된 사상 사조로 나타났으며, 1차세
계대전 이후에는 문화주의·인격주의를 기반으로 하는 개조론이 풍미하던
시기였다.[27] 이런 정세 속에서 吉野作造·福田德三 등의 지식인과 언론인
들이 대중계몽운동을 전개하였고, 雪山은 이들과 더불어 大正데모크라시의
이론가로서 활약한 浮田和民·大山郁夫·安部磯雄 등과 같은 早稻田대학
교수들로부터도 상당한 영향을 받은 것으로 판단된다.[28] 이러한 당시 일본

---

26) 李萬珪, 『呂運亨先生鬪爭史』, 민주문화사, 1947, 23~24면. : 呂運弘, 『夢陽呂運亨』,
　　청하각, 1967, 27면.

27) 三谷太一郎, 「大正데모크라시의 展開와 論理」, 車基璧·朴忠錫 역, 『日本現代史의 構
　　造』, 한길사, 1980, 229~232면. 참조.

28) 특히 浮田和民과 天野爲之와 같은 당시 早稻田 大學의 교수들이 사회진화론을 신봉하며
　　개량적 방법에 의해 사회발전이 이루어진다는 점과 자유주의적 기조 위에서 勞資간의 협
　　조주의를 강조한 점 등은 雪山에게 상당한 영향을 끼친 것으로 보인다.(김경택, 앞의 글,

200

인 지식인들 중에서 吉野作造와 유학생들과의 관계가 주목된다. 당시 동경 대학교 정치과 교수이며 기독교도였던 그는 동경기독교청년회를 통하여 유학생들과 관계를 맺고 있었고, 민본주의적인 입장에서 일본의 강압적인 식민 정책에 대하여 비판적인 시각을 지니고 있었다.29) 雪山은 金雨英을 통해 吉野와 접촉한 것으로 보이며 그에게서 많은 영향을 받은 것으로 여겨 진다. 吉野는 중국의 민족운동과 식민지 상태에 지대한 관심을 보여 1916 년 3월말부터 약 3주일간 만주 및 한국을 여행한 이후에 기고한 장문의 글 을 통해 일본의 무단적 식민정책을 비판하기도 하였다.30) 이러한 그의 태 도는 雪山을 비롯한 당시 유학생들에게서 많은 호응을 받았으리라 생각된 다.31)

이처럼 雪山은 당시 일본 지식인들에게 상당 부분 영향을 받고 있는 것 으로 보이는데32), 무엇보다도 주목되는 것은 사회진화론을 자신의 인식체 계로서 체계화하고 있는 점이다. 이는 『학지광』에 실린 여러 글들에서 확 인할 수 있다. 여기에서 雪山은 사회진화론적 질서를 '우주의 진리'로 파악

87~90면.)

29) 당시 학우회에서 吉野를 초청하여 강연회를 개최하는 것은 이러한 측면을 나타내는 것이 라 하겠다.(「소식」, 『學之光』 13, 1917, 497면.) 한편 이경민은 김우영을 통하여 吉野 와 학우회가 관계를 맺게 되었다고 보고 있다.(李景珉, 「日本에서의 韓國民族運動―在日 朝鮮人 및 留學生의 民族運動」, 『竹堂李炫熙敎授華甲紀念韓國史學論叢』, 1997, 1031 면.)

30) 吉野作造, 「滿韓を視察して」, 『中央公論』, 1916년 6월호.
여기서 吉野는 "2, 3인의 호의로 한국인 십수명의 신사"를 방문하여 의견을 교환하였다 고 밝히고 있는데 이에 대해 한 연구에서는 仁村, 古下 등도 포함되었으리라 판단하고 있 다.(이경민, 앞의 글, 1033면.)

31) 한편 "(吉野가)일반론으로서는 민족자치를 인정할 수 있으나, 조선의 자치, 특히 독립을 무조건적으로 전망한다고 말하는 것은 아니다"라 평하고 있는 연구에서도 알 수 있듯이 吉野가 진정으로 한국의 독립을 원했던 것으로 보기는 어렵다.(山田昭次, 「金子文子と吉 野作造の朝鮮觀―近代日本の朝鮮觀把握の方法の深化のために」, 『朝鮮史研究會論文 集』 36, 1998.)

32) 이는 雪山이 20년대 국내에서 주장하는 내용들이 이들의 사상과 상당 부분 유사하기 때 문이라 할 수 있으며 이로 인해 유광렬로부터 "와세다 학창에서 배운 바 부르조아 自由主 義를 專賣特許나 얻은 듯이 洋洋自得하게 東亞日報紙上에 쓰고"(유광렬, 앞의 글, 35면.) 라는 비평을 받는 것으로 보인다.

하여 모든 사회에 적용되는 하나의 세계 질서로 인식하고 있다. 즉 그 사회
가 도달하여야 할 최고의 경지를 '문화(문명)'로 파악하고 이는 '우주의 근
본 사실'인 개인의 '자기 실현'을 통해 이루어지는데 현실사회는 '진화'와
'자연 도태'가 그 진행의 원리로 자리잡고 있는 "생존경쟁, 우승열패의 場
裡"이기에 자기실현을 이루는 과정은 "우주의 창조 작용"인 '쟁투' 즉 '생존
경쟁'을 통해서 이루어진다는 것이다.33) 이러한 그의 인식은 다음과 같은
그의 글을 통해 볼 때 명확히 드러난다.

> '…… 强子는 勝하고 勝한 子는 웃고 춤추며 소리하고 意氣가 揚揚하나
> 그러나 父母兄弟여 靑年이여 弱子는 敗하고 敗한 子는 울며 배고프고 한숨
> 쉬며 개같고 도야지 같이 우리 안에 屈伏하리로다. ……'34)

그러나 그가 구상하는 '문화 · 문명'화된 사회가 어떠한 것인지는 분명하
지 않다. 다만 개인과 사회를 상호관계를 이루는 존재로 파악하는 점, "정
의의 근본 기초는 인격의 존중"이라 밝히고 있는 점에서35), 개개인의 인격
이 발현되면 자연스럽게 사회 역시 '개명하고 완전한' 사회가 된다고 봄으
로서 그가 말하는 '문화 · 문명'화된 사회라는 것은 결국 개인의 인격 완성
이 기반이 되는 사회라는 것을 알 수 있다. 이러한 인식을 바탕으로 '우승'
한 사회가 되기 위해, 생존경쟁의 질서에서 살아남기 위한 방법으로 그를
아래와 같이 '교육'을 강조하고 있다.

> …… 物理化學을 不知하는 者는 機械使用 世界에는 覇者 됨을 얻지 못하
> 며, 地理, 經濟를 不知하는 者는 乞馬됨을 不免하고 生物學을 不知하는 者
> 는 生物의 進化와 自然淘汰의 얼음같이 無情한 鐵則을 不知하리로다. 父母

---

33) 「學之光 第3號 發刊에 臨하야」, 3면.
　　여기서의 '자기 실현'은 '자아 실현'과 같은 의미로도 보이며 이를 '근본 사실'로 파악하는
　　것은 이미 雪山 인격주의 · 문화주의에 어느 영향을 받았음을 유추케 한다.
34) 「靑春을 迎하여」, 7면.
35) 「社會와 個人」, 15~16면.

兄弟여 子弟를 敎育하라. 새해를 맞았으니 다시 힘써 敎育하라. ······36)

여기서의 '교육'은 단순한 지식·기술의 습득을 위한 교육이 아닌 '자아의 실현' 즉 '인격의 존엄'을 위한 총체적인 교육을 의미하는 것으로 사회진화론을 바탕으로 '인격주의'를 제창하고 있는 것임을 알 수 있다. 이처럼 그가 '인격의 존엄'·'자아의 실현'을 강조하는 것은 이를 '문화(문명)'에 도달하는 선결 조건으로 파악하고 있는 것임과 동시에 한국 사회에 대한 그의 일정한 인식에서 비롯된 것이다. 그는 한국 사회의 낙후 원인을 '인격의 존엄'이라는 '理想'의 부재로 파악하며, 이를 극복하기 위해 '이상' 확립의 절대적 필요성을 제창하며37) 그 방법으로 '인격주의'를 표준으로 삼는 세 가지 사회 조직 — 교화조직(cultural association), 국가조직, 경제조직 (economical association) — 의 결성을 주장하고 있다. 여기서 교화조직은 도덕적 해방을 목표로 삼는 것으로서 최고의 경지인 '인격주의', 즉 '자유의 실현'을 발현시킬 수 있기 때문에 '제1의 조직'으로 제시하고 있다. 특히 雪山은 교화·국가 조직의 기반, '생존의 기반'으로 제3의 조직인 '경제조직'의 필요성을 역설하고 있다.38) 그가 제시하는 '경제조직'은 농업에 있어서의 '지주의 대합동'이다. 농업을 강조하는 이유는 한국 사회에서 농업이 '유일한 산업'이라는 인식과 여기서 축적되는 자본으로 각 부문의 산업 발전을 증진시키고 이를 통해 경제 발전을 이루자는 인식에서 비롯된 것으로 판단된다. 동시에 가장 시급한 문제인 '토지의 보존'을 위해서도 강조하고 있는데, 이는 당시 '토지조사사업'을 통한 일제의 토지침탈을 심각한 문제로 받아들였기 때문으로 파악되며 이를 막기 위한 수단으로 '지주의 합동'을 주장하는 것이고 이와 함께 '소작인조합'의 제기하고 있다.39)

---

36) 「靑春을 迎하여」, 7면.
37) 「社會의 更生」, 4~5면.
38) 이 경제 조직은 '자연을 이용'하는 조직을 의미하는데, '자연의 이용'은 이후 雪山을 비롯한 미국 유학생들의 인식에서 알 수 있듯이 청년 지식인들이 서구 자본주의 국가들이 선진 사회로 나아가는 데에 있어 중요한 요소의 하나로 파악한 '强拓' 즉 '자연의 개척'을 의미한다.(「米國 留學生의 米國文明에 對한 感想」, 『우라키』 3호, 1928, 1~11면)

그런데 여기서 말하는 지주·소작인 조직간의 관계가 '계급투쟁'을 의미하는 것은 결코 아니라는 점이 주목된다. 그는 분명하게 이 단체들에서 나타나는 지주와 소작인간의 관계를 "爭鬪가 아닌 和衷調協하여 우리 社會의 經濟復活을 目的할 것"이라 규정하여 兩者간의 협조를 강조하고 있다.[40] 이는 비록 이들을 다른 계층, 다른 계급임에도 불구하고 하나의 민족이라는 "끊을 수 없는 連鎖와 '한일'(一) 字 관계가 존재"하는 하나의 집단으로 파악하고 있기 때문이다.[41] 즉 그의 사회진화론적 인식에서 나타나는 '생존경쟁·우승열패'라는 개념은 타국과의 관계에서 나타나는 것으로 같은 민족 내에서는 적용되는 않는 것이다. 결국 그가 구상하는 한국 사회는 인격주의를 바탕으로 하는 '교육'을 통해 '이상'(인격의 존엄)을 확립하는 '문명화'된 사회이며, 그 과정에서 계급·계층간이 '민족'이라는 절대 명제 앞에 조화와 협력을 이루는 사회임을 알 수 있다.

그러나 이와 같은 그의 인식은 점진적인 개량을 의미할 수밖에 없고, 일제 식민지하에서의 점진적 개량은 일제 식민통치를 인정하는 바탕 위에서 나타날 수밖에 없는 시대적 상황을 지니고 있었기에 그 한계성을 지닌다. 특히 그가 '지주의 대합동'을 주장하면서도 '토지의 겸병'을 세계적 추세로 파악하고 있는 것은 이를 단적으로 나타낸다고 할 것이다. 즉 1910년대 당시 한국에서의 토지 겸병은 일제에 의한 '토지조사사업'임이 주지의 사실이기에, 토지의 보호를 위해 합동을 주장하면서도 이를 '세계적 추세'로 이

---

39) 지주의 대합동을 통해서는 ①토지보존, ②금융기관장악, ③산출물가조절, ④토지개량, ⑤농학지식보급 등의, 소작인 조합을 통해서는 ①기술개량, ②친선화목·노동호상보완, ③저축장려·생활향상, ④금융제도연대이용, ⑤기계공동구매 ⑥농업지식보급 등의 결과가 기대된다고 보고 있으나 소작인 조합의 경우 그 필요성을 정확히 인식하고 있지는 못하고 있다.(「社會의 更生」, 7~8면.)

40) 상업 부문에 있어서도 '자본주·기업가의 합동'과 '소비자의 연합'을 주장하면서 양자간의 협조를 통한 '경제의 一新'을 주장하나 특별한 인식을 보여주지는 못하며 이는 기타의 공업, 광업, 수산업 부문에 있어서도 마찬가지이다.

41) 지주·소작인, 기업가·소비자 간의 조화·협력을 강조하는 것은 당시 일본 지식인 계층에서 유행하던 '勞資 協調主義'에 일정 부분 영향을 받은 것이라 할 수 있으며, 이는 이후 20년대 雪山의 활동 및 30년대 그의 글에서도 나타나고 있다.

해하고 있는 것은 일제의 침탈·지배를 인정하고 있는 부분이라 할 수 있기 때문이다.

Ⅲ. 文化運動과 社會主義運動의 展開

1. 雪山의 文化主義와 文化運動

이 기간에 雪山이 전개하는 민족운동은 '문화운동'이라 할 수 있으며[42], 이는 아래의 표에서도 알 수 있듯이 일본 유학 시절 형성된 仁村과 古下 등과의 관계를 바탕으로 몸담게 되는『東亞日報』에 그 기반을 두고 전개되었다.

당시 '유일한 民族誌'로 인식되었던『東亞日報』의 주간(주필)으로서 그는 그 지면을 통해『東亞日報』의 주의·주장 — 곧 자신의 그것 — 을 전개할 수 있었고, 이는 그에게 보다 넓은 영향력을 행사할 수 있는 기회를 제공하였던 것으로 파악된다.『東亞日報』를 통한 그의 주의·주장은 개조론에 입각한 1920년대의 정세에 대한 일정한 인식을 그 기반으로 하고 있다.

개조론이란 1910년대 후반부터 1차 세계 대전에 대한 반성으로 나타난 것으로, 국제정치에서는 비록 전통적인 현실주의적 국제관계가 유지되고는 있었지만 '이상주의'적인 사조가 등장하고 있었다. 윌슨의 민족자결주의, 국제연맹의 결성, 1917년 러시아 혁명·1918년 독일혁명으로 나타나는 전제 왕조의 붕괴와 사회주의 체제의 등장, 유럽에서의 활발한 노동운동은 이러한 분위기를 나타내는 것이라 할 것이다.[44] 일본의 경우에도 이

---

42) 1920년대 초반 雪山이 국내에서 민족운동을 전개한 기간은 3·1운동 직전 체포되어 全南 하의도에서 거주 제한을 당하다가 1919년 11월 夢養의 동경행에 동참하여 연금이 풀린 이후부터, 김사국 등의 공격으로 인해 미국 유학을 떠나는 1923년 4월까지 약 4년의 짧은 기간에 불과하다.

〈표〉 雪山 張德秀의 『東亞日報』와의 관계[43]

직책		재직 기간	비고
동아일보	副社長	1921년 9월 ~ 37년 1월	
	主幹(主筆)	1920년 4월 ~ 21년 9월(21년 9월 ~ 23년 4월)	직제 폐지
	取締役	1921년 9월 ~ 40년 8월	
	監査役	1940년 8월 ~ 43년 1월	清算委員會
	美國海外常駐特派員	1923년 4월 ~ 37년 1월	

러한 세계 정세의 변화와 '이상주의'의 사조에 영향을 받아 '개조론'이 등장하게 되는데, 이미 자유·평등·인도 등을 신념으로 하는 민본주의를 제창해온 일본의 지식인들은 그 방법으로서 '문화주의'를 제기하고 있다. 이는 인격주의로도 나타나고 있는데, 즉 1차세계대전을 기점으로 '물질적 개인주의'에서 '정신적 인격주의'로 윤리 체계로 바뀌었다고 주장하면서 새로운 가치 체계로 사회화된 개인, 그리고 그들의 사회적 연대를 바탕으로 한 새로운 '정신적 인격주의'를 강조하였다. 즉 개인의 인격이 발현되어 사회로 환원되면 이 상태가 곧 '문화'라고 하여 '문화주의=인격주의'라는 개념이 형성되는 것이다.[45] 이러한 개조론은 1919년 말부터 천도교계와 일본 유학생을 통해 주로 소개되었고, 1차세계대전 이후의 세계 정세를 '이상주의'의 입장에서 바라보아 식민지 한국에도 희망적으로 적용되리라 판단하여 당시 한국 지식인들에게 민족 문제 해결의 새로운 희망으로 인식되었다.[46]

---

43) 『東亞日報社史』 1(東亞日報社, 1969) 참조.
　　雪山은 식민지 시기에 『東亞日報』 외에도, 1937년 10여 년간의 미국 유학을 마치고 귀국한 이후 보성전문에서 영어과 촉탁강사(1937년 3월)·교수(40년 4월)·수석생도감(41년 1월)·척식과장(45년 1월) 등을 거치는 등(高麗大學校70年誌 編纂委員會 編, 『高麗大學校70年誌 : 1905~1975』, 고려대학교, 1975 참조) 仁村을 중심으로 하는 이른바 '東亞日報 그룹'의 핵심 멤버로 자리잡고 있다.

44) 박찬승, 앞의 책, 176~178면.

45) 결국 이와 같은 일본의 개조론은 1910년대 중반부터 풍미해온 민본주의적 인식의 연장선상으로 나타난 것이라 할 수 있으며 이들 민본주의·문화주의·인격주의 등의 분위기는 '大正데모크라시'라 불리는 시기의 사상적 기조를 대변한다고 할 것이다.(三谷太一郎, 앞의 글, 231~233면 참조.)

46) 김형국, 「1919~1921년 한국 지식인들의 '개조론'에 대한 인식과 수용에 대하여」, 『충

206

雪山 역시 이와 같은 인식에 있어 예외는 아니었으며 이는 일본 유학 시절에 받은 '대정데모크라시' 시기 일본 사상계의 영향에서 비롯된 것으로 판단된다. 앞서 살펴 본 바와 같이 雪山이 이미 『학지광』에 실은 글을 통해 '자아의 실현', '인격의 존엄' 등과 같은 '인격주의'를 주장하여[47] 당시 일본 지식인들과 인식의 틀을 함께 하고 있는 사실에서 확인이 가능하다. 이처럼 일본 유학 시절 형성된 인식의 틀을 기반으로 하는 雪山의 개조론적 인식은 『東亞日報』의 여러 사설을 통해 나타나는 그의 주의·주장으로 드러나며, 이를 가장 명확히 보여주는 것이 『東亞日報』의 창간사인 「主旨를 闡明하노라」[48]라 할 수 있다. 여기서 그는 1차 세계 대전 이후의 세계 질서를 이전의 '침략주의·제국주의'에서 '평화주의·인도주의'로 전환되고 있으며 이것이 국내적으로는 자유정치·문화창조의 실현으로, 국제적으로는 정의·인도에 바탕을 둔 국제기관의 설립으로 나타난다고 파악하고 있다. 이는 "世界 全局에 在하여는 正義·仁道를 承認한 以上"이라 하여 이미 인도·정의가 세계의 질서로 자리잡았다는 이상주의적인 입장에서 기초한 것으로 이러한 시대에 진행되어야 하는 것이 바로 문화주의·인격주의를 바탕으로 하는 '개조'라는 것이다. 한편으로 '조선 민중의 표현기관', '민주주의의 지지', '문화주의 제창' 등을 3대 주지로서 제시함으로서 한국 사회에서 『東亞日報』가 차지해야할 위치와 한국 사회가 지향해야할 방법을 제시하고 있다. 특히 그 방법에 있어서는

> …… 文化主義를 提唱하노라. 이는 個人이나 社會의 生活內容을 充實히 하며 豊富히 함이니 곧 富의 增進과 政治의 完成과 道德의 純粹와 宗敎의 豊盛과 科學의 發達과 哲學藝術의 深遠奧妙라. 換言하면 朝鮮民衆으로 하여금 世界文明에 貢獻케 하며 朝鮮江山으로 하여금 文化의 樂園이 되게 함을 高唱하노니 이는 곧 朝鮮民族의 使命이요 生存의 價値라 思惟한 緣故라. ……

남사학』 11, 충남사학회, 1999, 124~125면.
47) 「社會와 個人」, 16~18면.
48) 『東亞日報』 1920년 4월 1일, 「主旨를 闡明하노라」(창간사)

고 하여 '문화주의'를 천명하고 있다. 즉 '문화의 낙원'이라는 '독립'을 이루기 위해서는 정치뿐만 아니라, 경제·도덕·종교·과학·철학예술 등의 모든 생활 분야에서의 '내적 충실'을 기해야 하고 이를 이룰 수 있는 방법이 바로 '문화주의'라는 것이다. 여기서 말하는 '내적 충실'은 雪山이 유학 시절부터 계속적으로 주장해온 '문화·문명'의 경지인 '자아 실현'이고, 결국 雪山이 모든 방면에서의 '생활 내용의 충실'을 위한 '문화운동'의 전개를 주장한 것이라 할 것이다. 한편으로 이처럼 雪山이 '문화주의'를 천명하고 있는 것은 당시 그가 인식하고 있는 한국 정세에서 비롯된 것이라 할 수 있다. 그는 3·1독립운동의 목적과 성격을 "원만한 문화의 수립을 위해 異民族의 지배에서 탈피하기 위한 전민족의 정치운동"으로 규정하였는데, 3·1독립운동이 실패로 돌아가자 "이제 政治的 方法에 대하여 論할 自由가 無하거니와"라고 하여 한국 사회에서의 더 이상의 정치운동은 불가능하다는 인식을 지니고 있었기 때문으로 판단된다.49) 그렇기에 새롭게 나타날 민족운동은 '정치적 방법'이 아닌 '사회적 방법'으로 진행되어야 하고 이것이 바로 자신들이 주장하는 '문화운동'이라는 것이다. 雪山은 또한 자신이 제시한 '문화운동'을 "…… 吾人의 所謂 民族的 運動이라는 것은 一定한 理想을 向하여 意識的으로 하는 精神的 惑은 社會的 運動 …… "50)이라 정의하고 그 방법으로서 단체의 결성을 통한 민족의 단결, 서구 문명의 수입, 경제 발달의 도모, 교육의 확장, 악습의 개량 등을 제시하고 있다.

한편으로 그가 제시하고 있는 '문화주의·문화운동'은 '인격주의'를 표방하고 있으며 이는 점진적인 개량을 통해서 진행된다는 것을 의미하고 있다. 그는 인격을 모든 개인이 계급에 상관없이 동등하게 지니고 있는 것이라 파악하면서 개인의 인격 완성은 곧 신성한 사회의 조직을 의미하기 때문에 매우 중요하다고 여기며 사회의 문화는 바로 인격의 완성으로 나타난다고 파악하고 있다. 이때 인격의 발달에는 사람의 천성인 자유가 뒷받침

---

49) 『東亞日報』, 「朝鮮改造의 劈頭를 當하여 朝鮮의 民族運動을 論하노라」(전4회), 1921년 4월 6일.
50) 위와 같음.

되어야 한다고 주장함으로서 그의 문화주의·인격주의는 다시 자유주의를
표방하고 있음을 보여주고 있다.[51] 이러한 인격과 자유를 강조하는 인식은
아래의 글에서 살펴 볼 수 있듯이 여타의 글들에서도 강조되고 있다.

> …… 사람은 自由로 살고 自由로 價値가 나나이다. 自由가 있음으로 文化
> 가 있고 文化가 있음으로 사람은 웃기도 하고 기뻐도 하나이다. 自由가 없
> 으면 人生은 枯死하리이다. …… 文化는 人性의 發顯이외다, 自由로서만 오
> 나이다. …… 自由는 實로 生命의 本質이외다. …… 男子나 女子나 自由로
> 운데서 그 固有한 性格을 發揮하여 아름다운 人格을 成할 것은 마치 一般이
> 외다. 이는 新社會의 基礎요 新社會의 出發點이외다. ……[52]

> …… 오직 無知한 社會인즉 野蠻社會에 個人의 自由가 없고 오직 無知한
> 多數의 暴力 곧 因習이 있을 따름인 것은 歷史가 證明하는 바이며 吾人의
> 獨特한 文化的 創造가 없는데 무슨 事實上 平等이 있으리오. ……[53]

이 글들이 지니고 있는 의미를 통해 雪山이 점진적인 개량을 주장하고
있음을 파악할 수 있다. 즉 雪山은 「부인해방론」에서 교육을 통한 여성의
해방·자유·인격의 완성을 '新社會의 基礎요 新社會의 出發點'이라 강조하
고 있는데, 그가 여성의 해방을 중시하는 이유가 주목된다. 그것은 여성이
하나의 인격체로서 '생명을 풍부히' 하기 위한 것이기도 하면서 동시에
'妻·母'로서의 역할을 지니고 있기 때문으로 여성의 해방이 이루어져야 가
정의 개조가 이루어진다는 인식을 보여주는 것이라 할 것이다. 다시 말해
雪山이 「人格主義와 勞動」에서 개인 인격의 존중·존엄을 통해 개인의 개
조를 주장하고 「부인해방론」에서 개인—부인—의 인격 존중·해방을
통해 가정의 개조를 주장하는 것은 개인의 개조가 이루어진 이후 가정의

---

51) 張德秀, 「人格主義와 勞動」, 廣文社編輯部, 『時事講演錄』 제1집, 1920, 13~19면.
   이 글은 1920년 7월 6일 오후 8시 중앙청년회관에서 조선노동공제회 주최로 열린 강연
   회에서 雪山이 행한 연설문을 기록한 것이다.
52) 張德秀, 「婦人解放論」, 『共濟』 1, 1920, 90~91면.
53) 張德秀, 「새 時代의 새사람」, 『開闢』 19, 1922년 1월.

개조가 이루어지고 다시 이를 통해 사회의 개조가 이루어진다는 인식을 보여주는 것이라 할 것이다. 결국 그가 제시하는 '문화주의·문화운동'은 점진적인 방법을 통한 사회의 개조를 모색한 것이라고 할 수 있을 것이다.

雪山은 이상과 같은 자신의 '문화주의'를, 『東亞日報』를 비롯한 여러 다양한 문화운동 단체의 조직 및 활동에 참여함으로써 직접적인 행동으로 보여주고 있는데 이는 그가 민족운동의 사회적 방법들로 제시한 방책들을 그대로 나타내고 있다.54) 즉, 문화의 창달(인격의 완성)을 위해 교육을 강조하는 것은 朝鮮敎育會, 朝鮮敎育改善會義, 中央幼稚園 後援會, 民立大學期成會 등과 같은 교육 단체들에의 참여로 나타났고, 문화주의·인격주의를 모색하는 데에 있어 먼저 '생활·생존'의 기반인 경제적 안정이 선행되어야 한다는 인식55)을 바탕으로 '조선인 본위의 산업'을 주장하는 朝鮮人產業大會에도 참여하고 있다. 또한 새롭게 등장하는 노동자 계층의 중요성을 인식하여 '朝鮮勞動共濟會'(이하 공제회)에도 발기 과정부터 관여하였으며, '朝鮮靑年會聯合會'(이하 청년연합회)의 경우 설립 계기를 촉발시켰고 조직과 활동에 있어서도 중추적 역할을 담당하였다. 동시에 그는 『東亞日報』의 사설을 통해 이들 단체 및 사업에 대한 선전·지원을 하고 있는데 이는 그가 전개하는 문화운동이 『東亞日報』가 주장하는 운동노선과 밀접한 관계를 이루면서 진행되는 것이라 할 수 있다.

2. 社會主義 團體에의 參與와 離脫

한편으로 이 시기 그의 활동에 있어 주목하여야 할 점은 雪山이 『東亞日報』를 기반으로 자신의 문화운동을 전개하였다는 점과 동시에 '社會革命黨', '高麗共產黨(上海派)'에 참여함으로서 20년대 초반 사회주의 운동에도

---

54) 雪山은 '민족운동의 사회적 방법'을 주장하면서 그 방법으로서 개개인이 아닌 단체 활동과 그를 통한 교육, 경제의 발달 등을 위한 노력을 역설하고 있다.(『東亞日報』 1921년 4월 7일, 「朝鮮改造의 劈頭를 當하여 朝鮮의 民族運動을 論하노라」)

55) 「卒業生에게 賀하노라」 ; 「人格主義와 勞動」

분명하게 관계하고 있다는 점이다.56) '社會革命黨'은 1920년 6월 崔麟의 집에서 최팔용, 이봉수, 주종건, 이증림, 도용호, 김종철, 최혁, 김달호, 홍도, 엄주천, 張德秀, 金綴洙, 김일수, 최굉 등 30여 명 정도가 결성한 단체로서, 이후 국외 세력과의 연계를 모색, 상해에 8명의 대표를 파견하여 1921년 5월 이동휘 등과 함께 '高麗共産黨(上海派)'을 창립함으로서 이후 '사회혁명당'은 '高麗共産黨(上海派) 국내지부'(이하 국내지부)로 전환하게 된다.

'사회혁명당'은 그 인적 구성에서 알 수 있듯이 일본 유학 시절 결성한 '신아동맹당'을 모체로 하고 있다. 이들은 철저히 비밀결사의 형태를 띄면서 인적 구성을 개인적 관계로 충원하였는데 이는 "왜놈 밑에서 비밀조직을 갖자면 극히 서로 통하는 사람이어야지."라는 遲耘의 증언처럼 조직의 비밀 유지를 위한 것이었다.57) 한편 "계급·사유제도의 타파, 무산 계급 전제정치와 전국 인구의 10분지 7되는 무산자들과 함께 혁명운동을 실행할 것" 등을 주장함으로써 사회주의 단체임을 표방하였으며58) 그 방법에 있어 "일본제국주의를 이 땅에서 몰아내고 그 다음에 사회주의 국가를 세우자"는 2단계 혁명론을 주장하였다. 즉 "먼저 일본 제국주의를 구축하는 것이 선결문제이기 때문에 어디까지든지 민족운동자들과 손을 잡고 나아가야 한다는 것, 그 다음에 우리 사회주의자의 힘을 길러 사회주의 혁명을 해야한다"는 방법론을 제시하였던 것이다. 이는 '고려공산당(상해파)' 경우에서도 자신들의 목표가 공산주의 사회의 건설이었음을 분명하게 제시함과 동시에 '민족 해방'을 '사회혁명'의 전제로 파악하여 민족해방 이후에 사회주의 혁명을 달성해야한다는 인식을 보여줌으로써 '사회혁명당'의 2단계 혁명론이 수용되었음을 보여주고 있다.59) 이와 같이 그들은 '민족운동자들

---

56) 그가 사회주의 사상을 처음으로 접한 것은 일본 유학 시절 '정치결사'와 '신아동맹당'을 함께 결성한 遲耘을 통해서이다.(『遲耘 金綴洙』, 176면.) '사회혁명당'과 '고려공산당(상해파)'대해서도 역시 遲耘의 회고(『遲耘 金綴洙』)와 李賢周의 연구(앞의 글)를 참조하였다.
57) 이러한 폐쇄성은 이후 遲耘 자신도 인정하듯이 金思國으로 대표되는 다른 사회주의 세력들로부터 공격을 당하게 되는 원인을 이루고 있다.(『遲耘 金綴洙』, 7~8면.)
58) 『붉은군사』 2, 1921년 12월 24일, 5면.(이현주, 앞의 글, 141면에서 재인용)
59) 朝鮮總督府 警務局, 『大正11年朝鮮治安狀況』 2, 고려서림, 1989, 398~399면.

과의 제휴'를 분명하게 제시하였고 그 대상으로 삼은 것이 바로 문화운동의 대표적 세력인『東亞日報』계열이었으며 이후 이들의 국내 활동은『東亞日報』와의 일정한 제휴를 통해 전개되고 있다. 그렇기에 雪山의 존재 및 활동은60)『東亞日報』계열과 '국내지부' 계열과의 제휴 관계를 상징하고 있으며 이 시기에 전개되는 그의 모든 활동은『東亞日報』와 동시에 '국내지부'를 대표하는 것이며 이 두 단체가 전개하는 운동의 모습을 나타낸다고 할 것이다.61)

雪山이 이들 단체의 제휴 모습을 나타내고 있는 것은 '조선노동공제회'와 '조선청년회연합회'에서의 활동에서 잘 파악할 수 있다. '공제회'가 1920년을 전후한 시기 노동문제에 대해 관심을 가지고 있는 지식인들을 중심으로 노동자 대표들과 함께 1920년 4월 11일 창립된 것과62) '조선청년회연합회'가 전국 각지에 급속하게 나타난 지방청년회를 하나의 통일된 연합체로 구성하자는 논의 아래 1920년 6월 28일 '조선청년회연합회기성회'를 통해 전국 각지에서 가입신청을 한 120여 개의 청년회를 바탕으로 1920년 12월 1일 조직된 점63)은 주지의 사실이다. 여기서 雪山은 전자의 경우 창립총회 의사부원·경성본회 예비정기총회 의사장·제1회 연합정기총회 경성본회 대표자64) 등의 주요한 위치를 차지하고 후자의 경우 기성회 사교부원·연

---

60) 雪山이 '고려공산당(상해파)'에서 중앙위원과 내지부 간부를 겸하는 등 조직 내에서 높은 비중을 점하였다는 것과 대표들을 극동인민대회에 파견하기 위한 비용을 구하기 위해 車天子를 여러 차례 만나고 결국 그 비용을 융통하는 것 등은(『遲耘 金綴洙』, 14면.) 이들에 그가 주도적으로 참여하고 있음을 보여준다고 할 것이다.

61)『東亞日報』와의 제휴는 유학 시절에 형성된 관계도 작용한 것으로 판단되며 이는 초기 사회주의 운동의 한 특성을 보여주는 것이라 하겠다. 이들의 제휴와 운동 방법은 '국내지부' 조직의 폐쇄성과 더불어, '국내지부'가 이후 金思國으로 대표되는 급진적 사회주의자들로부터 비판을 받는 요인을 이루고 있다.

62) '공제회'의 창립은 '조선노동문제연구회', '조선노동공제회발기회' 등의 과정을 거쳐 이루어졌다.(「조선노동공제회연혁대략」,『공제』1, 1920, 166면. ;『東亞日報』1920년 4월 6일.) '공제회'에 대해서는 박애림의 연구(「朝鮮勞動共濟會의 活動과 理念」, 연세대학교 석사학위 논문, 1993.)가 참조된다.

63)「聯合會彙報」,『我聲』1호, 1920년 3월, 87면.
'조선청년회연합회'에 대해서는 안건호의 연구(「조선청년회연합회의 조직과 활동」,『한국시연구』88, 1995.)가 참조된다.

212

합회 집행위원 등의 중요 요직을 담당하고 있다.65) 특히 雪山은 연합회 활
동을 보다 중점적으로 전개한 것으로 보인다. 이는 급속히 나타나던 각 지
역별 청년회에 대해 전국적 단일 조직으로의 통합을 공개적으로 주장하는
아래의 글을 통해서 확인할 수 있다.

> …… 同會 當局者에게 希望하는 바는 全朝鮮靑年會의 聯合이라. 各地方
> 에 散在하여 各히 團結을 堅固히 하며 活動을 充分히 함은 곧 社會의 基礎
> 를 各地에 健實히 세움이니 그 善美는 勿論이어니와 各地方의 健實한 基礎
> 를 全國에 統一하여 마치 一身의 肢體는 許多하나 그 體는 오직 '한덩어리'
> 됨과 같이 함이 또한 아름답지 아니하뇨? ……66)

여기에 지역별 청년회가 호응하여 결국 '연합회'가 결성되는 것은 주지
의 사실이며, 이처럼 雪山과 『東亞日報』가 청년 계룡의 연합을 주장하고 나
선 것은 雪山이 일본 유학 시절부터 이들을 '退步墮落에 빠지지 아니하려
하는 者', '사회의 발전력을 대표하고 사회를 역동케 하는 계층', '一國家 一
社會의 進步的 勢力'으로 인식하였기 때문이며 또한 이들의 연합에 주도적
으로 참여함으로써 이들이 전개할 민족운동 전선에서 헤게모니를 장악하
려는 의도도 동시에 깔려 있는 것으로 판단된다.

그리고 이때 이 단체를 통해 의도한 것은 자신들이 주장하는 문화운동
의 확대 · 발전으로 파악되는데 이는 '공제회' 주체의 강연회에서 행한 「인
격주의와 노동」라는 연설과 그 기관지인 『공제』에 게재한 「부인해방론」
등의 내용이 문화주의 · 인격주의를 강조하고 있는 것을 통해서 확인할 수
있다.67) 또한 '공제회'가 「주지」에서 "自力으로서 自我가 衣食하는 同時에

---

64) 『東亞日報』 1920년 4월 12일. ; 1921년 3월 27일.
65) 『東亞日報』 1920년 7월 7일 ; 『我聲』 1호, 1921년 3월, 88~90면.
66) 『東亞日報』 1920년 5월 26일, 「各地靑年會에 寄하노라―聯合을 要望」.
67) 「인격주의와 노동」에서 노동자의 상태를 "無人格的으로 支配를 받는 奴隸狀態"로 규정하
　　면서도 그 원인을 '노동자의 자본 · 학식 부족'으로 파악하여 타개책으로 '노동자의 인격
　　인정'이라는 '인격주의'를 주장하고 있으며 「부인해방론」에서도 '교육의 진흥'을 통한 '인
　　격주의'의 발현을 제창하고 있다.

愛情으로서 相互扶助하여 生活의 安定을 圖하며 共同의 存榮을 期함"을 표방하고 강령으로 '지식계발, 품성향상, 환난구제, 직업소개, 저축장려, 위생장려, 조사연구 및 지식전파'[68] 등을 제창하여 초기에는 실력양성론적 입장을 견지하고 있었다는 점[69] 그리고 '연합회' 역시 강령에서 '사회의 혁신・세계 지식의 광구・건강한 사상으로 단결・덕의의 존중・건강 증진・산업 진흥・세계 문화에 공헌' 등을 제시하고 있는 점 등은, 초기에 이 단체들이 문화운동의 성격을 띠었음을 알 수 있게 해주는 대목이다. 그리고 雪山은 바로 이러한 점에 주목하여 이 단체들에 영향력을 행사함으로써 자신의 문화운동을 전개하려 했음을 파악할 수 있다.

한편으로 雪山을 비롯한 '국내지부' 인사들은 『東亞日報』와 제휴를 통해 민족진영에서도 중요한 위치를 차지하였음과 동시에 '연합회' 내에서 상당한 영향력을 행사했던[70] 것으로 보이는데, 이들의 운동노선은 金思國을 비롯한 일단의 급진적 사회주의들의 공격을 받게 된다. 이른바 '金允植社會葬反對運動', '사기공산당 사건' 등이 바로 그것이다. 이들의 공격은 雪山이 대표하는 『東亞日報』 및 '국내지부'의 운동 노선에 대한 반발에서 나온 것임과 동시에 '연합회' 내에서의 이들 영향력을 축소시킴으로서 사회주의 운동에서의 주도권을 장악하려는 시도로 파악되며 이때 雪山은 양 계열을 대표한다는 점에서 직접적인 공격의 대상이 되고 있다.

1922년 1월 21일 雲養 金允植이 사망하자 雪山을 비롯한 『東亞日報』계 인사들과 일단의 민족주의자들은 김윤식의 생전의 공로를 표창하기로 하고 東亞日報를 비롯한 언론・종교계, 그리고 그 밖의 사회단체들을 중심으로 그의 장례를 한국 최초의 社會葬으로 개최하려 하였다. 특히 雪山과 『東亞

---

68) 朴重華, 「朝鮮勞動共濟會主旨」, 『共濟』 1호, 1920, 167~178면.

69) '공제회'에 관한 여러 연구들에서도 이를 인정하고 있으며, 초기 사회주의 수용의 한 특징으로 파악하고 있다.(박애림, 앞의 글 ; 권희영, 「조선노동공제회와 『共濟』」, 『정신문화연구』 51, 1993.)

70) 1922년 4월에 열린 '연합회' 3회 총회에서 신임 집행위원 20명 중 14명, 상무집행위원 5명 중 4명을 '국내지부'가 차지한 것에서 이를 알 수 있다.(『大正11年朝鮮治安狀況』 2, 429면.)

214

日報』는 사설을 통하여 김윤식의 사회장에 대한 건의를 하였고71), 이를 바탕으로 결성된 장례위원회에서 雪山이 실행위원을 맡는 등 이 사회장 운동을 주도하였다.72) 그런데 실행위원 선출 도중 '공제회'의 朴珥圭 외 14,5명이 회의장에 난입하여 '김윤식사회장'을 결정하게 된 이유를 질문하면서 위협적인 행동을 벌인 사건이 발생하였고73) 이로 인해 사회장 문제가 사회적 이슈로 등장하게 되었다. 더욱이 사회장에 반대하는 김사국을 중심으로 하는 일단의 사회주의자들은 '김윤식사회장반대회'를 조직하여 반대결의문을 공표하고 강연회를 개최하는 등 격렬한 반대운동을 전개하였다.74) 결국 이러한 반대운동을 통하여 '김윤식사회장운동'은 실패로 돌아가고 김사국을 중심으로 하는 '서울청년회'계의 위치가 보다 확고해지는 계기가 마련됐다고 할 수 있다. 그런데 이때 사회장에 반대한 세력은 비단 이들 급진적인 사회주의자들뿐만은 아니었던 것으로 보인다. 이는 김사국이 코민테른에서 행한 보고에서

> …… 비록 우리 당의 많은 당원들이 선동의 성공에 대해 확신을 못하였지
> 만 악명높은 社會葬 거행의 주도자이며 격려자인 東亞日報 보이코트 선언
> 후 이틀째에 이 신문의 발행 부수는 3,000부 남짓으로 떨어졌다. ……75)

라고 말하고 있는 것처럼 그들은 자신들이 행한 반대운동이 성공하리라는 생각을 처음부터 가지고 있었던 것으로 보이지는 않는다. 그러나 東亞日報

---

71) 『東亞日報』 1922년 1월 23일, 「雲養先生의 長逝를 悼하노라」
　　仁村·古下·雪山이 『東亞日報』를 주도한다는 점에서 김윤식에 대한 평가가 편파적일
　　수도 있으나 이 사설의 내용은 대체로 객관성을 지니고 있다.(이상일, 「〈김윤식사회장〉
　　문제에 대한 일고찰」, 『죽당이현희교수화갑기념 한국사학논총』, 1997, 389면.)
72) 장례위원은 위원장 박영효를 비롯 57명으로 구성되었고 9명의 실무 위원들로 위원회를
　　이루었다.(『東亞日報』 1922.1.24, 1.25.)
73) 朝鮮總督府 警務局, 「大正11年朝鮮治安狀況」, 金正柱 編, 『朝鮮統治史料』 7권, 462면.
74) 「大正11年朝鮮治安狀況」, 463면.
75) 「코민테른 집행위원회에 대한 김사국의 보고 제1호—조선 내 공산주의조직의 발생과 활
　　동 약사」, 1924년 3월 17일.

의 "발행 부수가 3,000부 남짓"으로 떨어졌다는 사실은 이들의 주장에 많은 민중들이 공감하였음을 나타내는 것이고, 이는 그만큼 『東亞日報』의 운동노선에 대해 많은 민중들의 반발이 존재했었던 것으로 파악된다. 이러한 사회장의 파문 직후인 1922년 3월에 雪山은 송진우 등과 더불어 '在外同胞慰問金品募集幻燈寫眞巡廻講演'을 주도하는데 표면적으로는 재외동포 위문금품 모집으로 되어 있으나, 실제적으로는 급진적 사회주의 세력의 팽창에 대한 東亞日報 세력이 자신들의 입지를 강화하기 위한 하나의 선전운동으로 전개한 것으로 판단되며[76] 雪山을 비롯한 『東亞日報』 계열의 인사들이 사회주의자들의 공격에 위기 의식을 느꼈던 것으로 판단된다.

이렇게 불거진 김사국 일파의 雪山 계열에 대한 공격은 1922년 4월 '연합회' 제3회 정기총회에서 '사기공산당 사건'의 폭로와 이에 연루된 雪山 및 '국내지부' 인사들의 제명을 요구하면서 절정을 이루었다. '사기공산당 사건'이란 李東暉의 지령을 받고 러시아에 파견된 韓馨權이 레닌으로부터 받은 200만 루블 중 국내에 들어온 일부를 雪山을 비롯한 '국내지부' 세력이 마음대로 유용을 하였다는 사건이다.[77] 이들은 자신들의 제명 요구가 받아들여지지 않을 경우 연합회를 탈퇴하겠다는 청원서를 제출하였으나 이들의 제명안은 부결되었다. 이에 반발한 김사국을 주축으로 하는 '서울청년회'는 자신들과 뜻을 같이 하는 8개 지방청년회와 함께 연합회를 탈퇴하였으며 두 달 뒤인 6월 13일 임시총회를 소집하여 張德秀, 김명식, 오상근, 최팔용, 이봉수 등 '서울청년회'에 관여하고 있던 '국내지부' 인사 5인을 '사기공산당 사건' 관련자로 하여 서울청년회에서 제명하였다.[78] 이 사건

---

76) 여기서 모금된 자금이 즉각적으로 집행되지 않아 이후 세인의 비판을 받게 되는 것도 바로 순회 강연회의 내면적인 성격을 나타내는 것이라 할 것이다.(聾啞子, 「各種新聞雜誌에 對한 批判－東亞日報에 對한 不平」, 『開闢』 1923년 7월호.)

77) 이에 대해 한형권은 후일의 "…… 崔八鏞, 張○○(덕수－인용자) 等에게 돈을 주어 國內의 世稱 詐欺共產黨이란 것을 만들었고 ……"라 진술하고 있으나(「혁명가의 회상록」, 『삼천리』 6호, 1948.), 실제로 자금을 국내에 가지고 들어온 遲耘은 雪山에게 주었으나 받지 않아 최팔용에게 전해주었다고 회고하고 있다.(『遲耘 金綴洙』, 284면.)

78) 李江, 「朝鮮青年運動史的考察」 中, 『現代評論』 9호, 1927, 22~23면.

을 통하여 연합회 내에서의 雪山을 비롯한 '국내지부'와 『東亞日報』의 위치
는 큰 타격을 받게 되었고 결국 雪山은 미국으로 '도피성' 유학을 떠나게
됨으로서 그가 관여하던 사회주의 단체에서 자연스럽게 이탈하게 된다.[79]

결국 이러한 '김윤식사회장반대운동', '사기공산당 사건'과 같은 급진적
인 사회주의자들에 의한 일련의 공격은 雪山 개인에 대한 공격이라기 보다
는『東亞日報』와 '국내지부'의 운동노선에 대한 반발이라 할 것이다. '사기
공산당 사건'의 경우에 雪山이 그 공격의 주된 대상이 되고는 있지만 이는
그가 당시 차지하고 있던 위치가 바로 이들 양 세력을 대표하는 것이었기
때문이라 할 것이다. 그렇기에 이들의 공격으로 인해 雪山이 사회주의 노
선에서 이탈하는 것은 민족주의 진영과 사회주의 진영의 분화를 상징하는
것임과 동시에 사회주의 진영 내부의 분화를 보여주는 것이라 할 수 있다.

Ⅳ. 雪山 文化運動의 特徵

1920년대 초반 국내에서 전개된 雪山의 민족운동은 '문화운동'의 형태로
나타났으며 이는『東亞日報』를 중심으로 하는 우파 세력의 그것을 대표함
과 동시에 '국내지부'를 중심으로 하는 사회주의 운동을 대표하고 있다. 이
는 민족운동 진영에 사회주의가 수용되는 초기의 모습을 보여주는 것이라
할 수 있는데, 이에 대한 고찰은 세심한 주의를 요하고 있다. 그것은 비록
그가 사회주의 운동에 참여는 하고 있지만, 계급투쟁을 강조하는 급진적인
사회주의 노선은 비판하고 있기 때문이다. 또한 그 반면에 점진적인 개량
을 주장함으로서 그가 전개하는 문화운동이 사회주의의 급진적인 노선에

---

79) 한편 遲耘의 경우 雪山은 미국 유학에서도 자신들이 함께 모색했던 사회주의 이념에 대하
여 한시도 잊은 적이 없다고 하였으나(『遲耘 金綴洙』, 150면.) 미국 유학 당시와 1937
년 귀국 이후, 그리고 해방 이후에 나타는 그의 모습에서 이미 이 시기에 사회주의 노선
에서 이탈했음을 확인할 수 있다.

반발하고 있음을 보여주고 있기 때문이다. 즉 그는 계급 투쟁을 통하여 노동자 본위의 새로운 경제 체제를 주장하는 급진적 사회주의자들에 대해 아래와 같이 비판을 가하고 있다

> …… 어떤 사람은 …… 새 生命의 새 關係, 換言하면 生産의 새 關係가 새 情神도 생기게 하며 새 社會도 나타나게 하며 따라서 새 時代도 오게 하는 것이라 하는 사람도 있으나 나는 이 말이 全部 옳다고는 생각하지 아니합니다. 사람이 機械가 아니고 情神을 가진 人格者인 以上 그 必然한 關係로 自覺에 依支하여 生活이 變改되는 수도 있으며 그 外部生活의 變改에 依支하여 內部 生活이 情神이 意識이 變化될 수도 있는 것이외다. ……80)

이러한 사회주의 노선에 대한 비판은『東亞日報』의 사설을 통해서도 전개되고 있다. 雪山

> …… 惑은 勞働主義者로 標榜하여 衆愚를 欺瞞하고 聲譽를 唱來하며 妓樓에 出入하여 黃金을 散盡하고 學生을 呼應하여 修養을 妨害하는 …… 君等이 眞正한 不平이 有하면 强敵을 向하여 對抗할 것이요, 確實한 奮慨가 有하면 衆民을 合하여 團結할 것이라. ……81)

라고 하여 '노동주의자' 즉 사회주의자들을 '不良紳士'의 하나로 비하함과 동시에 "共産을 力說"하는 것을 '망상가설'이라 하여 사회주의 노선 자체를 비판하고 있다. 또한 사회주의자들에게 일제에 대항할 것을 촉구하고 있는데 이 글이 나온 시기가 자신들이 추구한 '김윤식사회장'이 반대운동으로 인해 실패로 돌아간 때인 것으로 미루어 보아 이에 대한 반발도 함께 작용한 것으로 판단된다. 한편 다른 글에서도 자본과 노동의 협조 및 필요불가분의 관계를 강조함으로서 계급투쟁을 비판하고 있으며82), 사회주의의 급

---

80) 張德秀,「새 시대의 새사람」,『개벽』19, 1922년 1월.
81)『東亞日報』1922년 2월 15일,「不良紳士를 排斥하라―社會發展의 第一步」.
82)『東亞日報』1922년 6월 15일,「資本과 勞働―모든 社會의 問題」.

진적인 노선에 대하여

> ······ 社會的 理想 經濟的 理想을 即時에 實現코자하는 그 奇蹟 ······ 現實
> 을 離한 社會的 組織 經濟的 組織 혹은 政治的 組織을 一朝에 求하는 換言
> 하면 社會進化法則에 何等 根據가 無한 主觀的 理想의 即時 實現을 求하는
> 것이 어찌 또한 一種의 奇蹟을 求하는 것이 아니며 따라서 奇蹟을 崇尙하는
> 者가 자가 아니라. 此는 社會的 奇蹟이라 할지며 ······ 社會的 迷信이라 하
> 겠도다. ······[83]

라고 하여 그것을 '기적' 내지는 '미신'이라는, 현실과 괴리된 실현 불가능
한 것으로 비판하고 있다.

이는 비록 급진적 사회주의 세력의 공격으로 미국 유학을 떠나게 된다
는 정황도 분명히 존재하지만, 그의 급진적인 사회주의 노선에 대한 비판
은 미국 유학 시절에 쓴 논문들에서도 계속적으로 나타나고 있다. 먼저 그
내용이 확인되지 않고 존재만 알려진 「마르크스의 국가관념 비판」[84]이라
는 논문은 그 제목만을 통해서 보더라도 그가 사회주의 노선을 비판하고
있음을 알 수 있다. 또한 「산업 평화에 있어서의 영국적 방법—노동쟁의의
민주주의와의 연관성 연구」[85]라는 영국의 산업정책 및 산업평화를 다룬
그의 박사학위 논문에서도

> '최후의 계급 투쟁'이라는 마르크스주의적 의미가 근대 영국 정치사에서
> 는 널리 보여지지 않고 있다는 점이 주목할만하다. 압박 받는 공장노동소년

---

83) 『東亞日報』 1922년 7월 21일, 「奇蹟論—現實과 現實以上」

84) Chang Duk Soo, A Critical Examination of Marxian Conception of the State,
M.A., Columbia University, 1925.
이 글은 "통과되지 못한 박사학위논문"(유광렬, 앞의 글, 38면.)으로 흔히 알려져 있으나,
당시의 미국 유학생들의 기록(「北美留學生博學士論文題一覽」, 『우라키』 4, 1930, 209
면. : 『The Korean Student Bulltin』 No4., Vol.Ⅶ, December, 1929, p.3.)에서는
雪山의 석사학위논문으로 기록하고 있다.

85) Chang Duk Soo, British Method of Industrial Peace—A Study of Democracy
in Relation to Labor Disputes, Columbia Univ. Press, 1936.

들의 원인은 토리와 휘그당 뿐만 아니라 노동자들 자신에 의해 처리되었다.

라고 하여 '계급투쟁'이 아닌 자본가와 노동자들 간의 조화와 협력을 영국 산업 사회 발전의 특징으로 제시하고 있는 점에서 급격한 사회혁명 보다는 사회 구성원간의 조화와 협력을 강조하고 그를 바탕으로 전개되는 점진적인 개혁·개량을 주로 모색하였음을 알 수 있다. 결국 이러한 내용들을 살펴 볼 때 雪山은 앞서 『東亞日報』의 창간사 및 기타의 여러 글에서도 확인되는 것처럼 '문화주의·인격주의'를 자신의 민족운동의 이념으로 설정하였고, 이를 바탕으로 하여 문화운동을 전개한 것으로 파악할 수 있다. 그럼 '사회혁명당'과 '국내지부'에서 중요한 위치를 점하는 것으로 나타나는 그의 사회주의 운동은 어떻게 평가할 것인가? 이는 다음과 같은 점이 주목된다. 즉 이들 단체들이 '민족해방을 이루고 사회주의 혁명을 이루자는' 2단계 혁명론을 제시하고 있다는 점이다. 물론 이들 단체들은 앞서도 살펴 본 바와 같이 '계급타파와 사유제도의 타파, 무산 계급 전제정치, 혁명운동의 실행'을 주장함으로써 사회주의 단체임을 표방하고 이를 최종 목표로 삼고 있다. 여기에 참여한 雪山 역시 이를 전혀 인식하지 못했다고는 파악하기 힘들다. 그렇지만 그는 분명하게 '계급투쟁'과 이것을 통한 급격한 혁명에는 찬동하고 있지 않고 '문화주의·인격주의'를 제창하며 사회 구성원간의 조화와 협력을 통한 점진적인 개조를 추구하고 있다. 이를 통해 볼 때, 雪山이 이들 단체를 통해 사회주의 운동에 참여하는 것은 이들 혁명론의 첫단계 즉 '일제 타파'에 공감하여, 자신이 주된 운동방법으로 제시하고 있는 문화운동으로 이들 세력을 포용하여 민족운동을 확대·전개하려는 입장에 비롯된 것으로 판단된다. 이는 雪山이 사회주의를 '개조론'의 하나로서 인식하였기 때문으로 파악된다. 즉 그가 사회주의 사상을 일본 유학 시절에 처음 접하고 당시 일본 사상계에서 마르크르스의 사회주의, 크로포트킨의 상호부조론, 버트란드 러셀의 자유주의 등이 새로운 사상으로서 주목받았다는 점86)과 『공제』에 실린 여러 글들에서도 나타나듯이 1920년대 초반에 한국의 지식인들이 사회주의를 개조론의 하나로서 인

식하고 있었던 점[87] 등은 이를 반증하는 사례라 할 수 있다.[88] 결국 그의
사회주의 운동은 사회주의의 그것이라기 보다는 '사회 개량주의'적인 측면
을 보다 강하게 지니고 있다고 할 수 있으며 그의 사회주의 인식의 특징을
나타내는 것이라 할 것이다.

그러나 이 시기 雪山의 활동 및 인식은 분명히 한계성도 지니고 있다.
그것은 『東亞日報』의 지면이나 다른 잡지들을 통해 계속적으로 주장하고
있는 '문화주의·인격주의'를 통한 점진적인 개조·개량이라는 것이 일제
의 식민지배라는 현 상황을 인정하고 진행될 수밖에 없기 때문이다. 물론
문화운동을 통하여 실력을 양성함으로서 '독립'을 얻고자 하는 나름대로의
지향점은 분명하다고 할 수 있다. 그러나 일제의 침략성을 생각할 때, 이러
한 운동이 과연 민족의 독립이라는 성과를 이끌어 낸다는 것은 불가능한
일이었고, 결국 그가 주장하는 '독립'의 요구는 '자치'의 요구로 나타날 수
밖에 없는 현실을 지녔다는 점에서 그 한계성은 더욱 선명해진다. 이는 비
록 그는 미국 유학으로 인해 참여하고 있지는 않지만, 민립대학설립운동이
나 물산장려운동과 같은 문화운동자들이 추진한 대표적인 민족운동이 민
족전선의 분화 및 일제의 방해로 실패로 돌아간 후 雪山과 대단히 밀접한
관계를 지닌 仁村·古下 등의 인사들이 '研政會' 논의로 나타나는 자치론을
전개했다는 점에서 확인이 가능하다. 그리고 바로 이러한 점으로 인해 식
민지 지배 세력인 총독부 경무부장이 雪山에 대해 "조선 민족의 장래의 운
명을 담당해야 하는 권위자로서 우리들이 기대하는 바 크다"[89]라는 부정
적인 평가를 받게 되는 것이라고도 할 수 있다.

---

86) 김형국, 앞의 글, 122~123면.
87) 박애림, 앞의 글. : 권희영, 앞의 글 참조.
88) 그가 영국의 예에서 '노자협조주의'를 통한 점진적인 개량을 주장하고 있는 점과 '사회주
    의'를 개조론의 하나로서 받아들이고 있는 점은 이들이 '大正데모크라시' 시기에 일본 사
    상계를 풍미하고 있었다는 점에 그가 영향을 받고 있음을 보여준다고 할 것이다.
89) 千葉了, 『朝鮮獨立運動秘話』, 帝國地方行政學會 刊, 1924, 138면.

V. 맺음말

이상에서 살펴 본 雪山 張德秀의 활동과 인식은 다음과 같은 점에서 의의를 지닌다고 할 것이다.

먼저 일본 유학 시절은 다음과 같은 점에서 주목된다. 첫째, 仁村, 古下 등 '東亞日報 그룹'으로 대표되는 우파 인사 및 초기 사회주의 운동을 전개하는 데에 있어 인적 배경을 이루는 選耘 등과 같은, 그가 전개하는 활동에 있어 중요한 인적 기반을 이루는 여러 인사들과의 관계를 이 시기에 형성하고 있다. 둘째, 『학지광』에 게재한 글에서는 '자강론'적 견해를 보이나, '정치결사'와 '신아동맹당'의 결성 및 '신한청년당'에서의 활동과 같은 직접적인 행동으로서의 민족운동을 전개하는 것을 볼 때 이 시기에 자신이 전개할 민족운동의 형태를 모색하는 것으로 판단된다. 셋째, 『학지광』에 게재한 글들에서 세계 질서를 '생존경쟁·약육강식'으로 파악하여, 유소년 시절에 접한 사회진화론을 이 시기에 자신의 인식 구조로서 체계화하고 있다. 넷째, '문화주의·인격주의'를 제창하는 등 당시 일본 지식인들과의 관계를 통해 '대정데모크라시' 시기의 일본 사상계의 영향을 받고 있으며 이것이 1920년대 그의 활동에 있어 인식 기반으로 작용하고 있다.

한편으로 1920년대 국내에서 전개하는 그의 활동은 다음과 같은 점에서 그 중요성을 지닌다. 첫째, 그는 자신이 전개하는 활동에 있어 철저히 『東亞日報』 및 그 관련 인사들을 기반으로 하고 있다는 점을 들 수 있다. 즉 『東亞日報』의 주간으로서 자신과 『東亞日報』의 주의·주장을 전개하였기에 보다 많은 영향력을 행사할 수 있었고, 이러한 그의 활동은 『東亞日報』에 관여하고 있는 인사들의 운동론을 대표한다고 할 수 있다. 둘째, 동시에 그는 選耘 등과 더불어 '사회혁명당' 및 '고려공산당(상해파) 국내지부'에 참여하고 있는 것을 통해 사회주의 운동에도 주도적으로 관여하였다는 점이다. 즉 그는 '문화운동'의 대표적 단체인『동아일보』와 초기 사회주의 운동의 대표적 단체인 '국내지부'의 접합점이라 할 수 있으며 이로 인해 양단체를 대표하는 인물로 부각되었다. 셋째, 이처럼 그는 사회주의 운동에도 관여하고 있으나 그가 중점적으로 전개한 것은 '문화운동'으로 판단된다는 점이다. 이는 이 시기에 나타나는 그의 주의·주장이 '문화주의·인격주의'에 바탕을 두고 있으며 이를 통해 점진적인 개량을 주장한다는 점과 '계급투쟁'과 같은 급격한 변혁을 주장하는 사회주의자들을 비판하고 있다는 점을 통해 파악할 수 있다. 다섯째, 결국 그가 사회주의 단체에 참여하고 있는 것은 사회주의를 개조론의 하나로서 파악하였고 이들 단체들이 주장한 2단계 혁명론 즉 '민족독립'이 '계급혁명'보다 선행되어야 한다는 점을 자신이 전개하는 '문화운동'의 한 틀로 인식한 것임을 파악할 수 있다. 마지막으로 이러한 모습으로 인해 그는 김사국 등과 같은 급진적인 사회주의자들의 공격으로 인해 미국 유학을 떠나게 되면서 자신이 참여했던 초기 사회주의 운동에서 이탈한다는 점을 들 수 있다.

결국 이 시기에 나타나는 그의 활동은 당시의 최고 지식계층이라 할 수 있는 일본 유학생들의 인식 구조 및 운동양상,『東亞日報』를 중심으로 하는 인사들의 운동론, 초기 사회주의의 수용 양상, 그리고 민족주의 진영과 사회주의 진영의 분화 및 사회주의 진영 내부의 분화를 보여 줌으로서 1920년대 초반 국내 민족운동의 특성을 보여주는 한 사례라고 할 것이다.

A Study of Cultural Movement and Social Cognition of Sul-san(雪山) Chang Duk-Soo(張德秀) during 1912~1923

Shim Jae WooK

It is very important that various Korean National Movement during the period of the Japanese Colonial Ruling. Because, Korean nationalists were divided into the Right & Left Wing in the course of the subjugation, their eruption and complications were thus continued and got worse to the period of the Liberation(1945~1948) as the opposition and dissension, which made a internal factor of Korean War in 1950. So, to research the both sides equally has an important meaning for the systematic study of the Korean National Movement.

Therefore, this thesis study about Sul-san Chang Duk-Soo, especially, his cutural movement and social cognition which showed during 1912~1923. Because he was the principal member of the 'Dong-A Daily Group'(東亞日報 그룹), so called, which was represent the parties of the Internal Right Wings in the period of the Japanese colonial ruling and the Liberation, stand for their principles and doctrines as a spearhead. And, also, he symbolized the intelligentsia who were studied in Japan in 1910s and became a leading class on the national movement in 1920s.

He studied in Japan from 1912 to 1917, in this times, he groped for the national movement which he would carry out, made a relationship with the people who were become the background of his act, for example, Ihn-chon(仁村) Kim Sung-Soo(金性洙), Go-ha(古下) Song Jin-Woo(宋鎭禹), and Ji-woon(遲耘) Kim Chul-Soo(金綴洙), etc, and he formed the Social Darwinism as his cognition was formed under the influence of the Japanese realm of the thought in its days, which so-called Daisho-Democracy(大正데모크라시).

In the early of 1920s, he unfolded the 'Cultural Movement' as an editor of 'Dong-A Daily'(東亞日報) with Ihn-chon, Go-ha, and at the same time he also charged the principal role in the socialist parties, such as 'Social Revolution Party'(社會革命黨) and 'Korean Communist Party(Snag-hai faction)'(高麗共産黨 上海派), so in that time he represented the both sides. But, in spite of his actions in those socialist parties, he didn't pursue the radical reformation of society but criticized it and emphasize the gradual improvement of society, through his editorial articles and essays. And it means that he would accept the Socialism as one of the 'Theory of Reconstruction'(改造論) which was widespread in that time. However, his behavior like this, was criticized by the parties of the other radical socialists who were represented by Kim Sa-Guk(金思國), violently, for exmample 'Oppositional movement of a Public funeral of Kim Yun-Sik'(金允植社會葬反對運動) and 'Imposture communist party scandal'(詐欺共産黨 事件). Finally, he went to the America to get away from those attack in the name of studying aboard.

日帝時期 '間島'와 朝鮮間 貿易에서의 關稅問題

우영란[*]

* 중국 연변사회과학원 연구원

I. 머리말

1910년대 초, 간도[1])는 지정학적 · 인적요소로 인해 조선에 이어 일제의 침략목표로 되었다. 1910년 이후 간도에 대한 일제의 經濟浸透는 朝鮮北部와 지리적으로 隣接해 있었고 이미 일제의 식민지로 된 조선과 간도와의 무역관계를 통해 이루어졌다. 즉 조선을 중계지로 하여 간도를 일본의 工産品消費市場과 農産物 및 原料輸出市場으로 만들었고 또 간도로부터 직접 조선에 조를 수출하게 함으로서 간도로 하여금 對日本 米穀輸出로 인한 조선의 米穀不足을 補充하는 역할을 하게 하였다.

즉 1910년 이후부터 만주국 성립 이전까지 일제는 간도 對朝鮮貿易을 통해 간도 · 조선 및 일본의 經濟連帶를 형성하였고 이를 통해 일본자본주의의 발전을 위해 대륙진출의 길을 닦아 놓음으로서 만주국이 성립된 이후에는 조선과 간도를 중계지로 대륙에 대한 經濟進出을 완성할 수 있었다.

간도 對朝鮮貿易은 일본자본주의의 성장과 더불어 이루어진 對外經濟侵略의 본질을 식민지조선과 그 주변부이면서 또 대륙침략의 교두보로 되었던 간도를 통해 가장 잘 반영할 수 있는 부분이라고 인정한다. 특히 간도는 人口構成上 移住韓人이 다수[2])를 차지한 지역이었기에 본 논문은 이 시기 간도한인의 경제생활상을 고찰하는 연구의 한 부분으로 된다.

간도와 조선간의 무역은 경제발전법칙에 의해 이루어진 경제관계가 아니라 일제의 對朝鮮 및 對間島 무역에 대한 정책적인 요인이 결정적인 역할을 한 무역이었다. 때문에 이 시기의 무역상황을 고찰함에 있어서 관세문제에 대한 연구는 일차적으로 이루어져야 할 연구라고 인정한다.

日帝下 間島 對朝鮮貿易에 관련되는 연구[3])는 몇 편의 논문에 한정되어

---

1) 현재의 길림성 연변조선족자치주의 延吉 · 和龍 · 汪淸 · 琿春 네 개 현을 가리킨다.
2) 1910년대 전후에는 간도 總人口의 80% 以上을 차지하게 된다(『最近間島事情』, 122면).

있는데 논문들은 琿春을 중심으로 初期 간도무역상황, 한인의 민족상공업에 관한 연구 등으로서 구체적인 관세정책으로부터의 접근은 이루어지지 못했다. 그리고 日帝下 조선에서의 관세정책에 관한 연구4)들에서 陸接國境地域의 關稅問題로 두만강 유역에서의 관세문제가 단편적으로 서술되었을 뿐 구체적인 정책분석은 이루어지지 못한 상황이다.

1910년부터 만주국 성립 이전까지 일제는 間島 對朝鮮貿易에 있어서의 관세정책을 통해 자국의 關稅利權을 보호하려는 중국정부와의 마찰 속에서 간도에 대한 식민지적 경제수탈을 진행할 수 있었다. 본문은 관세문제에 대한 고찰을 통해 간도 對朝鮮貿易의 植民地的 성격 및 이로 인해 간도가 일제의 經濟圈에 편입되어 가는 과정을 밝히려 한다.

Ⅱ. '間島'海關의 設置 및 청진항의 免稅制度

1. '간도'해관의 설치

19세기 중엽부터 韓人이 不斷히 移住하여 간도를 개척하자 간도는 점차 곡물생산지로 부상하였다. 1905년 12월 「淸日滿洲先後協約」에 의해 琿春이 개방5)되고 1909년 9월 「間島協約」에 의해 용정촌, 국자가, 두도구, 백초구

---

3) 黃今福 「諮議近代貿易重鎭-琿春」, 延邊歷史硏究所 編, 『延邊歷史硏究』, 第三輯, 1888. 3.
   李 輝, 『試論解放前中國朝鮮族民族工商業狀況』 연변대학 민족연구소 석사학위 논문, 1996년.
4) 韓國關稅協會編 『韓國關稅史』 1969.
   崔虎鎭, 「日帝統治下(1910~1945)의 朝鮮關稅政策硏究」, 『東洋學』4, 檀國大 東洋學硏究所, 1974.
   車軺權, 「日帝下에 있어서 한국의 貿易政策-關稅政策을 중심으로-」, 『日帝의 經濟侵奪史』.
   宋圭振, 「日帝下 朝鮮에서의 關稅政策에 관한 硏究」, 滄海朴秉國敎授停年紀念 『史學 論叢』, 1994.

228

가 개방되면서 곡물수출과 工産品의 수입을 주축으로 하는 무역활동이 빈번해지게 되었다. 종래 간도에 수입되는 貨物은 길림과의 상업관계, 블라디보스토크를 경유해 수입되는 훈춘의 무역관계를 통해 이루어졌는데 輸入貿易에서 吉林系가 60%, 블라디보스토크·琿春系가 40%를 점하였다.[6] 간도와 행정적으로 上下級關係에 있었던 길림과의 상업관계, 그리고 1860년 영불연합군의 北京侵攻과 청조의 굴복이라는 상황에서 간도를 포함한 만주에서 利權을 얻게 된 러시아와의 貿易關係가 간도무역의 주축을 이루었던 것이다.

아시아에서 세력권을 擴張하려는 일본과 러시아와의 충돌은 불가피한 것이었으며 이로 인한 1904~1905년의 露日戰爭은 종래의 경제관계를 변화시키게 되는 획기적인 계기로 되었다. 敗戰國으로 된 러시아는 간도에서 물러날 수밖에 없게 되며 간도에 대한 일제의 浸透가 시작되며 1907년 드디어 '韓人保護'를 구실로 용정촌에 통감부간도파출소를 설치하였다. 이때로부터 간도와 조선 북부의 회령·청진과의 무역이 점차 빈번해지면서 馬車로 청진 혹은 회령으로부터 砂糖·燐寸·石油 등 화물을 수입하는 것을 계기로 간도에서는 길림·블라디보스토크와의 상업·무역관계 외에 또 새로운 무역관계가 이루어지게 되며 1908년에 이르러 간도의 수입품에서 길림 60%, 블라디보스토크 35%, 청진·회령이 5%[7]를 차지하게 된다.

간도에 한인이 대량 이주함에 따라 1880년 훈춘에 招墾局을, 1903년에는 국자가에 撫民 겸 理事府(통칭 연길청)를 설치하고 吉林將軍[8]의 소속 하에 둠으로서 간도에 대한 통치권을 확실시하였던[9] 청조는 러시아와 조선의 邊界에 위치해 있는 간도의 훈춘과 용정촌이 점차 무역중심지로 되고 있는

---

5) 福昌公司調査, 『滿蒙通覽』 下篇, 大正7年12月, 937~938면.
6) 統監府出張員事務所, 『間島産業調査書 下 第3編 商業調査書』, 1910, 72면.
7) 統監府出張員事務所, 『間島産業調査書 下 第3編 商業調査書』, 1910, 72면.
8) 1676년에 청정부는 길림에 吉林烏拉城을 구축하고 그곳에 將軍署와 將軍府를 설치하였다. 1653년과 1683년에 盛京將軍과 黑龍江將軍도 설치되어 만주지역에 대한 三將軍 체제를 확립하였는데 간도는 길림장군소속지역에 위치하고 있었다.
9) 永井勝三 編, 『會寧及間島事情』 1923. 3, 65~66면.

상황에서 관세기구를 설치하고 무역에 대한 관리를 진행해야 할 필요를 느끼게 되었다.

특히 19세기 말 러시아 블라디보스토크에 자유항[10]을 건설한 후 블라디보스토크를 통한 러시아와의 무역이 훈춘을 거쳐 활발하게 이루어졌기에 청조는 吉林稅務司를 새로 임명하고 우선 블라디보스토크와의 무역에서 창구로 되고 있던 훈춘에 가서 해관 설치에 대한 사항을 조사하였다. 드디어 1909년 12월 17일 霍蘭德(G.C.F.Holland, 영국인)[11]이 훈춘세관 執行代理關長으로 임명되었고 總稅務司의 지도를 받기로 하였다. 1909년 12월 27일 훈춘해관이 정식으로 설치되었고 "琿春總關"이라고 불렀는데 이것은 길림성(현재의 길림성)에서의 첫 번째 해관으로 되었다.[12]

이 시기 조선으로부터 간도에 수입되는 화물의 대부분은 조선의 회령으로부터 火狐狸溝(현재의 용정시 삼합향으로부터 지신향의 중간에 있는 산골짜기, 오랑캐령이라고도 불림)를 경유하여 직접 용정촌에 운반되었는 바 이런 상황은 용정촌으로 하여금 점차 조선·일본과의 貿易要路 및 貨物集散地로 되게 하였다. 이는 용정촌에 관세를 징수하는 기관을 설치할 것을 필요로 하게 되었고 훈춘총관은 1909년 12월 30일 용정촌에 분관을 설치하고 "용정촌분관"이라고 불렀다. ("연길분관"이라고도 불렀다) 훈춘총관과 연길분관을 "琿延兩館"이라고 통칭하였으며 1910년 1월부터 업무를 시작하였다.[13] "琿延總關"을 포함한 각지의 海關稅務司는 총세무사가 직접 임명하였고 해관에 대한 감독은 당지의 지방관리가 겸임[14]하였다.

---

10) 『長春海關志』, 編纂委員會 編, 『長春海關志』, 2000년 4월, 9면.

11) 아편전쟁으로 중국의 대문을 연 영국은 중국의 관세권을 장악하게 되었는바 청조의 總稅務司 및 각 지방의 稅務司도 영국인이었다. 1932년 일본에 의해 해관이 접수될 때까지 간도해관의 稅務司도 줄곧 영국인이었다.(長春海關志編委會 編 『長春海關志』, 2000. 4, 10~12면 참조)

12) 『長春海關志』, 編纂委員會 編, 『長春海關志』, 2000년 4월, 10면.

13) 『長春海關志』, 編纂委員會 編, 『長春海關志』, 2000년 4월, 10면.

14) 『長春海關志』, 編纂委員會 編, 『長春海關志』, 2000년 4월, 10~11면.

2. 청진항의 免稅制度와 블라디보스토크 無關稅港의 廢止

1905년 이후 일제는 간도에서 경제권을 확장하기 시작하였으며 1907년에는 '한인보호'를 구실로 용정촌에 통감부간도파출소를 설치하기에 이르렀다.

간도에서 경제권을 확장하기 위해 일제는 통감부파출소 設置 以前부터 經濟圈 擴張을 위한 준비 즉 간도의 資源 및 商業에 대한 調査를 진행하였다. 간도파출소 齋藤 소장의 視察報告書 中의 '간도개발에 관한 건'에서 제기한 "일본내지와의 연락방법을 간편하고 용이하게 하여 일본상품을 수입하고 곡물, 광물을 수출할 것"15)이라는 내용은 일제가 앞으로 이루어질 간도와 조선을 중계지로 한 일본과의 무역의 성격을 미리 규정한 것이라 할 수 있다. 물론 일제가 식민지무역을 통해 간도에서 경제권을 형성하려는 취지는 일본의 제국주의 약탈성과 간도의 중요성으로부터 해명할 수 있지만 일제가 청진항에서 免稅制度를 실시하기까지는 아래의 경제적인 요인으로부터 분석되어야 한다.

후발 資本主義國家인 일본이 조선과 간도에 대해 경제침투를 개시할 때 일본의 자본축적은 그것을 감당할만한 충분한 여력이 마련되어 있지 못했다. 간도와의 무역이 시작된 초기 간도에 왕래했던 일본상인은 거의 경제력이 박약한 소상인이었기에 이들은 일본으로부터 화물을 직접 수입하지 못했고 청진 또는 회령으로부터 그들이 수요하는 화물을 재수입하였다. 이런 화물은 청진에서 수입세가 부과되며 중국측에서 세관을 설치하면 또 수입세를 지불해야 하였기에 2중의 과세를 짊어지게 되었던 것이다.

그리고 일본이 러일전쟁에서 승리하고 간도에서 러시아세력을 밀어냈지만 종래 러시아와 이루어진 경제관계에 끼여들려면 상당한 경쟁력을 수요하였다. 이 외에도 길림과의 상업관계에 대처하는 것 또한 더욱 큰 난제

---

15) 오세창, 김정주 편, 『間島問題』 1968, 韓國史料研究所, 272~273면.

로 되었다. 때문에 간도에서 상권을 확대하는 가장 확실한 방법은 될수록 간도에 수입되는 공산품의 가격을 낮추고 타지방에서 그들의 생산물을 고가로 구입하게 함으로서 구매력을 높이는 것인데 그것을 위한 가장 중요한 道經이 관세의 절감 또는 면제였다. 이것을 위해 日帝가 취한 첫번째 조치가 바로 청진항을 통과하는 對間島輸出入貨物에 대한 免稅制度였다.

1907년 한국정부가 공사비용 약 42만원을 투입하여 방파제 268間을 축조16)함으로써 노일전쟁 당시까지만 해도 戶數가 근근히 109호에 지나지 않는 작은 어촌이었던 청진은 1908년 4월에는 萬國通商貿易港으로 指定되어 회령과 간도방면의 물자를 받아들이고 내보내는 중요한 항구로 되었다.17) 융희 3년(1909) 5월에는 법률 제19호로 면세화물취급규정을 아래와 같이 규정한다고 도지부대신 任善準의 이름으로 공포하였는데18) 그 내용을 살펴보면

> 제1조, 간도 및 훈춘지방에 수입하는 화물은 융희 3년 5월 법률 제19호에 의해 간도 혹은 훈춘지방에 수입하는 화물이라고 명기하는 수입신고서를 청진세관支署에 제출한다.
>
> 제3조, 면세를 받도록 되어있는 화물의 수입자는 두만강 유역에 있는 세관감시署로부터 간도 또는 훈춘지방에 搬出한다는 증명을 얻어야 한다.
>
> 제6조, 간도 및 훈춘지방으로부터 수출하는 화물로서 융희 3년 법률 제19호에 의해 면세취급을 받게 되는 화물은 두만강 유역에 있는 세관감시서에 이 지방으로부터 수출하는 화물이라는 증명을 받아야 한다.
>
> 제7조, 前條의 증명서는 화물수출시 수출신고서에 첨부하여 청진세관支署에 제출해야 한다.

고 규정함으로서 간도에 수출입하는 화물이라는 것을 明記하고 申告書를 제출하면 관세를 면세한다고 규정하였다.

---

16) 川口忠 編, 『間島·琿春·北鮮及東海岸地方行脚記』, 1932. 2, 286면.
17) 鮮滿事情出版社, 『北方處女地 間島之現勢』, 1935. 10, 335면.
18) 일본외무성, 『특수조사문서』 45, 351~353면.

융희 3년 5월 법률 제19호 면세화물취급에 관한 건[19]에서는 위의 감시서는 財務署 내에 설치하며 日本人財務署主事가 稅關監試官補兼務를 한다고 분명히 규정하였다. 그리고 "본 법률은 청진항에 있어서의 수출입화물의 관세면제를 규정한 一國內法으로서 간도 및 훈춘지방에 수출입하는 화물이 청진항을 通過할 때에는 관세를 면제한다는 것을 규정한 행정상의 처분에 지나지 않는다"[20]고 하였다.

청진항의 관세면제와 동시에 간도와 조선간 무역에 중대한 영향을 준 것은 러시아에 의한 블라디보스토크 자유항에 대한 폐쇄였다. 블라디보스토크는 시베리아 철도의 종착지로서 태평양 연안에 있어서의 러시아의 유일한 港灣이었고 훈춘을 통해 간도와 무역관계를 갖고 있었으며 러시아로부터 간도에 공업품을 수출하고 농산품 등을 수입해 내가는 중요한 窓口였다.

노일전쟁이 개시되면서 군비의 확장 등으로 하여 경제난을 겪게 된 러시아는 一般物價가 騰貴하게 되어 無關稅제도를 취소하지 않을 수 없게 되었으며 1909년에는 블라디보스토크 자유항을 폐쇄하기로 하였고 1910년 1월 1일부터 실행하였다.[21] 자유항 폐쇄와 함께 관세법에 의해 중국에 無關稅로 수출입 되던 화물이 관세를 납부하게 되었으며, 이로 인해 블라디보스토크를 거쳐 간도에 수입되는 製造加工品은 모조리 중세를 부과하게 되었다.

1910년은 간도무역에 있어서 획기적인 한 해로 되었다. 우선 중국정부가 간도에 최초로 해관을 설치하고 일반세를 적용하게 되어 간도에 수입하거나 간도로부터 수출하는 화물에 관세를 납부하게 되었으나 이와 동시에 청진항을 통해 간도와 무역을 하는 화물에 대해 관세면제를 실행하였으며 또 지금까지 간도무역에서 중요한 위치를 차지하였던 블라디보스토크 자유항이 폐쇄됨으로서 간도수입무역에서 40%를 차지하던 블라디보스토크와의

---

19) 『특수조사문서』 45, 354〜355면.

20) 일본외무성, 『特殊調査文書』 45, 349면.

21) 일본외무성편찬, 『日本外交文書』 제42권, 제2책, 일본국제연합협회발행, 34면.

무역이 좌절을 겪게 되었으며 이는 간도와 조선과의 무역이 활발하게 이루어질 수 있는 객관적인 요인으로 되었다. 관세문제에서의 이런 변화들은 간도의 무역권이 재편성을 하게 되는 중요한 계기로 되었다.

Ⅲ. 稅則의 制定 및 改正

훈춘총관이 설치될 때 吉林東南路兵備道는 <琿春總關試辦章程>을 반포하였는데 제10조에서 "수입세는 광서 28년 즉 1902년에 결정한 수입세에 의거하며 수출세는 1858에 결정한 수출세에 의해 처리한다"고 규정하였다.[22] (1858년의 <通商出口稅則>에서는 無稅貨物로 지정된 수출입품 외의 것에 대해 일률적으로 從價 5%의 관세를 부과하기로 하였는데 無稅貨物에는 地金銀·외국화폐·穀粉·野菜·乾酪·牛酪·菓子·外國製衣服·寶玉類·金屬被覆貨物·薰香物·各種石劍·木炭·薪·蠟燭·煙草·葡萄酒·麥酒·火酒·家庭食用必需品·개인의 手荷物·文房具·外國製藥劑·硝子·水晶製品 등이 속했고 이 화물들은 전부 수입세와 수출세를 지불하지 않았다. 개인의 手荷物·地金銀 및 外國貨幣를 제외한 기타 화물은 內地에 移送될 때 從價 2.5%의 內地稅를 납부해야 했다. 1902년의 "通商進口稅則은 1901년 북경에서 조인된 최종의정서로서 청조에 수입되는 화물에 대한 현행세율을 5%로 한다고 규정하고 아직 從價[23]에 의해 징수해온 일체 수입세를 될 수 있는 한 빠른 시간 내에 從量稅[24]로 개정하기로 하고 면세품의 범위를

---

22) 延邊朝鮮族自治州檔案館 編著 《琿春貿易史料彙編》(연변당안관에 所藏되어 있는 자료를 기초로 編纂한 資料集)된 1994, 69~71면.

23) 從價稅란 물품의 가격을 과세표준으로 하는 관세이다. 가격에 따라 부과하므로 가격이 비싸면 관세가 많이 부과되고 가격이 싸면 적게 부과된다.
關稅=실제거래가격×환율×관세율 (朴鐘秀『關稅論－理論과 法制－』1985. 7, 17면).

24) 從量稅란 물품의 수량을 과세표준으로 하는 관세이다. 수입물품의 개수, 부피, 중량, 치수 등을 확인하며 쉽게 관세액을 산출할 수 있다. 세액의 계산은 다음과 같이 한다.
단위수량당 稅額×수량=稅額. 단점은 불공평한 세부담을 초래하며 따라서 일반적으로

대폭 줄인다"고 결정하였다)

상세한 상황을 살펴보면

1. 러시아, 조선 경내로부터 수입되는 외국화물에 대해 면세화물을 제외한 외
   에는 일률로 1902년에 調印된 "通商進口稅則"에 의해 세금을 징수하는데
   5%의 輸入稅를 징수한다
   第2條, 아래의 화물에 대해서는 수입세를 부과하지 않는다. (外國產米穀,
   穀物 및 穀粉, 金銀地金 및 貨幣, 인쇄서적·海圖·地圖·정기간행물 및
   新聞紙25))

2. 러시아, 조선 두 나라로 수출되는 화물은 免稅화물을 제외한 외에는 일률로
   1958년에 체결한 "通商出口稅則"에 의해 5%의 輸出稅를 징수한다.

3. 이미 輸入稅를 납부한 외국화물이 '내지'에 수송 될 때에는 2.5%의 內地子
   口半稅를 징수한다.

4. 국내의 토산물이 '내지'를 경과하여 出口에 운반될 때 2.5%의 沿岸貿易稅를
   납부한다"는 것이다.

5. 러시아에 수출되는 豆油·糧食·菜蔬 등은 免稅貨物에 속했으며 도문강을
   경유하여 수출되는 목재에 대해 3년간 면세하기로 하였다.26)

실제 5% 從量稅는 중국이 제국주의에 의해 관세자주권을 박탈당한 상황
하에서 이루어진 것으로서 계속적인 물가등귀로 10년대에 이르러서는 실
질적인 關稅率이 3~4%에 불과한 저율의 것이었다. 그리고 종가세를 종량
세로 개정함으로서 植民地 輸入貿易의 특징인 공산품의 수입을 위해 과세
부담을 경감하는 역할을 하게 되었다. 그러나 조선과의 무역관계에 이 稅
則을 적용한다는 것은 輸入貿易에서 일제가 다른 제국주의 국가들이 얻는
특혜를 얻지 못하게 되는 것(러시아는 이미 특혜를 얻은 상황임)으로 되었
다.

精製品이 粗製品보다 과세부담이 가볍게 되는 모순이 있다.((朴鐘秀『關稅論―理論과 法
制―』1985. 7, 17면).

25) 外交時報社 編,『支那及 滿洲關係 條約及公文集』, 1934. 12, 38~41면.

26) 政協吉林省琿春市委員會, 文史資料委員會 編,『琿春文史資料』第3輯, 1990. 7, 26면.

수출무역 역시 免稅貨物을 제외한 외에는 5%의 輸出稅를 징수한다고 규정함으로써 일본이 수출무역에서 간도로부터 얻은 특혜는 목재에 대한 3년 免稅權이었고 러시아가 향유하고 있었던 곡물 등에 대한 輸入免稅特惠는 얻지 못했다.

하지만 청진항에서의 면세제도는 간도와 조선간의 무역발전을 촉진하는 역할을 하여 간도무역에서 청진항을 경유한 무역량이 대폭 증가하는 결과를 가져왔는데 1914~1915년에 이르면 청진을 경유하는 간도와 조선간의 무역량이 1908년의 5%로부터 30%로 늘어나게 되었다.27) 청진항의 일방적인 免稅制度만으로는 기대했던 바를 이룰 수 없었다. 일제는 간도에서 더 많은 關稅特惠를 取得하려 했으며 조선에서도 일련의 법령개정을 진행하여 간도와의 무역을 촉진하였다.

그러나 중국정부는 일제로부터 自國의 關稅를 보호하기 위해 일제의 감세요구를 접수하지 않았으며 여전히 一般稅를 부과하였는 바 관세를 이용하여 輸出入貿易을 제한함으로써 일제의 경제세력이 간도에 침투하는 것을 저지하려 하였다.

이런 상황에서 일제는 조선에서 관세법규에 대한 개정을 진행하였다. 1910년 이후 일제는 舊韓國의 관세제도를 그대로 존속시키는 전제 하에서 당초의 舊關稅据置宣言에 크게 저촉되지 않는 범위내에서 諸般法規를 制定·實施하기로 하고 1912년 3월 <朝鮮關稅令>을 공포하였다.28)

〈표 1〉

輸 入 稅 表		輸 出 稅 表	
穀 物	從價 5%	穀 物	從價 5%
石炭 등 광물(귀금속은 제외)	〃 5%	生 牛	〃
綿織 〃 物 衣類	〃 7.5%	牛 皮	〃
針시계등	〃 5%	鑛 物	〃
象牙 등 貴重品	〃 20%	其 他	〃

27) 현규환, 『한국유이민사』, 330~331면.
28) 韓國關稅研究所, 『韓國關稅史』, 1985. 12, 213면.

본령에 의한 주요 수출입세표는 <표 1>과 같다.[29]

위의 표에서 살펴보면 輸出入稅 모두 穀物 鑛石類의 稅率이 낮으며 수출품은 거의 농산물·축산물 및 광물이었고 모두 從價 5%의 저리로 되어 있음을 보아낼 수 있다. 수출입 모두가 곡물과 원료의 수출을 장려하였음을 나타낸다.

中·朝國경무역에서는 특별관세제도를 실시하였는데 1913년 3월 10일 정식으로 공포하고 4월 1일부터 실행하기로 한 <朝鮮陸接國境關稅令>[30]이 바로 그 가운데의 하나이다. 해당 사항을 살펴보면

제1조, 평안북도 신의주로부터 함경북도 豆滿江口에 이르는 륙접국경에서의 화물의 수출입에 관해서는 本令에 의거한다.

제2조, 陸接國境에서 조선총독이 특별히 指定하는 地點외에는 화물의 수입 또는 수출을 하지 못하는데 아래의 경우는 例外로 한다. 1) ……, 2) 조선총독이 지정한 陸接國境 陸接地域內 주민이 그 지역 내에서 수확 또는 생산한 물품을 직접 수출 또는 수입할 때, 3) 前號의 주민이 前號의 지역 내에서 작업에 필요한 물품을 직접 수출입할 때 이들 물품에 대해서는 관세법을 적용하지 않는다.

이로 인해 陸接國境 隣接地域內 주민이 그 지역 내에서 수확 또는 생산한 물품을 직접 수출 또는 수입할 때 관세를 면제하기로 하고[31] 그 지역을 벗

---

29) 韓國關稅研究所, 『韓國關稅史』, 1985. 12, 217~224면.

30) 『朝鮮總督府官報』, 號外, 1913. 3. 10.

31) 두만강을 사이 두고 간도를 마주보고 있는 조선북부지방은 토지가 척박하고 인구가 조밀한 지구로서 식량을 자급할 수 없는 지방이었다. 종래 부산으로부터 곡물을 공급받았으나 개항 후 부산항을 통한 일본으로의 곡물수출이 증가됨에 따라 함경도의 식량이 부족하게 되었다(강만길 엮음, 『한국자본주의의 역사』 2000. 9, 40면.)
이 때로부터 조선북부지방의 식량문제는 간도에 의거하는 수밖에 없었다. 대개 조선북부는 매년 거의 3분의 1정도의 식량을 간도에서 해결해야 하는 상황(吳祿貞, 「延吉邊務報告」外交部 外交安保研究員 『間島의 領有權問題－中國의 입장』 제1부, 1991, 244면)이었는바 조선의 북부에 있어서의 간도의 중요성을 알 수 있다. 특히 1910년 이후 對日 米穀輸出이 이루어지면서 곡물수출지로서의 간도의 중요성이 더 부각되었다.

어나면 조선관세령의 稅則을 적용한다고 함으로써 명의상으로는 "국경지 대주민의 편익과 교통 및 경제생활의 자유를 보장"한다고 했지만 실제상 간도지역 한인들의 곡물수출에 편리를 조성하였는 바 조선북부지방에 곡 물을 수출하도록 장려한 것이었다.

같은 달 朝鮮總督府 告示 제56호는 조선류접국경관세령 제2조의 규정에 의해 화물을 수출입 할 수 있는 지점을 함경북도 경흥군 下汝坪·경원군 新阿山· 회령군 회령· 종성군 종성· 온성군 온성 등 15개로 지정하였으 며 4월 1일부터 이 15개 곳에 세관출장소를 설치하기로 함32)으로써 법령 을 실행하기 위한 구체적인 조치를 취하였다.

다른 한편으로는 중국정부와 減稅를 위한 교섭도 멈추지 않았는 바 1919 년 5월 3일, 북경에서 公布한 "關于延邊往來運貨減稅之換文"에서 중국은 "간 도를 경유하는 滿韓陸路貿易은 1905년 中日會議東三省事宜條約附約 제11조 의 규정에 의해 최혜국대우를 享受해야 하며 연변지방을 경유하는 상술한 화물에 대하여는 安奉鐵道를 경유하는 화물 및 기타육로를 경유하는 화물 에 대한 규정에 의해 수출, 수입관세의 3분의 1을 輕減해야 한다……"는 일본측의 提議를 받아들여 "……간도로부터 육로로 훈춘해관 및 연길분관 을 경유하여 조선 북부지방에 수출되는 모든 화물과 조선 북부지방으로부 터 훈춘해관 및 연길분관을 경유하여 간도로 수입되는 모든 화물은 모두 1913년 中·日간에 체결한 '滿·韓往來運貨減稅試行辦法33)에 의해 처리한 다"고 하였다.34) 중국정부는 드디어 일본의 세금의 3분의 1을 감소한데 대 한 요구를 받아들였고 중국과 조선 陸路通商減稅方法은 압록강, 두만강에 서 일율적으로 실시하게 되었다.

그렇다면 세율의 개정이 어느 정도의 효과를 나타냈는가를 살펴보기로

---

32) 『朝鮮總督府官報』號外 1913. 3. 10.
33) 『朝鮮南滿往來運貨減稅施行辦法』제1조: "凡應稅貨物裝火車由東三省運往朝鮮新義州以 東各地方及由新義州以東各地方運入東三省者, 均應分別完納海關進口稅三分之二"(王鐵崖 『中外舊約章彙編』1, 909~913면)
34) 王鐵崖 編, 『中外舊約章彙編』제2책, 1959.4, 1493면.

238

한다. 아편전쟁 이후 줄곧 從價 5%를 기초로 하는 (從價稅)從量稅 하에 있
던 중국은 제1차세계대전을 계기로 제국주의 국가들과 관세의 개정에 관
한 협의를 하며 1919년 8월 1일부터는 개정세율이 실시됨에 이르렀다. 개
정세율은 원래의 세율에 비해 평균 34%나 增率되었다.[35] 그러나 조선과 간
도의 국경무역은 3분의 2의 혜택을 얻음으로서 개정세율에 의한 부담을 경
감할 수 있었고 일부 화물에 있어서는 종전의 세율보다 절감되었다.

　　아래에 수출입품의 주요한 품종에 대해 新舊關稅率, 그리고 3분의 1의
감세율을 비교해보기로 하자.[36]

　　수입관세상황을 살펴보면 개정세율에 의해 거의 높아졌지만 3분의 1의
혜택을 입어 대부분은 舊關稅에 비해 낮아졌다. 특히 수출세에서 얻는 혜
택으로 하여 상인의 부담이 많이 줄어들었으며 수출의 증가를 촉진하였다.
이로 하여 상품의 가격이 낮아졌으며 여기에서 남아도는 이익은 또 화물을
구입하는 자금으로 충당되므로 무역을 발전을 도모하게 되었다. 특히 1919

〈표 2〉 주요수입품의稅率(단위:海關兩)[37]

品　名	單　位	舊　稅　率	新　稅　率	1/3減稅後의　稅率
시친그	1 疋	0.120	0.160 0.200	0.106 0.133
紙 煙草	1 擔	0.090	0.060	0.040
乾 魚	〃	0.315	0.490	0.326
鮮 魚	〃	0.137	0.320	0.213
海 草	〃	0.100	0.130	0.088
棉 花	〃	0.600	0.800	0.533
細 布	1 疋	0.135	0.210	0.140
石 油	1 箱	0.070	0.110	0.073
砂糖	1 擔	0.190	0.220	0.146

---

35) 韓國關稅研究所, 『韓國關稅史』 1985. 12, 195〜196면.
36) 間島日本領事館, 『滿洲事情 (間島 · 局子街 · 頭道溝 · 琿春事情)』 1920, 31〜33면.
37) 兩이란 해관에서 사용하는 가격단위이다. 중국의 화폐가 規範化되지 못했기에 시간과 지
　　점의 차이에 의해 海關兩에 換率에는 차이가 있었다. 환산율의 빈번한 변동은 무역에서
　　자주 혼란을 조성하므로 해관에서는 月마다 그 환산율을 일반에 발표하여 참고하게 하였
　　다.(上海日本人實業協會編纂, 『支那稅關 其通關手續』 1913. 8, 29면)

<표 3> 주요수입품의 稅率 (단위:海關兩)

品 名	單 位	新稅率	1/3減稅後의 稅率
粗 銅	100斤	1.000	0.666
白豆 大豆	〃	0.060	0.040
대맥 옥수수 수수 조 소맥	〃	0.100	0.066
豆 粕	〃	0.035	0.024
豆 油	〃	0.300	0.200
燒 酎	〃	0.150	0.100

년의 개정세율에 의해 세금을 납부하게 된 다른 제국주의 국가들과의 경쟁에서 우세를 차지하게 되었다.

1920년 8월, 조선과 일본의 통일관세시대가 시작되는데 통일관세제도의 실시와 함께 容認된 陸接國境地帶의 수출입에 관한 特例는 1913년의 법령[38]을 그대로 인정하는 기초 하에서 화물의 수출입을 할 수 있는 지점을 15개로부터 47개로 늘었다.[39] 즉 陸接國境地帶의 감시·취체를 효율화하기 위한 것이었다.

같은 달 朝鮮總督府令 제121호의 제2조에서는 陸接國境 隣接地域을 국경으로부터 각 2里[40] 이내로 확정[41]함으로서 1913년 3월 10일 공포한 朝鮮陸接國境關稅令의 模糊했던 부분을 확실히 하였다.

<……特例에 관한 건> 제4조에서는 ‘조선총독은 흉작 또는 기타의 부득이한 사유가 있을 때에는 기간을 지정하여 조선에 수입하는 쌀 등 곡물의 수입세를 경감 또는 면제할 수 있다’고 함으로서 곡물의 수입에 대해 장려정책을 취하였다.[42]

상술한 바와 같이 간도와 조선간 무역에서 관세는 일반세를 적용하던

---

38) 조선총독부 편찬, 『朝鮮法令輯覽』(1920) 財務編 "朝鮮陸接間稅令"(1913년 4월 制定) 참
    조.
39) 『일제의 경제침탈사』 617면.
40) 日本의 1里=1 中國里 (조선총독부, 「國境地方視察復命書」, 1915, 『白山學報』 第10號,
    182면).
41) 『朝鮮總督府官報』, 1920년 8월 28일.

<표 4> 운춘, 용정세관 수출입무역액통계표(단위: 해관량)[44]

운 춘 세 관		용 정 세 관	
년 도	수출입무역총액	년 도	수출입무역총액
1910	309,407	1910	131,403
1915	622,340	1915	443,065
1920	790,657	1920	2,248,391
1921	1,476,304	1921	3,082,523
1922	1,521,465	1922	3,360,381
1923	1,532,772	1923	5,025,790
1924	1,576,931	1924	4,650,290

데로부터 관세특혜를 적용하는 방향으로 추진되었으며 이는 직접적으로 무역량에 영향을 주어 간도무역에서 조선과의 무역이 절대적인 우위를 차지하게 되었다. 아래 훈춘·용정세관의 수출입무역통계표를 보면 무역변화상황을 뚜렷하게 보아낼 수 있다. 즉 1924년에 이르러 용정세관을 통과하는 수출입총액은 훈춘세관의 세배이상에 달하게 되었던 것이다.

중국정부는 무역과 관세수입의 변화에 적응하기 위해 1924년 8월 1일 總關을 훈춘으로부터 용정촌에 옮겨 용정촌분관이 總關으로 승격하고 훈춘총관은 반독립적인 分關으로 되어 총관과 총세무사의 이중 지도를 받게 되었다.[43] 總關이 일제의 정치·경제 중심지인 용정촌으로 옮긴 것은 일본의 간도에 대한 경제침투가 절대적인 우위를 차지했음을 의미하였다.

Ⅳ. 일제통치기구의 關稅業務 介入

관세법령의 제정 및 개정과 함께 그 실행에서도 일제는 관세이권을 위한 노력을 멈추지 않았다. 일제는 그들의 통치기구를 직접 관세업무에 간

---

42) 韓國關稅研究所, 『韓國關稅史』, 1985. 12, 228~228면.

43) 長春海關志編委會 編, 『長春海關志』, 2000. 4, 10면.

44) 『해방전연변경제』, 연변인민출판사, 1994. 12, 323면.

여하게 함으로서 간도의 식민지적 무역의 성격을 뚜렷하게 나타냈다. 아래의 몇 가지는 그것을 설명하는 충분한 예로 되고 있다.

그 하나로 龍井分館이 설치된 지 얼마 되지 않아 중국측은 또 용정으로부터 회령간의 통로에 民稅局을 설치하여 中·韓人의 수출입화물에 대해 과세하기로 하고 3월경에 이르러서는 일본인의 수입화물에 대해서도 과세하려고 하였다. 間島總領事館에서는 이 사실을 알게 된 이후 이것이 엄연한 이중과세임을 지적하면서 本 稅局을 철폐할 것을 요구하는 의견을 세관장에게 제기하였다. 이 의견은 접수되어 용정분관은[45] 결국 민세국을 철폐하는 수밖에 없었다.

다음으로 회령·용정간의 도로는 火狐狸溝에서 나뉘어지는 데 한 갈래는 동성용을 거쳐 직접 국자가에 이르고 또 도중의 七道溝의 아래쪽에서 직접 두도구에 이르는 경로가 있기에 화물을 적재한 국자가와 두도구의 마차는 용정촌을 경유하지 않고 직접 회령사이를 왕래하였으며 화물들은 거의 과세를 면하고 유독 용정촌에 거주하는 상인의 수출입품에 대해서만 엄중과세하게 되는 결과를 초래하였다. 특히 1910년 여름 이래 국자가[46]와 두도구에 거주하는 중국상인으로서 옥양목(金巾)·석유·사탕·燐寸 및 기타 잡화를 청진으로부터 수입하는 양이 크게 증가하여 용정촌 상인이 수입하는 양의 배가 되기에 이르러 용정촌의 손실이 심각하였는 바 일본인과 한인 商人이 엄중한 손실을 보게 되었다. 일본상인 중에는 다른 상부지로 移轉하려고 하는 자마저 나타나게 되어 용정촌은 점차 쇠미해질 위기에 처하게 되며 이것은 당시 일제의 정치, 경제중심지였던 용정촌의 사활에 관계되는 문제로 되었다. 이에 영사관에서는 각 상부지와 회령간의 왕래에서

---

45) 外務省 編, 『日本外交文書』, 日本國際聯合協會發行, 제43권 제1책, 1910년 1월~1910년 12월, 653면.

46) 1903년 국자가에 연길청이 설치된 후 국자가는 중국측 정치중심지로 되었으며 따라서 경제중심으로도 되었는 바 중국인상인들의 활동중심지로 되어 있었다.

1907년 통감부파출소가 한인이 집중되어 있는 용정촌에 설치되면서 용정촌은 일제의 정치·경제중심지로 되었는바 일본인과 한인상인들은 거의 용정촌을 중심으로 활동하였다.

반드시 통과해야 할 火狐狸溝에 해관감시소를 설치할 것을 세관장에게 강력히 요구하였다.47) 1911년 12월 드디어 용정촌분관은 火狐狸溝에 支那稅關監視所를 설치하게 되며48), 1913년 10월 1일 琿春總關은 조선의 新阿山對案에 있는 大肚川에, 11월 1일에는 長岭子에 分卡을 설치하여 훈춘에 수출입되는 화물에 대해 감시하게 하였다.49) 그리고 火狐狸溝에 일본인 관리 2명, 大肚川에 1명을 두어 監視하게 함으로써 일제는 간도의 세관업무에 개입하게 되었다.50)

조선에서도 회령, 新阿山, 下汝坪의 3개소에 專務稅關官吏를 배치한 외에 일제는 1915년 5월이래 헌병으로 하여금 稅關監視業務를 兼務하게 하였는데 이런 것이 20여 개소나 되었는 바 조선에서는 헌병마저 국경관세업무의 실행에 간여하였다.

특히 1920년의 關稅特例를 실행하기 위해 조선국경의 管轄稅關과 간도총영사관 사이에 협의를 거쳐 1926년 6월 3일 그 수속에 관한 규정을 확정하였는데 그 내용을 살펴보면

1) 면세지역 내에서의 農業栽培面積에 대한 조사를 진행하기 위해 국경부근에 소재한 영사관 警察機關에서 該當朝鮮人民會役員과 會同하여 每年 播種시 현장으로 가서 확실한 조사를 진행하며 일정한 樣式에 의한 調査書를 작성하여 輸出地稅關出張所에 통지한다.
2) 위의 조사서에 기초하여 해당 조선인민회에서는 주민으로부터 輸出證明申請을 받으며 所在 경찰기관에서 특히 이것을 감독해야 한다.51)
隣接地域에서의 주민이 그 地域內에서 수확 또는 생산한 물품을 수출할 때의 免稅取扱을 함에 있어서 朝鮮人民會52)가 實地조사 및 輸出證明書發

---

47) 日本外務省 編, 『日本外交文書』, 日本國際聯合協會發行 제44권 제2책 1911년 1월~1911년 12월, 47~48면.
48) 外務省 編, 『日本外交文書』, 日本國際聯合協會發行 제45권 제2책, 1912년 1월~1912년 12월, 43~44면.
49) 延邊檔案館 編, 『圖們江流域開邊通商記事 (1858~1995)』, 1995. 10, 3면.
50) 조선총독부, 「國境地方視察復命書」, 『백산학보』 10호, 226면.
51) 일본외무성, 『特殊調査文書』 46, 1990. 6, 550~551면.

給을 책임진다는 것이다.

위의 규정이 정식으로 확정되기 전인 1924년 4월부터 훈춘조선인민회는 먼저 수출증명수속을 시작하였고 뒤이어 1925년에는 嘎呀河, 1926년에는 국자가, 1927년에는 용정촌·涼水泉子·黑頂子의 각 조선인민회, 1928년에는 依蘭溝의 조선인민회가 착수하여 1930년 頃에 이르면 간도 18개소의 조선인민회 중 11개소에서 면세증명을 취급하게 되는데 면세증명수속을 할 때 조선인민회에서는 수수료를 받았다.[53] 즉 江案 2里 이내의 自作農物이 조선에 반출될 때 부근의 사무소에 경지면적, 농작물의 종류 및 수확예상고를 신고하고 반출할 때에는 발급받은 증명서를 갖고 가장 가까운 곳에 있는 세관에 제출하면 면세특혜를 얻을 수 있다는 것이다.[54]

免稅證明書는 ‘혜택’이라는 명의로 한인에게만 주던 데로부터 주었지만 후에는 면세구역 내에 거주하는 중국인에게까지 확대되었으며 1929~1930년경에 이르러서는 “從來 ‘2里 以內’라는 제한을 철폐하고 간도의 소산을 전부 한인의 생산물이라고 보고 면세구역을 전간도에로 확장하는 것이 합당하다는 논이 점차 고양되고 있는 정도에 이르게 되었다”[55]

이는 중국정부가 관세를 통해 간도의 경제를 보호할 능력을 상실하였고 일제세력이 간도에 완전히 침투되었으며 간도의 경제가 일제의 경제권에 들어갔음을 의미한다.

---

52) 조선인민회는 1913년 11월 安東에서 설립된 것을 嚆矢로 1916~17년에 걸쳐 琿春·용정·두도구 및 연길 등지의 일본영사관소재지에 그 조직을 보았다. 1921년 이후에는 일본정부의 지도로 조직이 확충되었고 일제 당국의 補助機關으로 일본국책에 呼應하였다.(현규환 『韓國流移民史』 上卷, 405면)

53) 일본외무성, 『特殊調査文書』 46, 1990. 6, 550~551면.

54) 『最近間島事情』, 433~434면.

55) 일본외무성, 『特殊調査文書』 46, 1990. 6, 555면.

V. 맺음말

1910년 전후부터 만주국 성립 이전까지 일제는 간도에서 자기의 경제권을 형성하였다. 1926~1927년경에 이르러 청진항을 통한 무역이 이미 수입무역에서 89%를 차지하게 되어 절대적인 우세를 점하게 되며 길림으로부터의 수입은 겨우 11%밖에 되지 않았다.[56] 간도무역에 영향을 주는 요소는 여러 가지가 있지만(간도무역 영향 주는 요소들로는 농산물의 收穫高, 철도의 부설, 상업금융) 관세는 무역에 직접적인 영향을 주는 정책적 요인이며 무역의 성격을 규정하는 중요한 부분이다.

간도와 조선간 무역의 관세문제에서 특징적인 것은 관세특혜이다. 일제는 일반관세 이외의 수출입화물의 減稅品種의 증가, 면세구역[57]의 확대, 국경지역주민에 대한 특혜 등으로 무역에서의 영리를 도모하였는 바 이를 위해 통치기구와 헌병, 친일조직까지 동원하였다. 이는 간도무역에서의 일제 무역정책의 성격을 분명히 나타내는 부분이다.

일제는 관세특혜를 통해 간도무역에서 점차 우세를 차지하고 무역권을 장악하기에 이르며 간도의 경제로 하여금 점차 일본에 종속되게 하였다. 일제의 조선에서의 수탈에 의해 조성되는 조선경제의 위기를 간도경제를 통해 완화시키려 하였는 바 經濟連帶를 형성하게 되었던 것이다. 이로 인해 朝鮮米의 對日輸出과 間島粟의 대조선 수출은 정비례의 관계에 있었는바 이는 1912년 朝鮮米의 대일 수출량이 543,397石이던 것이 1919년에 2,882,585石으로, 1926년에는 5,784,883石으로 증가되고 같은 시기 間島粟의

---

56) 현규환, 『한국유이민사』, 330~331면.

57) 免稅地域문제는 중국정부와의 분쟁이 가장 많은 부문이다. 1925년 8월 연길도윤공서의 공문에 의하면 개산툰 분관에서 일본상인이 조선으로부터 수입하는 화물에 대해 중국측에서 세금을 부과한데 대해 일본영사관은 항의를 제기하였다. 문제의 초점은 免稅區域을 어디까지로 보는 가는 것이었다. (연변주당안관所藏 연길도윤공서(외교과) 당안자료)

수출량은 1912년에 27,966石, 1919년에 944,182石, 1926년에는 2,184,773石
으로 증가된 것만 보아도 알 수 있다.[58]

이 과정에서 간도경제의 주체인 농업경제가 일제의 식민지 경제체제에
편입되게 된다. 즉 20년대 말에 이르면 시장의 수요에 의해 간도의 농업에
서는 농산물의 單作化傾向이 심각하게 되는데 大豆의 면적이 1923부터
1931년에 이르기까지 약 2배로 격증된다. 1928년, 京城商工會議所가 간도에
파견한 특별조사반의 보고에 의하면 간도 농경지 총면적 20만정보 중 12만
정보의 농토가 粟과 大豆의 재배에 사용되었다.[59] 생산된 大豆는 三正物産
등 일본독점재벌의 무역상사의 손을 거쳐서 일본에 수출되어 일본농업 및
공업의 기본원료로 소비되었고 粟은 일본인 상인들의 손을 거쳐서 조선본
토에 수입되어 조선농가의 기본식량으로 소비되었던 것이다.

1931년의 무역상황을 보면 간도지방의 무역총액은 수출, 2,033,425 해관
량, 수입 3,202,179 해관량으로서 합계 5,235,600 해관량으로 되어 수출이
총액의 39%를 점하며 그 가운데서 농산물에 관계되는 무역액이 무역총액
의 85% 즉 4,556,540 해관량을 차지[60]하였는데 이는 일제의 식민지적 무역
을 위한 관세정책의 결실이기도 하다.

---

58) 『日本農業年報』, 479~480면.
59) 『北鮮及 間島地方 商圈擴張調査報告』 朝鮮經濟雜誌, 1928년 10월호, 39~40면.
60) 『敦化圖們間鐵道の完成と日滿關係』 67면, 1933년 9월, 鐵路總局.

Tariff problems between 'Jiandao' and Chosun under Japanese colonial rule.

wuying—lan

Japanese imperialism has established an economy bloc in Jiandao from about 1910 to the time of foundation of Manchoukuo. Imports from Port Chungjin was 89 percent of the total imports, while imports from Jilin was only 11 percent. Factors influencing the trade of Jiandao included the yield of agricultural crops, railroad construction, commercial financing, and so on. Customs were a strategic, crucial point to have a direct influence on the trade, and to describe the characteristic of the trade.

A distinctive problem among customs-related problems between Chosun and Jiandao was tariff benefits. The Japanese imposed relatively low tariff on goods for export and import except for goods under universal tariff, extended duty-free zone, and gave advantage to the borderers, thus they could have profits with the help of government organizations, military police, pro-Japanese private organizations. They were the manifestation of the characteristic of Japanese trade in Jiandao. They were formed in the process that Japan deprived China which sought to protect its tariff rights against Japanese imperialism of China's custom duties.

Japan imperialism has zeroed in on its goal of controlling the trade in Jaindao by customs-benefit. Accordingly, Jaindao economy was immediately fully controlled by the Japanese. Japan relieved Chosun's economic crisis stemmed from rice plundering for its own sake by means of Jiando's economy, in return, the entrepot trade between Jainado as source of produce and Chosun as a transit spot and Japan was established. Chosun rice's outflow to Japan was proportionate to exports of foxtail millet to Chosun at the time.

Trade indices in 1981 show the total sum of exports was 2,03,425 customs volume, the total sum of imports was 3,202,179 customs volume, and that the sum total was 5,235,600--exports amounted to 39 percent of the sum total. Jiandao became a main produce market, shown from the evidence that the sum total of trade of agricultural crops, which were taxed, amounted to 4,556,540 customs volume, or 85 percent of the sum total of the trade.

Agriculture, the main industry and core of Jiandao economy, was weaved in Japanese colonial economy system. At the end of 20th century the infrastructure of Jiandao economy led to a sole colonial agri-business. In other words, soybean's field has increased twice from 1923 to 1931. According to a report from a division of Kyungki Commerce and Industry Office in 1928, the total field amounted to 200,000 Jungbo, among which 120,000 Jungbo was for producing soybean and foxtail millet.

Produced Soybean was consumed as basic raw materials for Japanese agriculture and industry by way of a monopolistic trading company. Foxtail millet was sent to be consumed to Chosun as basic meals by way of Japanese merchants.

滿洲國의 主權에 관한 硏究

한석정[*]

Ⅰ. 서 론
Ⅱ. 주권의 외부성
Ⅲ. "독립국" 만주국
Ⅳ. 국제성의 국유화
Ⅴ. 건국정신
Ⅵ. 결 론

* 동아대 사회학과 교수

I. 서 론

지난 20세기말 인류는 범위나 정도에 있어 미증유의 국제화 충격을 경험했다. 지리적 경계는 더 이상 국제적인 사람들이나 현상을 억제할 수 없는 듯하다. 이 국제화 시대의 큰 관심은 주권의 운명이다. 국제적 세력은 잠재적으로 민족국가의 주권적 이익과 잠재적으로 충돌하며 후자를 "고통스러운 곤경"에 둘 가능성이 있기 때문이다.[1] 국제화에 관한 저작 중에서 강경한 견해는 지역 경제와 (영토와 무관한) 정치적 공간의 등장과 더불어 민족국가의 분해 혹은 종말을 점치기까지 한다.[2] 이것이 언제 사라질지 아직 알 수 없다. 그러나 이 주장들은 민족국가의 기능적인 면(즉 민족국가에서 비국가적 기구로 이전되고 있는 기능의 변화, 혹은 "집중화의 분산")[3]에만 몰두, 이념 영역에서의 국제성과 주권의 관계를 등한히 한다. 이 논문에서 필자는 초기 만주국의 경우를 통해, 이 영역에서의 주권의 끈질긴 성질을 주장하고자 한다.

만주국(1932~1945)의 역사는 주권의 복잡성을 탐구하는데 더없이 좋은 보기이다. 이것은 관동군(1906년에서 1945년까지 만주[4]에 주둔했던 일본

---

1) Prasenjit Duara, "Transnationalism and the Predicament of Sovereignty: China, 1900~1945" American Historical Review 102, 4(October, 1997), p.1050.

2) Masao Miyoshi, "A Borderless World?: From Colonialism to Transnationalism and the Decline of the Nation-State" Critical Inquiry 19(Summer 1993); Saskia Sassen, Losing Control?: Sovereignty in an Age of Globalization(N.Y.: Columbia University Press, 1996); Kenichi Ohmae, The End of the Nation-State: The Rise of Regional Economies(N.Y.: Free Press, 1995).

3) Sassen, Global City, p.22.

4) 이 논문에서는 이 지역을 만주라 부를 것이다. 제국주의적 내포가 있지만 우리 어휘에 이미 굳어져 있기 때문이다. 제국주의적 의미에 관해서는 Gavan McCormack, Chang Tso-lin in Northeast China, 1911~1928(Stanford: Stanford University

위수군)이 세웠던, 흔히 일본의 괴뢰국으로 알려져 있는 나라이다. 그러나 이것을 괴뢰국이라 낙인찍음은 14년 역사의 진면목을 밝히는 것에 오랫동안 걸림돌이 되었다. 괴뢰국이라는 일반의 인식은 쉽사리 단순한 이해로 귀결되었다. 예컨대, 영어권에서의 만주 연구는 대부분 장쉬에량의 군벌체제를 관동군이 내쫓은 1931년의 9.18사변(한 때, 일본에서 만주사변, 영어권에서 Mukden사건이라 불리운)에 모여있지 더 이상을 파고들지 않는다.5) 만주에 관한 근래의 노작도 만주문제를 두고 일은 일본 사회 내부의 광기 어린 동원에 관한 것이지, 만주국 내면에 관한 것이 아니다.6) 이런 공백상태에서 일본인 정복자들에 의한 착취와 잔악한 통치라는 고정적인 이미지만 존재해 온 것이다. 만주국은 심하게도 강탈당한 사실상 식민지, 혹은 일본의 중국대륙 침략을 위한 전략적 기지에 다름아닌 것이었다.7) 그 체제가 잔인한 것임은 의심할 바 없는 사실이다. 그러나 이런 결정적인 이해에 가려져 있는 것은 국가경영자들이 추진하고자 했던 주권과 근대성의 요소이다. 양자는 서로 연결되는 것이나, 이 글에서는 전자에, 그리고 초기(1932~1937)에만 집중하겠다. 이 시기는 국가만들기의 정력 혹은 주권적 요소가 드러나기 때문이다. 이것이 매력적인 이유는, 중후기의 만주국은 중일전쟁(1937~1945) 발발 후, 전쟁 동원이라는 다소 이질적인 시대로 접어 들어가기 때문이다. 이 글은 주권의 방향과 (어떤 이념적 자원이든 이를 이용하는) 국가경영자들의 전략을 추적할 것이다. 주권의 유연함은 국제화의 강경판과는 다른 예측을 줄 것이다. 이를 위해, 괴뢰국이라는 개념을 먼저

Press, 1977), p.4 참조.

5) 예컨대, Sadako Ogata, Defiance in Manchuria: the Making of Japanese Foreign Policy, 1931~1932(Westport: Greenwood Press, 1964); Mark Peattie, Ishiwara Kanji and Japan's Confrontation with the West(Princeton: Princeton University Press, 1975) 등 참조. 장쉬에량은 1919년에서 1928년까지 만주를 통치했던 군벌 장쭈어린의 아들이다.

6) Louise Young, Japan's Total Empire: Manchuria and the Culture of Wartime Imperialism(Berkeley: University of California Press, 1998).

7) 이 잔악한 통치의 주제에 관해서는 姜念東 외, 偽滿洲國史(吉林: 人民出版社, 1980) 참조.

해체할 필요가 있다.

Ⅱ. 주권의 외부성

주권의 관념은 고대 그리스시대의 사상가들로부터 시작, 보댕, 그로티우스를 거쳐 현대의 래스키에 까지 내려오는 긴 역사를 갖는다.[8] 수 세기의 논쟁들은 대체로 그것이 어디에 있는가 하는 소재의 문제를 두고 갈린다. 궁극적인 권력은 인민에게(즉 국가 권위가 침해할 수 없는 "인민적 주권") 혹은 국가에게("내부적 주권" 즉 국가가 내외로 과시될 수 있는 주권의 진정한 요체라는) 있다는 것이다.[9] 그러나 이런 주장들에 가려져 있는 것은 주권의 외부성이다. 주권은 실제로 외부에서 주어지는 것이다. 만주국은 이 외부성을 접근하기 좋은 보기이다. 만주국이 1932년 3월 그 주권(즉 "건국")을 선언했을 때, 국가 창건자들은 "중국의 필수적인 부분"[10]을 떼어내고 괴뢰국을 만들었다는 국제적인 비난에 직면했다. 만주국은 기실 미래 냉전시대에 등장하는 강대국의 "괴뢰들"의 확실한 선구자가 되었다.

괴뢰국은 무엇인가? 통상의 정의에 의하면, 외국 정부 (혹은 패권을 행

---

8) 래스키는 궁극적인 힘이 인민에 있어, 국가권력이 이를 침해할 수 없다는 서양의 계몽사상을 반복하는 편이다. Harold Laski, The Foundations of Sovereignty and Other Essays(N.Y.: Freeport, 1968[orig. 1921]).

9) 그 지성적 역사에 대해서는 F. H. Hinsley, Sovereignty(Cambridge: Cambridge University Press, 1986), pp.158~213 참조. 주권 소재의 논쟁은 1880년대 일본에서도 재연된다. E. H. Norman, Japan's Emergence as a Modern State: Political and Economic Problems of the Meiji Period(N.Y.: Institute of Pacific Relations, 1940), p.284 참조. 일본 주권의 과시, 특히 만주사변에 일본의 자위권을 피력한 일본의 저명한 국제법학자 니토베 이나조에 관한 연구인 Alexis Dudden, 'International Terms: Japan's Engagement in Colonial Control', Ph.D. thesis(University of Chicago, 1998), pp.280~88 도 참조할 것.

10) C. Walter Young, Japan's Special Position in Manchuria: Its Assertion, Legal Interpretation, and Present Meaning(Baltimore: Johns Hopkins University Press, 1931), p.134.

사하는 외부 주체)에 의해 중요 정책이 결정되는 그런 나라이다. 다른 정의
(한 때 공산권, 특히 1960, 1970년대 비동맹운동때 남한에 대해 북한이 사
용하던)에 따르면, 외국군의 주둔을 허용하거나 국토방위를 위해 강대국과
군사적 동맹을 맺는 그런 나라를 말한다. 비동맹운동의 견해에 의하면, 관
련 기준은 이념이 아니라, 외국의 군사기지였다. 아시아 공산권(캄보디아,
라오스, 베트남, 북한 등)은 아무도 그런 기지를 갖지 않았기 때문이었
다.11) 그러나 이 두 가지 정의로는 20세기의 대부분의 나라들이 실제로 괴
뢰국이 될 것이다. (당시 비동맹운동의) 베오그라드회의 참석국의 6분의 1
과 카이로와 루사카회의 참석국의 3분의 1이 실제로 강대국과 군사 동맹을
맺고 있었다.12) 두 번째의 정의 하나로도, 미군의 주둔을 허용한 일본과 구
서독과 같은 경제대국은 그 모멸스런 범주에서 빠져나갈 수 없다.

냉전시대에 많은 “괴뢰국들”, “꼭둑각시들”(미소 강대국과 그 동맹국들
이 상대진영을 향해 부르던)이 있었다. 선전적인 성격에도 불구하고, 그런
비난들은 일리가 있은 편이다. 구소련 최초의 위성국인 외몽고가 좋은 보
기이다. 1938년의 대숙청때, 약 1만명의 반소련 혹은 민족주의 성향의 관리
들과 군장교들이 체포되었고, 군과 정부 전체조직이 소련의 고문단 영향하
에 들어갔다.13) 미국의 패권도 결코 덜하지 않았다. 1960년대 구엔 반 티우
(월남)와 박정희(남한)의 쿠데타 직후 최우선 작업은 거사의 명분을 설명하
기 위해 미대사관으로 달려가는 것이었다. 미국은 제3세계 많은 나라의 국
가 만들기와 내정에 깊숙이 개입했다. 인도네시아, 월남, 캄보디아, 라오스,
남한, 그레나다, 수리남, 엘 살바도르, 파나마 등 그 목록은 끝이 없다.

이런 “주권국”들과 그 선구자인 만주국을 동일시할 수도 있다. 그러나

---

11) 비동맹운동은 남한에서의 미군철수를 요구하는 결의안을 채택했다. Robert Mortimer,
　　The Third World Coalition in International Politics(N.Y.: Praeger, 1980),
　　p.87.

12) Richard Jackson, The Non-Aligned, the UN, and the Superpowers(N.Y.:
　　Praeger, 1983), pp.42~43.

13) Alvin Coox, Nomonhan: Japan against Russia, 1937(Stanford: Stanford
　　University Press, 1985), pp.163~64.

254

중요한 차이점이 있다. 일본이 이른바 만주의 개방정책(즉 만주에 대한 서구열강과 일본의 공동, 과두제적 통제)을 깨뜨렸으므로, 만주국은 1930년대에 국제적 인정을 받을 수 없었다. 일본이 서구열강에 대항, 국제연맹을 탈퇴했으므로, 국제사회에서 만주국의 인정은 꿈도 꿀 수 없는 일이었다. 스틴치콤은 정당성에 관해 흥미있는 말을 남겼다. 그에 의하면, 정당성은 결코 추상적인 원칙이나 피치배자의 동의에 달려있는 것이 아니라, "다른 권위들이 주어진 권위의 결정에 따라줄 개연성"이다.14) 주권도 그런 것이다. 서구 역사는 유럽의 나라들이 전체 국가적 체계의 지도를 그려 온 오랜 전통을 보여준다. 예컨대, 나폴레옹전쟁후 비엔나회의(1815)는 모든 유럽의 강자를 불러모아, 각국의 통치자, 헌법, 경계들을 그려 내었다.15)

　현대사회에서 국가체계(즉 UN과 같은 국제기구)내에서의 인정은 주권국의 범주를 결정하기에 아주 의미있는 기준이다. 현대의 국가체계는 이른바 주권국가, 민족국가에만 세계적인 지원과 정당성을 준다. 이 체계는 마이어가 적절히 일렀듯, 고도로 제도화된 "문화적 질서"이다. 이 안에서는 "서로 정당화시켜주기"와 UN과 같은 "공통적인 조직에의 의존"의 관점에서 다대한 상호의존성이 있다.16) 그러한 문화적 구성체에서는 주권국(즉 UN의 구성원)을 도와주는 것이 그 도전자(즉 국제적 혹은 서구의 인정을 결한 자들, 북한, PLO. IRA, 대만, 스리랑카의 타미르인, 중국의 티벳인 등)를 돕는 것보다 훨씬 쉽고 정당했다. 후자들의 고난은 상징적인 수준을 넘어 실제적인 것이었다. 실제로 국제기구는 회원가입등 많은 면에서 초강대국의 의지를 흔히 추인하는 등, 매우 편파적인 것이다. 그렇다면, 괴뢰국과 이른바 주권국 사이의, 혹은 만주국과 현대의 꼭두각시들 사이의 경계는

---

14) Arthur Stinchcombe, Constructing Social Theories(N.Y.: Hartcourt Press, 1968), p.150.

15) Charles Tilly, Coercion, Capital, and European States, AD 990~1990(Cambridge: Basil Blackwell, 1990), p.169.

16) John Meyer, "The Changing Cultural Content of the Nation-State" in G. Steinmetz(ed.), State/Culture: State-Formation after the Cultural Turn(Ithaca: Cornell University Press, 1999), p.126.

의외로 굳지 않은 편이다. 또한 외래인들에 의한 통치, 혹은 소수(민족집단)에 의한 통치(예컨대, 만델라정부 이전의 남아공화국이나, 1960년대의 로디지아 등) 그 자체가 괴뢰국 범주를 꼭 결정한다고 할 수는 없다. 이런 나라들과 역사상 괴뢰국이라 알려진 것들(예컨대, 1970년대 캄보디아나 2차대전중의 프랑스 비쉬정권)의 차이는 전자가 유럽의 본국에 저항, 관계를 끊었다는 것이다. 만주국은 일본정부의 결정에 저항했던 만큼은 주권국이었다.

Ⅲ. "독립국" 만주국

만주국의 독립국 형태가 단순한 포장이나 위장이라고 생각하기 쉽다. 그러나 그 주권은 그리 단순하지 않다. 우선, 그 국가형태가 때때로 일본정부에 대해 사용되었다. 현대의 중국, 일본학자들이 동의하듯, 만주국 최종 의사결정자는 동경(일본정부)이 아니라, 관동군이었다.[17] 이 모험적인 군대는 일본정부나 일본 육군본부의 명령도 받지 않고, 만주의 장쉬에량 군벌체제에 대해 전쟁을 도발, 만주국을 그 자신의 영토로 선언했다.[18] 일본정부와 만주국정부 사이에는 어떤 직접적인 통로도 관동군에 의해 막혀 있었다. 때때로, 양국정부 사이에는 감정적인 언사를 교환하는 수준까지의 충돌도 있었다.[19]

---

17) 姜念東외, 僞滿洲國史, pp.153~63; Nakagane Katsuji, "Manchukuo and Economic Development" in p.Duus, J. Myers, and M. Peattie(ed.), Japanese Informal Empire, 1895~1937(Princeton: Princeton University Press, 1989), pp.137~39; 山室信一, "滿洲國統治過程論" 山本有造편, 滿洲國硏究(京都: 京都大, 1993), pp.87~98; 現代史資料 II(東京: 三錫書房, 1965), pp.640~41.

18) 이 말은 전전 일본의 군국주의적 팽창에 동참한 많은 (혹은 거의 모든) 일본인들에게 면죄부를 준다는 것은 아니다. 본고는 그런 중에서도 만주에서의 관동군의 기득권 의식을 지적하는 것이다.

19) 盛京時報, 1932. 7. 6; 1932. 7. 7; 1937. 4. 22.

일본인들은 왜 합병(1895년 대만과 1910년 조선을 차지하던 과거의 팽창방식)이 아닌, 만주국이라는 공식적 국가형태를 택했을까? 가장 중요한 이유는 노골적인 합병이 1차대전 후 일은 반제국주의 기운 속에서는 시대착오적인 일이 되어버렸다는 것이다. 따라서 괴뢰국은 합병에 대한 대용품이었다. 괴뢰국 형태은 편리한 점도 있었다. 왜냐하면, 그것이 국제적인 비난을 맞아 외래 정복자들이 숨을 수 있는 방패막이 노릇을 했기 때문이다. 그런즉, 일본 외무성은 한 때, "만주에 건설될 체제는 동삼성 주민이 결정할 내부 문제이다"고 주장한 적이 있다.[20]

그러나, 관동군의 젊은 장교들에게, 독자적으로 선언된 독립국 형태는 일본정부와 만주국정부가 공식적으로는 동등한 관계임에 기여, 후자가 동경의 명령에 거부권을 행사할 법적 지위를 제공했다. 이들에게 만주국 건국은 일종의 "지역전략"(변방에 자신의 영토를 세운다는 뜻에서)이었다.[21] 관동군은 과격하기로 유명한 부대이다.[22] 전쟁도발과 국가 만들기의 전과정에서 관동군은 빈번하게 동경의 민간지도자 뿐만 아니라 군지휘부의 결정과 명령을 거부했다. 1931년과 1932년 육군본부가 간섭했을 때, 관동군의 장교들은 마치 독립국의 대표들처럼 대응하기도 했다. 전쟁도발과 국가 만들기의 과정에서 관동군은 일본정부뿐만 아니라 육군본부의 지시와 결정에 저항했다(Ogata, 1964). 9.18사변중 빗발치는 육군 본부의 지령에 대해 관동군 장교들은 "토오쿄오로부터의 지령은 천황의 칙령이 아닌 사적(私的) 통신이며, 아무리 많은 지시가 오더라도 관동군은 자신들의 사명을 수

---

20) Ogata, Defiance, p.105.

21) Tetsuo Najita, Japan: The Intellectual Foundations of Modern Japanese Politics(Chicago: University of Chicago Press, 1974), p.136. 또한 일본군부의 모멸과 대응에 대해 Coox, Nomonha, pp.12~18; Robert Butow, Tojo and the Coming of the War(Stanford: Stanford University Press, 1961); James Crowley, Japan's Quest for Autonomy: National Security and Foreign Policy, 1930~1938(Princeton: Princeton University Press, 1966).

22) 1920년대 중국을 침식할 때부터, 이미 일을 저지르고 추인을 받는 편법을 구사했다. Lucian Pye, Warlord Politics: Conflict and Coalition in the Modernization of Republican China(N.Y.: Praeger, 1971) 참조.

행할 것이다"고 응수한 적이 있다(Coox, 1985: 41). 만주국 건설후, 관동군의 영관급 장교들은 일본의 대표적인 제국주의적 기관인 남만주철도회사를 경쟁자로 여겨, 내부구조를 주물러 철도와 (관동군을 위한) 조사업무만을 하도록 했다. 더욱이 그들은 만주의 급속한 산업화를 추진하기 위해 매우 엄격한 계획, 통제경제 방식을 취했다. 자유경제에 대한 이들의 혐오감 때문에 일본 기업인들이 만주 투자를 꺼려하기도 했고, 동경과 장춘은 1930년대의 경제정책에서 계속 다투었다(Katsuji, 1989: 142).

이 시절 전체적인 "그림"은 관동군의 저항과 자신의 몫에 대한 몰두였다. 비록 동경이 재정과 정기인사의 칼을 쥐고 있었지만, 관동군의 저항의 기운은 이후에도 계속되었다.23) 비슷한 현상이 중일전쟁 발발후 중국북부에 생겼다. 북지나군(중국북부에 주둔한 일본 군대)도 북경에 괴뢰정부를 세움으로써, 동경과 관동군으로부터의 간섭과 영향력을 뿌리치는데 갖은 노력을 다했다. 이론상, 일본으로부터 독립한 체제가 북지나군이 동경의 명령을 거부할 지위를 줄 것이기 때문이었다.24)

만주국 주권의 또 다른 복잡성은 그것이 일본인들(특히 일본계 주민)에게 항시 편리한 것이 아니라는 점이다. 독립국 형태는 이론적으로 시민 혹은 국민의 평등을 지시하기 때문이다. 오풰는 자본가들이 현대 민주주의 국가형태 하에서 노동력을 더욱 쉽게 획득할 수 있기 때문에, 이 국가형태는 자본가 통치를 위한 일종의 위장이라 했다.25) 그러나 이 민주주의 형태

---

23) 동경이 재정과 인사를 쥐고 있음에도, 장춘(만주국 수도)을 쉽게 통제할 수 없다는 점이 일반적으로 납득하기 어려운 점일 것이다. 필자는 저항의 즉물적인 자원보다는, 모반을 일으킨 과거 역사, 전통이라는 정신적인 자원을 중시한다. 만주사변과 만주국 건국의 주동자(그런 탓에 반역의 상징)인 이시와라 칸지도 후일 관동군을 통제하지 못했다. 중일전쟁 발발 직전, 그는 관동군을 방문하여 강경으로 치닫는 관동군 장교들을 설득하고자 했으나, 후배장교들에게 수모를 당했다(Peattie, Ishiwara, p.278). 역설적인 역사이다.
24) Lincoln Li, The Japanese Army in North China, 1937~1941(Oxford: Oxford University Press, 1975), p.70.
25) Claus Offe, "The Theory of the Capitalist State and the Problem of Policy Formation", in L. Lindberg et al., Stress and Contradiction in Modern Capitalism(Lexington: D. H. Health Press, 1975), pp.140~44.

258

는 단순한 가면이 아니다. 왜냐하면, 제섭이 지적했듯, 이런 형태는 (역설
적으로) "자본주의 국가의 기능(즉 국가가 자본가들의 것이라는)을 문제삼
기" 때문이다.26) 마찬가지로, 만주국의 독립국 형태는 제국주의 통치(즉 만
주국이 일본인들의 것이라는 점)를 문제삼을 수 있다. 독립국 형태는 일본
거류민들의 차등적인 권한을 공식적으로 보장할 수 없었다. 예컨대, 주권
국으로서 만주국은 중국어를 공식어로 택했다. 일본인 관리들이 일과후 중
국어를 배우는 어학 프로그램도 만들어졌다. 또한 만주국 통치자들은 상당
수의 중국계 인사를 정부와 재계의 중요 위치에 의도적으로 내세웠고, 대
신 일본계를 중앙정부와 현공서에 임명하는 데에는 매우 세심했다.

또한 만주국정부는 1936년 일본계 주민들의 치외법권을 철폐하는 조약
을 일본정부와 체결했다. 이 조약과 함께, 일본거류민들이 과거 누렸던 특
권을 없애는 규정들이 많이 만들어졌다. 국내 각처의 일본거류민회는 해산
되었다. 그 해 여름, "동등한 만주국과 일본의 관계", "일본인들은 만주국
의 법령을 준수해야 한다" 등등의 포고문들이 무수하게 일본거류민들 앞
에 쏟아져 내렸다.27) 펑티엔에서는 이 불유쾌한 정책에 항의하는 일인들의
시위도 있었다.28) 일인들은 이제 경찰의 요주의 대상이 되었다. 만주국 경
찰청은 일인들을 자극하지 말라는 훈령을 산하기관에 내려 보냈다.29)

---

26) Bob Jessop, The Capitalist State(N.Y.: New York University Press, 1982),
   p.91, 99, 107.
27) 滿洲國政府公報(이하 공보), 1936. 7. 1; 1936. 7. 2; 1936. 10. 23; 1937. 11. 27.
   초기 만주국에서의 일본인의 지위에 관하여 졸저, [만주국 건국의 재해석](동아대,
   1999), pp.181~186 참조.
28) 姜念東외, 僞滿洲國史, p.659.
29) 滿洲國警察槪要(滿洲國公安局, 1938), pp.14~15.

Ⅳ. 국제성의 국유화30)

만주국의 주권은 교활하기 그지 없었다. 국제적인 것을 포함 어떤 이념적 자원도 이용했다. 모든 나라가 영토와 폐쇄적인 국민관에 사로잡혀 있는 "고도의 민족주의"31) 시대에 만주국이 예외적인 국제성의 공간였음을 아는 이는 많지 않다. 군사적 기원(즉 관동군에 의한 건국과 상당한 재료를 이어받은 옛 군벌이 사실상의 전쟁기계였다는 의미에서)에도 불구하고, 만주국정부는 민족(ethnic)경계를 넘는 이상주의적 이념을 채택했다. 예컨대, 민족협화32)의 이름으로 정부는 민족적 특수성을 유지하려 했고, 라마승들을 일본과 대만에 보내 라마불교에 관해 강연도 시켰다.33) 민족간의 결혼도 널리 알렸다.34) 어떤 포고문들은 중국어, 일어, 한국어 세 언어로 고지되었다. 몽고인 관리들을 위한 훈령들은 중국어와 몽고어로 인쇄되었다. 만주국 국기는 "오족의 협화"를 뜻하는 5색으로 구성되었다.35) 할빈에서는 민족의 다양성(백계 러시아인, 중국인, 조선인, 일본인, 유태인, 프랑스인, 독일인, 폴란드인, 우크라이나인, 타타르인, 그리고 타민족)이 넘쳐났다.36)

만주국정부가 정력적으로 외친 대부분의 구호들은 왕도(王道)정신으로

---

30) 국제성(transnationalism)은 민족집단간의 상호작용, 민족국가 너머의 존재에 대한 몰입, 폐쇄적인 민족 경계, 민족의 순수 따위를 초월하는 사고, 담론, 실행이라 정의한다. (자본의 흐름과 같은) 전지구적인 현상 혹은 세계화(globalization)와 구별한다.

31) Duara, "Transnationalism and the Predicament of Sovereignty", p.1031.

32) 민족화합보다는 만주국의 이념인 民族協和란 말을 그대로 쓰기로 한다.

33) 성경시보 1937. 2. 4.

34) 만주여성과 조선인 청년의 결혼이 대대적으로 보도된 적이 있다. 성경시보 1938. 1. 29.

35) 오족이란 만주, 몽고, 한족, 일본, 조선인을 뜻한다.

36) Thomas Lahusen, "A Place Called Harbin: Reflections on a Centennial", China Quarterly 153(1998), p.400; David Wolff, To the Harbin Station: The Liberal Alternative in Russian Manchuria, 1898~1914(Stanford: Stanford University Press, 1999), pp.96~103.

260

결집된다. 이것은 폐쇄적인 민족경계를 넘는 포괄적인 관념으로 공식 문구
에서 두루 사용되었다. 이 이념은 관동군의 이상주의, 만주의 지역주의, 일
본 메이지시대의 아시아주의, 그리고 유교 등, 여러 경로를 통해 형성되었
다. 무엇보다도, 관동군의 청년장교들은 처음부터 만주를 그들의 이상과
실험을 위한 장소로 여겼다.[37] 그리고 청조이전에까지 거슬러 올라가는 만
주의 지역주의가 있었다. 래티모어는 민족과 문화적 범주를 넘는 만주의
지역주의를 관찰한 적이 있다. 그것은 청대이전부터 만주로 오는 중국인
정착자들이 만주족과 연합하며 한족에 대항, 만주인들이 되었음을 말한
다.[38] 이런 지역주의의 요인 중 하나는 제국의 수도에서의 거리가 될 수
있다. 그러나 지역주의는 때로는 적절한 이념가들을 필요로 한다.[39] 만주
의 지역담론은 1920년대 장쭈어린체제의 문치파(文治派, 그의 야심만만한
내전개입에 재정을 맡았던 민간관리들)가 내건 보경안민(保境安民)이라는
이념으로 발전했다. 지역주의는 상당히 도발적인 생각이었다. 지난 수백년
간 중국의 상징적 중심인 북경으로부터의 분리에 성공했던 왕국이나 세력
이 없었기 때문이다.[40] 비록 북경에 대한 완전한 도전은 아니었지만, 이 생
각은 적어도 여럿 ─ 장쭈어린의 모험에 제동을 거는 점에서는 문치파와
같은 입장에 있던 일본인 고문들과 일본정부를 포함 ─ 의 마음을 끌었다.
이 지역주의는 9·18사변 이전 만주의 일본거류민들의 호응을 얻어 민족
협화라는 이름으로 형태를 갖추었다. 이른바 만주의 위기(중국 민족주의와
1920년대 후반 국민당의 북벌에 의해 야기된)를 맞아 일본거류민들은 청년
연맹을 결성, 만주와 일본에서 맹렬한 로비활동을 벌였다. 이들은 중국과
일본으로부터 만주의 분리, 일본측의 제국주의적 정신상태의 해소, 마침내

---

37) Peattie, Ishiwara Kanji, p.163.

38) Owen Lattimore, Manchuria: The Cradle of Conflict(N.Y.: MacMillan, 1932).

39) 러시아의 극동 지역주의와 관련된 인텔리(언론, 민속 답사, 지역사 탐구 등에 헌신했던)의
역할에 관해 John Stephan, The Russian Far East: A History(Stanford:
Stanford University Press, 1994), pp.92~98 참조.

40) 청의 멸망후 군벌시대에도 북경과의 완전 단절을 꿈꾼 인물들은 없었다. Pye, Warlord
Politics, p.128.

는 만주 거주인들의 "인종적 화합"이라는 이상주의적 주장을 가다듬었
다.41)

만주국 융합성의 또 다른 원천은 메이지시대에 형성되고, 소위 만주의
위기 즈음에 대단한 지지를 얻은 아시아주의라는 요소이다. 만주국 경영자
들은 그들의 실험실에서 "아시아는 아시아인의 손으로"라는 포용적 강령
만큼 더 나은 이념을 발견할 수 없었다. 어떤 의미에서 아시아주의는 만주
국에서 개화한 것이다. 건국에 즈음, 정부 지도자들은 서양을 覇道로 규탄
하고, 대신 王道를 이상적인 통치로 제안했다.42) 원래 왕도는 무력이 아닌,
덕을 통한 통치에 노력해야한다는, 고대 중국 왕들을 위한 유가들의 충고
이다. 만주국의 왕도 안에서 서양과 동양은 무력 對 덕으로 병치되었다.43)
덕과 평화는 만주국에서 중요한 어휘였다. 일본이 국제연맹을 탈퇴했을
때, 만주국정부는 국민들에게 "세계와 동양의 평화"를 위한 행동"이라 설
명했다.44)

다른 요소는 유교적 사고들이다. 만주국 지도자들은 유교로부터 범아시
아적인 조망을 집어내었다. 大同이 좋은 보기이다. 이것은 원래 청말 사상
가 강유위에 의해 다듬어진, 계급, 성별, 민족의 경계를 초월하는 유토피아
적 생각이다.45) 만주국정부는 중국대륙에서 5.4운동의 지식인들에 의해 극
심하게 비판받았던 유교를 적극 후원했다. 이것은 만주국 최대 민족집단인
한족에게 쉽고도 익숙한 이념이었다. 또한 정부는 유교를 통해 지주계급의

---

41) David Egler, "Japanese Mass Organization in Manchuria, 1928~1945", Ph.D.
thesis(Arizona University, 1977), p.139; Ramon Myers, "Japanese
Imperialism in Manchuria: The South Manchuria Railway Company, 1906~
1933" in Duus, Myers, Peattie(ed.), Japanese Informal Empire, p.130. 이 지역
주의는 일본의 항복 전야에 다시 부활했다. 일본 수상 히로타는 러시아에게 아무 세력의
간섭을 받지 않는 만주의 독립案을 제시했다. Robert Butow, Japan's Decision to
Surrender(Stanford: Stanford University Press, 1954), p.122.
42) 건국선언문, 現代史資料 II, pp.524~25.
43) 역설적으로 서양 제국주의에 맞서도록 이 어휘를 재생시킨 사람은 중국 공화혁명의 대부
손문이었다. Duara, "Transnationalism", pp.1038~1039.
44) 공보 1933. 4. 21.
45) Duara, "Transnationalism", p.1035.

지지를 얻고자 한 점도 있을 것이다.[46] 정부는 모든 縣에 공자의 사당을 짓고 봄, 공식적으로 가을 두 번 전국에 걸쳐 공자의 제사를 지냈다. 제사에서 시장, 현장, 교장들은 관리와 시민, 학생들을 이끌고 충성과 효도 등 유교의 덕목을 강조했다.[47] 또한 중요한 관변 행사 뒤에는 참가자들이 공자 사당을 방문하는 것이 관례였다.[48] 매년, 만주국정부는 유교덕목을 갖춘 이들을 시상했다. 유교 과목이라 할 수 있는 經學은 각급 학교와 관리들 승진시험의 과목이 되었다. 그리고 모든 현은 사신계급을 겨냥, 孔學會라는 단체도 만들었다.

이런 개방적인 사상들에 기대어, 정부는 조악한 수준이지만, 마침내 "만국", "사해동포"와 같은 범세계적인 어휘도 구사했다.[49] 문화와 복지시설을 갖춘 만국도덕회라는 단체가 모든 시, 현에 건립되었다.[50] 화합을 뜻하는 단어들이 널리, 자신만만하게 거리와 함정의 이름에까지 사용되었다. 이것은 거리 이름을 프랑스 정복자들의 이름을 본 땄던 알제리아의 경우와 비교한다면 사뭇 다른 일이었다.[51]

그러나 만주국의 포용력을 문자 그대로 받아들이는 것은 순진한 일이다. 한 요소인 아시아주의만 해도 긴장의 매듭이 두 개 있다. 하나는 아시아를 보전한다면서 동시에 일본의 패권을 확립한다는 기본 가정이다. 또 하나는 동양과 서양의 대립 구조이다. 어떤 의미에서 만주국의 국제성은 국가경영자들을 위해 국유화(즉 내부적 목적으로 이용)되었다. 관우와 악비를 위한

---

46) 히라노에 의하면, 만주국 건국 이전에 중국인 지주들과 일본인들의 공생관계가 있었다고 한다. 아마도 만주국 시대에도 이런 유형이 계속되었으리라 본다. Kenichiro Hirano, "The Japanese in Manchuria, 1906~1931: A Study of the Historical Background of Manchukuo," Ph.D. thesis(Harvard University, 1983).

47) 공보 1932. 2. 11; 1933. 9. 6.

48) 만주국 황제 푸이도 1935년 일본을 방문했을 때, 도쿄에 있는 공자 사당을 찾는 것을 잊지 않았다.

49) 공보, 1932. 9. 8.

50) 문교부 훈령 53(공보 1932. 12. 28).

51) David Prochaska, Making Algeria French: Colonialism in Bone, 1870~1920(Cambridge: Cambridge University Press, 1990), p.210.

합동제사가 좋은 보기이다. 둘은 중국 고대와 송대의 군사 영웅이었다. 이 제사는 진정으로 국제적 행사였다. 중국인 영웅들을 위한 제사가 유교식으로 일본통치자들에 의해 후원된 것이었다. 그들의 충성심이 만주국 경영자들이 얻으려 했던 핵심 요소였기 때문이다. 청대에 관우숭배는 (기존의 의례적 매개체 안으로 손을 뻗으려 했던) 조정의 후원으로 이미 전국에 성행했었다.[52] 청조의 만주족 지배자들이 그랬던 것처럼, 만주국의 일본 지배자들도 한족 영웅을 선택한 것이 흥미롭다. 만주국정부는 종교적 열정으로 충성과 효도를 한 묶음으로 장려했다. 매년 정부는 孝子節婦를 찾아 공개적으로 시상했다.[53] 푸이가 만주국 황제가 될 때에도 이런 이들을 초청, 대관식을 장식했다.[54] 일년에도 몇 차례나, 대부분의 정부 행사에 효자와 노인들을 위한 시상식이 있었다.

또한, 장중한 장례식이 만주국에 충성을 바친 자들 즉 "새 국가건설에 목숨을 바친 전몰 군경"을 위해 전국적으로 행해졌다. 충령비가 도처에 세워졌다. 시, 성, 현공서에서 거행되는 (유교와 신토를 합친) 혼합 방식의 장례식은 연중행사였다. 이런 경우 시장, 성, 현공서장들은 제주 역할을 하는 브라만僧이 되었다. 하급관리(우체부를 포함)가 비적에 의해 희생되었을 때에도, 거룩한 장례식이 꼭 뒤따랐다. 국가경영자들은 반역자의 충성까지도 사 들였다. 1932년 여름 馬占山의 부대가 진압된 뒤, 관동군은 그가 죽은 자리를 "장열 전사지"라 부르고 유해를 정중하게 매장했다고 발표했다. (어느 나라를 향하든) 그의 충성을 칭송한 것이었다.

기실 만주국의 포용적 사고는 만주국 주권을 위협하는 경쟁상대를 번번히 겨냥했다. 왕도의 한 얼굴은 反서양주의였다. 앞에서 일렀듯, 원래 왕도는 서양의 패도에 맞서 개발되었다. 그래서 이 "민족협화"의 나라가 실제로는 서양인에 대해 적대적인 태도를 취했다. 외국인을 조심하라는 구호들

---

52) Duara, Culture, Power, and the State: Rural North China, 1900~1942(Stanford: Stanford University Press, 1988), pp.34, 142~48.
53) 시장이나, 현장의 추천을 받아 문교부가 이들을 시상했다. 公報 1933. 2. 20.
54) 공보 1934. 3. 1.

이 때로는 외국인 혐오(xenophobia)의 분위기를 방불할 정도로 나타났다.[55] 정부는 외국 간행물의 수입을 금했다.[56] 또한 신청자가 비록 일본인일지라도, 교회나 관련 외국어 학당 건립의 신청은 반려되기 일수였다.[57] 무엇보다도, (러일전쟁후 일본의 잠재적인 적국인) 러시아가 국제성의 양식에서 감시되었다. 만주국정부와 그 관변조직인 協和會는 여러 번 반공(즉 반러시아)대회를 열었다. 이 대회는 "反무신론 대회"로도 불리웠다. 반러시아운동이 종교의 이름으로 행해졌던 것이다. 만주국 통치자들은 별안간 모든 종류의 종교(라마불교, 유교, 그리스정교, 민간신앙, 신토 등을 포함)의 후원자가 되었다. 공산주의 (혹은 무신론)는 이 종교적인 나라에서 용서를 받을 수 없는 대상이었다. 반공대회는 관우사당에서 혹은 그리스정교회, 이슬람사원에서도 거행되었다.[58] 백계 러시아인들이 가장 많이 사는 할빈의 한 대회에서는 "공산주의타도", "러시아타도"의 기치가 "무신론 타도"와 함께 올라갔다.

왕도의 다른 공격 목표는 관동군에 의해 내쫓겨 국민당에 합류한 군벌 장쉬에량이었다. 만주국 통치자들은 장쉬에량과 국민당을 합쳐 하나의 이미지로 만들어 만주국 최대의 적으로 규정했다. 일년 내도록 만주국 신문들은 "새 만주국을 전복하려는 국민당과 장쉬에량의 음모"라는 기사로 덮였다. 그래서 만주국정부는 국민당과 관련되는 어떤 것(예컨대, 손문의 삼민주의, 국민당정부, 중국역사, 중국문명까지)에도 심한 적대감(혹은 열등감)을 드러내었다. 어떤 의미에서 만주국의 국제성은 1920년대 후반에 일은 중국 민족주의에 대항하는 것이었다. 삼민주의와 반외세(즉 반일본)의 내용을 담은 과거의 교과서들은 모두 수색, 폐지되었다.[59] 중국 고대의 진시황에 의한 분서갱유를 방불했다. 과거 국민당시대의 우표들도 파기되었

---

55) 공보 1932. 4.1; 1932. 5. 10.

56) 공보 1934. 6. 29.

57) 공보 1932. 10. 14.

58) 성경시보 1937. 1. 12; 1937. 2. 9.

59) 공보 1932. 8. 6.

다.[60] 국민당은 만주국의 식목일날에 "만주의 삼림을 훼손한 주범"으로 규정되었다.[61] 만주국 통치자들은 숫자 10~10(중화민국의 건국일, 10월 10일이 연상되는)에도 민감했다.[62] 대륙에서 오는 노동자들도 "요주의 대상"이었다. 만주국정부는 이들에게 엄한 규정을 적용했다.[63] 중국대륙의 노동자들은 경찰서로부터 등록증을 받아야 하고, 만주국을 떠날 때에 이것을 반납토록 했다.[64] "불순분자", "허약자"는 이 등록증을 받을 수 없었다. 이 규제책으로 1920년대 매년 약 백만씩 만주로 쏟아졌던 이들의 숫자가 1930년대에 30만에서 60만의 수준으로 감소했다.[65]

뭐니뭐니해도, 장쉬에량의 군벌체제가 왕도의 主敵이었다. 서양제국주의를 가리키던 패도는 많은 경우 구체적으로 군벌체제를 가리켰다(예컨대, "패도 군벌"). 이런 식으로 교묘하게 만주국 통치자들은 군벌체제 최후의 위기를 생생하게 기억하고 있던 사람들에게 호소, 군벌에 專制의 이미지를 연결시켰다. "왕도", "건국정신"은 빈번히 초기 만주국에서 "비적군벌"과 함께 사용되었다. 이런 맥락에서 이미 사라진 군벌체제는 세상의 모든 악을 떠 안았다. 또한, 소멸한 군벌체제는 만주국에 저항하는 모든 세력들과도 결부시켰다. 군벌체제의 잔당이든 아니든, 저항세력들은 "폭압적인 체제의 후손"으로 낙인찍혔다. "전제" 군벌은 시민들에게 가장 중요한 교육재료였다. 정부는 군벌지도자들의 재산을 추적, 전시, 처분하는 특별위원회를 만들었다. 여러 번, 장쉬에량이 소유했던 사치품과 대저택을 전시했다.[66] 장쉬에량의 플레이보이 이미지도 극대화시켰다.[67] 군벌체제는 좌우

---

60) 공보 1932. 9. 2.

61) 성경시보 1937. 4. 21.

62) 공보 1932. 10. 29; 1932. 12. 2.

63) "外國旅券, 外國人 入境 旅券査證 規則" 外交部 訓令 1. 공보 1933. 4. 21; 1934. 1. 18; 滿洲國警察槪要, p.158.

64) 공보 1935. 3. 21; 외국인들은 이 체류카드를 발급받을 때에 2위안을 내어야 했다. "外國人 居留證明書 發給規則" 民政部 訓令 11. 공보 1936. 3. 18.

65) 滿洲國警察槪要, p.157; Ping-ti Ho, Studies on the Population of China, 1368~1953(Cambridge: Harvard University Press, 1959), p.163.

66) 공보 1934. 2. 27.

간 가장 나쁜 보기가 되었다. 정부는 일마다, 예컨대, 건국의 정신을 강조할 때, 관리와 학생들을 교육시킬 때, 또한 전국적인 근면운동을 벌일 때에라도 군벌 이야기를 끄집어 내었다.[68]

요컨대, 만주국의 국제성 혹으너 세계화는 국내용으로 사용된 면이 다분했다.[69] 고대 중국인 영웅들과 만주국에 저항한 자들 누구든, 새 국가의 충성을 유발시킬 수 있는 한, 숭배대상이 되었다. 왕도는 바로 만주국의 라이벌체제(러시아, 국민당, 군벌체제, 상상의 적이든 아니든)를 겨누었다. 동양의 덕의 정수라 하면서도, 서양제국주의에 대한 혹심한 비난으로 이용되었다. 중국민족주의를 겨냥하면서, 민족 화합의 낙토라 했다. 자상한 어버이의 얼굴을 하면서, "폭압적인" 군벌과 그 "잔당"을 공격했다.

V. 건국정신

만주국의 이른바 개방적 이념이 많은 경우 라이벌체제를 겨냥한 것이므로, 그것은 일정 방향으로만 진행되어야지, 만주국 주권과 충돌하는 길로는 갈 수 없었다. 주권은 "민족협화"를 간단히 눌렀다. 좋은 보기가 있다. 만주국정부가 공식적으로 특수성을 장려한다고 했던 소수민족인 만주족과 몽고인들과 관련된 것이다. 우선, 만주족(청조가 멸망하고 내쫓긴 청조의 지배자들)은 정부가 별로 언급하지 않았다. 아마도 만주국에서 많이 발견되지 않을 수도 있었다. 아니면, 이들이 이미 漢化(Sinicized)되어 따로 떼어 집계하기가 불가능한지도 몰랐다. 그러나 중요한 것은, 만약 상당한 숫자의 만주족이 발견되었다면, 새 만주국은 청조를 복원하려는 시도로 비쳐질

---

67) 성경시보 1932. 8. 9.

68) 공보 1933. 7. 4.

69) 물론 국내정치의 목적에만 쓰였다는 것은 아니다. 매우 만국적인(cosmopolitan) 과거 소련의 건국이념처럼 국제적 선전의 뜻도 있었다. 이 점을 지적한 임성모선생에게 감사한다.

수 있는 것이다. 이 점을 만주국 통치자들이 우려한 것이다. 그런즉 이들의
존재와 과거는 억눌러야 하는 것이다. 발리바르는 민족주의가 대체로 현재
와 (영광서러운) 과거(상상의 것이든 말든)를 연결시킨다고 했다.[70] 만주국
민족(만약 이런 것이 있었다면)은 과거를 추적할 수도, 그것으로부터 신화
를 창조할 수 없으므로, 출발부터 문제를 가질 것이다. 대신 만주국정부는
누구든 그 소유를 주장하려면 적절한 증거를 제시해야 한다는 사실상의 불
가능한 조건을 내걸며, 청조 왕실의 재산(혹 문화유산)을 압류하였다.[71] 만
주국은 만주족의 것이 아니라, 관동군의 것이었다.

또한 정부는 공공연히 "몽고문화 제창"을 내걸었다. 몽고인을 위한 특별
부서인 興安성공서는 몽고역사에 관한 자료를 모으고, 몽고인의 결혼, 장
례, 친족, 재산과 유산 등의 관습법 조사도 행했다.[72] 몽고인들은 (유목민
의 군사조직 냄새가 나는) 특유의 촌락조직인 旗와 나름의 사법제도를 유
지할 수 있었다. 旗의 우두머리는 지역법정의 재판관 역할도 겸했다. 고등
법원에서 省公署長들도 재판장을 겸직했다. 홍안성은 중국어와 몽고어로
공문서를 배포했다.[73] 몽고문화 창달처럼 몽고의 특이성도 공개적으로 표
현되었다.[74] 홍안성은 가축이 몽고인의 중요 자원이라는 이유로, 자의적인
판매를 금지시켰다.[75] 몽고인들은 삼림에서의 사냥도 허락받았다. 그러나
몽고의 특수성은 어떤 경우 단 한 방에 패자가 되었다. 1936년 4월 홍안북
서장을 포함한 몽고인 최고급 관료 6명이 러시아를 위한 스파이활동 혐의
로 재판정에 섰다. 이들은 홍안성 전체의 탄원에도 불구하고, 재판이 끝난
2일후 신속히 처형되었다.[76] 이와 함께, 몽고사회의 전통적인 정교일치도

---

70) Etienne Balibar, "The Nation Form: History and Ideology" in E. Balibar and
    I. Wallerstein(ed.), Race, Nation, Class: Ambiguous Identities(London: Verso,
    1991), p.86.
71) 공보 1935. 9. 23.
72) 공보 1932. 11. 30; 1933. 3. 24; 1933. 5. 31; 1934. 1. 16.
73) 공보 1933. 3. 24.
74) 한 가구조사 서문에 "우리 몽고인은 반유목, 반농경인으로 남과 다른 사람이다"는 말이
    있다. 공보 1933. 11. 1.
75) 공보 1935. 2. 21.

비판받았다. 정부는 라마승들에 정치에 관여말라는 짧고 차가운 경고를 보냈다.77)

왕도와 함께, 새 국가 건설을 강조하는 강력한 주권적 사고가 존재했다. 이것이 建國精神이다. 기실 이것이 초기 만주국 시대에 가장 중요한 구호였다. 달리 말하자면, 이것은 만주국 국제성의 순진성을 막아주는 장치였다. 국가경영자들은 만주국 민족주의를 만드는데 실패하거나, 혹은 추진하지 않았다. 국적법이 만들어지지 않은 사실이 이것을 반영한다. 만주민족은 없었을지라도, "건국정신"과 "만주국인"(시민)은 존재했다. 비록 국제사회의 인정은 받지 못했지만, 만주국의 국가는 모든 방향으로 그 존재를 드러내고자 했다. 그 신민들에게, 반국가 인사들에게, 대륙의 국민당정부에게, 그리고 그 본국인 도쿄에까지.

왕도는 홀로 추상적으로 사용되거나 다른 단어와 같이 쓰였다. 때때로 그것은 반서양 제국주의나 반군벌체제와 함께 쓰였다.78) 그런데 이것이 건국정신과 함께 쓰일 때, 가장 강력한 힘을 발휘하였다. 이 둘 사이에 미세한 차이가 있었다. 왕도는 주로 국가가 자상한 어버이의 얼굴을 하는(부성애적) 경우, 즉 중앙사회복지협회나 만주국박애협회의 행사에, 구호시설 낙성식에, 학생들의 행사에, 사회교육지도자들의 강습회 등에 사용되었다. 대조적으로 건국정신은 관리, 군경 등 국가의 대리인들과 관련된 경우에 등장했다. 건국정신은 교사의 강습센터 개소식에, 군경, 혹은 군경 유가족에게 돈과 훈장을 줄 때에, (엘리뜨 관리들을 위한) 대동학원의 개원식에, 사회교육관의 헌장에, 학교를 시찰할 때에 나타났다.

다른 차이도 있었다. 둘 중에서 왕도는 만주국정부가 발한 빈도에서 건국정신에 압도당한다. 왕도는 1936년 1월 이래 사회교육과 관련된 일을 제외하면 별로 등장하지 않았다. 아마도 왕도는 건국정신의 구체성과 비교해볼 때, 보통사람들에게 너무 추상적으로 들렸을지 모른다.79) 후자는 학생

---

76) 공보 1936. 4. 27; 성경시보 1936. 4. 14; 1936. 4. 22; 1936. 4. 24.
77) 공보 1933. 4. 16.
78) 예컨대, "왕도낙토", "협화와 대동의 왕도", "왕도-대동".

과 관리, 교사들을 위한 입학, 승진시험 과목이 되었다. 이것은 초기 만주국의 필수적인 단어 혹은 성분이었다. 건국정신, 건국기념일, 건국박람회, 건국운동, 건국기념주간, 건국체육대회, 건국훈장, 건국사당, 건국대학 (1938년 세워진 만주국의 대표적인 대학)이 있었다. 마침내 건국체조도 만들어졌다.

건국정신을 펴기 위해 만주국정부는 수많은 관리들을 훈련시켰다. 정부조직 전체가 건국정신에 충실한 관리들을 양성하는 학원이 되었다. 중앙정부는 시찰, 지도, 감독을 위해 지역 관공서에 사람들을 내려 보냈다. 중앙의 명령을 받아, 지역 관공서는 수도 혹은 省都에 교육받을 관리들을 올려 보냈다. 초기 만주국에서 관리가 된다는 것은 밤낮으로 강습과 시험 준비를 하는 학생이 됨을 의미했다. 국가 대리인들을 위한 대부분의 훈련센터는 (길면 4~6개월이나 걸리는) 기숙사생활을 통해 건국정신 등의 과목을 압축적으로 강의하는 공통점이 있었다.

교사들은 국가의 또 다른 대리인들이었다. 문교부는 이들을 위한 무섭고 부지런한 조련사였다. 학교체계, 과목, (사립학교의 것을 포함한) 일체의 교과서를 극단적으로 재구성했다. 매년 각급 학교에 건국정신으로 시작하는 수백개의 훈령들을 하달했다. 또한 소학교와 중학교 교사를 시급하게 양성했다. 교사들은 젊은 세대에게 수학과 지리만이 아닌 건국정신도 가르쳤다. 교사는 새 국가의 충실한 대리인이 되기 위해 맹렬한 훈련을 받았다. 문교부는 사회교육(이른바 민중교육)에도 진력했다. 성, 현공서에 일반 시민의 강습을 맡는 부서를 만들게 했다. 모든 현공서는 일반대중을 위한 민중교육관을 세우고 건국정신을 포함, 여러 영역에서의 성과를 매월 보고했다.[80] 현공서에서 사회교육을 책임진 관리들은 끝없이 성공서나 수도에 불

---

79) 이것이 왕도에 관한 내부의 논쟁 (즉 보편주의적 유교이념과 애국, 군국적 요소를 갖춘 유교이념간의 대립)과 전자의 대변인 격이었던 정효서총리의 실각과 관련이 있는지 모른다. 만주제국 황제 푸이의 즉위와 함께, 보편주의적 이념인 연호 大同이 康德으로 바뀌었다. 駒込 武, [植民地帝國日本の文化統合] (東京: 岩波書店, 1996), pp.272~275. 이 부분을 지적한 임성모선생에게 감사한다.

80) 건국정신은 사회교육관의 5개 과목 중의 하나였다. 공보 1935. 7. 1.

려 올라가 그들의 재교육을 받았다. 만주국정부는 사회교육에 많은 지원을 했다. 매년 예산을 증액하고, 사회교육 지도자들을 후한 생활비를 주어 일본에 보내어 재교육시켰다. 만주국이 1934년 인접 열하성을 침공했을 때, 민중교육관을 짓는 일은 치안유지와 함께 우선 정책이 되었다. 사회교육자들이 군인들을 따라 새 영토로 들어 간 것이었다.

Ⅵ. 결 론

민족주의에 관한 근자의 저작들은 민족 안에 억압되어 있던 소수의 견해와 정체성의 유동성 등을 조명하고 있다.[81] 정체성(민족, 계급, 교회, 왕국, 가족 등)은 서로 경쟁한다. 예컨대, 계급과 기독교는 민족에 대해서는 라이벌 형태의 정체성이었다. 또한 정체성은 서로 연합하기도 한다. 국제성은 오늘날 민족국가를 우회하고 지역주의와 결합하는 수가 있다.[82] 시민권도 그런 결합(민족국가와 개인주의)의 보기이다. 근대의 국가체계는 다른 종류의 사회단위(종족, 가족, 민족집단 등)를 외면, 대신 민족국가와 개인주의에 "인가증"을 주기 때문이다.[83] 과거 아시아에서, 주군에 대한 충성은 어버이에 대한 孝와 결합되곤 했다. 마찬가지로, 주권도 국제성과 경쟁한다. 듀아라의 "순수의 제국"(regime of authenticity, 민족국가나 민족주

---

81) Duara, Rescuing History from the Nation: Questioning Narratives of Modern Asia(Chicago: University of Chicago Press, 1995); Homi Bhabha, "Introduction: Narrating the Nation" in H. Bhabha(ed.), Narration and Nation(London: Routledge, 1990).

82) 도시들이 중앙정부를 우회하고 다른 나라의 도시들과 여러 형태의 가교를 맺으며, 국제화하는 것을 말한다. 어떤 일본인들은 이것을 glochial(global과 parochial을 합성)이라 부른다. 富野暉一郎, "東アジア文化と國際交流圈の形成" (21세기 동아시아 국제학술심포지움의 발표원고)(1997년 4월 부산), p.130.

83) John Meyer, "The Changing Cultural Content of the Nation-State" in G. Steinmetz, State/Culture, p.124.

의자들이 민족의 순수성, 즉 민족의 유구함, 순수, 정수, 불가침성 등을 지키는 파수꾼의 역할을 자처하면서 주권적 권위를 천명한다는 것)은 그런 대립의 훌륭한 보기이다.84) 그러나 주권은 때로는 국제성과 연합한다. 초기 만주국은 그런 단합 혹은 동거를 드러내고 있다.

국제화에 관한 어떤 문헌들은 민족국가가 미래에 소멸할 것이라고까지 예측한다. 이들은 대체로 국가에서 비국가 행위자들에 이전되는 기능적 변화에만 초점을 맞춘다. 이 주장 안에서 국제성과 주권은 후자가 언젠가 패자가 되는 제로섬의 게임을 하고 있다. 민족국가가 왕년에 누리던 최대의 권한을 상실한 것은 사실이다. 그러나 이념의 영역에서 이 두 정체성은 적대적 관계가 아니다. 초기 만주국은 주권의 복잡하고 유동적인 성질을 잘 보여주고 있다. 주권은 실제로 외부에서 주어진다는 점에서 복잡하다. 만주국은 국제사회의 승인을 받지 못했으므로 주권국은 아니었다. 그러나 그 본국에 빈번히 저항, 충돌한 점에서는 주권국이었다. 또한 주권국은 국제적 비난을 피하는 방패 역할로서 편리했다. 동시에 일본 거류민들에게는 그 특권을 공식적으로 보장해주지 못한 점에서 불편한 것이었다.

만주국은 아시아 상황에서 국제성의 선구적인 장소였다. 그 국제성은 여러 역사적 요인(즉 관동군 청년장교들의 이상주의, 만주의 지역주의, 아시아주의, 유교 등)에 의해 만들어졌다. 천명한 민족의 화합과 단결은 언어정책, 기업활동, 관리들의 구성 등 많은 영역에서 실제적인 의미도 있었다. 예컨대, 회교도들이 장지 이전의 면제를 탄원했을 때, 만주국 문교부는 민족협화의 정신으로 그 종교관습을 지켜주도록 해당관서에 지시한 적이 있었다.85) 그러나 국제성은 주권에 의해 교묘하게 조작되었다. 혹은 전자는 후자의 허락만큼 운용될 수 있었다.

초기 만주국은 주권의 끈질김을 보여준다. 국제성은 자주 주권의 라이벌 체제에 대항하여, 국내용으로 이용되었다. 주권적 형태는 본국에 대해서도

---

84) Duara, "The Regime of Authenticity: Timelessness, Gender, and National History in Modern China", History and Theory 37(October, 1998).

85) 공보 1933. 8. 10.

사용되었다. 또한 어떤 종류의 정체성도 주권에 의해 쓰여졌다. 효성은 전략적으로 장려되었고, 다른 집단과 수준에의 충성(저항자들의 것을 포함)도 사들였다. 이것은 민족국가가 사라진다는 국제화의 강경판 이론과는 매우 다른 예측이 될 것이다.

A Study on the Sovereignty of Manchukuo

Han, Suk-Jung

The late 20th century witnessed unprecedented impacts of globalization. One big issue in the era is the fate of sovereignty. Some scholars suggest the dissolution or the end of nation-states with the rise of regional economies. But the argument overlooks the relationship of transnationalism and sovereignty in the ideological realm. I will address the resilient nature of the latter from the case of early Manchukuo.

The history of Manchukuo affords an excellent example for exploring the complexity of sovereignty. It is complex in that it is actually given from outside. Manchukuo is not a sovereign country in that it did not attain international recognition. But it is sovereign, in that it many times resisted Tokyo. Also, the sovereign state form was convenient as a shield against international accusation. At the same time, it was inconvenient to Japanese residents, since it did not officially guarantee their privilege.

Manchukuo was a pioneering place of transnationalism in the Asian context. Its transnationalism was produced through several historical paths such as the idealism of the young officers of the Kwantung Army, regionalism of Manchuria, Asianism, and Confucian outlook. The claimed racial harmony and unity has substantial meaning in many realms. But transnationalism was skillfully manupulated by sovereignty. Or the former worked to the extent that it was pardoned by the latter.

Early Manchukuo shows us the resilience of sovereignty. Transnationalism was many times nationalized or exploited for domestic use against the rivals of its sovereignty. This suggests a very different prediction from the strong version of globalization, foretelling its demise.

일제 말 비밀결사운동의 전개와 성격, 1937~1945

변은진[*]

* 고려대 아세아문제연구소 연구교수

Ⅰ. 머리말

일제 말 '전시파시즘기(1937~45)'는 한편으로는 일제의 극단적인 침략 전쟁과 강제동원의 시기였지만, 다른 한편으로는 조선인에게 독립 및 신국가 건설 가능성을 현실화시키는 시기이기도 했다. 조선인의 입장에서 보면, 일본의 '실패' 즉 '패망'은 조선의 '희망' 즉 '해방'이 되는 셈이었다. 1910년 '병합' 이래 국내외 각지에서 독립을 쟁취하고자 노력해왔지만 실제로 정세 면에서 독립의 가능성이 높았던 시기는 그리 많지 않았다. 1919년 3.1운동 당시 1차세계대전 이후 조성된 국제정세를 바탕으로 독립의 가능성을 기대했지만, 1차대전 전승국 대열에 낀 일본의 식민지로서는 엄청난 희생에도 불구하고 '독립'은 불가능한 일이었다. 하지만 일본이 전쟁을 시작하고 종결했으며 '敗戰'의 가능성이 높아져갔던 2차세계대전 시기의 정세는 달랐다.[1] 당시 우리 민족해방운동진영에서는 국내외를 막론하고 모두 이 정세를 활용하여 '독립'의 가능성을 현실성으로 전환시키려고 했다. 즉 이 시기는 일제 식민지기 전체 중 '독립과 새로운 국가의 건설'이라는 목표를 달성할 가능성이 가장 높았던 시기였던 것이다.

기왕의 민족운동사 연구에서 이 시기는 대체로 일제 '암흑기'의 절정을 이루는 시기이며 따라서 국내의 경우 민족해방운동이 상대적으로 침체되었다는 보는 것이 일반적이다. 그러나 시간이 흐를수록 국내에 있던 민중들조차 '일제패망'이라는 정세를 감지해갔으며, 이에 따라 그 준비나 모색도 일제 말기로 갈수록 강화되었다. 즉 일제의 파시즘전쟁으로 조성된 국

---

1) 흔희 2차세계대전 시기를 '1939.9~1945.8'로 보는 것이 일반적이다. 하지만 이는 유럽을 중심으로 본 것이며, 아시아지역을 놓고 보면 그 시작은 1937년 7월 중일전쟁으로부터 봐야 한다. 즉 2차대전의 시작과 종결은 모두 일본에 의해 이루어졌다고도 할 수 있다.

제정세와 전쟁결과를 둘러싸고 전개된 '일제패망'에 대한 인식의 확산은 일제말로 갈수록 더욱 고조되어간 것이다.2) 일제 측이 한반도를 발판으로 무리한 침략전쟁을 감행하고 거기에 일본인만이 아니라 전체 조선인을 '동원'하는 상황이 갈수록 심화되었지만, 실제로 이에 대한 조선인의 저항은 태평양전쟁기로 가면서 중일전쟁기보다 양적·질적으로 강화되었다. 엄혹한 '전시파시즘' 아래서 겉으로 드러나는 대규모 조직활동은 불가능했지만 이면에서 일반 조선민중의 불만과 저항이 확산되고 있었고, 그 결과 비록 산발적이라 할지라도 소규모 조직을 꾸려서 일제의 전쟁과 각종 전시정책에 대항하는 경우가 늘어났다. 다시 말해서 이 시기 국내 민족운동은 이렇게 소규모 '비밀결사' 형태로 전개되었다고 볼 수 있다.

따라서 본고에서는 이러한 비밀결사가 실제로 어느 정도로 조직되어 있었으며, 그 성격은 어떠했던가 등을 종합적으로 살펴보고자 한다. '상층' 명망가 중심의 운동집단 중 일부가 일제의 선전대로 전쟁에서 일본이 승리할 것으로 보고 '친일'의 경향으로 돌아섰지만, 실제로 일제의 각종 수탈과 동원의 대상이 되었던 광범위한 조선인 사이에서는 敗戰을 확신하면서 독립과 건국을 준비하려고 노력하는 세력이 상당수 존재했다. 이들이 바로 이

---

2) 중일전쟁기에는 대체로 전쟁이 장기화되면 소련·미국 등 열강의 對중국 지원으로 경제적·군사적으로 일본은 패망할 수밖에 없다는 '예견'이 등장하면서 조선 독립의 가능성을 예측하는 수준이었다. 특히 장고봉·노몬한사건과 삼국동맹·독소전쟁 등 전쟁의 추이를 보면서, 또 소일개전·미일개전에 대한 전망이 등장하면서, 그러한 예견은 더욱 심화되어갔다. 태평양전쟁기에는 일본이 패망할지도 모른다는 '소박한 바람'에서 출발했던 전쟁인식이 점차 '구체적인 확신'으로 발전해갔다. 즉 일제의 戰力은 소련이나 미·영 등 연합국 측에 비해 훨씬 열악하고 전쟁을 통한 인적·물적 피해가 점점 심각해져서 결국 군사적·경제적 피폐에 못 이겨 패망할 수밖에 없다고 인식하였다. 美日전쟁에 이어 蘇日전쟁이 개시되어 결국 일제가 패배하는 순간을, 국내외 전체 조선인이 일제히 봉기하여 독립을 쟁취해야 하는 시기로 상정했다. 일제의 敗戰에 대한 이러한 전망은 당대 조선인에게는 親日과 反日의 행보를 구분할 수 있는 잣대가 되었다. 또 이 전망은 反日을 택한 진영에게는 독립과 해방에 대한 준비를 어떻게 할 것인가에 영향을 주는 한 요소가 되었다. 즉 엄혹한 일제 전시파시즘 하에서 조선인이 민족운동을 전개할 수 있었던 바탕에는 바로 당면 전쟁을 둘러싼 정세인식이 자리잡고 있었던 것이다(자세한 내용은 필자의 「일제의 파시즘전쟁(1937~45)과 조선민중의 전쟁관」, 『역사문제연구』 제3호, 1999, 역사비평사 참조).

시기 비밀결사운동의 주체였다고 할 것이다. 그리고 비록 여러 가지 한계는 존재했지만, 이들의 활동 결과 8·15 직후 조선사회 내에서 자발적으로 신국가를 건설하려는 노력이 이어질 수 있었다.

본고에서 다루는 시기는 1937년 7월 7일 일제가 중일전쟁을 일으킨 시점부터 1945년 8월 15일 해방이 될 때까지이다. 지역적으로는 국내를 중심으로 했지만, 당시 많은 조선인이 일본으로 왕래하면서 노동이나 학업에 종사했고 또 일본 내에서도 수많은 조선인 비밀결사가 조직되어 있었음을 감안하여 일본지역도 포괄하였다. 그리고 이들 비밀결사에 참가했던 층의 범위는, 이전 시기 민족해방운동세력의 지도를 받은 경우를 제외하고 일반 청년·학생을 비롯하여 회사원이나 노동자·농민을 포괄하는 광범위한 '민중'을 대상으로 하였다.

Ⅱ. 비밀결사운동의 전개

1. 국내 비밀결사

1930년대로 접어들면서 대부분의 민족운동단체는 비합법적으로 존재할 수밖에 없었다. 특히 1930년대 중반 이후에는 기존에 합법적인 간판을 내걸고 있던 조선학생회, 조선학생과학연구회, 고학생갈돕회, 각지의 유학생회나 학우회 등의 학생조직이나 각 지역의 노동단체 등도 거의 활동을 할 수가 없었다.[3] 또한 1935년 이후 일제 당국에 의해 브나로드운동 등 민족적 성향의 계몽운동조차 전면 금지되고, 수양동우회나 홍업구락부 등 대표적인 민족주의 단체도 탄압을 받아 조직의 성격이 변질되어 갔다. 1940년

---

3) 朝鮮軍 參謀部, 「昭和13年後半期朝鮮思想運動槪況」, 한국역사연구회 편, 『일제하사회운동사자료총서』 3, 100면. 이밖에도 총 36단체, 11,086명의 회원이 있었는데 별로 눈에 띄는 활동이 없었다.

9월을 기점으로 남아있던 각지의 이른바 '要主義' 단체들이 대거 해산되었는데, 민족주의 계통으로는 평양과학지식보급회나 진남포 煙臺청년회 등과 사회주의 계통으로는 西평양청년회, 순천의 慈山相助會 등이 그 대상이었다.4)

이러한 가운데 1920년대 후반부터 활발하게 진행되어 오던 비합법 독서회 등의 전통을 계승한 비밀결사조직은 전반적인 운동의 침체기인 1930년대 중·후반 이후에도 꾸준히 전개되었다.5) 이들 조직에는 대체로 20대 정도의 청년·학생층이 많이 참가했는데, 이는 일제관헌 측이 조사한 치안유지법 위반자의 압도적 다수가 30세 이하 청년층이었던 점에서도 잘 알 수 있다. 이들 선진적인 청년·학생층이 중심이 되어 노동자, 회사원 등을 포괄하려 했던 소규모 비밀결사운동이 전시파시즘기 국내 민족해방운동의 가장 대표적인 양상이었다.6)

'전시파시즘'기 조선인은 '일제패망에 대한 전망'이라는 정세인식을 바탕으로 일제에 대항하여 크고 작은 저항을 했다. 조선인 대부분은 이 시기 들어 이전보다 더욱 강화된 방식의 통제구조를 일상생활 속에서 접하고 있었기 때문에 누구나 잠재적으로 저항의 가능성을 지니고 있었다. 조선인의 입장에서는 自國이 아닌 他國, 그것도 自國을 식민지화한 제국주의국가의 전쟁과 파시즘체제를 위해 그러한 통제구조를 감내해야 할 명분이나 이유, 그리고 事後 보상에 대한 희망이 전혀 없었다. 그리고 전시 하에서 일제가 조선인에게 요구하는 사상이나 가치관, 생활태도 등은 '천황제 파시즘'이라는 매우 제한된 영역에 불과했다. 사소한 영역이라도 그것을 벗어나는 것

---

4) 『高等外事月報』 제14호, 1940.9, 7~10면.

5) 이 시기의 학생비밀결사의 현황에 대해서는 趙東杰이 조사·정리한 「韓國近代學生運動 組織의 性格變化」(『韓國民族主義의 發展과 獨立運動史研究』, 1993, 지식산업사)의 〈표 8〉을 참조.

6) 일제측은 학생층의 비밀결사에 영향을 준 요소를 1)유학생들로부터의 감화, 2)만주 동아 연맹 사상의 영향, 3)가정에서의 감화라고 정리하였으며, 각각에 대해 구체적인 대책을 수립하였다(변은진, 「일제말 전시파쇼체제하 학생민족운동의 전개와 민족주의적 성격」, 『국사관논총』 제67집, 219면 참조).

은 허용하지 않았고, 조선인이라면 누구나 지니고있던 전통적·민족적 정서조차 허용하지 않았다. 이러한 상황에서는 아주 작은 불만의 표출도 일본제국주의 자체와 그들이 수행하는 전쟁에 대한 저항으로 비춰졌고, 나아가 일본의 '國體'를 받아들이지 않고 '변혁'하는 것으로 파악했다. 일제가 조선인의 이러한 '저항'들 중에서 가장 강도가 높고 또 '민족운동'의 일환이라고 파악했던 것이 바로 일제 말 전국적으로 꾸준히 전개된 비밀결사운동이었다.

조선인이 저항하게 되는 경로나 동기는 대체로 일상 속에서 잠재된 불만이 직접적인 계기가 되었다. 당시 이러한 불만을 가장 지속적으로 표출했던 계층은 청년·학생층이었으며, 따라서 소규모 비밀결사운동의 주체도 대부분 이들이었다. 이들은 청년단·청년훈련소 등 관제청년조직의 통제와 학교 교육의 파쇼화, 또 장시간의 근로동원과 지원병·징병제 등 군사동원이 가중되면서, 자신이 왜 일제의 전쟁과 천황을 위해 목숨을 걸어야 하며 그 대가는 무엇인가라는 생각을 자주 할 수밖에 없었다. '內鮮一體'라는 선전에도 불구하고 청년층에게 필요한 교육 및 취업 여건이 충족되지 않는 식민지 사회구조를 체험하면서 불만은 더욱 고조되어 갔다. 또 그 원인과 극복방법을 모색하는 과정에서 조선의 독립과 해방, 새로운 국가 건설의 필요성을 절감하고, 그 주체로서 스스로 비밀결사를 꾸리고 그 지도자로서의 자질을 육성하는 경우가 많았다.

비밀결사운동의 주체들은 이전 시기와 달리 기존 민족운동집단의 조직적 지도가 거의 없는 상황에서 간혹 개별적으로 교사나 몇몇 지식인의 영향을 받는 경우가 대부분이었다. 따라서 조직을 결성하고 강화하려는 경우 자발적으로 이광수나 심훈 등의 계몽적인 한글소설과 역사소설, 히틀러·무솔리니의 전기류, 각종 잡지 등을 구해서 읽었다. 하지만 비록 민족운동집단의 직접적이고 조직적인 영향은 없었다 할지라도, 그 이면에서는 당시 국내외 민족운동세력의 정세인식이나 독립방략의 통일, 즉 일제가 패망하고 조선이 독립할 수 있는 '결정적 시기'가 다가올 것이니 이에 대비하여 무장투쟁을 준비해야 한다는 일반화된 노선이 간접적인 영향을 미쳤다. 따라서 국내의 비밀결사들도 비록 낮은 수준이나마 국외 독립운동진영과 동일한 정세 전망이나 독립의 전략·전술을 모색하고 준비할 수 있었다.

일제의 사상탄압이 가중되고[7] 여타 사회운동이 상대적인 침체국면을 맞이함에 따라 비밀결사는 순수하게 아래로부터의 자각을 통해 자기 내부를 중심으로 조직되는 경향이 강해서 조직의 수준 등은 그다지 높지 않았다. 하지만 戰況 등을 통해 국제정세의 변화를 막연하게나마 읽고 있던 일부 조선인 사이에서는 중일전쟁 말기부터 일제의 敗戰을 확신하면서 독립을 위한 구체적인 준비를 모색했다. 당시 국내 및 일본에서 200여 개 이상 조직되었던 조선인 비밀결사들이 이러한 '준비'의 주체가 되었다.

전시파시즘기 국내 각지에서 조직된 소규모 비밀결사 수는 최소한 100여 개를 훨씬 넘는 것으로 추정된다. 국내에서 조직된 비밀결사의 구체적인 목표나 행동양태 등은 첨부한 <부표 1>를 보면 잘 알 수 있다. 이것은 현재 일제 관헌자료 등에서 명칭이 확인되는 것들 중 대표적인 몇 가지인데, 일부를 제외하고는 상세한 활동상황을 파악하기는 어려운 실정이다. 하지만 전체적인 경향성은 파악할 수 있다. 이밖에도 정확한 조직명을 가지지 않고 소그룹으로 몇 명씩 모여 독서회나 비밀결사 형태를 유지하고 있던 것들도 많이 있었다고 보여진다. 독서회는 비밀결사로까지 발전하지 못한 학생층 중심의 소모임을 염두에 둔 것이다. 학생 독서회는 기본적으로 1920년대 후반 이후 학생운동에서 광범위하게 등장한 독서회의 성격을 계승하면서도, 1930년대 전반기 혁명적 대중조직운동 과정에서 반제동맹으로의 발전을 지향했던 사회주의적 성격의 조직들과는 일정한 차이를 갖는다.

<부표 1>에서도 쉽게 알 수 있듯이, 이 시기 소규모 비밀결사들의 주요 활동 중 하나는 민족적으로 각성하지 못한 조선민중을 어떻게 계몽하여 민족의식을 고취시킬 것인가 하는 점이었다. 당시 많은 조선인이 일제의 '내

---

7) 이 시기 일제의 사상통제정책에 대해서는 필자의 「일제 식민지 지배 문화정책의 실체와 성격―戰時파시즘기 사상·선전정책의 강화를 중심으로」, 『국사관논총』 제94집, 2000 참조.

선일체'론이 현실에서는 오히려 차별정책의 온존으로 나타나고 오히려 이전보다 조선인에 대한 억압과 통제, 동원과 수탈이 더 강화되어 조선인의 민족의식을 말살시키려 한다는 점에 많은 위기의식을 느끼고 있었다. 차별과 억압에서 벗어나는 길은 독립밖에 없고 독립을 위해서는 민중의 민족적 자각과 의식 계몽이 선행되어야 한다고 생각했다. 민중계몽의 구체적인 대상은, 비밀결사의 주체로서 향후 선도적으로 민족의 미래를 이끌어 가야할 청년·학생층과 민중의 절대 다수를 차지하는 농민층이었다. 청년·학생층은 자신들을 전체 조선민중을 계몽할 '지도적 위치'로 자각하면서, 각자 전문 분야에서 실력을 양성하고 "농민의 지도자로서 인격을 완성"하여 "민중을 민족적으로 각성"시켜야 한다고 보았다.

한편 중일전쟁 말기부터 각 비밀결사에서 조선독립의 방법은 무장투쟁이어야 한다는 인식이 나타나기 시작했다. 예를 들어, '신동아동지회'는 만주의 '김일성부대'와 연락·합류하려 했고, 1940년 11월 평양의 민족노동당은 "완전한 독립국가인 공화국 조선을 건설"하려면 "합법적 점진주의를 채용하면 도저히 성공할 수 없으므로 단연 무력에 의한 폭력혁명으로 해결을 기해야만 성공할 수 있다"고 단정하고 폭동에 대비하여 무기를 입수하려고 10개년 계획 하에 준비하는 모습을 보였다.[8] 비밀결사에 참여한 청년·학생들은 만주 등지로 건너가 무장부대에 합류하려는 의지를 보이는 경우가 많았으며, 국내에서도 국외 무장세력이 국내로 진격하는 '결정적 시기'가 오면 민중봉기를 일으켜 그들과 함께 일제 권력을 타도할 것에 대해 본격적으로 고민했던 것이다.

이러한 경향은 태평양전쟁 이후 더욱 일반화되어 국내에서도 국외의 무장투쟁에 호응하여 적극적인 준비를 해야 한다는 주장들이 확산되었다. 예를 들어, 1944년 10월 '민족주의조선독립사회노동당'을 조직한 개성지역의 회사원들은 1944년경부터 몽고를 거쳐 북경으로 가서 독립운동을 전개하자고 합의하고, 자금 마련을 위해 興亞發電所(강원도 영월군 電業株式會社

---

8) 조선총독부 경무국, 「제79회제국의회설명자료」, 1941.12.

영월발전소) 서무계에서 보관 중이던 애국채권 매상 대금 500원을 횡령했으며 배낭을 제작하기 위해 등화관제 실시 중에 학교 운동장 창고에서 천막을 훔치거나 과일행상을 하기도 했다.[9] 태평양전쟁이 중반으로 접어들면서 일제의 패망이 가시화되어 가자, 이처럼 국외 무장부대와 합류하겠다는 생각도 이전보다 훨씬 구체화되어 직접 실행에 옮기는 경우가 많았다. 이와 비슷한 맥락에서 이루어지던 것이 바로 終戰 직전에 더욱 빈발했던 각종 군수시설이나 산업시설, 교통망 등의 파괴·방화였다. <부표 1>에서도 알 수 있듯이, 이러한 행동 뒤에는 대체로 각지의 소규모 비밀결사가 관여하고 있었다.

무장봉기에 대한 인식과 그 준비의 확산이 반드시 비밀결사들의 이념적 지향이나 운동론과 관련이 있는 것은 아니었다. 종전 직전 시기로 갈수록 대다수 비밀결사의 성격은 이전 시기에 비해 민족적 경향을 더 강하게 띠었다. 그것은 和寧會, 太極團, 無等會, 無憂團, 無窮團, 槿木黨, 殉國黨, 白衣同盟, 花郎會 등 조직 명칭만 보더라도 쉽게 알 수 있다. 물론 비밀결사 내에서 사회주의 학습을 하는 경우도 있지만, 그 경우도 인민전선전술의 영향 등으로 인해 대체로 민족적 성격을 강조하는 입장이었다. 즉 당시로서는 민족주의냐 사회주의냐 등의 이념적 지향이 긴급한 문제로 대두되는 시기가 아니었고, 또 대부분의 비밀결사가 높은 수준의 이론학습을 통해 조직의 방향을 정하거나 독립 이후 국가체제의 성격을 논의할 수 있는 단계로까지 성숙하지 못한 상황에서 활동했기 때문에 그러할 수밖에 없었다.

또한 독립이 현실화될 수 있는 시기가 도래했다는 점에서, 자주적으로 독립을 쟁취하여 민족국가를 건설하기 위해서는 민족의 총 역량을 결집하여 민중의 무장봉기를 통해 '一擧'에 일제 권력을 타도해야 한다는 전술의 통일로 인해, 민중을 지도할 수 있는 역량의 성숙과 준비를 절실히 깨닫고

---

9) 京城地法, 「昭和20年刑公第1174號」, 『독립운동사자료집』 12, 1258~1260면. 이 조직은 주로 회사나 은행 등 일반 직장에 다니던 청년들이 중심이었다. 평소 회사 내 차별대우 등에 불만을 가지고 있다가 교련시간에 중좌가 "조선이 독립하여 대동아회의에 대표자를 출석시키면 어떠냐"고 질문하자 절실히 민족의식을 자각했다고 한다.

있었기 때문이다. 이 과제를 위해서는 다소 추상화된 이념 문제보다는 建國에 대비하여 다양한 분야에서 무엇을 할 것인가 하는 문제가 더욱 중요하게 되었던 것이다. 즉 통일적인 지도조직이 없었던 국내 상황에서, 대부분 민족적 의식을 앞세우면서 활동을 모색하고 전개했다.

하지만 부분적으로 비밀결사 나름대로 사상적 지표 등을 고민했던 흔적은 있었다. 국내 비밀결사의 대부분은 무장투쟁을 통한 독립을 전제하고 있었지만, 이를 위해 당장 무엇을 어떻게 할 것인가, 그리고 독립 이후 건국 과정에서 무엇을 중요한 요소로 설정할 것인가 등은 각각 처한 조건이나 사상적 배경 속에서 다른 양상으로 표출되기도 했다. 즉 일본이 전쟁에서 더 이상 견딜 수 없는 지경에 처해 독립의 기회가 곧 도래한다고 보았던 측은 국외와 마찬가지로 무장투쟁을 위한 준비를 본격화해야 한다고 생각했으며, 또 다른 측은 일제가 궁극적으로는 장기전에서 무너질 것이고 조선은 무장독립을 해야 하지만 현재는 각자의 분야에서 실력을 양성하여 그 때를 대비해야 한다고 보는 경향이 강했다. 반드시 그렇다고는 할 수 없지만, 이러한 차이는 대체로 각 비밀결사의 사상적 토대, 즉 사회주의적 성향이 지배적이었는가 아니면 민족주의적 성향을 지배적이었는가에 따라 차이가 나타나기도 했다.[10]

한편 이러한 경향은, 독립의 힘을 만주의 유격대, 광복군, 조선의용대 등 국외 무장투쟁과 국내 대중역량에다가 더 비중을 두었던 경우와, 기본적으로는 이를 중시하면서도 미·영 등 연합국 측 원조에 대한 기대가 강한 경우로도 구분할 수 있다.[11] 또한 실력양성과 민중계몽을 위한 기본수단을 무엇으로 할 것인가 등에서 차이가 나타나기도 했다. 예를 들어, 마르크시

---

10) 일제관헌 측에서도 그렇게 파악하고 있었다. 감정적이고 쉽게 행동화하는 공산주의자를 前者로 파악했으며, 이지적이고 냉정한 민족주의자는 궁극적으로는 일제 패전을 전망하고 있지만 아직 그 시기에 이르지 않았으므로 현재는 실력을 키워야 한다며 자중하는 경향을 보인다고 파악했다(고등법원 검사국 사상부, 『思想彙報』 續編, 1943.10, 131~132면).

11) 조선총독부 경무국, 「제85회제국의회설명자료」, 66면. 일제 측에서는 민족주의운동의 이러한 성향을 조선인의 고질적인 사대적 관념에서 나온 것이라고 악선전했다.

즘 등 사회주의사상을 매개로 해야 한다거나 아니면 민족주의 혹은 기독교 등 종교를 매개로 해야 한다는 등의 입장 차이를 들 수 있다.

하지만 이와 같은 차이가 당대 현실에서 운동세력 상호 간의 대립의 의미하는 것은 아니었다. 또한 일제의 패망이 기정사실로 받아들여졌던 1943, 44년경이 되면 기본적으로 모든 비밀결사에서 무장화를 대비하는 경향으로 나아갔기 때문에 그러한 차이가 현실적인 중요한 문제로 가시화되지는 않았다.

2. 일본 내 조선인 비밀결사

중일전쟁 이후 모집·알선·징용 등 각종 노무동원이 강화되면서 在日朝鮮人의 숫자가 급격히 늘어났다. 특히 1940년대 들어 급격한 증가를 보였는데, 1937년에 735,689명이었던 것이 1939년에 961,591명, 1941년에 1,469,230명, 1944년에는 1,936,843명으로, 중일전쟁 전에 비해 2.5배 정도 늘어났다.12) 이들 재일조선인은 대체로 일본으로 渡航하기 전에 농업에 종사하던 사람들로서 無學에 일본어를 전혀 할 수 없는 사람이 대부분이었다.13) 또 엄혹한 감시와 통제, 힘든 노동작업, 낯선 곳에서의 견디기 어려움 등으로 조선인은 회사측이나 일제 당국에 불만이 많을 수밖에 없었다. 일반지역에 거주하던 부녀자나 학생들도 마찬가지여서, 각종 통제조직과 방공훈련 등 전시하의 여러 가지 생활통제에 적응하기가 쉽지 않았다.

---

12) 森田芳夫, 『數字が語る在日韓國·朝鮮人の歷史』, 1996, 明石書店, 71면의 〈표 2〉 참조 (內務省 통계에 의함).

13) 1940년 10월 당시 일본 야마구치현(山口縣)에 이주한 노동자 1,636명 중 국내에서 농업에 종사하던 사람이 1,214명이었고, 다음으로 日稼노동이 288명이었으며, 無學이 1,221명이나 되었다(司法省 刑事局, 『思想月報』 제79호, 1941.1, 2면). 한편 조선인의 절대 다수인 '노무자'라는 것도 일제 측의 표현대로 대부분 토목·건축·광산 등에 종사하는 '순 근육노동자'였으며, 상업에 종사한다고 해도 90% 이상이 넝마주이나 잡업 종사자였다. 이 때문에 일제 측은, 조선인은 "대개 교양과 상식이 결핍"되어 있고 불결하고 염치가 없으며 각종 범죄를 저지르는 자가 많다고 주장했다.

전시파시즘기 이전에 재일조선인의 대다수는 나름대로 '어떤 조직이나 서클에 소속'되어 있었다. 그 대부분은 '정치적 지향이나 사상적 배경이 있는 단체'는 아니었고 대체로 同鄕 출신들끼리의 救護모임이나 自助조직이었다고 볼 수 있는데, 이를 매개로 집단행동을 보이는 경우가 많았다. 전시기 들어 모든 일본인이 自國의 전쟁수행에 협력하면서 파쇼적인 통제구조에 적응해 가는 모습을 보였지만, 조선인은 '일본의 정책에 일정한 거리를 두고 조선인으로서의 민족적 입장'을 지키는 모습을 보였다.14)

따라서 이 시기 일본 내에서 가장 '심각한' 사회운동은, 일제 당국에서도 누차 지적하고 있듯이, 바로 재일조선인에 의한 민족운동이었다. 일제 당국으로서는 전쟁수행을 위한 노동자원으로서 조선인의 중요성이라는 의미만이 아니라, '천황제 파시즘'이라는 허구적인 이데올로기로 유지되던 일본 사회의 체제유지를 위해서도, 조선인의 이러한 동향이 파급되지 않도록 통제를 강화하고 민족운동의 확산을 방지하는 것이 매우 중요했다.

중일전쟁 초기부터 일제 당국은 在住조선인 문제가 일본 國運의 진전 상 '① 擧國一致 體勢 강화상의 중요성, ② 노동자원으로서의 중요성, ③ 일본 민족 발전의 시금석으로서의 중요성, ④ 조선통치상의 중요성'이라는 4가지 측면에서 중요하다고 주장했다.15) 즉 재일조선인 문제가 일본 내와 조선 통치에서 매우 중요한 지위를 갖는다고 보았던 것이다. 단순히 노동력 동원이라는 경제적·군사적 이유만이 아니라, 조선인의 강제동원이나 징용 등의 정책은 '內鮮一體'에 입각한 同化政策을 펴나가는 데에 있어서 정치적·사회적 의미도 있기 때문이었다.

일제 측의 이러한 인식은 1940년대 들어 더욱 강화되었는데, 그 이유는 재일조선인이 일제의 요구대로 정책수행에 협조하거나 '동화'되지 않고 오히려 점점 더 반일·반전 감정을 격화하여 각종 노동분쟁이나 폭력사건을

---

14) 桶口雄一, 「戰時下在日朝鮮人女性の非同調行動」, 『海峽』 17, 1995, 社會評論社, 40~44면.

15) 國策硏究會, 「內地在住半島人問題と協和事業」, 1938.3, 연구자료 제8호 (大野綠一郎관계문서 중 No.1255).

격증시키고 또 비밀결사를 조직하여 조선 독립을 준비하는 경향이 강해졌기 때문이었다. 특히 과거처럼 학생이나 지식인 중심이 아니라 강제동원된 노동자가 민족운동의 중심에 나서고 있다는 점도 일제 당국을 더욱 긴장시키는 한 요인이 되었다. 1944년 초 일본제국의회 衆議院 비밀회의에서는 이 문제에 대해 다음과 같이 언급하고 있다.16)

> 우리나라에서 가장 주의를 요하는 민족운동은 뭐라 해도 半島人에 의한 조선독립운동입니다. 중일전쟁 발발 이래 이런 종류의 사상사건이 현저해졌고 해마다 증가하는 경향이라는 점은 심히 유감스러운 상황입니다. 수년 전까지는 內地 在留 半島人 학생층이 주류를 이루고 있었지만, 최근에는 점점 內地 在留 半島人 근로자 등이 상당히 관계하고 있습니다. 비율로도 점점 노무자 측이 많아지는 경향으로서 심히 유감스러운 실정입니다. …… 일본이 질 때 敵 미·영의 힘에 의해 조선 독립을 실현하자, 이러한 생각이 근본적이고 또 일반적입니다. 이러한 사정에서, 지금 곧장 半島人 대중이 조직적으로 武裝蜂起, 一齊蜂起라는 직접 행동적인 경향은 아니라 해도, 공산주의운동과 같이 일본의 敗戰을 예측하여 장래에 대비하기 위해 지금부터 그 준비를 하자, 그것을 위해서는 미조직 半島人 대중에 대해 조선 독립 사상을 보급하고 계몽한다는 것으로, 오로지 장래 독립운동 성취 달성을 위한 기초·素地를 배양한다, 그 점에 역점을 두고 독립운동을 행하고 있습니다. …… 半島人의 집단적인 폭행사건이 각지에서 발생하고 있습니다. …… 司法當局과 厚生省이 항상 연락을 위하여, 半島人 移入에 대해서도 노무관리 등 기타 적절한 조치를 강구하는 것은 후생성 측에서도 항상 고려하고 있는 점입니다.

국내와 마찬가지로 재일조선인 역시 일제의 패망을 확신하면서 조직적인 무장봉기를 준비해갔음을 알 수 있다. 특히 1942년 초 미군기의 동경공습으로 그러한 위기의식은 더욱 고조되었으며, 이에 따라 일본인과의 직접

---

16) 第84回 帝國議會 衆議院, 「大日本育英會法案外二件委員會－日本國内ニ於ケル思想ノ實情ニ付テ」, 1944.1.26(수), 『帝國議會衆議院秘密會議事速記錄集』3, 782~783면(정부위원 사법성 형사국장 池田克의 말 중에서).

<표 2> 일본 내 치안유지법 위반 검거 인원

연 도	1936	1937	1938	1939	1940	1941	1942	1943	1944	1945
검거인원	193	144	117	50	165	293	192	218	189	83

출전 : 朴慶植, 『在日朝鮮人運動史(8·15解放前)』, 1979, 三一書房, <표7> 및 <표10>
<年度別朝鮮人治安維持法違反檢擧調>, 일본육해군성문서 중

마찰이나 폭력적 양상이 더욱 두드러져 갔다. 일본 내에서의 이러한 활동의 이면에도 재일조선인의 비밀결사 조직들이 작용하고 있었다.

일제 사상판사의 보고서에 따르면, 재일조선인에 의한 이른바 '사상사건'은 1933년을 절정으로 이후 점차 퇴조하는 경향을 보였으나 1940년대 들어 다시 급격한 증가를 보였는데, 특히 공산주의운동 쪽보다는 '순연한 민족주의적 독립운동'이 증가했다. 조선인이 독립운동을 기도하는 원인은 "일본인과 언어·풍속·문화 등이 다르다는 것에서부터 민족의식이 생겨나고 여기에 다른 요인들이 부가되어 민족적 편견으로 나타나면서 다시 민족독립의식 내지 사상으로까지 발전"했다. 치안유지법 위반사건 피고인들의 供述을 통해 보면, 민족독립의식으로 발전한 데에는 여러 가지가 이유가 있지만 특히 "①일본인의 모멸적 언동 및 차별적 대우, ②일본은 조선민족에 대해 부당한 통치를 행하고 있다는 의식"이 가장 일반적이었다. 특히 渡航 후 '內鮮一體'라는 선전에도 불구하고 농촌 등 현실생활에서 현격한 차이가 있음을 보고 더욱 민족적 반감을 갖게 되었다고 한다.17) 당시 일본 내에서 민족운동으로 인해 검거된, 즉 조선인의 치안유지법 위반 인원을 보면 위 <표 2>와 같다.18)

---

17) 「支那事變下に於ける不穩言動と其の對策に就て」(1941년도 사상특별연구원 판사 林善助 보고서), 『사회문제자료총서』 1, 141 / 150~153면.

18) 朴慶植의 <표7>과 <표10>을 기본으로 했으나, 제국의회 중의원 비밀회의 「속기록」에서의 언급이나 <年度別朝鮮人治安維持法違反檢擧調> 등을 참조하여 일부 수치를 변경했다. 자료상 가장 많은 숫자를 기본으로 작성했다. 여기서는 치안유지법 위반자만 조사했지만, 이밖에도 각종 분쟁사건이나 불만표출 등을 합치면, 1939년 4,140명, 1942년 16,006명, 1943년 6월말까지 9,661명이나 검거되었다(1944년 1월 14일 경찰부장회의 중, 『독립운동사자료집』 별집3, 172~173면).

<표 3> 재일유학생 및 유학생회 수의 변화

연 도	1932	1936	1937	1938	1939	1940	1941	1942
학생수	4,970	7,810	9,914	12,497	16,304	20,824	26,727	29,427
단체수	34	69			108	93	89	72
회원수	3,342	5,073			10,664	10,897	11,389	9,933
조직율	67(%)	65			65	52	43	34

출전 : 『독립운동사자료집』, 제13권, 1179면에서 정리

　이 치안유지법 위반 사건은 대체로 당시 재일조선인의 각종 조직에 의한 것이었다. 이는 국내와 마찬가지로 비밀결사나 독서회 형태로 유지되었는데, 처음에는 주로 유학생들의 학생비밀결사에서 시작하여 1940년대 이후에는 점차 동일 작업장의 노무자나 同鄕 출신의 비밀결사가 중심을 이루어 갔다. 1930년대 중반 이후 일본공산당의 와해 등 일본 내 사회운동이 급격히 퇴조하고 그 성격이 변질되어 가면서 과거와 같이 일본 내 사회운동조직의 지도나 지원을 받을 수 없는 상황에서, 일본 내 비밀결사운동 역시 국내와 마찬가지로 아래로부터 자발성에 기초하여 형성될 수밖에 없는 조건이었다. 이른바 '의식분자의 감화'를 받는다 해도 대체로 인근의 선배나 친지의 영향이 대부분이었다.

　전쟁 초기인 중일전쟁기의 비밀결사는 대체로 각 학교에 조직된 합법단체인 '조선인유학생회'가 중심이었다. 일제 당국에서는 조선인유학생회라는 명칭 자체가 일본에 대해 외국인이라는 태도를 표시한다고 받아들였으며, 각지의 유학생회가 바로 일본 내 조선인 사상운동의 원천이고 조선 내 사상운동에도 지도적 역할을 수행한다고 보았다. 참고로 중등학교 이상 조선인 유학생수와 일제가 파악한 유학생회 수의 변화는 위 <표 3>과 같다.19)

　1940년 이후 朝鮮奬學會 등을 매개로 유학생 조직의 활동에 대한 단속이

---

19) 『독립운동사자료집』 제13권에 있는 것을 각 연도별로 모아서 작성하였다. 1937년과 1938년은 구체적으로 작성하지 못했지만, 전후 시기를 비교해 볼 때 그 조직율은 대체로 65% 정도로 유지되었을 듯하다. 각 학교별 조직 명칭과 회장명은 『독립운동사자료집』에 있는 1941년 말 유학생 단체 일람표를 참조하기 바람(1241면).

심해지면서 조직율은 점차 감소했지만 회원 수는 1930년대 말부터 10,000명 내외로 유지되었음을 알 수 있다. 조선장학회의 조사에 따르면 1942년 당시 일본내 각 고등·전문·대학 조선인 입학자 수는 1,127명으로서 1941년의 3,042명에 비해 37%나 감소했다고 하는데[20], 이는 終戰이 가까워질수록 학생 수는 증가했으나 상급학교 진학율은 낮아졌음을 의미한다. 즉 이러한 현상은 조선인유학생회의 조직율에도 큰 영향을 미쳤을 것이다.

또한 1940년대 이후에는 비밀결사 형태의 조직이 많이 만들어지면서, 합법 내지 半합법 혹은 '위장조직'의 성격을 띠어야 했던 유학생회 형태의 조직화는 더 이상 힘들었을 것이다. 대부분 유학생회가 일제의 감시 하에서 '친일적' 성격으로 변화해가던 상황에서 유학생들 사이에서 민족운동이나 독립운동을 이야기하는 것이 자유롭지는 않았다. 그 여파로 심지어 독립운동에 관해 이야기하면 "저 자식 사상가인 척 한다"고 비꼬는 분위기마저 있었다고 한다.[21] 勉學을 통해서 자신의 희망을 실현할 수 있는 사회구조가 형성되어 있지 않은 상황에서 일부 학생은 자포자기하거나 비관적·염세적 가치관을 지니고 있었다. 하지만 일제 측의 우려대로, 학생비밀결사의 기반이 각 학교별 조선인유학생회였으리라는 것은 쉽게 짐작할 수 있다. 학생 중심의 비밀결사에서는 각 학교의 유학생회를 다수의 조선인이 모여있는 하나의 대중적인 공간으로 상정하고 활용하려 했다. 징용노무자가 다수 모인 작업장이나 기숙사, 식당 등을 비밀결사 조직의 기반으로 활용하려 했던 것도 같은 맥락이라 할 수 있다.

일본지역에서 조선인이 조직한 비밀결사나 독서회 중 대표적인 몇 가지만 살펴보면 첨부한 <부표 2>와 같다. 일본 내 비밀결사 역시 100여 개 이상 확인할 수 있는데, 이밖에도 정확한 명칭을 갖지 않는 연구모임이나 토론모임이 더 많이 있었던 것으로 추정된다. 일본에서는 전쟁 말기까지도 각급 학교나 학교간 연대의 형태로 민족주의나 사회주의를 학습하는 독서

---

20) 『每日新報』 1942.10.24.
21) 한국정신문화연구원, 『한국독립운동증언자료집』, 1986, 73면, 김준엽 지사 증언 중에서.

회 형식의 모임이 지속되고 있었다.22) 1940년대 초까지만 해도 마르크스주의이론을 학습하는 독서회나 공산주의그룹이 많았는데 전쟁 말기로 갈수록 이른바 '민족·공산주의그룹'이 많이 등장했다. 이는 독립과 이후의 國家像을 둘러싼 모색이 활발해지고 구체화되었음을 의미한다. 의식이나 조직 면에서 일정한 수준에 도달해있던 비밀결사에서는 독립 이후의 정치체제나 국가형태에 대한 토론을 통해 자신들의 입장을 정리해 나갔다.

Ⅲ. 비밀결사운동의 성격

1. 시기별 특징

1937년부터 1945년까지는 시간이 흐를수록 일제가 전시파쇼체제를 강하게 구축시켜간 시기였다. 크게 세 시기 정도로 구분할 수 있는데, 먼저 1937년부터 1941년경까지는 조선에 전시파시즘을 준비·형성하는 시기, 1941년부터 1943년경까지는 파쇼체제가 조선 각지에 구축되면서 일제 통치정책상의 각종 모순이 드러나는 시기, 1943년경부터 1945년까지는 일제의 패전이 현실화하면서 오히려 구축되어진 파쇼체제의 제 모순이 폭발적으로 전면화하여 통치체제의 균열이 극대화된 시기로23) 볼 수 있다. 조선

---

22) 일제관헌 측에서 수사할 때 '**마르크스주의연구회'나 '**민족주의그룹' 또는 '**공산주의그룹'으로 지칭하는 대부분이 이에 해당된다. 『특고월보』나 주로 이를 발췌하여 정리한 『소화특고탄압사』 등에 상당수 포함되어 있다. 본고의 표는 주로 『독립운동사자료집』을 이용했는데, 이것은 위의 『소화특고탄압사』 등을 번역한 것이다. 하지만 번역 상 부정확한 부분이 많아서 번역된 부분은 일단 그것을 기초로 수정했으며, 누락된 부분(『독립운동사자료집』에는 주로 사회주의 관련 조직은 빠져 있으며 사회주의나 공산주의를 혁신주의 내지 혁신사상으로 표현하고 있다)을 일부 첨가하는 형태로 작성했다. 이밖의 자료도 참조하였다.

23) 한 예로 1930년대에 혁명적노동운동에 참가했던 일본인 노동자 이소가야 스에지는 함흥형무소에 수감 중 1944년 봄 일반 죄수들이 일으킨 '함흥형무소 폭동사건'을 보면서 다음과 같이 회고한 바 있다. "그것은 일본제국주의의 식민지하의 정치가, 형벌과 그외의

인이 전쟁과 일제의 정책에 반감을 가지면서 저항에 나서거나 민족적 모순이 폭발하는 양상 역시 대체로 이러한 시기구분에 준하여 그 특징을 드러낸다. 이러한 시기상의 변화를 염두에 두면서 당시 비밀결사운동의 특징을 정리해 보면 다음과 같다.

첫째, 일제패망에 대한 인식과 관련된 문제로서 이는 비밀결사의 목표나 활동양상 등과도 있었다. 중일전쟁기까지만 해도 일제패망에 대한 인식은 단지 추측하거나 '豫見'하는 형태로 나타났지만, 태평양전쟁기 중반으로 접어들면 이러한 인식은 어느 정도 일반에게도 보편화되었으며 비밀결사에서는 정세의 추이나 과학적인 정황 근거를 들면서 이를 '확신'하는 단계로 발전했다. 이는 곧 민족적 의식이 더욱 고조되어가면서 독립과 건국을 준비하는 비밀결사운동이 양적·질적인 면에서 더욱 강화되어갔음을 의미하는 것이기도 하다.

둘째, 비밀결사에 참가하는 계급·계층의 확대이다. 중일전쟁기까지만 해도 주로 학생 등 지식인층을 중심으로 독서회나 비밀결사를 조직하고 동맹휴교를 주도하는 등의 경향이 많았으며, 노동자층은 주로 기왕의 경제투쟁적 방식인 파업을 행하는 것이 일반적이었다. 그러나 1941년 태평양전쟁 이후부터 점차 비밀결사의 조직양상도 노동자·농민·회사원 등 여러 계급·계층으로 확대되었고, 1943년 중반 경부터는 일제 측이 우려할 정도로 노동자층의 저항 빈도나 조직적 참여가 격증하였다. 이러한 경향은 징용 등 강제동원이 일반화되면서 노동자 수가 증가했던 것을 배경으로 하기 때문에 특히 일본 내에서 더욱 뚜렷해졌다. 이는 일제 측의 대책 논의에서도 잘 드러나는데, 1941년 7월까지만 해도 "그 관계자 대부분이 일본 유학생이라는 것은 주목할 만한 현상"이라고 언급하다가[24], 1943년 5월에는 "조

권력 행사의 측면에서 거의 파탄에 직면하였다는 점을 의미하는 것"이라고 일제 패망 직전 식민통치의 균열 상황에 대해 언급했다(이소가야 스에지, 『우리 청춘의 조선』, 김계일 옮김, 1988, 사계절, 184면).

24) 제19회 思想實務家會同(1941.7.17~18) 중, 『昭和思想統制史資料』 별권(상), 1981, 生活社, 395면.

선독립운동이 종래 일본 在留 학생에 의해 행해진 것이 많음에 대비하여 近時 자유노무자, 工員 등에 의해 행해진 것이 많아"졌다고 하거나[25] 1944년 1월에는 "비율로도 점차 노무자 측이 많아지고 있는 경향"[26]이라고 언급하고 있다.

셋째, 비밀결사의 사상적 배경과 지향 등의 문제이다. 중일전쟁 초기까지만 해도 여전히 사회주의적 성격의 학생독서회나 비밀결사가 많았다. 그러나 태평양전쟁이 진행되면서 일제가 패망하는 결정적 시기에 맞춰 전 역량을 결집해야 한다는 인식이 강해지면서, 비밀결사의 사상적 배경도 민족적 혹은 민족주의적 성격을 띠는 경우가 많아졌다. 이는 비록 독립 이후 건국의 像이 완전히 통일되어 있지는 않았더라도 독립을 위한 전술이 무장봉기로 통일되어 가면서 사상·이념의 차이보다는 조선민중의 단결이 중시되었기 때문이다. 즉 시간이 흐를수록 민족통일전선의 대중적 기반이 확대되어간 것이다.

넷째, 활동이 점차 폭력적·폭동적 양태로 변해갔다는 점이다. 이는 무장봉기론이 독립의 구체적인 전술로 확립된 것과 관련이 있는데, 중일전쟁 초기에는 교련이나 지원병제도 등에 대한 대응에서 무장화를 위해 적극 참여해야 한다는 주장 등이 일부 나타났던데 반해, 태평양전쟁 이후, 특히 1943년 이후가 되면 직접행동 등 매우 적극적으로 바뀌었다. 일제 측에 대한 테러나 암살 등도 일반화되어 갔으며, 군사시설이나 경제시설에 대한 교란과 파괴, 무기 입수, 군사훈련 강화 등 점차 일제패망의 시기를 앞당겨 독립을 쟁취하고 건국을 준비하겠다는 쪽으로 구체화되어 갔다.[27]

---

25) 제23회 사상실무가회동(1943.5.12~13) 중, 『소화사상통제사자료』 별권(상), 489면.

26) 제84회 제국의회 중의원, 「大日本育英會法案外二件委員會―日本國內二於ケル思想ノ實情二付テ」, 1944.1.26, 『帝國議會衆議院貴族會議事速記錄集』 3, 782면.

27) 일제 측에서도 조선인의 독립운동 방법에 대해 "종래에는 서서히 장기전에 의한 帝國의 疲弊를 기다리고, 그 사이는 오로지 독립의 素地가 되어야 하는 조선민족의 정신적 또는 물질적 실력을 배양하고, 지도자가 될만한 자의 역량 함양을 도모하려는 것 같은 것이 상당히 많았습니다만, 최근 그 운동방법이 점차 적극성을 더해하고 있음은 주목할 만합니다. 즉 혹은 조선인에 대한 지원병제도 또는 징병제에 대해 처음에는 소극적 기피의 태도를 보이는 경향이었는데 최근에는 차라리 나가서 군대에 들어가 무장을 修得하여 이른바

이와 같이 전쟁의 확대 과정에서 줄곧 조선민중의 일제 패망에 대한 인식이 확산되면서 저항에 참가하는 계기도 확대되고 저항에 참가하거나 저항을 주도하는 계급·계층 역시 확대되어 갔다. 특히 초기에는 학생 등 지식인층 중심으로 조직화되다가 점차 노동자층을 중심으로 일반 회사원이나 농민 등도 스스로 비밀결사를 조직하여 민족운동을 주도해 갔다는 점은 주목할 만하다. 이러한 경향과 궤를 같이 하면서 저항의 사상적 배경 역시 점차 민족주의 내지 민족적 의식이 주를 이루게 되었고, 저항의 양상 역시 민중봉기론이 구체화되면서 폭력적 양상을 띠어 갔다. 이 점은 기존의 민족해방운동 세력이 적극적인 조직활동을 펼칠 수 없었던 조건임에도 불구하고, 일제 말기의 객관적인 정황은 민족통일전선을 형성하고 민중봉기에 의한 민족국가를 수립할 수 있는 조건이 아래로부터 형성되어 가고 있었음을 의미한다.

2. 조직적 성격

여기서는 일제 말 국내외 비밀결사들의 조직상의 성격을 검토해보려 한다. 모든 비밀결사가 동일한 수준은 아니었기 때문에 그 대략적인 공통분모와 경향성에 대해 추출해볼 것이다.

첫째, 조직형태나 체계 면에서 그다지 높은 수준이 아니었다는 점을 들 수 있다. 1930년대에 지역단체나 비합법운동에 참가했던 사람도 일부 있었지만, 주로 과거 조직활동의 경험이나 체계화된 조직적 훈련을 받지 못한 사람들이 참가하는 경우가 대부분이었으며 연령층도 대체로 10대 후반에서 20대 정도가 많은 비중을 차지했기 때문에 그러했다. 또 상당수 조직은

무력봉기 때에 이를 逆用하려는 듯한, 혹은 단순히 장기전에 의한 제국의 피폐를 기다리는 데 그치지 않고 敵機가 우리 본토 공습 등을 할 때 이에 호응하여 소요·방화 등의 행동을 함으로써 銃後의 교란을 도모하여 帝國을 敗戰으로 이끌려고 획책하기에 이르렀습니다'라고 파악하고 있었다(제23회 사상실무가회동(1943.5.12~13) 중, 『소화사상통제사자료』 별권(상), 489면).

나름대로의 조직체계를 구성하지 못하거나 시도와 모색 단계에서 검거되는 경우도 있었다. 하지만 첨부한 표에서도 알 수 있듯이, 국내와 특히 일본지역의 몇몇 조직은 당시의 시대적 과제에 맞춰 준비된 조직체계의 모습을 띠기도 했다.

둘째, 조직의 명칭이 매우 다양했다는 점이다. 이는 이 시기 비밀결사 참가자들이 사상적으로 감화 내지는 영향을 받은 요소가 매우 다양했으며, 각 개인도 주로 청년기에 있거나 체계적인 교육·훈련을 받지 못한 경우가 많아 일관된 사상체계로 아직 성숙되지 못하고 그 모색 단계에 있었던 점과 관련이 있다. 하지만 전반적인 경향은 민족적 성격을 강하게 띠고 있었으며, 시기가 갈수록 실제로 그런 정서를 표출하는 명칭이 많아져 갔다는 특징이 있다.

셋째, 조직화의 경로가 뜻 맞는 몇 사람 중심으로 의기투합하여 스스로 중심임을 자임하면서 독서모임이나 토론모임을 구성하고 점차 동지들을 모아가는 형식을 띠고 있다는 점이다. 과거 사회운동에서 나타나듯이 위로부터의 조직화 경로를 밟는 것이 아니라, 아래로부터 먼저 자각한 중심이 구성되어 조직의 범위를 넓혀가면서 여타 지역의 조직들과 연계하려는 모습을 보였다. 이는 앞에서 언급했던 저급한 수준의 조직형태나 비체계성과도 관련이 있는데, 조직에 가담하는 계기가 대체로 직장·학교 등 사회 곳곳에서의 민족적 차별에 대한 불만과 반감에서 출발하여 이를 민족적 과제로 확대시켜 갔기 때문이었다. 개개인이 민족적·계급적 불만에서 출발하여 나아가 이를 민족의식이나 계급의식으로 성숙시켜 실천을 고민하더라도 과거처럼 주변에서 자신의 의지를 실현할 수 있는 조직을 쉽게 찾을 수 없었던 상황에서, 그러한 문제의식이 생기면 스스로가 주체이자 선각자임을 자임하면서 조직화를 시작해야만 했던 시대적 조건의 반영이라 할 것이다.

넷째, 각 비밀결사마다 명칭이 다양한 만큼 조직체계나 구성 등에서도 다양성을 보여 주었다. 비밀결사 내에는 일반적인 조직·섭외·행동·자금책 등을 설정하는 외에도, 자신들에게 필요하다고 생각되는 부서를 만드는 경우가 많았다. 대체로 정세파악이나 사상이론연구, 문예·종교·역사에 대한 관심을 가지고 별도의 부서를 두는 경우가 많았으며, 구체적인 실천을 위해 민중에 대한 계몽이나 군사부·훈련부·밀정부 등 무장화를 준비하는 부서를 설정하는 경우도 있었다. 이밖에 각자의 관심이나 전공영역별로, 예를 들면 법률·정치·문학·역사·경제·철학 등의 형태로 구체화시키기도 했는데, 이는 독립과 건국을 위해 각기 전문분야별로 실력을 양성해야 한다는 관점에서 이루어졌다. 특히 비밀결사의 조직 주체인 청년층은 대체로 민중들을 계몽해야 하며 독립운동과 국가건설운동의 선구자가 되어야 한다는 사명감을 가지고 있었다. 이렇게 필요한 부서를 만드는 것은 당시 독립의 방법으로 '실력양성'을 통한 '무장봉기론'이 일반화되었기 때문에 그것을 위해 자신들이 해야 할 일을 찾으면서 이루어졌던 것이다.

다섯째, 비합법적인 비밀결사 형태로는 활동하기 어려웠던 정세조건을 돌파하기 위해 표면상 온건한 조직명칭을 내걸거나 활동과정에서 일제 측의 관제조직이나 작업장·학교 내의 합법조직을 이용하려는 경향이 강했다. 이는 당시 일종의 '운동정서'를 형성하고 있던 사회주의운동권의 인민전선전술의 영향도 있었다. 예를 들면, 표면상 平和會28)나 自肅會, 同窓親睦會 등의 명칭을 내걸어 친목단체를 표방하는 경우도 있었고, 청년단이나 청년훈련소·농민도장·협화회 등에 들어가 합법조직을 이용해 동지를 획득하거나 보다 적극적으로는 합법조직의 내용을 변화시켜 간부를 교체하는 등으로까지 나아간 경우도 있었다.29) 또한 일본 내에서는 학우회나 유학생회 등 합법조직을 지도하여 結社의 근거지로 삼으려는 경향이 강했으며, '협화훈련대 특별청년회'처럼 "겉으로는 순수하고 건강한 인재를 양

---

28) 일본에 있던 민족부흥회의 표면상 명칭임.

29) 예를 들어, 함남 단천의 同窓친목회는 農民道場의 수련생이 도내 각 군에서 선발된 중견 청년이므로 이들의 획득이 운동 전개상 중요하다고 생각하고 1939년 6월경부터 道場 內에서 동지를 획득하여 조직되었다(「제79회제국의회설명자료」, 1941.12, 大野綠一郎 관계문서 중).

성함과 함께 타의 모범을 보이는 산업전사의 육성"이라 하면서 이를 모체로 의식화·조직화하려는 경우도 있었다.[30] 징용 노동자들의 경우에는 주로 기숙사나 식당을 조직화나 선전의 장으로 이용했으며, 조선인이 경영하는 음식점이 선전과 조직의 장으로 자주 활용되기도 했다.[31]

여섯째, 조직의 死守가 중시되면서 조직원간의 성격이 다분히 血盟的 성격을 띠고 있다는 점이다. 이는 탄압국면에서 조직을 보위하기 위해 나온 필연적 결과이기도 했지만,[32] 이 성격이 극단화되어 전체주의적 규율체계를 강조하거나 그것을 최상의 형태로 지향하는 모습을 띠기도 했다. 예를 들어, 조직 내에 최고 首領을 두고 독재에 가까운 조직체계를 형성하거나, 일본의 朝鮮獨立聯盟처럼 조직 내부를 단속하는 내무부장을 따로 두고 연맹 내에 헌병제도를 두어 군대식 계급편제를 하려는 모습이 나타나기도 했다.[33]

3. 노선 및 활동상의 특징

여기서는 각 비밀결사들의 사상·이념적 지향이나 독립과 건국을 위한 전략·전술상의 특징을 간략히 검토해 보고자 한다.

먼저 이 시기 비밀결사는 상호 조직적인 연계나 일관된 지도계통이 없었음에도 불구하고, 독립문제를 사고할 때 그 전술이나 방법의 모색이 비

---

30) 姜德相 編, 『現代史資料』30, みすず書房, 764면.

31) 예를 들면 "조선인의 식당을 단위로 노동자를 훈련"하거나 출판물·책차 등을 배포했는데, 당시 興亞식당이나 山海館 등이 유명했던 듯하다.

32) 대부분의 비밀결사는 발각될 경우 조직을 끝까지 보위한다는 조항을 달고 있었지만(예를 들어, "회원 상호간 短刀를 교환하며 유사시에는 自決한다"—槿花會 ; "①우리는 '어머니'를 잊어야 한다 ②우리들은 함께 살고 함께 죽자"—우리회), 대부분 운동 출발기에 있던 청년들로서는 그것이 쉽지만은 않았고 따라서 검거되면 곧 조직이 탄로되는 것이 일반적이었다.

33) 『독립운동사자료집』13, 1408면. 이들은 연맹원 내부의 지도계몽의 수단으로서 대장 이하 이등병까지의 계급제도를 만들어 민족의식 및 연맹에 대한 열의의 濃淡에 따라 진급 이동시켜 결속을 강화하는 방법을 꾀하였다.

숫하게 일치해 가고 있었다는 점이다. 이는 앞서도 언급했듯이 국외 민족해방운동진영이 일제가 패망하는 결정적인 정세에 국내로 진격하고 국내의 민중역량과 함께 권력을 탈취하여 조선을 독립시키겠다는 전술로 통일되어 있었기 때문이었다. 국내의 비밀결사들에서도 동일한 정세관 속에서 국외 독립군이나 무장투쟁세력의 동향을 주시했다. 따라서 비밀결사에서는 결정적 시기에 국내의 민중역량이 힘을 합해 민중봉기를 일으켜 한꺼번에 일제 권력을 몰아내기 위해 준비해야 한다는 생각을 할 수 있었다.

즉 비밀결사의 일차적 목적은 조국의 독립이었고 그 목적을 달성하는 방법은, 비록 실력양성을 매우 중시했다 하더라도 대체로 '민중의 무장봉기론'으로 집약되어 있었다. 물론 이후 독립국가를 어떻게 건설해갈 것인가 하는 궁극 목적에서는 각 비밀결사의 수준에 따라 조금씩 차이를 보였지만, 일단 전체 조선민중의 역량을 결집하여 독립을 달성해야 한다는 점에서는 동일했다. 독립 이후 건국의 방략에 대해서는 일치하는 측면과 그렇지 않은 측면이 동시에 있었지만, 당장 일제 권력에 맞서 독립을 쟁취해야 하는 상황에서 그러한 차이가 구체적으로 가시화되어 서로간에 갈등이나 마찰을 빚는 경우는 별로 없었다. 또 건국문제를 생각한다고 해도 대체로 비밀결사의 사상·정치적 수준이 그다지 높지 못했기 때문에 전면적으로 이 문제를 고민하거나 비밀결사 상호간에 토론·교류할 수 있는 조건도 아니었다.

한편 비밀결사의 사상적·정치적 수준 문제와 관련하여, 참가자들은 대체로 체계적인 이론 학습이나 교육을 받은 상황이 아니었으므로 일단 독립에 조금이라도 도움이 되는 사상이나 이론은 그것이 어떤 종류든 그들이 접할 수 있는 범위 내에서 이를 수용하였다. 따라서 그것은 전통적·봉건적인 迷信이나 종교, 일제가 선전하는 국가주의적·파시즘적 사상에서부터 자본주의체제와 제국주의적 국제관계 자체를 부정하는 사회주의에 이르기까지 다양한 요소를 동시에 또 부분적으로 채택하는 것이 가능했다. 전일적인 사상체계가 아니라 조선민중의 민족적 자각이나 단결 및 독립을 위해 필요하다고 생각되는 것들을 부분적으로 활용하려는 태도를 지녔던 것이다. 일정 이상의 수준에 도달한 비밀결사에서는 좀더 체계적으로 모색하려는 움직임도 있었지만 당시 비밀결사의 일반적인 수준은 대체로 거기까지 나아가지는 못했다.

하지만 대부분의 비밀결사가 공통적으로 취하고 있는 입장은 민족주의적 성격을 바탕으로 하고 있었고, 이는 일제 패망의 정세가 가까워질수록 더욱 강화되었다. 그것은 조직명칭이나 활동방침 등에서도 쉽게 드러난다. 이와 같이 모든 비밀결사가 민족적 인식을 바탕으로 하고 여타 사상이나 입장의 차이가 전면에 가시화되지 않은 채 총 역량의 결집과 전체 민중의 단결을 최고 중시했다는 점에서, 아래로부터 민족통일전선을 형성할 수 있는 객관적인 토대가 마련되어 가고 있었다고 보여진다.

다음으로 비밀결사의 실제 활동이나 활동계획, 준비상의 특징을 살펴보겠다. 즉각 민중봉기를 감행할 수 있는 상황은 아니었기 때문에 일단은 그것을 준비해야 한다는 생각이 강했는데, 각 비밀결사의 강령이나 행동방침은 당장 무엇을 준비할 것인가에 대한 그들의 생각과 관련하여 정해졌다.

활동상의 특징으로서, 첫째는 비밀결사 내부의 동지획득과 동지들의 의식수준의 고양을 통해 명실상부하게 독립과 건국의 중심모체로서 자리잡도록 실력을 키우고, 각 성원들은 독립에 대비하여 "민중의 지도자가 될 수 있는 소지를 배양"해야 한다는 것이었다. 즉 비밀결사 내부의 문제로서 그 위상과 관련되는 문제였다.

둘째로 비밀결사의 활동 중 가장 중요한 것은 未自覺 상태에 있는 조선민중을 의식적으로 계몽하고 단결시키는 것이었다. 즉 결정적 시기에 민중의 무장봉기가 가능하려면 민중의 실력을 양성하는 것이 일차적이라는 생각은 모든 비밀결사에서 동일하게 나타났다.

셋째로 이러한 실력양성과 함께 일부 결사에서는 직접적인 폭력행동을 준비하거나 시도하는 모습이 나타났다. 교통로의 파괴, 日人 관료에 대한 테러 활동, 주재소 등 관공서 습격, 무기 탈취 등 무장봉기를 위한 준비를 직접 행동으로 감행하거나 그것을 준비하는 활동도 비밀결사의 일반적 활동 중 하나였다.

넷째로 상당수의 비밀결사에서 확인되는 것은 조선인을 지도 계몽할 뿐만 아니라 건국과정에서 필요로 하는 여러 전문적 지식을 '연구'해야 한다는 인식이 있었다. 이들은 정치·경제·사회·문화 등 전문적 소양을 비롯하여 독립·건국에 필요한 사상적 지표나 민족이론의 체계가 부재하다고 생각했다. 따라서 조직원이 전문분야를 분담하여 연구하는 것은 일상적인 활동의 하나였으며, 조선민중을 지도 계몽할 수 있는 이론체계를 정리하기 위해 민족주의는 물론 사회주의 등의 연구도 중시되었다. 심지어 이 문제에 적극성을 보이는 결사에서는 민족의식이 치열한 학자를 초빙하여 연구비를 지급하면서 "연구에 전념"하게 하여 "조선민족을 지도할 이론체계를 확립"하려고까지 했다.[34] 즉 이론체계의 정리를 위해 다양한 사상·이론들을 모색하는 '이념적 개방성'을 지니고 있는 경우가 많았다.

Ⅳ. 맺음말

일제 말 전시파시즘기 조선인 민족해방운동의 전형적인 형태는 국내와 일본 등지에서 최소한 200여 개 이상 조직되었던 소규모 비밀결사에 의한 민족운동이었다. 당시 소규모 비밀결사운동은 그 조직이나 노선·활동 면에서, 또 전쟁상황과 일제 정책 변화에 따른 시기별 성격 면에서 몇 가지 특징을 드러내었다. 아래에서는 이러한 내용을 요약·정리하는 것으로 결론을 대신하고자 한다.

8년 간의 전시파시즘기는 시간이 흐를수록 파쇼체제가 더욱 강화되면서 일제의 전쟁에 전체 조선인을 전면적으로, 강압적으로 동원해 가는 과정이었다. 따라서 조선인의 민족적 저항의 양상이나 비밀결사운동의 성격 역시 이 과정에 준하여 그 특징을 드러냈다. 이 시기는 일제 말기로 가면 갈수록, 1)일제 패망인식의 확산과 확신 과정(민족적 저항 동기의 확대 과정),

---

34) 『독립운동사자료집』 별집3, 348면. 일본 동경에서 조직된 竹馬契의 경우.

2)참가하는 계급·계층의 확대 과정, 3)사상적 배경이나 지향에서 민족주의적 성격이 강화되는 과정(민족통일전선 형성의 대중적 기반이 마련되는 과정), 4)활동양태가 점차 폭력적·폭동적 양상으로 변해가면서 전면적인 무장봉기를 준비하는 과정으로 운동이 전개되었다.

그러면 먼저 비밀결사의 조직상의 특징을 보면, 1)조직형태나 체계 면에서 그다지 높은 수준이 아니었고, 2)조직의 명칭이 매우 다양했으며, 3)조직화의 경로가 뜻이 맞는 몇몇 사람이 중심이 되어 의기투합하여 스스로 중심임을 자임하면서 독서회나 토론회를 구성하고 점차 동지를 모아 가는 형식을 띠었고, 4)일반적인 조직체계인 조직·섭외·행동·자금책 등을 설정하는 외에도, 각 조직마다 당시 정세 상 필요한 부서를 만드는 경우가 많았으며, 5)표면상 온건한 조직 명칭을 내걸거나 활동 과정에서 일제 관제조직, 작업장·학교 내의 합법조직을 이용하려는 경향이 강했고, 6)조직의 死守가 중시되면서 조직원간의 성격이 다분히 血盟的 성격을 띠고 있었다는 점 등으로 요약할 수 있다.

다음으로 소규모 비밀결사의 활동은 대체로, 1)비밀결사 내부 성원간의 의식고취와 실력양성, 2)조선민중에 대한 계몽활동, 3)테러나 파괴 등 폭력행동과 무장봉기에 대한 준비, 4)독립 후 건국과정에 필요한 전문영역 연구 등으로 집약된다.

비밀결사의 사상·정치적 수준과 관련하여, 참가자들은 대체로 체계적인 이론학습이나 교육을 받지 못했으므로 전통적인 迷信이나 종교, 일제가 선전하는 국가주의적 파시즘 사상에서부터 자본주의체제와 국제관계 자체를 부정하는 사회주의에 이르기까지 다양한 요소를 동시에 부분적으로 택하는 것이 가능했다. 하지만 대부분의 비밀결사는 그 바탕에 민족주의적 성격을 지니고 있었으며, 이는 일제 패망의 정세가 가까워질수록 더욱 강화되었다. 사상적 입장이나 차이가 전면에 가시화되지 않으면서 총 역량의 결집과 전체 민중의 단결을 가장 중시했다는 점에서, 당시 대중의식 차원에서 아래로부터 민족통일전선을 형성할 수 있는 객관적인 토대는 마련되어갔고 볼 수 있다.

요컨대, 일제 말 비밀결사는 기본적으로 민족해방운동이 제대로 전개되기 어려웠던 조건 하에서 조선의 독립과 이후의 건국에 대한 모색과 준비를 자임하고 나선 자발적·자생적 조직이었다. 스스로는 "조선독립의 선구자의 모임이며 전 조국 민중을 독립에로 결집시키는 지도적 임무를 가진 것"35)으로 생각했으며, 따라서 민족해방운동의 '중핵체' 혹은 '중심모체', '지도체' 등으로 명명했다. 소규모 비밀결사를 조직하려는 움직임은 특정지역에서만이 아니라 이 시기의 전국적인 현상이었으며, 거기에는 청년·학생층을 중심으로 하여 노동자, 농민, 회사원 등의 소부르주아지를 비롯한 모든 계급·계층이 참가하였다. 또한 여러 가지 제약에도 불구하고 해방이 가까워질수록 보다 적극적인 조직화·무장화의 모습을 띠면서 '민중의 무장봉기', 즉 전면적인 민족해방전쟁에 대비하려 했다.

---

35) 『독립운동사자료집』13, 1207면. 민족부흥회의 취지 및 임무 중에서.

The Development and the Characteristics of the Secret Organization after Japanese Imperialism(1937~45)

Byun, Eun Jin

Near the end of the facist Japanese Imperialism(1937~45), the Chosun peoples national liberation movement had a typical form where at least 200 members formed a small secret organization. This organizations movement was not properly developed despite the different conditions, as it was a spontaneous organization that prepared for national independence and nation state development. It was the one of the first organization to pioneer the Chosun independence and it was their duty to organize and concentrate mass effort in independence and considering the core, balance, and ·······.

During the 8 years of increasing fascism under Japanese Imperialism, the Japanese mobilized overall oppression over the Chosun people. The aspect of resistance by the secret organization was proportionate to the level of oppression towards the end of the Japanese occupation. 1. The diffusion and assurance of the defeat of the Japanese rule. 2. Expanding participation social classes. 3. Its ideological background and aim at strengthening nationalism. 4. The movement gradually shifted toward violence and preparation for armament was beginning.

During this period, the secret organization was not well formed and the names it went by were very diverse. Partly due to organizations political and ideological levels, but more importantly, the organizations lack of organization was due to its participants unawareness of knowledge of theory, training in organizational behavior, and education as well as their propensity to adopt what they deemed as elements of independence. Despite those problems, the secret organizations aim of nationalism remained intact as the Japanese defeat became more eminent while strengthening the organization. Appearance wise, there were no ideological differences between the members of the organization because they were able to concentrate on their own common goal of national unity and their social consciousness allowed for them to form a united front.

In general, the secret organizations activities were: 1. to provide internal support for propaganda and training, 2. to enlighten the Chosun people, 3. to implement terror and violence by weaponry, and 4. to provide field research for the establishment and reconstruction after achieving independence.

Although the movement was speared along a small organization, it was not sector specific but a mass effort which not only included students but also laborers, farmers, workers — involving all social strata of classes. Despite the obstacles, the closer the emancipation neared, the armament of people took hold in order to pursue their goal through the organization.

〈부표 1〉 국내 비밀결사

명 칭	시 기	지 역	관 련 인 물	조 직	취지 및 활동	비 고
프로문예연구회 →민족문학연구회	1936~1939.3 1938.6~1939.9	강원 고성	河命植.金宗熙.千成煥 등		사회주의연구, 1938년경부터 민족혁명 영도 목적으로 성격 전환(인민전 선전술의 영향)	『思想彙報』23
민족노동당	?~1940.11	평양	高萬武.張東根.江陵元善.金城載斗 등 14명	首班:고만무(직공)	각계급의 동지획득, 독립국가인 공화국 조선 건설 위해 폭력혁명 기도 10개년 계획하에 군사시설.교통기관.방송국 등 파괴 기획	「제79회제국의회설명자료」
大邱師範學校 輪讀會	1939.10~문예부, 연구회로 발전	대구사범학교	朴孝濬.李泰吉.姜斗安.柳興洙.文洪義　등 (8.9.10회생)		皇民化敎育 반대. 期別로 조직하여 민족.역사 문학서적 윤독 월 1~2회 모임 잡지 「반딧불」 발행	『독립운동사』9 *1939.7 왜관에 근로동원된 학생의 日人교사 구타사건을 계기로 조직적 항일활동 전개 위해 결성
文藝部	1940.11~茶革黨으로 발전	대구사범학교	朴孝濬.朴贊雄.文洪義.李桂鎬 등		독립대비 민족적 조직체 구상, 실력 양성과 단결도모 기관지 「학생」 발행	上同 * 감시 피해 표면상 문예활동 표방
硏究會	1941.1.23~茶革黨으로 발전	대구사범학교	宋宏.李茂榮.姜斗安.尹永碩 등	교육부.문화부.종교부.공업부.이과부.지리부.역사부.음악부.전기과학부.문예부.수학부.물리부.정치경제부.농업부 등 각부와 사무원	독립대비 각기 전문분야의 함양, 민족의식 앙양, 장기계획으로 우수학생을 독립에 필요한 인재로 양성	上同 * 졸업회원의활동, 일제 감시 피해 표면상 학술연구 표방
茶革黨	1941.2.15~1941.7	대구사범학교	柳興洙.文洪義.李東雨.朴祐雋.權快福.裵鶴甫등 16명	당수:권쾌복 부당수:배학보 총무부.문예부.연구부.예술부.운동부 輪讀會이래 관련자 300명	조국독립 문학.미술.학술.운동 등 각분야 실력 양성	上同 * 타교생 및 사회인사까지 포섭 결의
同窓친목회	1939.8~1941.3	함남 단천	松本澤球.松原希設 등		農民道場을 이용한 동지획득, 민족주의 고취, 공산주의 선전	「제79회제국의회설명자료」

1.地境친목회 2.江西친목회 3.州西친목회 → 鐵血團 → '鯨그룹 → 鯨會 (→대륙공산당)	1936.7 ~1941.1	함흥각학교 원산상업학, 원산力道館 등	守田守城.豊松敏雄.國本相鶴 .龜山元植.龜山光隆.德山榮 任 등 韓泰運.西原明 등이 주도 張水淸.瑞原邦明. 淸原動.張 永煥 등 다수	총책임:수전수성	민족의식.독립사상 고양, 조선어. 조선역사연구, 소설 구독 재학생.졸업생 중심의 단체, 마 르크스주의 연구, 원산역도관을 이용하여 청소년 규합, 운동자금 위해 大陸商會 경영, 鯨會는 재 학생이 담당하고 '大陸공산당'조 직, 동경으로 건너가 적색독서회 조직	『독립운동사』 9 『제79회제국의회설명자료』 * 鯨(구지라)은 '고려'를 의미 * 검거 이후 1942년에도 졸 업생 등이 '鯨사건' 일으킴(韓 武錫.趙君實 등) (『遠山市史』)
朝鮮建國團	? ~1940.11	전북 정읍 중심(元甑 山 敎本鬪에서 조직)	尹慶叟.李順道.金彦洙.李定 鉉.黃義鵬.南宮錫.金奎泰 등	전국적 조직 위해 八奉 임명	普天敎 관계 1942.2.21 寒食을 이용하여 독 립운동 계획	『조선형사정책자료』(1941)
神人同盟	1938.4 ~1940.12	전북 김제 금산사에 서 조직	鄭寅杓 등 84명	근처 19개군 책임자 설정, 전국 8도의 문무관 임명	증산교 관계, 『정감록』, 독립을 위한 정치요강 토의.연구	上同
春川公立中學 校 讀書會	1940.겨울 ~1941.3	춘천공립중학교	李欄.朴泳漢.高濟動.元厚貞. 金榮根.高阜生.林茂社 등		조선독립 민족적 서적 윤독, 토론 및 독후 감 발표 졸업후 김일성부대에 합류 계획 (조직형식은 갖추지 않았으나 춘천고보의 상록회나 춘천농업 독서회와 같은 성격의 활동)	『태백항일사』 / 『만기석방관 계서류』
BKC團	1941.2 ~1941.6. 4	소화공과학원	金林玉卿.大道誠信.湖山毅亨 .張城謹會.新井旅路.平山用 俊.金村秉吉.岩城正行.豊原 晟煥.金丘千淵.平木元範 등 야간부 학생		조선독립 민족차별 반대. 1941.3 금강산 훈련 계획했으나 자금 관계로 포기, 대신 악극단 조직하여 동지 규합해 활동	『독립운동사』 9
신동아동지회	?~1940.2	德山芳城.山岡信夫.高山龍日 .北原基濟 등	활동지역 및 부서 분담		만주 김일성집단과 연결하여 독 립달성 기도, 함남.평북 국경지 방 주력, 운동자금 획득상 아편 밀매 계획	『제79회제국의회설명자료』

단체명	시기	장소	인물	조직	활동·목적	출전
조선인해방투쟁동맹(C.N.T) * 후에 연구단체인 鷄林共進會, M.H회, 念朝鮮會 조직	1940.10~?	경기중학교	宋澤永.林元彬.愼淑範.金俊會.朴贊五.林鶴洙.金鐵潤.李權載.李廷順.朴榮大.李鐵柱.金秉俊 등	지도기관으로 중앙위원회 설치(위원:송택영.임원빈.김준회, 서기:임원빈), 서기국.이론부.선전부 작전연합위원(임원빈.김준회) 세포단체 조직	공산주의.민족주의 등 이념을 넘어 조선독립을 목적으로 한 조직. 맑스주의 및 민족주의 연구 기관지「共進」발간	
無等會 (1938년 독서회의 발전조직)	1941.3~1942.1	광주서중	劉夢龍.朱萬尤.奇恒度.朱夏俊.羅金柱.奇原興.奇英度.申均雨.朴和珍.南廷俊.吳福烈 등		조선독립, 민족의식 고취, 창씨개명.징병제.일본어사용.내선일체 반대, 동맹휴학 주도(43.5) 국외 임정.김일성등과 연계 도모, 민중의 무력봉기, 제2차 광주학생사건 계획	『독립운동사』9 / 『光州學生獨立運動史』 * 1929년 광주학생운동 계승, 350명 피검
黑白黨	1941.가을~1944.1 (1942.4.5 조직)	경복중.중앙중.경성사범학교	李賢相.成益煥.洪建杓.朱樂元.明義宅.崔고.李慶春.張宜燦.南相甲.金盛權 등	고문:한용운.안재홍.김성수 대표:이현상 부대표:장의찬 섭외.조직책:주낙원.성익환 행동책:명의택.홍건표, 자금책:최고.남상갑 중앙집행위원.중앙위원 조직	친일파 처단, 일본인 고관 살해 일인 주택가 방화 계획, 비밀전단 배포, 특공대 조직하여 무기 탈취 (景福武器庫사건) 선언문.강령.규약 제정	『독립운동사』9 / 『독립운동사자료집』13 * 발각후 만주로 떠났으나 피체됨.
민족주의조선독립사회노동당(약칭 노동당)	1944.3~? (1944.10 단체 결성)	개성	張永九.林在信.金昌文.李炳瑢.洪淳泰 등	黨首:장영구	일제 패망시 미.영 對 소련이 조선에서 開戰하면 봉기하여 독립. 북경에서 독립운동 모색위해 興亞발전소의 애국채권 매상대금 500원 횡령, 천막.과일 등 절취, 行商으로 자금 획득. 黨是, 黨則(규칙) 등 결정	『독립운동사자료집』12

| 花郎會 | 1943
~1945.4 | 이리농림학교 | 李相云.張志煥.金九.扈仲基.金直洙.徐基容.姜東錫.朴基春 등 120여명 | 대표 : 이상운
조직책:장지환.서기중
훈련책:김영준
선전외교책:김구
기율책
협조하는 방계조직으로 事民團 설치, 교외 지도인사 | 민족서적 탐톡, 민족의식 고취, 무력봉기,
일인 광산.주재소.경찰서(금구경찰관주재소) 습격, 만경교 폭파 계획
징용.징병거부, 총기조종술, 불굴의 체력단련, 지도인사 추대 | 『裸里農林50年史』 /『전북지역독립운동사』
* 이상운은 고문.사망 |
| 祖國解放團 | 1942.3
~? | 평양을 중심으로 평남.황해 일대 | 康仁俊.金得龍.李大錫.車東一.曹在根.李豊錫.金震山.金昌洙.金韋基.趙宰晧.康明猱.李吉洙.李得男.李玉燮.金得信.裵春淳 등 | 단장:강인준
부단장:김득룡
총책:이대석
조직위원:김득룡.이대석.차동일.조재근.이풍석.김창수.김진산
선전책:조재근
조직책:차동일
무기책:김장기
연락책:김진산
각 지역책 선정
무력항쟁 위한 遊擊組 편성 | 무장폭동 준비.
투쟁목표:유언비어 조작.유포로 민심교란, 造兵廠 폭파, 3개 경찰서 습격, 유격전 전개 및 傳單살포로 민중봉기, 국내 각지 義兵봉기 유도 및 협조.
강인준이 경영하는 평양 崇仁철공소에서 무기제작 및 폭탄 확보,
국내외 애국지사와 연락 모색,
국내 지도자로 曺晩植.宋錫燦 추대,
국외는 奉天의 金善斗목사(제림교회) 추대, 권총.단도.폭탄.다이나마이트 등 무기 확보, 선전벽보 650매와 전단 1,100매 살포.
구월산 등지의 야장간과 평양의 철공소 등에서 무기 제작 또는 탈취.
군사훈련.
징병.징용반대, 안주군용비행장 건설반대투쟁, 강제공출반대투쟁 | 『조선전사』 22(「평양민보」,1945.11.22~23) / 「祖國解放團鬪爭史」(자체 작성) |

三千黨 (평양학병반란사건지도조직)	1944	평양 제42.44.47.48.50부대	金完龍.全相燁.朴性和.李道秀.崔泓熙.崔正守.盧永俊.金泰善.韓春燮.金文植.沈重傑.趙明壽 등 (부대내 학병 50명)	총책임자:김완룡 총무책:박성화 작전책:전상엽 정보책:이도수	2차대전을 독립의 호기로 생각하고 준비 강령:주의를 초월하여 日敵과 싸울 것, 군부내부 교란, 무장봉기, 자치나 참정권 등 형식상의 독립이 아닌 실질적 독립 쟁취 실천강령:군간부 독살, 兵營방화, 탄약고 습격, 사령부 官舍村 접수, 타부대와 연계하여 공동작전, 외부 독립투사와 긴밀한 연계.협의 1944.10.1 거사일	『씨올의 소리』, 1973.3~1974.4 / 『식민지시대의 지식인』(청년사)
民族組	1942.4~?		金鑪琲.淸川龍雲 등	수령:김진배 부수령:청천용운 인사부.훈련부.군사부.외무과.내무과.부수령부.밀정부 등	만주의 김일성이 독립국 건설위해 국민운동 일으키면, 그와 협력하여 독립결사 조직하기 위한 준비기구로 조직	『鮮內檢事局情報』(1943)
和寧會	? ~1944.?	전북 순창농업학교 등	李熙東.홍석길.이희동.민병호.진강욱.洪沉杓.曺泳徹.洪性吉.金永圭 등 80여명 * 금과국교 재학시 朴來殷교사의 영향을 받은 10여명 중심	* 전주사범의 우리 회와 연결	조선독립.민족정신 고취, 국외 독립운동과 긴밀한 연계, 모든 기회 이용한 항일, 일제 타도의 선도적 역할 수행. 古事通 등 역사서.소설 탐구, 징용.징병 기피 계몽, 공출 반대 계몽, 헌금 헌납 계몽, 주재소 습격 계획, 상해 임정 및 광복군 가담 계획	『전북지역독립운동사』 * '화령'은 이성계의 탄생지로서 함경도 영흥의 古地名(조선 건국후 明에 청한 명칭의 하나)
普光黨	1945.3(결성)~?	덕유산.지리산.長安山(전북).백운산(경남).掛冠山 등 산악지대	河準洙 등 징병.징용기피자 73명		행동폭표:전쟁 방해, 당원 훈련, 연합군 상륙시 호응토록 준비. 火田 및 군사훈련. 무기(주로 엽총) 매입, 화약 제조, 주재소 습격 등으로 총기 탈취.	『新天地』 1권 3~5호
金日成隊	1944~ ?	조선 및 일본내	李昌俊.松本一七.韓守奉 등		조선독립 독립후 소련의 지도, 독립후 최고지도자는 김일성 일본내 징용공들을 집단 도주시켜 대원으로 가입 표식으로 獨立團體旗	일본육해군성문서 中

대한애국청년단	1944.5 ~ ?	경성, 경기 화성	趙文基.柳萬秀.康潤國. 禹東學.權俊 등		당면목표로 총독 및 친일파 거두 처단 부민관폭파사건(45.7.24) 이후 화성 야학당을 거점으로 거사 모색	『한국독립운동사』 5 / 『화성군사』
一心會	1940.7 ~1944.7	충남 금산	金泰碤.金泰善.金榮坤. 李哲洙.崔永喆.鄭一來. 朴景奎.許在明 등		중국.만주 독립단체와 연계하여 투쟁하려고 자금 염출, 出國 준비 행동강령(1940.7), 투쟁목표(1943.3) 결정 투쟁목표:항일국권회복, 日人경찰관.식량공출취급직원 등 암살, 동지규합, 독립운동자와 접선 노력, 군용열차 전복, 유인물 살포 등. 만주 金日成과 연계하려 모색 '大岩下의 兎(우리나라 지도 상징)'라는 제목의 조선독립가를 만들어 민중에게 보급.선전, 1944.7.7 기해 '조선독립만세' 등의 벽보 제작	보훈처, 『독립유공자공적서』 (金泰善)
조선민족해방협동당 (산하 전위 조직 '조선학우동지회')	1943.여름 ~1945.초	일본, 조선	金鍾栢.金必濟.趙春一. 廉潤求.金錫勳.박한용. 李秀一.朴昌彬.宋載德. 朴承邦.丁奎相.李祖遠. 趙圭元 등	전위조직:조선학우동지회 전국 각도에 세포 구축 북부지방:염윤구.김석훈.박한용 남부지방:이수일.조춘구 중부지방 및 연락담당:박창빈.송재덕.박승방.정규상 산악군단이라는 행동대 창설	자치 주장 등 날조된 독립사상 배격, 군시설과 군수산업 시설 파괴. 1943년 동경의 학병기피자가 집결하여 조직 강화, 본격적 활동, 주 활동무대 조선으로 옮김. 길주.명천.온성.함흥.원산.龜城.勝湖里.고성.금강산.양양.長箭.포천.양평.진해.김해 등지에 거점 확보, 포천(보덕사 왕방산 중심).금강산에서 산악 특수군사훈련, 齊藤林業.三興製炭 등에 취업하여 훈련도장의 안전성 확보, 경기공장에서 폭발물 입수하여 군사요새지 폭파 기획(인천앞바다에서 안전성 시험), 경성제대 의학부생과 연계하여 堅志醫院 중심으로 활동, 야간에 조선역사.兵術.정세분석.精神講話 등, 징병.학병거부투쟁, 日人高官과 친일파 처단 명단 작성, 단파청취 및 流言 유포, 연합국과 연결 도모, 민중봉기의 요인 조성, 봉기시 木槍 제작	『식민지시대의 지식인』(청년사) / 『경기도항일독립운동사』 / 『몽양 여운형』 * 120여명 검거.투옥

〈부표 2〉 일본 내 조선인 비밀결사

명 칭	시 기	지 역	관련인물	조 직	취지 및 활동	비 고
平安그룹	1938.9 ~1940.2	동경농업대학	金斗爀.金泰薰.金雲夏.河崎洛.김홍진.김상문.백낙경.황영식 등 (* 조선내 송산리 농사학원 경영 관련으로 는 함석헌 등 5명도 검거됨)	중앙지도부:김운하.김태훈.김두혁 조선책임자:김두혁 동경농대책임자:김운하 在京각대학책임자:김태훈 재경 외곽단체(박천동지회/모성동지간담회)	조선독립, 민주공화국 건설, 공산주의 배격, 조선민족의 의식 양양, 조선해방운동 전개, 민족의 일치단결에 의한 폭력혁명 조선농민 계몽훈련 위해 조선내 松山농사학원을 본부로 삼음. 평안도사람을 중심으로 지도적 조직을 결성하여 동지획득, 동화정책 배격, 농업대학내 鷄友會 계몽, 지도자로서의 인격 완성, 조선 내에 민예관 설립하여 조선문화 인식	『독립운동사자료집』13 / 『독립운동사자료집』별집3 / 『사상월보』102
민족부흥회 (평화회)	1939.5 ~1941.2	名古屋 항구의 타일주식회사	李秀潔.金玉斗.梁達成.申任休 등 직공 중심 * 165명 검거		조선독립쟁취 표면상 친목 표방한 '평화회' 결성, 소수의 강고한 중심체 조직 규약.강령 결정 레닌주의 민족해방이념 배격, 히틀러.뭇솔리니의 민족자결 고취, 조선민족의 자결 주장	『독립운동사자료집』13 / 『독립운동사자료집』별집3 / 일본 육해군성문서 中
我等	1940.12 ~1943		金昌沃.神江壽元.朴錫祐.洪英基 등	전문분야 분담 ~> 역사(김창옥)/경제(신강수원)/민족정치 및 사회학(박석우)/철학(홍영기)	동아연맹 관련자 姜永錫의 지도로 연맹의 조선학생좌담회에 출입하면서 독립 열망, 이후 동아연맹에 반대하면서 독립국가 건설. 먼저 민족통솔의 지도원리 파악에 노력, 1단계로 전문분야 분담, 연구상황 보고. 합법가장을 위해 동아학생연맹에 가입 검토	山口지방재판소 「판결문」(1944.10.6)
竹馬契	1940.3~ 1941.6	동경	安秉翊.金思宓.李昌德.金德順.安鍾植.李海龍.安秉翊.金泓沂.具喆會.李一東.李鳳夏.具喆會.金泓沂.白在鎬.孔承燁.文鍾斗.鄭學龍	계장:김사복, 간사 본부(경성):안병익 지부(동경):이해룡.이창덕 (1940.7 본부~동경, 지부~경성으로 변경) 연구부/사업부	조선문화에 기초한 독립국가 건설 문맹자에 대한 학교 경영, 출판사업 통해 정신적 계몽 실현, 민족의식 배양, 동지획득 대상자는 학력 불문하고 인물 본위(사상 강고)로 획득 연구부:민족해방운동의 이론적 체계 연구.토론 사업부:텍스코공장 경영, 한양정미주식회사(고양) 매수 계획 여운형 등 민족인사 초빙 강연	『독립운동사자료집』13 / 『독립운동사자료집』별집3 / 『소화특고탄압사』7

三人團 (三人組)	1940.4 ~1943	長埼 諫早農學校	朴根澈.李相晩.沈載仁.新井國正. 金相動.朴應九.孫炳柱 등		조선독립 목표 조선문화 향상, 일제 패전 대비, 실력 배양, 무술연마, 우리식 호칭 사용, 동지획득, 유언비어 유포	보훈처『공적조서』
在山形坑夫중심 의 공산민족주의 그룹	1940.5 ~1942.8	山形縣, 동경	山本想哲.安岳東善.秀山文岐.金 村寅相.大林鼎周.金海戊振.網代 マリ子		정기연구회, 독서회 개최 전쟁의 장기화에 따라 일본은 항일인민전선 및 국내 프롤레타리아혁명에 의해 붕괴, 당면 활동은 그 대비를 위한 주체적 전위인 조공과 일공 재건	『소화특고탄압사』 8
조선독립청년당 (改進隊)	1941.2 ~1941.10 *1941.8 조직	대판	丁德秀.姜鍊中.金泰元.金洪樂.成 田實.柳村長市.新井有守.川島八 郎.柳田正輝.山下某	黨領:정덕수 선전부.회계부.사무부. 첩보부.통신부 중심기관으로 改進隊 직장관계;우유배달그룹 .신문배달그룹 학교관계;각 학교내 학 생그룹	조선독립 서약.당책.기구 민중의 민족의식 각성으로 일제봉기, 청년의 임무 자각, 미.영.소.중의 원조로 독립 달성. 공화국 건설	『독립운동사자료집』 13 /『사상월보』98
東北帝大 중심의 조선민족독립 운동집단	1940.5 ~1941.12	在仙臺 동북제대	閔泰崑.李建鎬.吳彩根.黃彩淵.朴 鎬俊.李東祚.金基錫.曺秉甲 등		운동의 중심모체 건설 문화수준의 향상 등 점진적 운동방법, 실력양 성의 방법으로 공산주의사상 연구, 양반재 등 봉건적 잔재 청산, 조선민중의 지 도.계몽	『독립운동사자료집』 13 /『독립운동사자 료집』별집3 /『사 상월보』101.102
제4고 조선청년 맑시즘연구회 (C.Y.M.S)	1941.2 ~1941.12	石川縣 제4고등학교	朴應苞.趙玉來.崔東明.金基億.金 和基		조선의 독립과 혁명 독립의 방법으로 사회주의 방법 채용 민족차별.한글폐지.창씨제도.지원병제도 반대	『독립운동사자료집』 13 /『사상월보』 100
忠誠會	1941.6 ~1942.12	대판	田中永秀.松原至魯.松村大敎 등		징병제실시로 인한 단체적 규율을 독립운동에 이용. 김일성과 호응, 실력양성, 조선내와 일 본에서 민중적 폭동을 발발시켜 독립.	上同

張在述 등 사할린의 직공그룹	1941 ~1942.9	사할린	張在述.安致賢.李在龍.香山增鍊.大塚政夫 등		한민족 한국가 이념에 입각하여 독립 완성 / 당면운동방침으로 조선인의 문화수준이 낮으므로 시국정책에 편승하여 민족대중의 문화수준 향상 / 협화회의 친일적 조선인 직원을 경질.교체, 야학 개최	『독립운동사자료집』별집3 / 『사상월보』103
臥龍會	1938.11 ~1943.6	名古屋	金原初雄.太田政行.岩本武雄.高山海日.橋本植雨.長本三峯.杉村忠勝.金光伴漢.太田光治	러시아.남방.중국.일본 및 조선내로 지역 분담 독립을 위한 '昭和速進隊' 결성이 목적	독립 위해 서로 도울 것. 회장의 지령에 따라 내외동지가 궐기하여 무력전으로 독립 획득, 영.미압박에 항거해 태평양전쟁을 개시한 일본의 기백을 모범삼아 운동 강화, 독립완수의 기초지식으로 한국 역사 숙독. 러시아.남방.중국.조선등지에서 자금획득과 동지획득	『독립운동사자료집』 13 / 『독립운동사자료집』별집3
조선독립연맹	1943.4 ~1944.1	대판	新井壽碩.義原泰順.文令振.金洛中.香山一泰.秋山龍業.松山國漢.井上洛基.林金一.金本鳳喆	위원장:신정수석 외무.내무.후생.문부.회계부장	일본 패전시 미.영.중경의 원조로 독립 심신단련, 투쟁수단으로서 권투 연습, 혼란시 암호 결정, 모르스신호 연습 등 독립실천 연습, 연맹내에 헌병제도 설치, 夜學塾 개설, '新興少年團(50명)'결성	『독립운동사자료집』 13 / 『독립운동사자료집』별집3 / 『재일조선인운동사』
祖國慰安會	1943.말 ~1944.5	名古屋 竹中工務店 林飯場內	林元甲.林亨燮.高城周洗.檜山琪榮.佐藤勇 등 土工들		태평양전쟁 호기를 이용하여 중국.소련등에서의 독립운동에 호응하여 궐기, 조국위안회는 '會津白虎隊' 같아야 함.	『독립운동사자료집』별집3 / 『현대사자료』30
在尼崎 協和훈련대 특별청년회	1944.4 ~1944.6	尼崎市大谷 중공업(주) 第1寮	廣田炳奎.趙山勤信.杉本貞鉉.佐藤建泰.山本永漢.金海永鶴.松田肅德		1945.8 김일성의 조선 진공에 호응하여 봉기할 것. 표면상 협화회의 목적을 표방하면서 이면에서 기숙사를 이용한 운동의 모체 결성, 광전병규는 동지 획득 위해 이입노무자로 들어옴.	『독립운동사자료집』 13 / 『현대자료』30

血盟그룹	1939.12 ~1941.5	대판내 각공장	柳貴福.金斗萬.川村德男. 崔正雄.晉山良照.李且鳳. 朴判伊.李仁谷 등		조선독립 중일전쟁의 호기에 청년층 일제봉기, 백두산 籠城 결행 계획, 在阪조선인의 민족적 단결, 직장을 통한 동지획득	上同
조선 문제연구회	1939.2 ~?	동경	金淳模.宋性澈.鄭東文.由 村溶雨.李日雨 등	총책임:송성철 자금부: 유촌용우 아지.프로부: 이일우.정동문.김순모		청진지법 「공 판청구서」(194 2.12.12)
조선 문제시국 연구회	1939 ~1942	동경	姜昌輔.金渭出.李東浦.송 성철.方孝銅.李柱翼 등	총책임:송성철 자금부: 강창보 연락부:방효동	독립 및 공산화 조선문제 및 시국문제 연구 연구회 개최 入蘇중 검거(이주익)	上同
在札幌 '土建그룹'	1944.5 ~1944.9	북해도 札幌市 北 24條 軍공사장	文鍾達.金甲淳.金正夾.張 福成 등 土工들		조선인차별에 반대, 단결강화, 김일성대에 들어가 독립 운동 모색	上同 / 『현대사 자료』 30
醒道會	1944.5 ~1944.9	동경 등	梁會縱.白南植.金炳洙.朴 眞哲.李康一.南美淑.金鋼 鉉.孫鎬周 등	회장:양회종 총무:김강현	행동결의:독서친목회를 위장하고 구국투쟁활동 전개. 징용자 등에서 동지 규합, 조선인이 경영하는 흥아식 당.산해장 등에서 학생들에게 학도병 거부 설득, 三菱 계열 군수공장에서 비밀문서 입수하여 폭탄제조 계획	『독립운동사자 료집』 별집3
區州醫傳生 그룹	1941.4 ~1942.11	구주	曺柱淳.金濟玉.趙武駿.金 胄宬		공산주의 사상 신봉, 공산주의혁명의 가능성 논의, 민 족독립의식 앙양, 천황제 비판, 조선의 공업화도 식민 지로서 착취를 위한 것	『사 상 월 보』 100
北星組그룹	1944.11 ~1945.7	사할린	金龍男.金城勇平.善原正一. 一宮判述.安藤勇.二中正家. 山本耕二.金山福義 등		미국의 사할린 점령과 소일개전시 사할린의 고립화를 예상, 독립의 호기가 와도 사할린만으로는 곤란하므로 동경.대판등지의 조선민족독립본부의 실재를 믿고 준비	上同
大同胞會	1944.1 ~1945.7	埼玉縣 大宮市	金澤浩允.新井寅次郎.金井 宏晏.吉原淸次.金陵光那. 林威輝雄.宮崎實.金井違雄. 金山武雄.西原政治 등	주의장:김택호윤 연락부장:신정인차랑 경리부장:김정굉안 조직부장:길원정차 실천부장:김릉광라 선전부장:임위휘웅	취지:조선민족의 완전한 자유를 획득함과 함께 타민족 과 유기적인 공존.공영을 기함	上同

서평

일제 강점기 천도교 청년운동의 종합적 연구

천도교청년회, 『천도교청년회 80년사』(글나무, 2000)

황선희*

　　동학시기의 수운사상이나 민족운동연구에 집중되어 있는 최근의 학계 분위기에서 볼 때 『천도교청년회80년사』는 일제 강점기 이후 천도교청년회의 민족운동을 체계적으로 연구한 최초의 저서로서 천도교 연구자들에게 신선한 충격을 주었다. 동학의 근대민족운동이 일반지식층 전반에 걸쳐서 긍정적으로 인식되고 범국민적 3·1 독립운동으로 발전할 수 있었던 것이 천도교로 개명한 이후부터라는 것을 감안할 때 총 798페이지에 달하는 이 책의 천도교청년회운동이 갖는 시사적 의미는 매우 크다.

　　편저로 되어있는 『천도교청년회80년사』의 필진은 표영삼, 김응조, 성주현, 조규태, 김인덕의 5명으로 구성되어 있는데 천도교계에서 3명, 역사학계에서 2명이 분야별로 참가하고 있다. 이들은 전문내용을 10장 43절로 나누어 지금까지 발표되었던 연구업적을 보충하고 새로운 연구를 종합하여 정리하였는데 천도교측 자료도 아울러 소개하고 있어서 연구를 위한 사료적 가치를 더해주고 있다. 편의상 차례에 따르기보다 필자를 중심으로 주제별 연구실적을 도표화하여 순서대로 간략히 내용을 요약 언급키로 한다.

---

* 상명대 사학과 교수

318

학계	필자	章·節에 따른 論題
천도교	표영삼	제1장, 천도교의 기본사상. 　제1절, 종교냐, 도학이냐 　제2절, 창조적 순환사관 　제3절, 시천주의 신관념 　제4절, 선악의 기준 　제5절, 수행과 신앙 　제6절, 보국안민의 이상 　제7절, 접과 포의 교단조직 제2장, 일제하 천도교청년회의 전위역할. 　제1절, 천도교청년 교리강연부 　제2절, 천도교청년회 활동 　제3절, 천도교청년당과 대내외상황 제5장, 천도교청년당의 신문화운동 전개. 　제5절, 조선노동사운동 제6장, 천도교청년회와 민족운동. 　제1절, 비밀결사 오심당 　제2절, 신간회운동과 천도교청년동맹 　제3절, 천도교청년동맹과 6·10만세운동
천도교	김응조	제3장, 천도교청년회의 창립과 역사적 배경. 　제1절, 3·1운동 이후 일제 식민지정책의 변화 　제2절, 천도교청년교리강연부의 창립 　제3절, 천도교청년회의 출범과 그 역할 제4장, 천도교청년조직의 활동과 교단분규. 　제1절, 천도교청년당의 창당과 교단의 1차분규 　제2절, 신구파의 합동과 천도교청우당의 출범 　제3절, 교단의 2차분규와 청년당 및 청년동맹의 양립 제5장, 천도교청년당의 신문화운동 전개. 　제1절, 천도교청년당의 출판문화운동 　제3절, 천도교청년회의 소년운동과 어린이날 　제11절, 중국지역의 천도교청년당
천도교	성주현	제5장, 천도교청년당의 신문화운동 전개. 　제4절, 천도교사월회와 청년회의 활동 　제6절, 상민부의 설치와 활동 　제7절, 천도교의 사회화를 위한 통속운동 　제8절, 문맹퇴치를 위한 시일학교운영 　제9절, 천도교청년당의 포덕활동 제6장, 천도교청년회와 민족운동. 　제4절, 천도교청년당과 조국광복회운동 제9장, 민족분단과 그 이후의 청년회 활동. 　제1절, 민족의 분단과 제2차 청년회 부활 　제2절, 제3차 청년회 결성과 그 활동 제10장, 포덕 120년대 이후의 청년회. 　제1절, 본부 및 지부의 조직상황 　제2절, 수도연성을 통한 신앙운동 전개 　제3절, 성지순례 및 야외시일 　제4절, 교령배 체육대회 개최 　제5절, 청년회가 시행한 어린이날 행사 　제6절, 한일 종교교류 등을 통한 대외활동

역사	조규태	제5장, 천도교청년당의 신문화운동 전개. 　제2절, 천도교청년당과 조선농민사 제7장, 일제의 민족말살정책과 천도교청년단체의 해체. 제8장, 해방후 천도교청우당의 부활과 정치노선. 　제1절, 해방과 천도교청우당의 부활 　제2절, 천도교청우당의 정치이념, 민족해방과 계급해방 　제3절, 천도교청우당의 정치활동 　제4절, 단독정부수립 반대와 천도교청우당의 해체
역사	김인덕	제5장, 천도교청년당의 신문화운동 전개. 　제10절, 일본지역 천도교청년회조직과 활동

　위의 도표에서 엿볼 수 있듯이 이 책에서 천도교의 기본사상은 수운사상 중심으로 개관하는 정도로서 천도교 시기의 사상적 발전과정에 관한 언급은 보이지 않는다. 그러나 1920년대 이후 천도교청년회의 활동을 정치·사회·문화차원에서 집중적으로 분석하는 한편 민족분단 이후로까지 연계하여 총체적으로 정리한 것은 현재의 천도교 입지를 이해할 수 있는 참고자료를 제시했다는 점에서 괄목할만한 업적이라 하겠다.

　표영삼은 천도교측 입장에서 천도교의 기본사상을 보국안민의 이상추구와 지향목적을 들어 종교성과 사회성을 부각시켰고 한편으로 천도교청년회의 조직과 성격 변화에 따른 민족운동의 전개과정을 소개하였다. 이를 테면 천도교계의 신·구파 분열에 따른 민족운동노선의 갈등을 규명한 것을 들 수 있다. 1920년대의 신간회운동과 6·10만세운동에 적극적으로 관여한 천도교청년동맹의 성격을 증명하는 반면에, 1930년대의 조선노동사운동을 천도교청년당이 주도한 신문화운동인 7개부문운동의 연장선에서 해석하였다. 이러한 논거로 제시한 것이 조선노동사를 창건한 천도교청우당의 성분인데, 천도교청년당과 천도교청년동맹의 신·구파 합동으로 결성된 조직이 천도교청우당이라는 것을 구성원과 규약전문을 소개하는 방법으로 정당화하였다.

　천도교청우당의 출범과 교단분규에 관하여 심도있게 분석한 경우는 김응조의 연구다. 표영삼과 같은 맥락의 천도교측 관점이라는 한계가 있으나 천도교청년당의 신문화운동 중에서 출판문화운동 부분을 구체적 사례를 들어 상세히 소개함으로써 이 분야에 대한 연구자들에게 사료로서의 가치를 제공하고 있다.

성주현의 접근방법도 천도교측 시각을 벗어나지 않았으나 역사적 해석을 함께 하였음은 유의할 사항이다. 통속운동, 시일학교 운영, 포덕활동, 천도교사월회 활동 등 광범위한 영역에 걸친 천도교의 신문화운동 활약상을 주지시키는 한편 관북지역에서 천도교청년당 지부가 전개한 민족운동을 언급하였다. 특히 삼수·갑산·풍산·장백현의 천도교청년당 지부가 조국광복회 하부조직과 관련을 맺고 반일통일전선을 결성한 사실을 규명한 것은 1930년대 관서·관북지역의 천도교세와 민족운동을 연구할 계기를 마련한 셈이다. 천도교와는 별개로 조국광복회에 관하여 연구한 실적이 있기는 하나 조국광복회의 통일전선에 참여했던 천도교인들과 지회조직 및 활동시기를 세부적으로 밝힌 것은 이 연구가 처음인 것으로 사료된다. 이러한 분석과정에서 1890년대는 중부 이북에서 동학의 활동이 없었다고 하는 기존의 인식이 잘못되었음이 입증되었다. 관북지역에 동학이 포교되기 시작한 때가 1894년 갑오동학농민운동 당시이고, 갑산·풍산·삼수 등지에 동학이 본격적으로 전파된 것이 1899년부터라는 사실을 증명하였다.

조규태는 천도교청년단체의 활동과 해체과정을 대한민국정부 수립까지 분석하였는데 민족분단을 전후한 시기의 천도교청년회의 민족운동을 규명한 부분은 성주현의 연구를 더욱 보완한 것으로 이 시기 천도교의 입지를 역사적으로 조명하였다는 점에서 주목할 필요가 있다. 특히 이 연구에서 주장한 핵심은 해방 후 부활된 천도교청우당의 신·구파 갈등 재연과 미·소의 신탁통치가 제기되었을 때 보여준 천도교청우당의 태도에 있다. 천도교청우당이 단독정부수립을 반대하고 통일정부수립을 주장했으나 결국 민족이 분단됨에 따라 정리·해체되었다고 상기시킨 것은 현재 천도교의 입지가 불분명하게 된 정치적 배경을 추측케 해주는 것이라 하겠다.

이에 못지 않게 관심을 끄는 연구는 김인덕의 경우다. 일본지역에도 1920년대에 동경부 천도교청년회가 있었고 민족해방운동을 이끌었다는 주장이다. 1922년 조선노동자 학살을 계기로 재일조선인 민족해방운동이 있었는데 이때 노동자들과 유기적 관계 속에서 조직적이고 계획적으로 저항운동을 전개한 단체가 동경의 천도교청년회라는 것이다. 일본에서도 천도교청년회는 동경천도교청년당과 동경천도교청년동맹으로 신·구파의 분규·대립이 있었으나 민족해방운동에서의 활동은 공통의 목표였다는 것을 강조하였다. 김응조의 연구 「중국지역의 천도교청년당」에서 실상이 밝혀졌듯이 1920년대 이후는 일본에서의 천도교청년회 활동이 이미 보편화되었음을 추측케 한다.

그러나 이러한 연구성과에도 불구하고 천도교계의 민족운동이 조직·성분·운동방법에서 상치될 수밖에 없었던 이유를 당시 일고 있던 사회적 이념분쟁 이외에 천도교사상 자체에서 규명하는 노력이 결여되었다는 것은 부인할 수 없다. 또한 여러 사람의 편저로 되었다는 한계가 있겠으나 장·절 도처에서 천도교청년회의 창당과 이념에 따른 조직의 분열·성격 등에 관한 언급이 중복되고 있어서 단원별 주제와 내용의 구성이 산만한 느낌이 드는 아쉬움이 있기도 하다.

한국근대사의 지평 넓히기

김상태 편역, 『윤치호 일기 1916~1943-한 지식인의 내면세계를 통해 본 식민지 시기』,
(역사비평사, 2001)

김권정[*]

이 책의 주인공인 윤치호(尹致昊, 1865~1945)는 19세기 말 일본, 중국, 미국에서 유학한 한국 최초의 '근대적' 지식인이었으며, 독립협회와 대한자강회의 회장을 이끈 대표적 인물이었다. 한국 최초의 남감리회 교인이었던 그는 한말 이래 일제 식민지 전 기간 동안 YMCA운동, 출판문화운동, 교육운동 등을 통해 한국사회의 개조운동과 실력양성운동을 주도적으로 전개한 인물이기도 하다. 그러다 일제 말기에는 한국인들의 친일을 주도하는 역할을 하기도 했다. 한때는 최고의 애국적 지식인으로 개화운동과 국권회복운동에 앞장서기도 했으나, 나중엔 친일에 나서기도 했던 것이다. 그런데 이렇게 변화무쌍한 삶의 궤적을 남긴 윤치호가 오늘 우리들에게 더욱 주목되는 이유는 그가 자신의 일생에 걸쳐서 기록한 '일기(日記)'를 남겼다는 점이다.

『윤치호 일기』(이하 『일기』)는 한국근대사를 연구하는 학인(學人)들이 '친일파'의 일기로 간단히 취급하며 무시할 수 있는 자료가 아니다. 그것은 이 자료가 한국 근대사 연구를 위해 씨름하는 학인들이 빼놓을 수 없는 하

---

* 숭실대 사학과 강사

나의 획기적이 사건이 될 만한 의미를 담고 있기 때문이다.

먼저『일기』는 저술기간에서 19세기 말 이래 그 어떤 저술보다도 오래되었다는 점이다.『일기』는 1883년부터 1945년까지 무려 60년 동안 윤치호에 의해 기록되었다. 그가 일기를 썼던 시기는 전근대적인 조선사회의 붕괴와 서구제국주의의 침입, 그리고 일제의 식민지 전시기를 관통하고 있으며, 이 과정에서 한국인들이 자주적 독립에 대한 열망과 이를 위한 끊임없는 투쟁을 전개했다. 우리 역사에서 그 어떤 시대보다도 역사의 부침이 심했던 시기에 윤치호는 어떤 때는 관찰자 입장에서, 혹은 참여자의 입장에서 이러한 저간의 사정을 담담하게, 신중하게, 그리고 심층적으로 자세하게 기록하고 있는 것이다. 가장 암울하고, 치열했던 한국 근대역사의 곳곳을 숨김없이 그대로 보여주고 있는 것이 이『일기』인 것이다.

또한『일기』는 영어로 기술되었다는 점에서 그 자료적 독특성이 돋보인다. 그가 일기를 영어로 쓰기 시작한 것은 미국 유학 도중에 편의상, 그리고 영어 학습을 위해서였다. 귀국 후에는 영어를 잊어버리지 않고 계속해서 반복 학습하기 위함과 동시에 주변사람들에게 자신의 은밀한 일기 내용을 숨기기 위해서라도 그렇게 했던 것으로 보인다. 그가 일기를 썼던 시기에 한국을 주제로 하여 영어로 저술한 대부분의 사람들은 외국선교사들이거나 외국외교관들이었다.『일기』는 현재까지도 그 분량이나 저술기간, 그리고 저술내용에 있어서 한국인에 의해 영어로 쓰여진 그 어떤 저술보다도 독특하고 탁월하며, 외국인들의 저술과 비교해도 결코 떨어지지 않을 정도로 많은 정보를 담고 있다.

『일기』는 그 내용면에서 동 시기의 그 어떤 자료보다도 풍부하고 다양하다. 장장 60년 동안 윤치호의 일상생활과 활동상황, 그리고 당시 국내외의 정세와 전망 등을 꼼꼼히 기록했을 뿐만 아니라 자신이 체험한 다양한 사건이나 인물들, 그리고 각 시기마다의 역사적 상황 등에 대해 신중하면서도 폭넓게 다루고 있다. 물론 이것은 그가 한국 근대역사의 결정적인 단계의 대부분을 관찰자 입장에서 지켜봄과 동시에 많은 사건과 운동에도 참여한 결과이기도 했다. 즉『일기』가 개인의 신상문제를 다룬 것임에도 불구하고 자신이 살았던 시대적 상황들을 자세하게 담고 있다는 점에서 『일기』가 갖는 역사적 자료의 성격은 결코 작아질 수 없을 것이다.

『일기』는 1973년 국사편찬위원회에서 1권이 영인본으로 간행된 이래 윤치호라는 개인의 인물사와 그가 직접 관련되어 주도했던 사건이나 운동을 연구하는데 1차사료로 주로 활용되어 왔다. 이와 관련된 최초의 논문으로는 박정신의 「윤치호 연구−그의 일기를 중심으로−」(1977)를 들 수 있으며, 뒤를 이어 나온 유영렬의 『開化期의 尹致昊 硏究』(1985)는 『일기』를 중심으로 윤치호의 삶과 그의 사상을 심층적으로 분석한 대표적인 연구업적이다.

이처럼 『일기』는 윤치호의 사상이나 활동, 그의 친일문제 등을 이해하는데 기본적인 근거로 인용되어 왔다. 하지만 이같은 학술적 접근에도 불구하고 『일기』가 갖고 있는 폭넓은 학술적 가치에 비해 한국 근대사 연구자들로부터 사료로서 철저하게 외면당해 왔다고 해도 과언이 아니다.

그 이유는 먼저 『일기』가 존재한다는 사실에 대해 모르는 연구자들이 많았다는 점이다. 이는 지금까지 한국 근대사 연구가 새롭게 사료를 발굴하고 그것을 통해 보다 심층적인 역사서술을 해온 것이 사실이었다 할지라도, 앞으로 더욱 이에 대한 노력이 필요함을 보여주는 증거가 된다. 또한 방대한 분량의 영어로 쓰여진 『일기』를 읽어낸다는 것이 한국근대사를 연구하는 연구자들에게는 여간 부담스러운 일이 아니었기 때문이다.

이 가운데 한국근대사 연구자들이 거의 외면해 왔던 것 가장 큰 이유는 이 일기의 저자인 윤치호가 일제 식민지의 대표적 '친일파'라는 것 때문이었다. 친일파가 썼다는 선입견을 이유로 거의 가치를 낮게 평가했으며, 한 개인의 일기를 역사적 사료로 볼 수 있느냐는 고정관념 또한 여기에 영향을 미쳤던 것이다. 그리하여 1880년대부터 1900년대 부분은 그나마 자료로 인용되어 왔으나 일제의 직접적인 지배를 받았던 식민지 시기의 부분에 대해서는 부정적으로 평가하고 거의 무가치한 것으로 보려는 극단적인 태도로까지 나타났던 것이다. 이런 경향은 『일기』가 그 어떤 사료에 비해 일제하 기독교계의 동향을 이해하는데 빼놓을 수 없을 정도로 풍부한 내용들을 지닌 사료임에도 불구하고 '민족주의적' 역사인식을 강조하는 일제하 기독교사 연구에서 『일기』에 대한 언급이 전무하거나 사료로 활용하는 예가 거의 없다는 점에서 그대로 나타난다고 생각된다.

그러나 역사연구의 궁극적 목적이 과거의 역사를 심층적이고 총체적으로 이해함으로써 역사의 진실과 그 의미를 오늘의 관점에서 파악하고 미래의 방향성을 제시하는 것이라면, 한국근대사에 관한 수많은 정보가 담겨 있는『일기』를 그대로 방치할 수는 없는 일이다. 이는 결과적으로 우리 역사의 손실일 수밖에 없다. 어떤 때는 성공한 역사에서보다 우리는 실패한 역사에서보다도 많은 것을 얻을 수 있고, 냉철하게 우리의 문제들을 바라볼 수 있다. 바로 이런 문제의식에서 출발한 것이 여기서 살펴보려고 하는 『윤치호 일기 1916~1943 — 한 지식인의 내면세계를 통해 본 식민지 시기』라는 책이다.

이 책의 편역자는 한국근대사에 관한 많은 정보를 갖고 있음에도 불구하고 이러저러한 이유로 연구자들에게 외면당해 온 사실을 ‘안타깝게’ 생각하면서 비록 친일파가 쓴 일기라는 한계성이 있음에도 불구하고 사료비판만 제대로 꼼꼼하게 이뤄진다면 얼마든지 역사사료로서 그 역할을 십분 발휘할 수 있다고 설명한다.

이 같은 관점에서 그가 『일기』 가운데 ‘한일합방’ 이후의 시기, 즉 1916년부터 1943년까지 부분에 대해 번역하여 출간한 것이 여기서 소개하고자 하는 책이다. 편역자가 특히 이 시기를 주목한 것은 그것이 지식과 명망과 재력을 두루 갖춘 한 원로의 ‘식민지 살이’와 속내가 그대로 담겨있기 때문이다. 또 윤치호와 그와 관련된 인물들을 통해 일제 식민지 시기를 관통하며 조선 지식인들이 ‘어떤 생각을 갖고 어떻게 행동했는가’라는 사고의 흐름을 추적할 수 있다는 점에 있었다.

이 책은 ‘한일합방’ 이후의 『일기』를 그대로 번역한 완역본이 아니라 그 가운데 중요한 사실들을 중심으로 뽑아서 엮은 발췌본으로 이뤄졌다. 책의 머리말에서 편역자가 밝히고 있듯이 이 책은 발췌본의 묘미를 살리기 위해 제 1 · 2 · 3부를 각각 3 · 1운동 전후, ‘만주사변’ 전후, 중일전쟁 · 태평양전쟁 전후로 나누어 당시 정치동향과 윤치호의 내면세계를 이해하는데 중요하다고 생각되는 내용들로 이뤄졌다. 이런 시기구분은 이들 시기들이 일제의 식민지 상황을 질적으로 변화시키는 계기가 되었던 것으로 윤치호에게도 큰 영향을 미쳤을 것이라는 판단에서 비롯되었다. 제4부는 기독교사 연구에도 귀중한 자료라는 점에서 기독교계의 동향과 그와 관련된 윤치호의 생각을 이해할 수 있는 내용들로 구성되었다. 제5부는 윤치호의 회고담, 많은 인물들의 인간성, 사상, 행적, 조선의 사회상 등에 관한 단편적 내용들과 함께 일제 강점기 민족주의 운동세력 및 기독교계에 만연되어 있던 지역감정에 관한 내용들로 이루어졌다.

한편 편역자의 돋보이는 노력이 물씬 묻어나는 이 책은 다음과 같은 점에서 한국근대사 연구에서 큰 의미가 있다고 생각된다. 가장 먼저 여러 사정으로 한국근대사 연구자들로부터 외면 당해 도외시되어 왔던 『일기』를 연구자들이 관심을 갖고 접할 수 있도록 만들었다는 점이다. 이제까지 방대한 분량과 영어독해의 부담감 때문에 『일기』에 접근하지 못했던 연구가들에게 길잡이 역할과 자료적 접근을 손쉽게 할 수 있는 길을 열어놓았다는 점에서 그 의미가 있겠다.

또한 비록 완역본이 아니나 편역자의 유려하고도 평이한, 그러면서도 문장과 문맥의 뜻을 정확하게 전달한 번역으로 읽는 독자들에게 일기 내용을 어렵지 않게 소화할 수 있도록 이끈다는 점이다. 이를 위해 편역자는 독자들에게 윤치호의 생애와 사상, 그리고 『일기』에 대한 사전지식을 제공하기 위해 해제를 달았다. 각 부의 서두에는 각 부의 내용을 요약, 평가하거나 그 배경을 설명했고, 책 뒷부분에는 일종의 부록의 형태로 해방 직후 윤치호가 쓴 영문서한을 번역해서 배치해 놓았다. 이외에도 윤치호의 가계도와 연보 및 중요사건 연표를 배치되어 있다. 독자들에 대한 섬세한 배려는 이 시기를 연구하는 학인들 뿐만 아니라 역사에 대해 관심이 있는 대중들에게 무리 없이 읽을 수 있도록 하는데 큰 도움을 줄 것이다.

그러나 무엇보다 이 책에서 가장 돋보이는 부분은 일기 내용을 '기계적'으로 번역하는데 그치지 않고 인물이나 사건, 그리고 중요한 역사적 상황 등에 대해 꼼꼼하게 각 주를 달아 놓은 것이다. 특히 조선인들뿐만 아니라 일본인들, 외국선교사들 등 일기에 나오는 인물들에 대해 상세한 정보를 제공하고 있다. 이것은 독자들로 하여금 일기의 내용을 입체적이고 폭넓게 이해할 수 있도록 돕는데 결정적 역할을 할 수 있을 것이다. 따라서 이 책에서 수록된 내용들과 각주들을 꼼꼼히 대비하면서 읽는다면 이 시기에 대한 그 어떤 사료보다 많은 정보들을 파악할 수 있을 것이다.

한편, 이 책은 크게 다음과 같은 차례로 편집되어 구성되어 있다.

이 책에는 개인 일기라는 의미에서 우선 윤치호 개인의 삶과 그의 내면 세계를 이해할 수 있는 내용들이 가장 많이 담겨 있다. 특히 한말 민중의 추앙을 받던 민중의 지도자에서 일제 말기에는 민중의 지탄을 받는 친일협력자로 변모하는 복잡하고도 미묘한 과정들이 들어 있다. 이런 일련의 선상 속에서 윤치호와 직·간접으로 관련된 다양한 정보가 들어 있다.

3·1운동 일어날 당시 국제정치가 약육강식의 논리가 지배하는 단계로 인식한 윤치호가 해외로 나가 구미 열강을 상대로 외교운동을 추진해 달라는 최남선·송진우·신흥우의 요청을 거부했다는 사실, 3·1운동을 전후로 하여 바삐 돌아간 민족주의세력의 움직임과 그들이 주도한 여러 운동들의 경향들, 3·1운동에 대응하는 총독부과 일본이 유력자들의 움직임들, 참정권운동과 자치운동을 추진하던 세력들의 활동, 그리고 이들 제세력들과의 윤치호의 접촉 등에 관한 내용이 담겨 있다. 또한 만주사변을 전후로 총독부와의 밀접한 관련 속에 펼쳐진 조선인들의 여러 움직임들이 소개되고 있는데, 1934년 최린과 시중회의 활동, 최남선의 거취문제, 여운형의 기호계 결사체 추진설, 1935년 말 신사참배문제에 관련된 내용, 그리고 1930년대 말 홍업구락부사건과 같은 정치적 사건과 창씨개명문제 등에 관한 내용들이 눈길을 끈다.

이외에도『일기』는 일제 강점기 기독교계의 모습을 심층적으로 이해할 수 있는 풍부하고도 다양한 내용들을 담고 있다. 1910년대 중반 일제 개정 사립학교규칙에 대한 기독교계의 대응, 1920년대 초 '기독교창문사'의 설립 및 운영과정, 기독신보의 내분, 당시 기독교계의 대표적인 교육기관들이었던 연희전문·이화여전·세브란스의전·송도고보·배재고보 등의 상황들, 선교사들의 제국주의적 우월의식에 대한 조선 기독교인들의 반감 등에 관한 내용들이 담겨 있다. 특히 1930년대 초 기독교계의 기호파와 서북파 간의 지역감정에서 불거진 '적극신앙단'에 대한 상세한 내용들을 담고 있다. 이와 함께『일기』는 기독교계의 대표적인 사회운동단체인 YMCA운동을 이해하는데 중요한 정보를 제공하는데, 그것은 윤치호가 한말 이래 일제 강점기 전기간에 걸쳐 YMCA를 실질적으로 이끌어간 중심 인물이었기 때문에 그 정보의 신뢰성은 더욱 커진다.『일기』속에는 YMCA의 이념, 조직, 활동상황, 공개적으로 말못할 여러 사정들이 상세하게 담겨있다.

이처럼 윤치호의『일기』를 편역한 이 책은 여러 성과를 남기고 있는데, 이와 더불어 본 서평자는 앞으로의 연구와 독자들의 이해를 돕는 의미에서 몇 가지를 지적하고자 한다.

　첫째, 『일기』부분이 완역본이 아닌 발췌 편집되었기 때문에 『일기』 전체부분에 대한 흐름을 놓치기 쉽다는 점이다. 이것은 자칫 잘못하면 실제 내용과 거리가 있을 수 있음을 의미한다. 완역작업이 현실적으로 어려운 상황에서 발췌, 편집작업이 의미가 있음에도 불구하고 완역본이 아니라 발췌하여 편역자의 의도된 기준을 갖고 재편집되는 과정에서 『일기』의 전체상을 다 보여주지 못하고 편역자의 기준에 합당한 측면만을 어쩔 수 없이 담게 된다는 점이다. 따라서 『일기』의 전체적인 흐름을 보여주는데는 일정한 한계를 지닐 수밖에 없게 된다. 이런 한계는 전체에 대한 완역작업만이 해결할 수 있는 문제라고 생각된다.

　둘째, 『일기』는 윤치호의 연구와 관련해서 기본적인 사료로 사용되었고, 앞으로도 사용될 것인데, 『일기』에 나타난 윤치호와 실제 살았던 모습과는 상당히 다를 수 있다는 점이다. 그것은 일기라는 것이 대개 '격한 감정' 또는 '부정적인 감정'에 관한 기록이며, 때론 자기 행동을 합리화를 위한 기록이고, 현실에서 이루지 못하는 이상에 대한 염원이 담긴 기록이기 때문이다. 그러므로 이제까지 윤치호에 관한 연구가 『일기』를 주요 사료로 활용하여 이뤄졌는데, 자칫 잘못하면 윤치호의 한쪽 면만을 강조하는 문제를 드러낼 수 있는 것이다. 그러므로 『일기』를 활용하며 생길 수 있는 이런 문제를 극복하기 위해선 윤치호의 행동과 그가 공개적으로 썼던 책이나 칼럼, 소논문, 강연문 등과 같은 자료들을 비교 검토하는 작업이 반드시 선행되어야 할 것이다. 즉 『일기』가 지닌 성격에 대한 꼼꼼한 사료비판이 지속적으로 선행되어야 할 것이다.

　셋째 윤치호를 이해하는데 빼놓을 수 없는 것이 '기독교'이며, 그러한 기독교적 세계관·가치관에서 파생된 것이 바로 '기독교 문명화론'이다. 기독교 문명화론은 기독교인들이 단순히 종교적 사명감에 그치지 않고 당시 발전된 서구문명의 전달자라는 강한 확신을 갖고 이를 주장함에서 비롯되었다. 이들은 발달된 서구문명의 핵심을 기독교로 생각하고, 종교와 문명이 불가분의 관계에 있다고 보았다. 이들은 기독교를 받아들인다는 것이 곧 문명화, 즉 정신과 물질에서 좋고 옳은 것의 시작을 의미한다고 강조했던 것이다.

이런 관점은 사실상 내한한 서구의 외국선교사들, 특히 미국선교사들이 주창한 것으로 다분히 팽창주의적인 자신의 행동을 기독교적으로 합리화하는 측면이 강하게 내포되어 있었다. 그러나 그럼에도 불구하고 국가적·민족적 위기 상황에서 기독교를 수용하고 현실을 직시하고 진로를 모색하던 기독교인들에게 이런 주장은 절박하게 다가왔고, 민족의 현실을 깨닫게 하는데 큰 자극이 되었다. 민족의식이 강했던 상당수의 기독교인들은 현실에 대한 분석을 통해 자기반성적(自己反省的) 차원에서 이를 인정하면서 '기독교만이 조선의 유일한 구원이고 희망'임을 선포하고, 조선이 오늘 맥없이 무너지게 된 것은 영적인 힘없이 부패하고 형식화된 전근대적 조선사회에서 비롯되었다고 비판했다. 즉 이들은 기독교적 가치와 전망 속에서 조선의 도덕적이고 정신적 개조와 함께 정치적·사회적·물질적 건강을 되찾을 수 있다고 확신했던 것이다.

그런 인물가운데 대표적인 사람이 윤치호였다. 중국 유학시절 기독교를 수용한 그는 미국에서 유학공부를 하면서 기독교의 허와 실을 보았고, 기독교와 근대적 문명의 상관관계를 피부적으로 체험할 수 있었으며, 무너져가는 민족적 현실에서 이를 실천하고자 했던 인물이었다. 이처럼 기독교 문명화론은 윤치호의 사고구조에서 빼놓고 말할 수 없는 중요한 요소였던 것이다. 따라서 『일기』 속에 담긴 윤치호의 이러 저러한 모습들과 말들, 그리고 생각들은 기독교 문명화론이란 배경을 빼놓고는 온전히 이해하기 어려울 것이다.

이제까지 편역된 윤치호의 『일기』를 살펴보았다. 『일기』는 윤치호 개인사와 관련된 내용뿐만 아니라 한국근대사와 관련되어 다양하고도 풍부한 이면사들의 내용들이 담겨있음에도 불구하고 그 동안 여러 가지 이유로 인해 외면 당해 왔는데, 최근에 『일기』의 완역본은 아니지만 발췌본 형태의 편역서 출간은 윤치호의 개인과 『일기』에 대한 관심을 더욱 높게 만들 것이며, 나아가 이런 일련의 작업은 우리 근대사 연구의 지평을 넓히는데 일조할 것이다. 편역자가 밝히고 있듯이 사료비판만 제대로 이뤄진다면, 『일기』는 앞으로 한국근대사 연구에서 황현의『매천야록』이나 김구의『백범일지』에 못지 않은 귀한 자료로 평가될 수 있을 것이다.

중국지역 한국독립운동 사료조사

송권면[*]

I. 머리말
II. 2000년도 중국 지역 한국독립운동 사료 조사
III. 2001년도 중국 지역 한국독립운동 사료 조사
IV. 맺음말

* 국가보훈처 보훈선양국 공훈심사과 서기관

I. 머리말

중국은 한국 독립운동의 주무대로서 관련사료가 가장 많이 소장된 나라라고 생각된다. 국토가 인접되어 있는데다가 일제의 한국 강점을 전후하여 수많은 애국지사들이 망명하여 독립운동을 전개한 곳이기 때문이다. 더욱이 독립운동기지 건설과 항일무장투쟁이 전개되었던 만주는 물론 27년간 대한민국임시정부가 활동한 곳도 중국지역이었다. 한국광복군·조선의용대 등 이루 헤아릴 수 없이 많은 독립운동 단체들이 활동하였던 곳도 역시 중국 땅이었다.

그러나 지금까지 중국지역에서 독립운동사료수집 실적은 너무나 미미한 수준인데, 이는 1949년 중국공산화로 거의 반세기 동안이나 국교가 단절되었던 데에 주된 이유가 있었다. 국교 수립 후에도 중국정부에서 한국독립운동 사료수집에 대해 철저하게 통제하여 소장 사료목록에 대한 조사조차도 제대로 이루어지지 않았다. 그동안 관련기관들이 수집한 사료는 공식적인 통로를 거치지 않고 중국학자들이나 조선족학자들을 통하여 비공식적으로 입수한 것이 대부분이었다.

때문에 국가보훈처에서는 중국의 역사적 기록물인 당안관리 실태와 공식적인 차원에서 한국독립운동 사료 수집 가능성을 조사하기 위하여 2000년 12월 관계직원 3명으로 조사반을 편성하여 중국에 파견한 바 있었다. 2001년에도 단국대 한시준 교수, 안동대 김희곤 교수 등 학계인사와 국가보훈처 관계직원 등 5명의 합동조사반을 중국에 파견하여 광복군관련 사료를 수집하였다.

이 글은 2000년과 2001년도 조사반의 일원으로 참가하였던 필자가 그간 겪은 내용을 정리해 본 것이다. 앞으로 중국에서의 한국독립운동 사료수집에 이 글이 조금이나마 도움이 되었으면 한다.

Ⅱ. 2000년도 중국 지역 한국독립운동 사료 조사

중국에서는 국가와 사회에 보존할 가치가 있는 문자·도표·음성·영상 등 여러 형식의 역사적 기록을 '檔案'이라고 부른다. 그리고 당안을 보존·관리하기 위하여 中國 國務院辦公廳 國家檔案局 산하에 中央檔案館을 비롯하여 중앙국가관리 21개소, 省級 148개소, 地(市)級 581개소, 縣級 2,547개소 등 총 3,297개소의 당안관이 설치되어 있다.[1]

국가보훈처에서는 중국에 산재되어 있는 독립운동사료의 체계적인 수집을 위하여 1차적으로 중국의 당안관에서의 역사기록물 관리실태와 공식적인 차원에서의 사료수집 방안을 조사키로 하고 필자를 비롯한 3명의 관계직원을 2000. 11. 30~12. 9까지 10일간 중국에 파견하여 북경·하얼빈·심양·신빈 등지의 당안관 실태 등을 조사한 바 있는데, 그 개략적인 내용은 다음과 같다.

1. 北京地域

2000. 11. 30 우리 일행은 북경 수도공항에 도착하였다. 민족출판사를 퇴직하고 요즈음 개인사업을 하는 金永 선생이 마중을 나왔다. 숙소인 연상호텔에 여장을 푼 뒤 오후에는 주중대사관을 찾아가 姜孝白 영사를 만났다. 마침 중요한 회의가 있다고 하여 일단 숙소로 되돌아 왔다가 퇴근 후 강영사를 만나 저녁식사를 하면서 중국에서 독립운동 사료수집 방안을 논의하였다.

---

1) 이승휘, 「중국당안제도와 당안관의 역사와 현황」, 인터넷자료.

1) 北京市檔案館

12. 1 북경지역에서 한국독립운동사를 전공하고 계신 전 中共黨軍學校 崔龍水 교수와 민족대학 康基柱 교수를 호텔에서 만나 중국에 산재한 독립운동사료에 대한 실태와 수집방안에 대하여 의견을 구하였다. 하지만 두분 모두 중국에서는 아직까지 당안자료 열람이 엄격히 통제되어 내국인도 소속단위(소속기관)의 紹介信이 없으면 열람을 할 수 없을 뿐더러 소개신의 내용도 엄격히 심사하여 직무상 꼭 필요한 부분만을 열람할 수 있게 한다는 것이다. 특히 외국인에 대해서는 당안 열람이 사실상 불가능한 실정이라고 하였다. 점심 식사후 최용수 교수에게 북경시당안관 안내를 부탁하자 사전 승인 받지 않은 외국인을 당안관에 안내하면 자신까지 앞으로 당안관 출입에 지장을 받을 것 같다면서 거절하였다. 이에 당안관 건물만 구경하겠다며 최교수에게 북경시당안관 앞까지만 안내해 주도록 하고는 바로 되돌려보냈다. 당안관 수위실에서 필담으로 방문목적을 설명하고 한국어를 아는 분을 불러달라고 요구하니 조선족 직원인 이화영씨가 와서 우리를 사무실로 안내하였다. 방문목적을 밝히고 당안관 사료를 열람할 수 있게 해달라고 부탁하였다. 그러자 의례적으로 우리 일행의 방문을 환영한다고 하면서 여기에는 한국독립운동 관련사료에 대한 분류 목록이 없어 자세한 소장내역의 확인이 어렵다고 말했다. 뿐만 아니라 외국인의 당안관 자료열람은 사전 중앙당안국의 소개신을 가져와야 열람이 가능하다고 말하면서 열람을 우회적으로 거부하였다. 그러면 공개 가능한 안내책자라도 제공해달라고 부탁하자 북경시당안관 소개책자와 팜플렛, 북경당안사료 목록색인 5종, 당안관지남 1권 등을 유상으로 판매할 수 있다고 하여 160元에 구입하였다.

참고로 인터넷 홈페이지와 안내책자에 나와 있는 북경시당안관 개황은 다음과 같다.

· 소재지 : 北京市豊台區蒲黃楡路 42號(전화 67645511)
· 개 관 : 1958년 4월
· 소장사료 : 총 113만여 권(명청당안 2,574권, 민국당안 799,588권, 신중국당
  안 311,570권)
· 조 직 : 收集處, 整理處, 編目處, 保管處, 利用處 등 16개 부서

2) 北京大學 韓國學硏究中心

북경시당안관을 일행은 안내자도 없이 택시를 타고 북경대학교를 찾아
갔다. 정문에서부터 한참을 헤매면서 물어 물어 북경대 한국학연구중심을
찾아간 것이다. 낡은 건물 2층에 조그마한 사무실과 관련자료실이 있었는
데, 그게 바로 북경대 한국학연구중심이었다. 사무실의 40대 중국인 여직
원은 전혀 한국말을 못하여 한국어를 할 수 있는 분을 불러줄 것을 요청하
니 전화로 부주임 沈定昌 교수와 연결해주었다.

우리의 방문목적을 말하고 면담을 요청하자 잠시후 심교수가 와서 한국
학연구중심의 개황과 그 동안 사업실적 등을 설명해주었다. 북경대 한국학
연구중심은 1991년 4월 12일 "북경대학조선역사문화연구소"로 발족하였다
가 1993년 9월 11일 대학당국의 비준을 거쳐 현재 명칭을 사용하게 되었다
고 한다.

이 기관은 26명의 연구원(북경대 14, 교외겸직 12인)으로 구성되어 북경
대학을 중심으로 국내외 전문가 및 학자들과의 협력 연구체계를 갖추고 있
었다. 이를 기반으로 한국관련 연구와 학술교류, 학술세미나, 한국연구관
련 책자 출판(저술과 번역 등) 사업을 진행하고 있다. 그간의 실적을 보면
연구서적 출판 45권(저서 24, 번역12, 논문집 9), 1996년 주중한국대사관과
"중한교류 및 협력" 등 3회 학술회의 개최와 여러 차례에 걸친 한국과 학
술교류 실적이 있다고 한다.

지금까지 경제·문화·언어 등에 중점을 두고 연구를 진행하고 있으나
아직 중국에서의 한국독립운동 관련 연구실적은 없었다. 이 기관에는 宋成
有 교수 등 3명의 근현대사 연구인력이 있고 외부의 연구인력도 동원할 수

있으므로 재정여건만 주어진다면 사료수집과 연구, 학술회의, 문헌발간 등 한국과 교류할 수 있다고 말하였다. 자료실을 열람하였는데 약 5평 정도되는 공간에 한국에서 출판된 책자 500여권 정도가 진열되어 있었다. 심교수는 국가보훈처 등 한국에서 많은 자료를 보내달라고 요청하면서 그간 발행한 소개책자와 연구논문집을 우리 일행에게 주었다.　·

3) 北京大學 도서관

북경대학 도서관을 방문하여 정문에 있는 안내 여직원에게 여권을 제시하며 도서관 입관을 신청하였다. 그러자 校內讀者들은 신분증만으로 입관이 가능하나, 校外讀者는 관계기관의 介紹信과 신분증이 있어야 입장이 가능하다면서 난색을 표하였다. 잠깐 내부시설만 본다는 조건으로 입관하여 3층 人文社科圖書借閱區에 들어가 보니 중국의 항일무장투쟁 관련 서적과 한국에서 출판된 서적 등이 많이 소장되어 있었다. 주로 경제·사회·한국전쟁 관련 도서들이었으며 한국독립운동에 관련한 서적은 별로 없었다. 관계직원으로부터 받은 안내자료와 인터넷 홈페이지에 기록된 북경대학 도서관의 개황은 다음과 같다.

- 연 혁 : 1902년 京師大學堂藏書樓로 발족
- 소장자료 : 총463만 책(고서 150만 책, 1949년 이전 구서 11,547종 27,650책, 구신문 605종 9,644책)
- 열람실 : 人文社科圖書借閱區, 文學圖書借閱區, 科技圖書借閱區, 新書閱覽室,
  敎學參考書閱覽室, 學位論文閱覽室, 保存本閱覽室

2. 하얼빈지역

12월 3일 하얼빈공항에 도착하니 중국공산당 흑룡강성당사연구소에서 근무하다 퇴직한 元仁山 선생(조선족)이 마중을 나왔다. 숙소인 흑룡강성신문사초대소에 여장을 풀고 동빙제 준비로 얼음조각이 한창인 송화강변으로 나갔다. 영하 20도가 넘는 혹한의 추위가 매우 매서웠지만 러시아식 건물들이 이국적인 정취를 느끼게 한다.

1) 黑龍江省檔案館

12월 4일 원인산 선생의 안내로 흑룡강성 당안관을 방문하여 자료 열람을 요청하였지만 사전 승인 절차를 취하지 않은 외국인의 열람은 불가능하다고 한다. 그리하여 같은 건물내에 있는 당사연구소사무실에서 당안관 접대담당 여직원과 열람담당 처장을 역임하였던 분을 면담하면서 흑룡강성 당안관 소장자료 현황과 열람절차 등에 대한 상세한 안내를 받았다. 안내 내용과 인터넷 홈페이지의 내용을 살펴보면, 흑룡강성당안관에는 청조 강희 23년(1684년)의 黑龍江將軍衙門滿文檔案을 비롯하여 375个全宗 336,616卷, 자료 44,394책 등의 자료가 소장되어 있다. 소장자료는 크게 ①당내부 문서 ②역사관련 사료로 구분하며, 역사관련 사료는 다시 淸代文書·民國時期文書·僞滿(滿洲國)時期文書 등으로 구분 소장되어 있다고 한다. 한국 독립운동 관련사료는 별도로 분류된 것이 없어 어떤 자료들이 소장되어 있는지 알 수 없다. 다만 성격상 항일연군 당안이나 혁명역사 당안에 일부 포함되어 있을 가능성을 암시해 주었다. 외국인의 당안 열람은 사전에 열람목적·열람범위·열람자 인적사항·열람결과 자료 활용계획 등을 명기한 열람신청 공문을 흑룡강성 외사판공실에 제출하여 비준문서가 당안관에 오면 가능하다고 한다. 참고로 1999년도 일본의 관련단체에서 위와 같은 절차를 거쳐 흑룡강성당안관과 합작사업으로 731부대에 관련한 사료를 수집·정리한 책자를 발간하였다고 한다.

2) 黑龍江省民族研究所

12월 4일 오후 원인산 선생의 안내로 하얼빈 변두리(哈尔濱市 動力區哈

平公路五公里處)에 소재한 흑룡강성민족연구소를 방문하여 趙仁成(漢族)소장과 면담하였다. 이곳은 흑룡강성에 살고 있는 10개 민족의 역사·경제·정책 등에 관한 연구를 하는 기관으로 현재 연구원은 25명이 있다고 한다. 이 가운데 조선족은 조선문자를 연구하는 부소장과 소수민족 고적역사를 연구하는 박연옥 등 2명이 있다고 소개해주었다. 이 연구소의 初代所長은 조선족인 徐基述씨로 조선족 항일운동 연구분야에 많은 업적을 냈지만, 몇 해 전에 갑자기 사망한 뒤에는 그를 잇는 연구가 거의 이루어지지 않고 있다고 한다. 하지만 조선족 항일투쟁사도 동연구소의 주요 관심사업의 하나로서 향후 재정지원이 이루어지면 관련사료 수집과 연구, 학술발표 등에서 한국과 교류할 의향이 있음을 밝혔다.

3. 沈陽 및 新賓地域

12월 4일 10시 야간열차를 타고 심양으로 향하였다. 호텔비도 절약하고 기차여행의 경험도 해보려는 심산이었다. 하지만 너무 피곤하였고, 잠자리를 옮기면 잠을 못자는 습성에다가 열차에서 나는 소음 등으로 도저히 침대칸에서 잠을 이룰 수 없었다. 7시간 정도 걸려 이튿날 새벽 5시 심양역에 도착하였는데 플랫트홈에서부터 숙박업소 종업원들이 끈덕지게 따라붙으면서 호객행위를 하였다. 심지어는 짐보따리까지 억지로 빼앗으려고 아우성이었다. 마침 항일지사유족회 부회장인 鄭正男 선생이 역까지 마중을 나와서 숙소인 서탑 정창호텔에 여장을 풀었다.

12월 5일 오전에는 9·18기념관을 관람하였다. 우리나라 독립기념관보다는 부족한 것 같았지만 나름대로 시설이 깨끗하고 전시에도 신경을 써서 실감 있게 관람을 하였다. 오후에는 심양영사관을 방문하여 權榮國 총영사와 독립운동사료 수집에 대한 여러 가지 의견을 나누었다.

1) 新賓縣檔案館

12월 6일 아침 항일지사유족회 金世龍 회장, 鄭正男 부회장내외, 李寬雨 선생이 우리와 함께 승합차로 심양에서 200㎞ 정도에 위치한 신빈까지 동행하였다. 심양에서 무순까지의 길은 좋은 편이었는데, 무순에서 신빈까지의 도로는 빙판길로 가는 도중에 길가에는 수없이 많은 차량이 전복되어 있었다. 7시간만에 신빈만족자치현에 도착하자 신빈현 한중경제교류협회 崔善柱 회장과 鄭錫崇 부회장 등이 우리를 반기었다. 숙소인 신빈빈관에서 신빈현 당안관장 曹文奇 선생을 면담하였다. 그는 길림성 통화시 출신으로 경제를 전공한 뒤 신빈지역에서 전개된 韓民族 항일무장투쟁사에 대해 흥미를 가진 분이었다. 그리하여 관련 유적지 답사와 사료를 수집하여 10여 편의 항일투쟁사를 소설·수필·논문 등으로 발표하였다.

조문기 선생은 1981년 縣誌辦公室 전문편집인으로 발탁된 데 이어 1988년『鴨綠江邊的抗日名將梁瑞奉』책자를 발간하였고, 한중수교를 앞둔 1991년「中國領導人與韓國獨立運動」이라는 논문을 발표하여 한중수교에 앞당기는데 긍정적 역할을 하였다고 한다. 그리고 1998년에는 遼東·吉南地區朝鮮族抗日鬪爭史를 그린『同仇敵愾』라는 책자를 발간한 인물로 신빈현당안관장 이외에 무순시 사회과학원신빈만족연구소장과 중국조선족사학회 부이사장으로도 활동하고 있다.

그는 요령성지역은 조선족항일역사에 매우 중요한 사료들이 많이 소장되어 있다고 전해주었다. 요령성당안관만해도 청말부터 해방시까지 4만여 건의 사료가 있고, 그밖에 요령성내 250개 현의 당안관에도 한국독립운동 관련 사료가 많이 소장되어 있을 것으로 판단된다고 하였다. 특히 신빈현은 조선족 항일투쟁의 중심지로 현재 신빈현당안관에는 매우 귀중한 사료가 많은데, 예를 들면 국민부와 조선혁명군 등에 대한 사료는 물론 김일성의 항일 빨치산활동 관련사료도 풍부하게 있다고 말해주었다. 12월 7일 아침 왕청문조선족소학교에 있는 양세봉 장군 동상과 통화에 있는 김기전 등

7위의 선열묘소를 참배하였다. 그 뒤 심양으로 귀환하다가 승합차량이 눈길에 미끄러져 전복하는 사고가 일어났으나 선열들의 보살핌인지 일행 모두 다치지는 않았다.

2) 요령성당안관

12월 8일 요령성당안관을 방문하여 요령성당안관 부관장 趙煥林과 당안사료열람에 따른 제반사항에 대해 얘기를 나누었다. 그의 말에 의하면 일제는 패망 직후 만주사변 이후의 사료 대부분을 소각하였다고 한다. 그리하여 현재 소장된 사료는 1931년 만주사변 이전 사료가 대부분이며, 그 이후 사료는 별로 없다고 전해주었다. 게다가 소장사료를 적극적으로 공개하지 못하는 이유는 인력과 예산 등의 문제로 아직까지 상당수의 소장사료를 제대로 분류치 못하였기 때문이라고 한다. 앞으로 분류가 완료된 사료는 외교통로를 거쳐 열람을 신청하면 열람 허용여부를 알려주겠다고 말하였다.

Ⅲ. 2001년도 중국 지역 한국독립운동 사료 조사

국가보훈처는 2001년 7월 2일부터 13일까지 중국 서안·장사·중경지역에 학계와 관계 직원으로 구성된 사료조사반을 파견하여 광복군 관련 독립운동사료 166건 1,289매를 수집하였다. 여기에 필자도 조사반의 일원으로 참가하였는데, 그 개략적인 성과를 소개하면 다음과 같다.

1. 西安地域

7월 2일 인천공항에서 서안으로 출발하였다. 섬서사범대학 교수로서 현재 경북대학 박사과정에 재학중인 拜根興 교수가 마중을 나왔다. 숙소인 秦都賓館에 여장을 풀고는 광복군 제2지대가 주둔하였다는 杜曲鎭을 향했다.

이곳은 중국북쪽의 광활한 밭농사 지대로 끝없이 전개된 대지와는 달리 아기자기한 논밭 등이 꼭 시골고향집을 찾은 기분이다. 들녘에는 웃통을 벗고 일하는 남자들과 아낙네들이 밭을 매고 있었다. 도로 확장공사로 인하여 평소 1시간 정도면 간다는 곳을 2시간 반정도 걸려 광복군 제2지대가 주둔하였던 건물을 찾아보았다. 지금은 양곡 창고 등으로 활용되고 있었다.

7월 3일 아침 섬서성도서관을 찾아갔으나 신축이전 준비로 일반열람이 안된다고 하여 섬서사범대학도서관을 방문하였다. 방학중인데도 많은 학생들이 나와 있었다. 歷史文獻査閱室에서 혁명 이전시기 신문과 잡지를 열람하였다. 약 50여 평 되는 창고 같은 건물은 온통 먼지로 뒤덮여 있었는데, 엄청난 양의 신문과 잡지 등이 소장되어 있었다. 이곳에서 『解放日報』·『華北新聞』 등에 보도된 한국관련 자료를 검색하였다. 주요 내용으로는 한국의 3·1절을 기념하여 1943. 3. 1 朱德이 『해방일보』에 기고한 글을 비롯하여 1944. 1. 28字 [成立義勇隊 華中支隊] 기사 등이 있었다.

오후에는 섬서성당안관을 찾았는데 성급당안관으로는 규모가 작은 편이었다. 이곳도 다른 대부분의 도서관이나 당안관들처럼 열람시간은 오전에는 9시부터 12시까지, 오후에는 3시부터 6시까지였다. 열람신청은 관련 단위(직장)의 소개신이 있어야 하는데, 우리는 배근홍 교수의 섬서사범대학 소개신과 우리 조사반에서 미리 준비해 가지고 간 한국독립운동사연구회 소개신을 제시하였다. 근 1시간이 지나서야 열람이 허용되어 서둘러서 색인 목록집에서 관련자료 20여 권을 대출 받았다. 이 가운데 관련사료 4건에 56매의 자료를 복사 신청하였더니, 다시 1시간여만에 복사 승인이 났다. 폐관시간인 6시가 다 되어서 열람료와 복사료로 1,560元을 지급하고 관련사료를 인수받았다. 이곳에서 발굴한 사료 중에는 1942년 4월 23일 中國國民黨政府陝西省會警察局에서 작성한 西安市居留韓僑調査表가 당연 중요한 것이었다. 여기에는 서안지역 광복군대원 119명(실제명단을 세어보니 118

명임)의 성명·성별·연령·중국에 온 시기·현주소지 등이 기록된 자료인데, 아직까지 학계에 소개되지 않은 것이다. 앞으로 광복군연구와 독립유공자 공적심사에 큰 도움이 될 것으로 생각된다. 당안관을 나와 인근에 있는 서안사변(1936. 12. 12) 당시의 장학량 숙소를 찾아갔으나, 관람시간이 끝났다고 입장을 허용하지 않아 밖에서 건물만 보고 돌아왔다.

2. 長沙地域

7월 4일 서안에서 비행기를 타고 장사에 도착하였다. 무척이나 무더운 날씨였는데 호남사범대학 郭漢民 교수(漢族)와 호남대학 柳展輝 교수(조선족, 독립유공자 유자명 선생의 아들)가 마중을 나왔다. 숙소인 부용빈관에 여장을 풀고 1938년 5월 김구주석이 조선혁명당원 이운환으로부터 총격을 당하여 입원하였던 湘牙醫院과 임정청사 舊址 西圓北里 50號, 楠木廳에 있는 朝鮮革命黨 黨舍 구지 등 사적지를 돌아보았다.

7월 5일 長沙市政治協商會議의 도움을 받아 호남성도서관에서 장사지역에서 발행되었던 신문과 잡지를 열람하였다. 특히 담당부처장의 배려로 오후시간에는 3시 이후에나 열람이 가능한 것을 우리 일행에게 특별히 1시부터 열람을 할 수 있도록 해주었다. 문제는 잡지 등의 자료는 전부 복사가 불가하고 3분의 1까지만 허용된다는 사실이었다. 우리 조사단이 다시 이곳에 오기 어려운 점을 들어 특별 배려를 요청하자 매당 8.30元(한화1,345원)인 복사요금의 배인 매당 16.60元(한화 2,690원)씩을 요구하였다. 이에 울며 겨자 먹기식으로 총 463매의 복사요금과 자료열람비·사진촬영비로 총 8,100元(한화 131만원)의 고액을 지불하지 않을 수 없었다.

이곳에서 수집한 자료로는 『力報』·『中央日報』·『湖南日報』·『湘鄕民報』·『國民日報』·『中報』 등 7종의 신문에서 일본군을 탈출하여 중국군에 投誠한 韓籍兵士에 관한 기사 등 78건이 있다. 그리고 『獨立公論』·『震光』·『韓民』·『朝鮮亡國慘死』·『日本帝國主義鐵蹄下的朝鮮』 등 12권의 잡

지를 복사 수집하였는데 주요내용을 보면 다음과 같다.

1) 韓國人投誠 參加光復軍(『國民日報』 1944. 4. 1)

周口경비부대가 3월 중순 조선인 金豫太·安國保·李溶承·韓春圭 등 4명을 포획하였는데, 이들은 일본군의 박해를 피해 광복군에 참가하기 위하여 투성하였다. 현재 이들은 중국측의 우대를 받고 있으며 장차 朝鮮光復軍에 分發될 것이라는 내용이다.

2) 韓籍敵兵 五名投誠(『力報』 1945. 3. 4)

1945년 2월 18일 호남성 沅江이남 東興부근에서 한적 병사 5명이 중국군 제1부대에 투성(성명 미기재)하였다는 내용이다.

3) 韓籍敵兵兩名 反正向我投誠(『中報』 1945. 5. 29)

호남성 尙德縣부근에서 韓籍兵士 韓鼎植·南相喆 2명이 투성하였는데, 투성동기는 중국측의 조선지원과 한국독립운동 참여라고 밝히고 있으며 조만간 石門의 모부로 이동하였다가 중경으로 전송할 예정이라는 내용이다.

4) 韓國兵金春甲向我投誠(『湘鄕民報』 1945. 5. 29)

호남성 영풍 부근에서 한적병사 김춘갑이 경기관총 1정·소총 1정을 휴대하고 중국군에 투성하였다는 내용이다.

5) 告韓國兄弟們(『湘鄕民報』 1945. 6. 23)

湘鄕縣 黨政戰鬪指揮所 명의로 일본군내 한적 장병을 비롯하여 적 점령지역으로부터 한국인의 탈출을 호소하는 것으로 "한국지사들이 중경에서

광복군을 조직하여 일본군과 결전을 준비하고 있다"는 내용이다.

6) 六韓人來歸(『力報』1945. 6. 24)

1945년 4월 6일 武昌 적 병영에서 한적 장병 趙一潤·余炳文·朱錫權·崔?永·李庭壽·權赫柱 등 6명이 來歸하였다는 내용이다.

7) 『震光』(1934. 3. 25 중문판 제2·3호 합간본)

『震光』지는 1934년 1월부터 중국 항주 진광사 명의로 국문판과 중문판으로 발행된 임시정부의 지주정당이었던 한국독립당의 기관지로 중문판 창간호와 4·5호 합간본은 이미 국가보훈처에서 『해외의 한국독립운동사료집』으로 영인 발간한 바 있다. 이는 거기에 누락된 중문판 제2·3호 합간본이다.

8) 『獨立公論』(1936년 1~4호)

『獨立公論』는 1936년 한국독립운동 진영에서 발간한 잡지이다. 이는 1930년 후반 중국 관내지역의 한국독립운동 상황을 고찰하는데 매우 귀중한 자료로 판단된다.

9) 『日本帝國主義鐵蹄下的朝鮮』(1940년, 180면)

임시정부 선전부에서 활동한 안병무가 1940년 광서성 계림에서 전선 공작중 출판한 책자로 중국에서의 민족운동·경제상황 등의 연구에 매우 귀중한 자료로 생각된다.

7월 10일 계동·의춘 지역 출장을 마치고 장사로 돌아와서 호남성당안관을 방문하였다. 그러나 외국인에게는 당안사료열람이 곤란하다고 하여 연변대 劉秉虎 교수와 郭漢民 교수가 당안관자료를 조사하고 나머지 일행은 柳子明선생의 아들인 柳展輝 교수의 안내로 악록서원을 찾아갔다. 악록서원 사서로 근무하고 있는 車今花 선생(조선족)의 안내로 일반에게는 비공개되는 악록서원 도서실 자료를 열람할 수 있었다. 점심에는 유전휘 교수내외가 주최한 오찬을 먹고 유교수 자택을 방문하여 유자명 선생에 관한 자료를 조사하였다. 이후 다른 일행은 호텔로 가고 필자는 유교수 내외와 인근 천마산에 안장된 유자명 선생의 묘소를 참배하고 묘소사진을 촬영하였다.

1894년 충북 충주군 이안면에서 출생한 유자명 선생은 1916년 수원농림학교를 졸업한 뒤 충주간이농업학교 교원으로 3·1만세운동을 계획하다가 사전에 발각되었다. 체포직전 서울을 거쳐 상해로 망명하여 임시의정원 의원과 의회비서를 역임하였으며, 1922년 의열단에 가입하여 활동하기도 하였다. 1927년에는 남경에서 김규식·이광제와 동방피압박민족연합회를 조직하고 월간 『東方民族』을 영어·중국어·한국어로 발간하면서 한국독립을 위한 선전 활동을 벌였다. 이후 北滿 海林에서 在滿朝鮮人無政府主義者聯盟과 상해에서 南華韓人靑年聯盟을 결성하였고, 조선의용대 지도원을 거쳐 1942년 좌우통합을 이룬 임시의정원의 의원으로 활약하였다.

광복후 대만으로 건너간 유자명 선생은 산림관련 일에 종사하다가 1950년 6월 남한으로 귀국하려고 홍콩까지 나왔지만, 6·25전쟁으로 귀국치 못하고 중국 호남대학 농학원 교수로 정착하였다. 여기에서 선생은 포도육종을 연구하여 중국 강남지역에서 포도재배가 성공할 수 있도록 기여하였는데, 1985년 한 많은 일생을 마감하고 장사시 호남대학 건너편 천마산 중턱에 부인과 함께 안장되었다.

이 날 오후 5시경에는 8·15 이전 중국군 제9전구정치부 직원이었던 饒弘(1924년생)선생을 호텔에서 만나 당시 상황에 대해 인터뷰하였고, 저녁에는 장사시 정치협상위원회 韓軼凡 부주석 주최로 만찬이 있었다. 이들은 비록 짧은 기간이었지만 장사시에 한국의 임시정부가 소재하였다고 하는 역사적 사실에 큰 관심을 보이며, 앞으로 장사시에 대한 한국의 많은 투자와 관심을 가져달라고 당부하였다.

3. 桂東地域

7월 6일 중국 9전구사령부가 있던 계동현을 가기에 앞서 그 上部 地級市인 郴州市 정치협상회의를 방문하여 石建農 부주석이 주최한 오찬을 대접받았다. 오후에 당안관자료열람을 요청하자 시정부외사처와 부산한 연락을 취한 끝에 4시가 넘어서야 당안관 출입이 허용되었다. 하지만 목록을 찾아 자료열람을 요구하자 사전 승인을 받지 않은 외국인에게는 열람시켜 줄 수 없다고 한다. 그리하여 유병호 교수와 동행한 곽한민 교수가 관련자료를 열람한 후 복사를 요구하였지만, 다음날 아침에 가부를 알려주겠다는 답변이었다.

이 날 저녁 호텔에서 성대한 만찬을 대접받았는데 침주시장이 石建農 부주석에게 자신을 대리하여 만찬을 대접하라는 지시하였다고 한다. 다음날 아침 호텔 정원에서 石建農 부주석과 같이 산책을 하면서 많은 대화를 나누었는데, 몇 마디 알아들을 수 있는 말은 모든 일이 잘될 것 같다는 이야기였다. 나중에 들은 이야기인데 그 전날의 우리문제를 시정부 자체에서 처리하지 못하고 성정부에까지 보고한 후 지침을 받고 자료를 제공키로 했다는 것이다. 이렇게 하여 그날 아침나절에 얻은 자료는 「1944. 4. 11 韓籍兵士의 投誠事實 보고자료」였다. 그 내용은 "…… 새벽 五蓋山麓 수비군(아군)이 (적을) 迎擊하였는데 적방 포수 金相鶴 등 6명의 朝鮮籍 將兵이 백기를 걸고 투성하였는데 3·8식 보총 5정, 권총 1정을 휴대하고 있었다……"는 것이었다

7월 7일 침주시에서 계동까지 가는 길은 무척이나 험한 산길이었다. 아침 10시쯤 출발하여 오후 2시경에야 계동현에 도착하였다. 계동현정치협상회의 扶純光 주석을 비롯하여 당안관장 등 10여 명의 지역유지들이 그때까지 점심식사도 못하고 우리를 기다리고 있었다. 오찬을 마치고 당안관자료를 열람하였는데 토요일은 휴관일인데도 우리를 위하여 일부러 당안관

장과 관계직원들이 아침부터 특근을 한다고 하여 당안자료비 220元이외에 1,000元(한화 16만원 정도)을 사례하였다. 이곳 당안관에서는 1945. 7. 4 『桂東民報』에 보도된 「大感戰爭失望 韓籍敵軍紛紛投誠」 등 4건 12매의 사료를 수집하였다. 7월 8일 설악장군의 9전구사령부 舊址와 광복군 제1지대 제3구대 결성지로 알려진 계동학교 터를 답사하였다.

4. 宜春地域

지도상에 나타난 계동에서 의춘까지 거리는 그렇게 멀지는 않은 것 같은데 구비구비 산길인데다가 중간중간 비포장도로와 산사태 등으로 길이 험난하였다. 그리하여 무려 12시간만인 밤 10시에 의춘에 도착하였는데 의춘학원 任汝平 교수는 아침부터 우리를 기다렸다고 한다. 의춘으로 가는 중도에 중국공산당 혁명근거지인 정강산을 거쳤는데 국민당군의 집요한 토벌에도 끝까지 저항할 수 있었던 것은 험난한 산세 등의 지형지물의 덕도 많았던 것으로 생각된다.

7월 9일 의춘시지방지판공실의 협조를 받아 9전구 전방사령부 구지를 방문하고 인근 촌로 등으로부터 당시 정황에 대한 인터뷰를 하였으나 별로 큰 소득은 없었다. 의춘학원(종합대학)을 방문하고 姚電 교장으로부터 의춘학원의 청사진에 대한 설명을 듣고 오찬을 대접받았다. 오후 외국인에 대해서는 당안자료를 열람시킬 수 없다고 하여 유병호 교수와 임여평 교수가 의춘당안관의 자료를 조사하였지만 별다른 자료가 없었다고 하였다.

5. 重慶地域

7월 11일 중경에 도착하니 비행장에 중경임시정부청사구지진열관 李鮮子 부관장이 독립기념관에서 기증한 승합차를 가지고 마중을 나왔다. 진열관의 재정여건이 좋지 않아 아직까지 차량등록을 못하고 임시번호판을 달고 다닌다고 하였다. 오후에 임시정부청사구지진열관을 방문하여 賈慶海 관장과 함께 중경시당안관을 방문하여 관련자료를 열람하고 저녁에는 당 안관 부관장과 담당부처장 등과 함께 만찬을 하였다. 7월 12일 아침 9시부 터 저녁 6시까지 9시간을 꼬박 자료 조사를 하였다. 당안관의 협조로 빵과 음료로 점심을 때우면서 점심시간에도 자료조사를 하여 32건 472매의 사 료를 수집하였고, 이선자 선생이 수집한 12건 152매의 사료도 기증 받았다. 중경지역에서 수집한 주요자료의 개략적 내용은 다음과 같다.

1) 重慶市居留韓僑調査表(1943년경)

이는 1943년경 중경시에 거주하고 있던 한교 185명의 성명·성별·연 령·국적·소속단체·학력·주소·한교·등기증 소지여부·등기번호· 중국에 온 시기·현주소에서 거주한 시기 등을 기록한 사료이다. 여기에는 김구·차리석·류자명·홍진·최동오·조성환·조소앙·조완구·김약 산·신익희·이청천·이시영 등 임시정부 요인과 광복군간부 및 그 가족 들의 인적사항이 기록되어 임시정부연구와 독립유공자 공적심사에 매우 유용한 자료로 판단된다.

2) 韓國光復軍總司令官兵消費合作社 관련문서(1942~1943년)

이는 1942년말 한국광복군 총사령부(총사령 이청천)가 중경거주 총사령 부 직원 및 직속 제1지대 대원들의 복리후생을 위한 消費合作社을 조직하 고자 하였다. 소비합작사는 미곡·연료 등 생활필수품을 직접 도매상과 생 산자로부터 구입하여 염가로 조합원들에게 제공하는 일종의 소비조합이 다. 이 사료는 당시 어려웠던 경제상황을 적극적으로 타개하려는 광복군의 의지를 잘 보여주고 있다. 소비합작사 사원명부는 총 354명인데 총사령부 83명과 제1지대 271명으로 제1지대원에는 1941년 연안으로 이동한 조선의 용대 화북지대원까지 모두 포함되어 있다. 이 자료는 광복군의 재정문제를 포함하여 광복군 연구에 중요한 자료로 판단된다.

Ⅳ. 맺음말

중국에 산재해 있는 한국독립운동 사료 수집을 위하여 2000년과 2001년 두 해에 걸쳐 중국 여러 지역의 당안관과 도서관을 찾아다녔다. 그 결과 당안관은 제도적으로 외국인에 대한 사료열람을 엄격히 통제하고 있을 뿐 아니라 간혹 열람을 허용하더라도 엄청난 열람료를 요구하고 있었다. 때문에 우리 독립운동 사료수집에 많은 장애가 있다는 것을 실감하였다. 이러한 가운데서도 금년에는 사전에 지역 정치협상위원회의 협조에 힘입어 독립유공자공적심사와 광복군연구 등에 매우 귀중한 166건 1,289매에 달하는 사료를 수집하는 큰 성과를 올렸다.

필자가 생각하기로는 중국에서 독립운동사료를 비롯한 한국 관련사료 수집은 민관이 혼연일체가 되어, 다양한 방법을 동원하여, 체계적으로 추진해 나가야 성과를 거둘 수 있을 것 같다. 이를 위해 ①사료소장기관별로 한국관련사료 목록을 체계적으로 작성하고, ②외교적 채널을 통해 정부차원에서 공식적으로 중국정부에 사료열람과 수집에 적극 협조해 줄 것을 요청하여 당안관리 기구를 개방시키고, ③국가보훈처를 비롯하여 국사편찬위원회·독립기념관 등 관련기관 전문가로 구성된 합동사료발굴단을 장기간 파견하여 체계적으로 사료를 수집하며, ④주요대학 한국학연구소나 사회과학원·민족연구소 등 연구기관을 통하여 수집하는 방안도 검토해 볼 수 있을 것이다.

나아가 지금까지 기관 및 일반이 입수한 사료를 적극적으로 공개하여 중복 수집에 따른 예산과 인력의 낭비를 피하고, 미국·일본 등 제3국에서 수집한 사료를 간접적으로 입수하는 방안도 고려해 볼만하다고 생각한다.

자료 1. 2001년 중국에서 수집한 사료목록 - 166건 1,289매

(1) 西安지역 25건 77매

(가) 陝西省檔案館 4건 56매

1) 行政院 → 陝西省政府, 行政院 陝西省府, 府會 警察局 源等縣府 關于調査陝
西地區 韓僑 居留情況的函令, 1940. 5. - 1942. 5, 26매 (서안지역 주둔 광복
군 명단인 西安市居留韓 僑調査表, 1942. 4 ; 韓僑登記暫行辦法 등 포함)
2) 行政院 → 陝西省政府, 行政院 陝西省府 關于處理 外籍軍官或軍事人員 赴
各地遊歷辦法 的電令通知, 1944. 8-9, 6매.
(외국적 군인이 각지를 여행할 때는 중국군사위원회의 호조나 군용증명서
를 휴대해야 하며 필요한 경우 그 행동을 감시해야 한다는 전령)
3) 軍事委員會 西安 辦公廳 → 陝西省政府, 關于處理由敵方逃入我方之外人大
綱的代電, 1943. 2, 9매
(적방에서 외국인 내귀자가 부절하고 있으므로 그에 대해서는 우선 무장해
제를 시키고 간첩혐의가 없는지 신문하여야 한다고 하는 전문)
4) 陝西省政府 → 民政廳, 韓僑登記暫行辦法, 1940. 5 -1946. 12, 15매
(한교는 마땅히 소재지 정부에 등기를 신청해야만 거류할 수 있으며 그에
필요한 신청 서 등의 양식을 제시한 내용의 판법)

(나) 陝西師範大學 : 신문자료 21건

1) 西京日報 1942.12.17(3) 화북신문 금일 試版
2) 解放日報 1944.1.28 성립의용대회중지대
3) 解放日報 1943.3.1 기념(朱德 등)
4) 華北新聞 1944.3.1(1) 韓國영助武器
5) 華北新聞 1944.3.1 이범석3 · 1절기념사, 한인기념 3 · 1절, 한국가극아리랑
소개
6) 華北新聞 1944.3.2(4) 한국가극 아리랑, 한국 3 · 1절
7) 華北新聞 1944.3.3(4) 아리랑

8) 華北新聞 1944.3.4(4) 三小時旅行韓國(아리랑공연)

9) 華北新聞 1944.3.5(4) 아리랑 공연

10) 華北新聞 1944.3.12(1) 한인학살

11) 華北新聞 1944.3.14 한인학살 10만

12) 華北新聞 1944.5.27(4) 아리랑

13) 華北新聞 1944.5.28(1) 위공병일단전부반제

14) 華北新聞 1944.5.29(1) 안륙위군 向我投誠

15) 解放日報 1945.1.4(1) 화북동맹 賀年

16) 華北新聞 1943.3.1(2) 한국3·1혁명절 특간, 쟁취동아총해방, 광복군임무와
사명

17) 華北新聞 1943.3.1(4) 한국3·1혁명절, 건립 광명적아주

18) 華北新聞 1943.3.2(1) 한국혁명절

19) 華北新聞 1943.3.2(4) 한인쟁투적합성

20) 華北新聞 1943.3.7(2) 단군자손

21) 華北新聞 1944.4.13(1) 적군염전 향아투성

(2) 重慶地域 44건 624매

(가) 重慶市檔案館 : 32건 472매

1) 鈞府交下 行政院五月四日第九三零九號密令附發韓僑登記暫行辦法及聲請
書(중경시경찰국 → 중경시장, 1940. 7, 33매) * 重慶市居留韓僑調查表(1942.
4) 포함.

2) 韓國光復軍總司令 官兵消費合作社(중경시 사회부, 1942-43, 60매

3) 爲本部合作事業?登記分送印核請(1943. 3, 한국광복군총사령부 → 중경시사
회국, 15매)

4) 中韓文化協會 관련자료(1945. 5. 26, 2매)

5) 公函(경찰국 → 우정국, 1945, 2매, 한국인 權一重의 행동이 의심스러우므로
체포하여 심문)

6) 收復區韓僑產業處理辦法(1946. 11. 19, 8매)

7) 三十一年十月份留渝外僑調查表(1942, 2매, 1942년 중경거주 한인 남녀 264인)

8) 爲抄發韓僑登記暫行辦法聲請登記書及登記證式樣令仰該局遵照由(중경시정

부 →중경시 경찰국, 1942. 7. 한국독립운동가 152명 명단 첨부, 26매)

9) 韓國光復軍總司令部曁所屬支隊在渝隊員姓名冊(1946. 1월, 30매, 광복군총 사령부작성, 한인 109명 명단)

10) 電(한국광복군 총사령부의 한교 귀국 수송 편의 요청, 1946. 1. 9, 82매)

* 韓國光復軍總司令部曁所屬支隊在渝官佐隊員士兵及眷屬姓名冊(252명) 및 기타 귀국 한교 명단(425명) 첨부

11) 重慶市銀行公會各會員行救濟韓僑捐?份攤表(1945. 1. 9, 4매, 중국은행들이 출연하여 한교를 구제한다는 내용)

12) 本會在新生路五十七號本會內增設飮食部爲招待國際人士之用(1943. 13매, 중한문화협회가 회원의 음식문제를 해결하기 위해 산하에 음식부를 설치 한다는 내용)

13) 爲關於韓僑處理辦法案 轉令遵照辦理具報由(1946. 7. 12, 4매)

14) 韓國獨立宣言25週三一節紀念大會宣言(1944. 3. 1, 동기념대회, 1매)

15) 韓國獨立宣言20週三一節紀念大會敬告中國同胞書(1939. 3. 1, 동기념대회, 1매)

16) 爲遵令賫轄內韓僑調查表二份析核辦由(1942. 4. 17, 20매)

* 중경시 경찰국 제1분국 관내에는 한교가 없다는 보고내용.

17) 外僑調查表(연도미상 광복 이후 추정, 한교 49인이 있다는 내용, 30매)

18) 爲遵令照式塡報本年一至四月分外僑統計人數仰析(1943. 12월, 12매)

* 1943년 4월 현재 중경에 한교 200인이 있다는 내용.

19) 爲韓民權一平聲請歸化報(1942. 7월, 5매)

 * 한인 권일평이 중국 국적 취득을 희망.

20) 韓僑集中管理所 月份月報表(1946. 3매)

21) 三十一年九月份留渝外僑統計表(1942년, 5매) * 1942년 현재 중경 한교는 264인.

22) 呈爲??本市七月份外僑月報表仰析(1940년. 14매) * 한인 송병조 외 50인 명 단

23) 爲據情以韓國光復軍總司令部職員方滄萍(1945. 1. 19. 6매) * 주택임대 문제

24) 聯合勤務總司令部兵工署通令(1946. 12월, 3매) * 일본인 및 한인 처리 문제

25) 전보(1949. 11. 28, 동남군정장관공서 → 주중 대사 신석우, 1매)

* 반공에 전력하고 있는 이승만 대통령에게 안부를 전해달라는 내용.

26) 爲准內政部電達韓人娶華女及韓女嫁華人處理辦法(1946. 10. 24, 2매)

* 한교의 중국인과의 결혼에 따르는 문제 논의.

27) 韓國臨時政府主席金九先生歸國籌備會(1945. 10.30, 3매)

* 임정주석 김구선생을 귀국환송하는데 대한 회의 개최 보고.

28) 朝鮮民族革命黨 第六屆全黨代表大會宣言(1941. 12. 10, 17매)

* 기타 3.1운동기념선언 다수 수록.

29) 沛誠局長勛鑑(박찬익 → 패성 국장, 1944. 3. 22, 18매)

* 임정 房屋이 오래되고 또 3월 4일 밤 불이 나 수십명 직원이 갈 곳이 없어
   방황하고 있다는 내용.

30) 韓僑居留證核發(1946. 9. 5, 34매) *한교처리판법대강 및 거류증 신청 문제

31) 金奎植對旅美韓僑廣播詞全文(1943. 8. 5 중경에서, 1매)

* 중경의 김규식 선생이 재미 동포들에게 고하는 방송원고.

32) 重慶市檔案館摘抄檔案, 資料登記表(중경시 당안관, 15매)

* 중경시당안관이 한국관련자료 일부를 적출하여 작성한 목록.

(나) 임정청사구지진열관 李鮮子 선생 기증자료
(중경시당안관 수집) 12건 152매

1) 重慶市居住韓僑表(1943년 추정, 32매)

* 1943년 당시 중경에 거주하고 있던 185명의 임정 요인 및 광복군 간부들의
   성명, 연령, 주소, 소속단체, 경제상황, 중국에 온 시기 등을 조사한 자료.

2) 重慶市居住韓僑表(1943년 추정, 63매) * 위와 같은 자료임.

3) 外僑調査表(14매) * 중경거주 한교 39명의 명단이 수록되어 있음.

4) 重慶市居留外人調査表(1940. 8월분, 9매) * 중경 거주 23인의 명단이 보임.

5) 爲續査市內居留韓僑申榮三等35名繕同調査表二份補報(1942. 5. 5, 6매)

* 1942년 중경거주 신영삼 외 35명의 인적사항을 기록한 명단 첨부.

6) 事合爲處理日人入籍辦法暨處理韓人入籍辦法(1945년 말, 1946년초, 4매)

* 한국으로 귀국에 앞서 출국증을 발급해달라고 요청하는 주화대표단 관련내용

7) 函請轉飭市警察局核發旅渝韓僑居住證事(1942. 6. 27, 3매)

* 한교의 폐단을 막기 위해 1940년 한교등기판법을 제정, 한교 김기원 등 5명
   이 등기 불접수에 항의했다는 내용.

8) 處理韓俘韓僑辦法(1946. 1. 15, 行政院 → 중경시경찰국, 2매) *

9) 抄發軍委會核准之韓國臨時政府及光復軍轄下各部人數表(1945년말, 1945년

초, 5매)

* 1945년 말 광복군 전체 인원수를 알려주는 자료. 국가보훈처가 대만에서 발굴한 자료와 동일한 자료임.

10) 鈞府交下 行政院五月四日第九三零九號密令附發韓僑登記暫行辦法及聲請書(중경시 경찰국 → 중경시장, 1940. 7, 8매)

* 등기를 신청한 한교 12명의 명단 첨부.

11) 處理日.韓人入籍辦法(1946. 12, 5매)

12) 전보(1949. 11. 28, 동남군정장관공서 → 주중 대사 신석우, 1매)

* 반공에 전력하고 있는 이승만 대통령에게 안부를 전해달라는 내용. 앞의 자료와 동일한 자료가 있음.

(3) 長沙지역 97건 588매

(가) 湖南省圖書館 - 신문 78건, 잡지 12건

1) 力報 1945.10.1(2) 조선북부 蘇軍발견 거대지하화학공장

2) 力報 1945.10.2(3) 한국광복군접수 항주한적사병

3) 力報 1945.10.17(3) 일한인협회개최

4) 力報 1944. 9. 5(2) 중한우의

5) 力報 1944. 5.16 한국임시정부7부작선서취직

6) 力報 1944. 5.29 중한문협차회환영

7) 力報 1944. 3.20 금일의 조선문학(장혁주)

8) 力報 1945. 1. 4(2) 又一批俘虜체해도안

9) 力報 1944. 5.16(1) 한국임시정부7부장작취직

10) 力報 1945. 8.14 소군심입조선북부 남고형도발생격전

11) 力報 1945. 8.26 韓통일위회

12) 力報 (날자미상) 구제총서결의 구제조선대만

13) 力報 1945. 9.19(3) 자유한국문제

14) 力報 1945. 9.25(2) 조선임시위회 환영 일체유망정당발족

15) 力報 1945. 5.16 적부로중한국청년

16) 力報 1945. 5.18(2) 군위회통령전국석방한적부로 발교한국광복군

17) 力報 1945. 5.27 한적부로 交한광복군

18) 力報 1945. 5.28 조선문제

19) 力報 1945. 6.10 格魯성명 조선독립문제

20) 力報 1945. 6.17 적국각의 결정방위조선용비

21) 力報 1945. 6.23 盟機원정조선해 맹작적방공응선

22) 力報 1945. 6.24 六한인재귀

23) 力報 1945. 11. 7 한국독립운동여상해 김구재호발표담화

24) 力報 1945. 11. 8 호한교열렬기념한국건국선언

25) 力報 1945. 11. 9 한인감사장주석지지조선독립운동

26) 力報 1945. 11.16 김구반한재선작기제출조건

27) 力報 1945. 11.18 취조선문제미국발표성명

28) 力報 1945. 12. 4 미소개방한점령구

29) 力報 1945. 12. 5 조선유망관원반국

30) 力報 1945. 12. 6 조선각당합병 확정지지김구

31) 力報 1945. 3.4 한적사병 5명 투성

32) 力報 1944. 1.21 급조선자유화독립

33) 力報 1945. 11. 8 호한교열렬기념

34) 力行日報 1945. 1.13(3) 태평양학회결정 처치일본지판법

35) 力行日報 1945. 2. 4 한국청년저유 담한국내부정형

36) 力行日報 1944. 9. 5(2) 한국광복군 아국통수부선포 改隸韓臨時政府

37) 力行日報 1944. 9. 5(4) 一介俘虜敵자소

38) 力行日報 1944. 9. 14(4) 아적희망여감상

39) 力行日報 1944. 9. 28 아정부준비환영

40) 力行日報 1944. 4.26(3) 한국각당단결통일 재유조직임시정부

41) 力行日報 1945. 3.16(3) 한국구제회재유성립

42) 力行日報 1944. 3.12(3) 왜구철제하한학생독립운동

43) 力行日報 1944. 6.14(3) 비호대(미국)

44) 力行日報 1944. 7. 3(3) 왜구장재조선성립위조직

45) 中央日報 1944. 5. 6 한국의정원회의개막

46) 中央日報 1944. 3. 1 한국임시정부성립25주년

47) 中央日報 1944. 8. 9 조선피칩34년 유호한인침통기념

48) 中央日報 1945. 3. 1 한국대덕선전

49) 中央日報 1944. 7.17 한국독립당소개사전대회

50) 中央日報 1944. 4.26 한임시정부 개선

51) 中央日報 1945. 8.10 조선획입중국전구

52) 湖南日報 1945. 9.12 령한인경이

53) 湖南日報 1945. 5.21 군위회령석 한적부로

54) 湖南日報 1945. 5.28 한국전후지위

55) 湖南日報 1945. 6.10 조선독립문제

56) 湘鄕民報 1945. 5.29 영풍위유지회 한국병 金春甲 항아투성

57) 湘鄕民報 1945. 6.23 告韓國兄弟們

58) 湘鄕民報 1945. 9.11 중국전구내 일군정식거행투항의식

59) 湘鄕民報 1945. 9.22 형양일군완전 繳械

60) 國民日報 1944. 4. 1 한국인투성참가광복군

61) 國民日報 1944. 2.19 조선노공태공

62) 國民日報 1944. 6.22 한광복군활약인민협조작전

63) 國民日報 1944. 7.19 오비서장등환연 한임시정부수장

64) 國民日報 1944. 7.31 訪俘記

65) 國民日報 1944. 3. 2 旅渝韓人

66) 中報 1945. 5.29 한적적병양명 반적항아투성 한정식 남상철

67) 中報 1945. 9. 6 한임시정부 발표성명

68) 中報 1945. 9. 8 동북급조선적위화장소식

69) 中報 1945. 9.11 맥아더원수

70) 中報 1945. 9.14 조선인 多옹호주투한임시정부

71) 中報 1945. 9.18 한국부녀복무단

72) 中報 1945. 9.21 조선미점령단국정보 회복선인통치권

73) 中報 1945. 9.24 한국영수반대분단점령조선

74) 中報 1945.11.15 한인환영혁명영수열정지일반

75) 中報 1945.11.19 한인망천추수 김구욕귀부득

76) 中報 1945.11.25 김구등이반한

77) 中報 1945.11.16 김구불원 조선성위공산주의국가

78) 中報 1945.11.27 한보 찬양 김구

79) 獨立公論(No. 1, 1936. 6. 15, 29매)

80) 獨立公論(No. 2, 1936. 8. 25, 32매)

81) 獨立公論(No. 3, 1936. 10. 25, 24매)

82) 獨立公論(No. 4, 1936. 11. 25, 23매)

83) 震光(한독당 기관지, ?, 12매)

84) 震光(한독당 기관지, 1934. 제23호 합간, 31매)

85) 震光(한독당 기관지, 1935. 제45호 합간, 21매)

86) 光復(한국광복군 총사령부 정훈처, 제1권 제4기, 1941. 6, 36매)

87) 韓民(1941. 4. 35, 제1기 제1호, 발행인 엄항섭, 20매)

88) 朝鮮亡國慘史(大同山人, 上海: 道路月刊社, 1940. 3월, 4매, 부분복사)

89) 日本帝國主義鐵締下的朝鮮(安炳武, 桂林: 中國靑年書店, 1940, 88매)

* 임정 선전부에서 활동한 바 있는 안병무가 광서성 계림에서 전선공작 중 저
   술한 것으로 한국의 망국에서부터 민족운동, 경제상황 등을 상세하게 묘사
   한 귀중한 사료. 중국 항전총서의 하나로 출간. 광복군 2지대 교재로도 활
   용되었음.

90) 韓國(王子毅 編著, 重慶: 商務印書館, 1945. 1月, 140매)

* 중국인 왕자의가 쓴 한국의 실정을 소개하는 책자로 한국의 독립운동을 소
   개하고 있을 뿐만 아니라 권말 부록으로 신규식, 김구, 이청천, 조소앙의
   글이 실려있음.

(나) 湖南省檔案館 : 1건 4매

1) 9전구사령부 발간九政月刊(제5.6기합간, 1941. 7월의 대적선전공작지연구, 4매)

(다) 郴州市檔案館 : 1건 2매

1) 金相鶴(외 6명) 투성관련 당안자료(1944. 4. 11, 2매)

(라) 桂東縣檔案館 : 4건 12매

1) 桂東民報, 1945. 7. 4, 大感戰爭失望 韓籍敵軍紛紛投誠 (1매)
2) 桂東民報, 1945. 8. 19, 實行開羅會議宣言 使朝鮮成爲獨立國家(1매)
3) 桂東縣現有駐軍調査表(1944. 10월, 11, 12월분, 6매)
4) 郴縣第九戰區司令長官薛鈞鑑(1945. 1. 5, 4매)

(마) 宜春市檔案館 : 1건 32매

1) 上高會戰史略(袁贛湘, 1990, 32매)

자료 2. 2000년 중국 출장시 수집한 도서목록

구 분	목 록	발 행 처	수량
문 헌	北京市檔案館	北京市檔案館	1
팜플렛	査閱檔案辦法及規定	北京市檔案館	1
팜플렛	安凱檔案管理系統 등 2종	北京市檔案館	1
문 헌	北京檔案史料目錄索引(1986-1997)	北京市檔案館	1
문 헌	北京檔案史料(1999. 3)	北京市檔案館	1
문 헌	北京檔案史料(2000. 1)	北京市檔案館	1
문 헌	北京檔案史料(2000. 2)	北京市檔案館	1
문 헌	北京檔案史料(2000. 3)	北京市檔案館	1
문 헌	北京市檔案館指南	北京市檔案館	1
문 헌	北京大學韓國學研究中心	北京大學	1
문 헌	第5屆亞太地區韓國學國際學術會議論文提要	北京大學	1
문 헌	北京大學圖書館讀者指南(2000.9월)	北京大學	1
문 헌	圖書館"一小時講座"系列活動	北京大學	1
문 헌	北京地區抗日活動	민족출판사	1
문 헌	중국조선민족항일투쟁사연구(강기주)	민족출판사	2
문 헌	黑龍江民族叢刊	黑龍江民族研究所	1
문 헌	黑龍江朝鮮民族(徐基述 主編)	黑龍江朝鮮民族出版社	1
문 헌	東北義勇軍(元仁山)	黑龍江人民出版社	1
문 헌	春晼北疆 － 黨和國家指導人視察黑龍江	黑龍江人民出版社	1
문 헌	黑龍江資本主義工商業的社會主義改造簡史	黑龍江人民出版社	1
문 헌	항일투쟁반세기(김 양 주편)	료녕민족출판사	1
문 헌	연변인민항일투쟁기(최성준 주필)	민족출판사	1
문 헌	新賓朝鮮族抗日鬪爭史略(曹文奇 主編)	新賓滿族自治縣朝鮮族經濟文化交流協會	1
문 헌	同仇敵愾－遼東,吉南地區朝鮮族抗日鬪爭史	撫順市社會科學院 新賓滿族研究所	2
문 헌	新賓名勝古迹要覽(曹文基 主編)	上同	1
문 헌	鴨綠江邊的抗日名將梁世鳳(曹文基)	遼寧人民出版社	2
문 헌	興京抗日烽火(曹文基 主編)	遼寧人民出版社	2
문 헌	興京舊事(主編 胡金印)	遼寧人民出版社	2
문 헌	新賓	신빈현	1
문 헌	新賓滿族自治縣志(主編 房守志)	遼沈書社出版發行	1
신 문	흑룡강성신문(한글판)	흑룡강성신문사	1
신 문	요령성	요령성신문사	1
잡 지	생활정보 한마을	韓國華僑學校同門會	1
계	30종		38

러시아지역 항일독립운동의 현장
블라고베시첸스크와 스보보드니(자유시)

박 환[*]

* 수원대 사학과 교수

Ⅰ. 시베리아횡단열차로 항일유적지를 찾아

8월 9일부터 14일까지 시베리아 지역 역사탐방에 나섰다. 목적지는 블라고베시첸스크와 스보보드니였다. 전자는 러시아지역의 임시정부였던 대한국민의회 본부가 1920년 5월부터 있었던 곳이고, 후자는 1921년 6월 독립군끼리 전투를 벌여 큰 희생이 있었던 자유시참변의 현장이었다. 그 동안 러시아의 여러 지역을 다녀보았지만 이곳은 가보지 못하였었다. 다만 작년에 블라고베시첸스크의 맞은 편에 있는 중국땅 흑해에서 이곳을 멀리 바라만 보았을 뿐이다.

블라고베시첸스크는 러시아의 극동관문인 블라디보스톡에서 시베리아횡단철도로 약 27시간이나 걸리는 먼 거리에 위치하고 있었다. 처음 타보는 횡단열차는 아니지만 장거리는 1992년 이후 거의 10년만의 일이라 가슴이 설레었다.

보통 열차는 블라디보스톡이 시발점이지만 이번은 그렇지 못하였다. 연해주 일대에 비가 많이 와 다리가 붕괴되었기 때문이었다. 열차는 블라디보스톡에서 북쪽으로 자동차로 30분 정도 떨어져 있는 우골라냐 역에서 출발할 예정이었으나 우천 관계로 모든 열차시간에 변동이 생겼다. 더구나 북한의 김정일 국방위원장의 철도를 이용한 러시아방문은 기차시간을 더욱 혼란스럽게 만들어 놓고 말았다. 그래서 저녁 9시 반에 출발예정인 열차는 11시가 되어서야 움직이기 시작하였다. 밖을 내다보니 이미 사방은 어두워졌고, 이별을 아쉬워하는 러시아인들의 따뜻한 마음이 느껴져 왔다.

우리는 2인실 객차에 탔다. 가격이 비싼 이 칸은 웬만한 러시아인들은 탈 수 없었다. 더군다나 손님이 별로 없었으므로 한적하였고, 특히 화장실을 이용하기 편하여 좋았다. 보통 열차의 경우 화장실을 이용하기 위하여 많은 승객들이 늘어서야 하는 진풍경이 가끔 연출되기도 하기 때문이다.

보통 러시아인들 중 돈이 있는 사람은 4인실 쿠페를 이용하는 경우가 대부분인데 이들은 잠자리에 돈을 들일 필요가 없다고 보통 인식하고 있었다. 열차 중간에는 식당 칸이 있어 여러 가지로 편리하였다. 1992년에 열차를 처음 탔을 때는 가격이 저렴하고 일반 식당 같은 분위기였으나 현재는 매우 산뜻하고 고급화되었지만 가격은 비싸졌다. 그러므로 일반 러시아인들은 식당 칸을 거의 이용하지 않는다. 일행인 고합 블라디보스톡 지사 조경재씨는 러시아인들은 열차를 타기 전에 음식물을 준비하여 타는 것이 관례라고 귀뜸해 주기도 하였다. 그래서인지 식당에는 주로 외국인 승객들이 많았다. 그래서 외국인 손님이 주로 타는 열차 옆에는 항상 식당 칸이 있게 마련이다. 식당의 요리는 다양하였으나 일반적으로 닭다리 요리가 많았다. 동행인 고합 지사장 유영대씨는 미국의 부시대통령이 닭다리를 러시아에 무상으로 공급해주고 있다고 말하며, 이 때문에 러시아인들은 닭다리를 '부시의 닭다리'라고 이야기한다고 알려주었다. 미국인들은 주로 날개 옆살을 좋아하므로 그 외의 부분은 러시아에 식량공급차원에서 제공하고 있다고 설명했다.

기차는 이틀 밤낮으로 시베리아 벌판을 달리고 있었다. 그러나 중간 중간 기차가 서행하는 모습도 볼 수 있었는데, 전력사정이 좋지 않기 때문이라고 한다. 또한 러시아의 경우 아직도 상하수도 시설과 전기, 물 등 사정이 옛날보다는 좋아졌으나 여전히 힘든 상황이었다. 블라디보스톡에 있는 40일 동안 비가 많이 오는 경우에는 시내 전역에 물이 공급되지 않아 샤워를 하기 위하여 한국에서 지은 현대호텔을 찾는 러시아인들을 자주 목격하였다. 그리고 비가 오면 시내 전체가 물바다가 되고 도로에 물이 많이 차서 시내 전체가 결국 마비되는 현상이 종종 일어나곤 하였다.

Ⅱ. 볼로차예프카와 인 전투

기차는 하바로브스크를 지나 볼로차예프카를 지나고 있었다. 이곳은 1921년 2월 10일 러시아내전을 승리로 이끈 주된 전투지역이었다. 그래서 러시아인들은 이 지역을 자랑스럽게 여기고 있다. 역 뒤편에 있는 전투 고지에는 그날의 승전기념비가 웅장하게 그 위용을 자랑하고 있었다.

이 전투에 참여하여 빗발치는 총탄 속에서 돌격 앞으로를 외치던 최봉설 등 한인 독립운동가들의 모습이 떠올랐다. 당시 혼성여단장이었던 제.아. 뽀뽀브는 자신의 휘하에서 싸운 한국인들에 대하여 다음과 같이 기록하고 있다.

> 영하 40도 되는 2월 10일. 부대는 진공을 개시하였다. 제6연대 조선인 중대가 먼저 철조망에 접근하여 돌격하였다. 다수 병사들에게는 쇠줄을 끊는 가위가 없었기 때문에 그들은 총창, 심지어는 자기의 몸으로 철조망을 끊게 되었다. 적군 장갑차에서 맹렬한 기총 사격을 하였다. 중대 병사들은 철조망에 걸린 채 거이다 죽었다

이 전투에 참여한 조선인들은 러시아 붉은 군대의 승리가 바로 조국의 독립과 직결된다고 굳게 믿고 있었다. 당시 백군은 일본군과 연합하여 러시아적군과 대항하여 전투를 벌이고 있는 상황이었던 것이다. 그러므로 한국인들은 러시아적군과 연합하여 일본군과 러시아 백군을 물리치고자 하였다. 따라서 한국인들의 전투참여는 바로 일본군을 물리치고 조선을 해방시키기 위한 것이었던 것이다. 당시 한국인들이 외친 "연해주는 조선의 열쇠이다. 연해주 해방을 위하여 앞으로" 라는 구호는 이를 반증해 주고 있다.

볼로차예프카전투에서 한국인 12명이 전사하였고, 박충훈, 김대선, 김용

선, 방규한 등과 다수의 중상자가 있었다. 이 전투의 공로로 고려인 6연대
는 적기훈장을 받았으며, 그 이후 한인부대는 '볼로차예프카연대'라고 명명
되었다.

기차는 다시 볼로차예프카 인근의 인 역을 지나고 있었다. 이곳 역시 대
한독립군비단의 독립군이 러시아 백군과 싸워 승리한 곳이다. 당시 이 전
투에 참가한 강상진은 1967년 4월 22일에 작성한 그의 회고기 『군비단』에
서 당시의 상황을 다음과 같이 회고하고 있다.

> 우리의 연대는 이만서부터 19일만인 (1920년) 12월 27일경에 인에 도착하
> 였다. 인은 참으로 우리를 실속스레 맞아주었다. 중앙에서 나온 군대들은
> 이미 여기를 정비하고 있었다. 파놓은 전호가 좋았고, 일체 군인들의 기개
> 가 씩씩했다. 두 대의 철갑 차와 두 대의 비행기, 6개의 딴크— 등 거대한
> 신시무기며, 기타 많은 군수물자가 새로 나타났다. 이러한 새 힘을 보게된
> 우리에게는 백배의 기분이 돋아졌다. …… (중략) ……
> 우리의 철갑차는 적의 포격에 우편이 우그러드러서도 제자리에 앉은 채
> 연 3~4일 사격을 계속하였다. 우리는 여기서 무서울 것도 없고, 끽 부릴 것
> 도 없었다. 마구 쉬임 없는 일주야 동안의 역전을 단행하였다. 아마 교전시
> 간으로도 12시 동안 이상이었을 것이다.

이 전투에서 조선인 75명(일설에는 100여 명)명이 전사하고, 17명이 중
경상을 입었다고 한다. 인 역은 당시를 아는지 모르는지 넓은 시베리아 벌
판 한 가운데 조용히 자립잡고 있을 뿐이었다.

열차는 계속 블라고베시첸스크를 향하여 달리고 있었다. 정차하는 곳
마다 러시아 아낙네들이 감자, 우유, 빵 등 다양한 먹거리를 가지고 손님
들을 기다렸다. 한적한 열차역에서의 풍광은 여행객의 마음을 더욱 설레
게 했다.

Ⅲ. 블라고베시첸스크에서의 '복병'

8월 9일 블라디보스톡을 출발한 우리는 11일 새벽 2시경 블라고베시첸스크에서 약 120km정도 떨어진 벨로고르스크에 도착하였다. 택시를 타고 목적지를 향하여 1시간 30분 정도 달리니 블라고베시첸스크가 보였다. 다 왔구나 하는 생각에 안심을 하였으나 뜻밖의 복병을 만났다. 바로 경찰의 검문에 검문소에서 관할 경찰서까지 잡혀가는 수난을 겪은 것이다. 그곳이 중국과의 국경지대였기 때문에 외국인들에게 매우 민감하였다. 유영대씨는 이 지역에 올 때마다 항상 이런 일을 당한다고 황당해 하였다. 이 지역이 발전하기 위해서는 적극적인 개방정책을 취하여야함에도 불구하고 말단 공무원들의 소행이 괘씸하다는 것이다. 고려인 조경재씨는 경찰과 법문조항에 대한 열띤 논쟁을 벌였다. 두 사람간에 큰 소리가 오갔다. 연방법이 바뀌었음에도 불구하고 무식한 경찰이 계속 구소련 시절 법률을 적용시켜 통행을 제한한다는 것이었다.

새벽 3~4시경 벌써 경찰서에 들어온 지 2시간이 지났지만 일은 해결될 기미를 보이지 않았다. 우리 일행은 점차 초조해지고 두렵기 조차하였다. 경찰서 유치장에는 술을 먹고 창살을 흔들어대며 소리를 고래고래 지르는 장년의 인사가 보드카의 위력을 보여주고 있었다. 또한 부부싸움을 하여 이웃집사람의 신고로 경찰서에 잡혀온 남녀가 조서를 꾸미고 있었다. 핏빛으로 물든 쉐타를 입고 눈물을 흘리는 여인. 그리고 동거녀의 손톱에 얼굴에 상처를 입은 30대의 털보숭이 남자. 이것이 오늘날 러시아의 현실이 아닌가 생각되었다.

일반적으로 중국인들은 비자 없이 몇일 동안 극동지역에 체류할 수 있었다. 이를 이용하여 중국인들은 인해전술로 불법체류하며 러시아 영토 및 상권을 장악하고 러시아인들을 고용하고 있는 상황이었다. 그러므로 지난

해 이 지역을 방문한 푸틴 러시아 대통령은 "뭔가 실용적인 조치를 취하지 않으면 수십 년 내에 당신들(러시아 사람들)이 중국말을 사용해야 될지도 모른다"고 경고했을 정도인 것이다. 인구 3천 8백만·여명을 갖고 있는 흑룡강성의 옆에 있는 이곳은 지리적으로나 경제적으로나 중국의 영향권 안에 있는 지역이었다. 결국 우리 일행은 이 지역에서 오랜 동안 정보기관에서 일하였던 고려인에게 연락하여 비로소 석방(?) 될 수 있었다.

블라고베시첸스크가 중국영토가 된 것은 1858년 당시 청나라와 러시아가 애훈 조약을 맺은 이후이다. 중국은 이 협정이 일시적인 것이라고 주장하며, 1960~80년대까지 국경 분쟁을 자주 일으켰다. 그러므로 러시아에서는 한때 아무르주의 수도를 이곳에서 좀더 내륙지대인 스보보드니로 옮기자는 의논도 있었다고 한다.

이곳 인구는 22만 정도로 도시전체가 한적하고 운치가 있으며, 숲이 많은 평지에 조성된 아름다움을 간직한 마을이었다. 블라고베시첸스크에는 1863년경부터 러시아인들이 진출하였으며, 이를 기념하여 기념비가 건립되었고, 그 후 1973년에 비가 재건되었다. 이탑은 현재 결혼식을 마친 아리따운 신랑 신부들과 친구들의 축제가 벌어지는 기쁨의 광장이 되고 있었다. 이곳에는 또한 "아무르주 땅은 영원히 러시아 땅이다"라는 글귀가 쓰여져 있었다. 이것을 통하여 러시아인들의 영토의식과 위기감을 느낄 수 있었다.

Ⅳ. 블라고베시첸스크의 한인유적

필자는 南海선생의 안내를 받아 시내 답사에 나섰다. 그는 소련파로서 북한에서 언론 활동을 한 南鳳植선생의 아들로 널리 알려져 있다. 1958년 북한에서 러시아 하바로브스크로 이주하였으며, 1966년 대학을 졸업한 후 블라고베시첸스크에서 400여 리 떨어진 산간인 우스문에서 일하였다고 한다. 이곳 우스문에 대하여 독립신문 1922년 8월 1일 자 소왕령 통신원 "瓄"
은 "흑하에서 철도선로를 서북간으로 400여 리를 隔한 우수문 산속"이라고
표현하고 있다. 현재 이곳에는 철도역과 철도침목 공장이 있으며 모기가
많아 사람이 살 수 없는 곳이라고 남선생은 일러주었다.

우스문이 필자의 관심을 끈 것은 이곳이 자유시 참변 후 박 그레고리부
대와 박 일리아부대(사할린의용대)의 패잔병 포로들이 소련혁명군에 의하
여 강제로 연금된 곳이기 때문이었다. 이때 수용되었던 사람가운데 한 사
람이 청산리 전투에 병사로서 참전했던 이우석옹이다. 그는 다음과 같이
당시를 회고하고 있다.(박영석, 『한 독립군 병사의 항일전투』, 박영사,
1984, 154~156면)

소련 포로수용소에서 포로의 신세로 생활한 지 한 달쯤 된 1921년 8월 어
느 날이었는데, 갑자기 국제군 측에서 포로들에게 羊皮로 만든 동북 새 것
한벌과 군화 한 컬레, 그리고 역시 양피로 만든 軍帽 하나씩을 지급하였다.

이에 이우석은 무엇인가 새로운 일이 생길 것을 직감하고 있었는데 혹시 그
들을 동쪽 연해주 방면의 전쟁터에 투입시키는 것이 아닌가 싶었다. 그러더니
모든 포로들을 집결시켜서는 기차에 태워 밤새도록 삼림 속으로 끌고 갔다.

이튿날 새벽에야 기차를 세운 후 이들을 하차시켜 다시 어느 산 속에 있
는 감옥에 투옥시켰는데, 주위에는 경계하는 보초들이 있었다. 포로들은 도
대체 그곳이 어떤 지역인가 퍽 궁금하였으나 알 수가 없었다.

그런데, 이들이 새로이 수용된 이 산 속의 수용소는 이제까지 사람이 살
지 않고 비워 두었던 곳이라 이들 일행이 감방에 들어가 자리를 잡자마자
굶주렸던 빈대들이 수 없이 쏟아져 나와 괴롭히는 바람에 밤잠을 잘 수 없
을 정도였다.

아무튼 그 이튿날부터 강제로 끌려온 이들 한국독립군 포로들에게는 火
木伐採의 강제 노동이 시작되었다. 세 사람을 한 조로 하여 두 사람은 톱질
을 하고 한 사람은 가지를 치게 하였다. 이렇게 나무를 벌채하여 쌓게 되는
데 長廣으로 12척 6척씩 쌓는 것을 한 사선이라 부르면서 하루 한 조에게
3사선의 나무를 벌채하도록 책임량을 부과하였다.

남해선생에 따르면 블라고베시첸스크에 살고 있는 한인은 총 300명 정도이고, 그들 대부분은 1992년 이후 중앙아시아에서 이주한 사람들이며, 장사로 연명하고 있다고 알려주었다.

우리는 우선 과거 고려인들이 살았던 고려인 마을로 향하였다. 이곳에 고려인이 처음 이주한 것은 러시아 이민법에 의해 1870년 103가구 431명의 동포가 연해주에서 온 것이다. 19세기에 아무르강 북쪽에 정착한 러시아 초기 이주민들은 임금이 싼 한국인을 고용하여 땅을 개간하기 시작하였던 것이다. 이들이 살던 곳은 중심지에서 가장 멀리 떨어진 변방에 위치하고 있었다. 이 마을은 울리짜 볼리치나야 인근에 위치하고 있었다. 지금 이곳에는 러시아인들만이 살고 있는데, 다만 집들에 까레이 울리짜(한인 거리)란 주소판만이 옛날의 모습을 떠올리게 한다. 블라고베시첸스크는 하바로브스크 북방에 있는 도시로 아무르강을 따라 하바로브스크로 이동할 수 있다. 지금도 이곳의 사람들은 주로 큰 일은 하바로브스크로 와서 본다고 한다.

다음에 우리는 1920년 5월 이후부터 대한국민의회 본부가 있었던 곳으로 알려진 지점을 찾아 나섰다. 이곳은 현재 레닌 거리와 흐멜리츠코보 거리와의 교차지점에 위치하고 있었다. 거리명은 구소련 시절 유명한 인물을 딴 것인데, 흐메리츠코브는 우크라이나 사람으로 우쿠라이나가 러시아에 속할 때 공헌한 인물이라고 한다. 웅장한 보위부 장교회관이 들어서 있는 이곳은 1926년에는 공산당본부가 있었다 한다. 그러나 대한국민의회와 이 장소와의 관계는 보다 면밀한 검토를 해야 할 듯하다.

그 옆에는 아무르주 박물관이 있었다. 이 건물은 원래 독일인이 지은 상가건물인데 1917년 혁명 후에는 공산당 기관들이 들어서 있었다고 한다. 이를 통해서 볼 때, 당시 대한국민의회 본부 역시 이 인근에 있지 않았나 추정된다. 한편 이 건물은 1970년대 이후 아무르주청사 건물로 이용되다가 주청사가 레닌광장 부근 새청사로 이주하면서 박물관으로 이용되고 있다. 이 박물관은 아무르주 전체 역사와 자연을 이해하는데 큰 도움이 되었다.

다음에 우리 일행은 국경비가 있는 쪽으로 향하였다. 이것은 이곳이 러시아와 중국의 국경지대임을 보여주고 있었다. 비의 바로 뒤에는 러시아군

경비초소가 있어 보는 이의 마음을 더욱 무겁게 하였다. 멀리 흑하시를 바라보면서, 독립운동을 하며 이곳을 넘나들던 선구자들을 생각하였다. 또한 블라디보스톡에서 철도를 이용하여 이곳으로 온 대한국민의회 회원들의 심중과 그들이 활동할 수 있던 배경과 근거가 무엇이었을까 하는 생각들이 들었다.

그런데 한인들의 활동 및 생활근거지 옆에는 항상 철도가 있었다. 현재 러시아의 경우도 마찬가지이지만, 철도는 광활한 러시아에서는 생명보다 중요한 생존선인 것이다. 앞으로 독립운동사연구에 있어서 철도의 중요성에 대한 검토가 이루어져야 할 것으로 생각되었다. 일행인 고려인 조경재 선생에 따르면 철도청이 러시아권력의 93%를 차지할 정도로 철도는 대단히 주요한 기능과 역할을 한다고 한다.

V. 독립군 참변의 현장 스보보드니

8월 12일 오전 11시경 스보보드니로 향하였다. 스보보드니는 블라고베시첸스크에서 북방으로 150km 떨어진 도시였다. 그곳으로 가는 여정은 거의 평지로 이루어져 있었다. 자동차로 2시간 정도 달리니 드디어 스브보드니를 알리는 간판이 나타났다. 우리 일행은 우선 수라세프카 마을을 찾았다. 이곳은 조선인들이 다수 살았던 마을이며, 독립군들은 이들의 집에서 기거하면서 활동했었다. 우리는 수라세프카 마을(현재는 스보보드니 끼로바거리)에서 당시의 현장을 목격했던 안나 이바노브나(1913년생, 끼로바 5번지 거주)와 만나 당시의 생생한 증언을 들을 수 있었다. 안나는 당시 자신의 집 맞은 편에 독립군 참모장이 살고 있었고, 그는 그레골리라라는 러시아인이었다고 증언하였다. 철도길 건너편에서는 총알이 날아들었고, 자신의 집에도 총탄이 날아들었다고 이야기하였다. 총격전은 2시간 가량 계속되었으며, 그 후 러시아인 10여 명이 참모장의 집으로 다가갔었다고 밝했다. 현재 참모장의 집은 없어졌으며, 다만 무심한 나무들만이 당시를 증언해주고 있었다.

우리일행은 마을을 둘러보고, 제야 강이 있는 곳으로 갔다. 이곳 제야 강에서 조선인들은 빨래를 하곤 하였는데 1921년 6월 자유시참변에서는 오히려 이 강이 핏빛으로 물들었다고 하니 이억 만 리에서 온 필자의 마음은 더욱 쓰리고 저려왔다.

수라세프카 마을을 떠나 우리 일행은 수라세프카 역이 있는 곳으로 향하였다. 무장해제를 거부한 사할린 의용군을 중심으로 한 대한의용군들이 스보보드니 남쪽 수라세프카역에 집결하여 대항하다가 패하여, 약 300명의 사망자가 나와 흑하에 이르는 제야강 일대가 피로 물들었다고 한다. 현재 이 역의 명칭은 미하일로 체스노코프 역으로 그 이름이 변경되었다. 미하일로 체스노코프는 아무르지역의 초대 철도국장이다. 이곳은 현재 화물기차역으로 이용되고 있으며, 당시의 물탑만이 80년이 지난 오늘에도 덩그러니 남아 있었다.

스보보드니에 세워진 독소전쟁 기념비를 보고 블라고베시첸스크로 돌아와 저녁 7시 20분발 기차에 올랐다. 다음날 8월 13일 오후 1시 반경 기차는 하바로브스크에 도착하였다. 우리 일행은 하바로브스크에 하차하여 김유천 거리, 박물관, 아무르강, 김 알렉산드라가 활동한 한인사회당 건물, 고문 받은 장소, 재소한인 문학의 아바지라고 불리는 조명희가 살던 집 등을 답사하고 저녁 7시발 블라디보스톡행 기차에 올랐다. 다음날 아침 8월 14일 오전 8시 30분 블라디보스톡에 도착, 서울로 향하였다.

이번 답사를 통하여 승리한 역사든 갈등의 역사든 항일운동상에 있었던 독립군의 여러 모습들을 있는 그대로 보다 객관적으로 서술할 필요가 있음을 절감하였다. 또한 항일유적지에 대한 조사가 보다 장기적이고 체계적으로 이루어졌으면 하는 생각이 들었다. 보통 그 지역에 사는 사람들의 기억에 의존하는 경우가 대부분이기 때문이다. 앞으로는 그 지역의 지적도와 자료, 그리고 향토사학자들의 조언을 통하여 보다 과학적인 방법으로 유적지 조사가 이루어졌으면 하는 생각이 뇌리를 떠나지 않았다.

볼로챠예프카 전투의 현장, 멀리 고지가 보인다.

인 전투의 현장 인 역사

블라고베시첸스크에 있는 대한국민의회자리(현재는 장교회관임)

자유시 참변의 현장 수라세프카 역 전경

中國 近代 韓僑問題에 關한 研究槪論

傅德華*

Ⅰ. 韓僑가 대량적으로 중국 東北과 內地로 移入
Ⅱ. 韓僑들의 중국에서의 종교활동
Ⅲ. 韓僑의 사회단체
Ⅳ. 韓僑들이 中國에서 創刊한 新聞과 雜誌
Ⅴ. 韓僑의 文化敎育

* 상해복단대학 한국학연구중심 부교수

중한 양국은 산과 물이 서로 잇닿아 있어 이와 입술처럼 서로 의지하여
왔다. 오랜 殷末 周初에 두 나라의 백성들은 상호 이주하는 현상이 이미 출
현하였다. 그후 2천년래 두 나라 백성은 서로 이주한 史實이 史書에 끊기지
않았다. 그러나 근대에 이르러 光緒 33年(1907년)에 吳祿貞이 편찬한『延吉
邊務報告』의 기재에 의하면 청나라가 흥기하여 일어난 초기에 동북 3성을
그들의 발상지로 간주하고 백성들의 거주를 금지시켰을 뿐만 아니라 더욱
이 韓人들의 이주를 엄격히 방지했다. 중한 두 나라는 계선이 극히 엄격하
여 韓人들이 강을 건너 우리 나라에 들어올 수 없었고 우리 나라 백성도
역시 사사로이 한 발걸음도 내디딜 수가 없었다. 비록 이러했으나 청나라
의 封禁은 의연히 두 나라 백성들의 접촉과 및 래왕을 막지는 못했다. 특히
1910년을 전후하여 그 기세는 갈수록 심하여 막을 수 없었다. 당시의 신문
과 문장의 자료기록에 의하면 韓人들이 압록강, 두만강을 건너 와서 농사
를 짓거나 장사를 하거나 또는 항일복국운동에 종사하는 인수가 최고로 많
을 때는 백 여만에 달하였다. 중국 학계는 근대에 이렇게 많이 중국에 僑居
한 韓僑問題에 대한 연구는 많은 사람들의 관심을 일으키지 못하고 있다.
본문은 수집한 자료에 근거하여 중국 근대의 韓僑問題에 대한 연구현황 및
진일보로 탐구해야 할 문제에 대하여 간단히 서술하고자 한다.

Ⅰ. 韓僑가 대량적으로 중국 東北과 內地로 移入

중국 학계에서 이 專題에 대한 연구는 목전에 이미 수집한 신문과 잡지
에 실린 논문과 글이 백여 편에 달하는데 그중 1949년 10월 전에 약 70여
편, 漢文으로 언급된 신문과 잡지가 10여 種에 달하고, 1949년 10월 이후에

약 30여 편, 漢文으로 언급된 신문과 잡지(대만지구를 포함)가 10여 種이다.[1] 그리고 석사논문 두 편[2], 논문집이 一種이다.[3]

韓僑는 도대체 어느 때부터 대량적으로 중국 동북으로 移入하였는가? 필자는 1910년 8월부터 시작되었다고 인정하는데 그것은 이해 8월에 일본이 한국을 强迫하여 <日韓合倂條約>을 체결함으로서 한국의 인민들은 일본침략자의 식민지통치에 견딜 수가 없어 분분히 중국의 延吉地區에로 遷徙하였다. 비록 일찍 1905년 5월 이래 일본인이 이른바 '間島'문제를 구실로 삼고 부단히 한인들을 사주하여 연길지방에 가서 황무지를 개간하고 농사를 짓도록 하였다. 당시의『民呼日報』에는「韓民越墾之膨脹力」이란 한편의 제목의 글에서 이르기를 '근간에 듣건대 이 지방은 봄에 들어서면서 월경하여 개간하는 韓人이 날마다 늘어나는데 최근의 조사에 의하면 이미 2만 명이 넘었다.'[4] 그러나 아직은 점점 더 엄중하게 발전하는 정도는 아니었다. 1910년 10월에 이르러『民立報』에 발표된「延吉等地韓民移墾日多」,「朝鮮人移住間島者日衆」,「延邊韓人已逾二十萬」등 일계의 보도에 의하면 韓人은 원래의 2만여 명에서 20만으로[5] 늘어났는 바 韓民들이 대량적인 동북에로의 移入은 수습할 수 없는 정도로 발전하였음을 설명하고 있다.

수집한 신문, 잡지, 논문의 자료로부터 본다면 중국의 학계에서 이 專題에 대하여 대체적으로「東北韓僑與中國」,「東省稻田與韓僑」,「東三省日俄韓僑問題的複雜」,「東北當局重視韓僑問題」,「鮮人之二重國籍問題」,「事變前韓僑在東北之法律地位」,「三十年代東北的日韓移民」,「日本對朝鮮在中國東北三

---

1) 본문의 주요한 연구 대상은 근대 조선(역시 삼한을 포함)에서 중국에 이주한 僑民이다. 하지만 여러 원인으로 특히는 검열한 자료의 제한성으로 말미암아 부득불 중국 학계에서 남한의 재화교민에 대한 연구를 돌출이 하여 서술하게 되었다.

2) 金岩石의 석사논문 제목은「日本對朝鮮在中國東三省移民政策之研究」, 대만정치대학외교연구소, 1971년 ; 다른 한편은 王梅影의 석사논문으로서 제목은「在臺灣的韓僑·國際移民的個案研究」, 대만대학사회과학연구소, 1984년.

3) 논문집으로는 한중광 주편,「中國朝鮮民族遷入史論文集」, 흑룡강조선민족출판사, 1989년 12판.

4)「民呼日報」, 1909년 5월 27일.

5)「민립보」, 1913년 1월 7일.

省移民政策之研究」, 「中國朝鮮民族遷入史述論」, 「二三十年代上海的韓人社
會」, 「舊上海朝鮮僑民的經濟及文化生活」, 「近代朝鮮族移居我東北線索梳理」,
「朝鮮民族由西伯利亞向中國東北的再遷」, 「關于旅滿朝鮮人的歸化問題」 등
일련의 문제를 둘러싸고 각자의 견해를 발표하고 있다.6)

위에서 열거한 글에서 토론한 문제들 중에서 중국학계에서 허다한 문제
에서 이미 共識을 얻었는데 예컨대 한민들이 대량적으로 동북과 내지로 이
주하게 된 원인은 첫째는 '日本人이 그 세력을 확장하려는 야욕으로 일에
마다 한민들의 권력을 조장한다'7)는 구실을 빌어 종국적으로 중국 동북을
삼키려는 목적이고, 둘째는 중국방면 예를 들면 安東(오늘의 丹東) 일대의
땅 값이 극히 싸고 또한 延吉의 토질은 벼를 재배하기에 가장 적합했기 때
문에 한인들은 무리를 지어 연길에 모여들어 생계를 도모하였다. 셋째는
路途가 아주 가까워서 조선과 중국은 산과 물이 잇대었으므로 한인들은 대
부분 압록강, 두만강을 건너 동북에 이르러 땅을 개간하고 농사를 지었다.
네째는 내지에 한국의 애국지사들이 여러 가지 사회단체를 성립함으로서
연계를 취하여 함께 반일복국의 투쟁에 종사하는 데 편리하였다. 그러나
일부 문제는 역시 분기가 있는 바 예를 들면 在華韓僑의 총인수에 있어서
같지 않은 기록이다. 당시에 가장 영향이 있던 「申報」의 1931년 2월 2일에
발표한 「韓民移殖東北狀況」이란 글에서 당시 在華韓僑의 총 인구는 370만
으로 기록되고 있다. 그 전문은 아래와 같다.

민국 9년부터 오늘에 이르기까지 한민들은 일본인 정부의 억압이란 이름
으로 동북 省에 移植한 것이 370여 만 이상인데 그 산재한 지역은 대체로

---

6) 「東吳學報」, 1919年 1月 1期; 「東省經濟月刊」, 1919年 5月 10期; 「東方雜誌」, 1930年
27卷 15期; 「國聞週報」, 1930年 7卷 29期; 「東北與日本之法的關係」, 동북문제연구회,
1932년 10월 출판, 123, 144면; 「健行月刊」, 1933年 3卷 6期; 「東北」, 1941年 3卷
4期; 대만정치대학외교연구소석사논문, 1971년; 「연변대학학보」, 1996년 3기, 1997
년 3기; 「당안과 사학」, 2000년 제1기; 「사회과학」(상해), 1994년제9기; 「요녕교육학
원학보」, 1997년제1기; 「한국학논문집」(제7집), 신화출판사, 1988년, 336, 342면.
7) 「申報」, 1919年 11月 3日.

3개 지구, 하나는 遼寧省의 民縣, 安東, 압록강하류이고 그 인구는 약 80만, 수전과 목재공사의 공인들이 많은데 이들은 평소에 본분을 지키는 부류에 속한다. 하나는 東鐵의 哈綏線에서 延, 琿, 和, 汪 4개 변두리의 縣에 총수가 200여 만, 그중에 35%는 수전을 심고 5%는 遊民이고 15%는 비법적인 영업에 종사한다. 하나는 흑룡강, 눈강유역 및 흑하 부근인데 그 숫자는 30여 만으로서 대부분이 농사 일을 한다.

또한 이 보도에서는 진일보로 동북의 韓僑들을 대체로 3派 즉 친일파, 국제공산당파와 독립당파로 나눴으며 그 3파의 세력은 마치 鼎足과 비슷하다고 분석하고 있다.

同年 7월 26일에 발표한 같은 신문인 「申報」에 「韓民移植東北之硏究」이란 글에 기록된 한인의 수는 2월 2일 「狀況」의 기록과 현격한 차이를 보여주고 있다. 이 글에서는 '오늘날 동북의 한교 수는 적어도 130만에서 200만 사이로서 이렇게 많은 外民이 移植한 것은 실로 세계 여러 나라에 없었다'고 인정하였다. 이상 두 개의 숫자와 1942년에 성립된 美國戰略情報局(OSS로 간칭함)은 중국전구에서 광범하게 수집한 숫자와도 같지 않았다.

'來自華北韓僑的消息'이란 보고에서 미국의 정보원은 한국독립군의 領導人 金漢球(음역) 선생을 통하여 그가 金九 선생과 회견할 때에 알았는데 '當前에 滿洲에 약 300萬의 韓人이 있고 山東, 河北, 察河爾, 熱河 등 華北地區에 40萬의 韓人이 있다. 그 중에 60%는 견결하게 일본을 반대함과 동시에 한국의 독립운동을 위해 싸울 준비를 하고, 다른 10%의 사람은 일본인을 지지하고 계속 일본인의 공제를 받으려고 준비하고 있으며, 또 다른 30%의 사람은 중립의 태도를 지지하면서 전제의 출로가 어디에 있던지 관심하지 않는다.'[8]

필자가 보건대 在華韓僑의 총수를 똑똑히 밝히려면 아직도 당안자료가 공개되어야만 비로서 최후로 준확하게 알 수 있다. 예를 들면 1992년 요녕민족출판사에서 출판한 楊昭全·李鐵環이 편찬한 「東北地區朝鮮人革命鬪爭

---

8) 復旦大學韓國硏究中心 編, 「韓國硏究論叢」(第6輯), 新華社出版, 1989, 184면.

資料匯編」에서 적지 않은 滿洲省委文件과 길리성당안관에 소장한「東三省韓僑狀況報告」및「住滿韓僑之報告」를 공개하였다. 또 1999년에 동방출판중심에서 출판하고 상해당안관에서 편집한「中國地域韓人團體關係史資料匯編」에서도 역시「上海市警察局調查韓國僑民姓名住址淸册」(1946년) 등 당안을 공개하였는데 이 당안에서 제공한 韓僑 人數의 통계는 응당 비교적 정확하다고 말할 수 있다. 이러한 자료는 앞의 책처럼 믿음성과 가치가 있다. 그 외에 또 1949년 전에 출판 발행한 신문, 잡지에서 보도한 각 시기 중국에 온 韓僑의 數를 응당 참고해야 할 것이다. 그 중에 일부는 이미 중국학계에서 中·韓의 수교를 전후하여 개발, 정리한 자료집들 속에 수록되었다. 그들 중에는 1988년에 대만국사관에서 출판, 華中浮 등이 주편한「近代中韓關係史資料匯編」(1·12), 1992년 요녕민족출판사에서 출판하고 楊昭全, 李鐵環이 編著한「關內地區朝鮮人反日獨立運動資料匯編」, 그리고 인민문학출판사에서 2000년에 출판하고 상해당안관에서 편찬한「'申報'有關 韓國獨立運動曁中韓關係史料先編」등이 있다. 이러한 자료는 오늘에 이르기까지 중국 학계에서 충분히 이용되지 못하고 있다.

Ⅱ. 韓僑들의 중국에서의 종교활동

한국은 종교가 극히 성행하는 나라이다. 대량적인 韓人들이 중국 동북 및 내지에 이주하여 들어온 후 비록 이국타향에서 살면서도 본국의 기독교에서 얻은 그 가치관을 의연히 개변하지 않았다. 그들이 보기에는 기독교가 능히 '사람들에게 心靈상의 和平을 가져다주어 사람들로 하여금 기독교회가 모든 부족감을 충실하게 할 수 있다고 여겼다.'9) 韓僑가 중국에서의 종교활동은 중국의 신문, 잡지에 기록된 것이 많지 못하다. 아마 처음으로 보도된 것은 1913년 1월 11일「民立報」에 발표한「東省韓僑之宗敎厄」이라

---

9) 金得榥,「韓國宗敎史」, 社會科學文獻出版社, 1992, 266면.

고 보여진다. 이 보도는 중국 延吉府 井縣에서 발생한 '韓人들의 敎堂을 封鎖하고 施敎를 禁止'시킨 사건에 대하여 상세히 소개하였는데 그 全文은 다음과 같다.

　　延吉에서 돌아온 客이 말하기를 奉吉 兩省의 韓僑의 宗敎에는 西敎(天主敎,예수)가 있고 자기 나라의 종교로는 大倧敎(卽 조선시조 단군교로서 지금으로부터 4천3백년 전에 산생되어 조선의 가장 오랜 종교)가 있고 天道敎(역시 자기 나라의 종교로서 지금으로부터 50년 전에 시작) 등이 있는데 각 敎의 主務人士들은 모두 善良하고 布敎에 열심하고 秩序 유지함으로서 人民들의 道德程度가 극히 發達하였다. 뜻밖에 요즘 延吉府 和龍縣에서는 巡警의 報告를 받은 後 조사도 하지 않고 직접 道臺(연길도윤공서를 말함·역자 註)에 보고 함으로서 韓人의 敎堂(大倧敎)을 봉쇄하는데 이르렀고 施敎를 禁止시켰다. 그 이유를 대략 말한다면 하나는 본 政府의 認許가 없는 것; 하나는 他人(日本人·역자 註)과의 交涉이 있게 됨을 憂慮하여 禁止시켰다고 말한다. 그러나 그 주요한 敎務人士들은 대다수가 善良하고 정직하며 순수한 施敎를 宗旨로 삼으면서 道德과 敎育을 鼓吹하고 産業을 權務하면서 정치상의 行動이 없음은 이미 몇 년이 되는 것은 다 알고 있는 바이다. 이번에 우리 관리들이 조사에 이르지 않고 드디어 봉쇄를 한 것은 信敎自由는 萬國의 公約임을 모르고 한차례 재판으로 타인의 간섭을 없이는 이유를 어찌 종이 한 장의 報告로서 民衆의 敎堂을 봉쇄하는 것은 실로 합당하지 못한 일이다.

　상술한 글은 이 사건의 상세한 정황을 보도하였을 뿐만 아니라 동시에 교당을 봉쇄하고 施敎를 금지시키는 것은 만국의 공법을 위반하고 있음으로서 이러한 거동은 과연 취할 바가 못된다고 지적하고 있다.

　필자가 찾아 본데 의하면 이런 專題에 대한 연구성과가 20여 편이 있으며 중국 학계는 이 방면의 연구에서 아래와 같은 사업을 해왔다.

　첫째, 한국독립운동에 관한 자료를 수집하면서 이러한 專題와 상관되는 資料를 함께 모아 사람들이 이 방면의 연구에 가치가 있는 자료를 적지 않게 제공하였다. 대륙에서 출판한 『東北地區祖先人革命鬪爭資料匯編』, 『關內

地區朝鮮人反日獨立運動資料匯編』,『‘申報’有關韓國獨立運動暨中韓關係史料選編』뿐만 아니라 대만에서 출판한『近代中韓關係資料選輯』等에서 모두 부분적으로 이에 관한「東省韓僑之宗敎厄」,「西報記韓人在某敎堂開會」,「1934年東北地區朝鮮人宗敎狀況」等 사료가 수록되었다.10) 중국 학계에서 정리하고 출판한 中韓關係史史料 중에서도 上海市檔案官에서 편찬한『中國地域韓人團體關係史料匯編』이란 책이 가장 값이 있다고 할 수 있는데 이 책은 완전히 당안관의 原件을 影印하였을 뿐만 아니라 또한 그 중에 上海韓國基督敎會의 당안사료도 있는데 20여 페이지에 달한다.11)

둘째, 중국의 학자들은 중국에 있는 한인들의 종교활동을 연구하는 학술적인 문장을 쓰기 시작하였는데 그 대표적인 작품은 復旦大學 역사학부의 金中遠 先生이 지도한 王春來의 박사논문『基督敎在韓國的傳播與韓國的近代化』와 孫科志 先生이 쓴『上海韓人的宗敎活動初探』이다.12) 전자는 주요하게 기독교가 한국에서의 전파와 한국의 근대화의 관계를 서술하였고, 후자는 한국 기독교, 대종교와 천도교가 한국이 개항된 후 한인들이 상해에 들어왔을 뿐만 아니라 상해에서 점차 교민사회를 형성하였고, 또한 그들의 종교신앙도 그에 따라 상해에 갖고 들어왔으며 그들이 상해에서 종교활동에 종사하는 전반 과정을 서술하였다. 그 대부분 자료는 한국에 收藏한『獨立新聞』,『基督敎報』,『天道敎會月報』,『日本外務省特殊調査文書』등이다. 이것은 한편의 在華韓人의 종교활동의 당안에 대한 연구에 있어서 대표작이다.

셋째, 여러 차례 중한기독교에 대한 비교연구학술 세미나를 개최함으로서 중한 두 나라 학자들의 진일로 이 분야에 대한 연구를 추동하였다. 필자가 아는 바에 의하면 復旦大學韓國硏究中心과 韓國長老大學校는 공동으로 이 분야에서 관한 세미나를 5차례나 진행하였다. 그것은 각기『중한 기독교비교연구 학술세미나』(1996년),『기독교와 근대중한사회 학술세미나』

---

10)「민립보」, 1913년 1월 11일.

11) 上海市檔案館 編,『中國地域韓人團體關係史料匯編』(一),東方出版中心, 1999. 403, 527면.

12)『檔案與歷史』, 2000年 第一期.

(1997년),『기독교와 근대중한인의 사상관념 학술세미나』(1998),『기독교와 중한사회전환 학술세미나』(1999년),『제5차 중한기독교비교연구 학술세미나』(2000년)였다. 이 5차례 학술세미나에서 비록 한 편의 글도 한국 교도의 중국에서의 활동을 다루지 않았지만 어떤 세미나의 논문에서 언급되었는 바 이는 중한 학계에서 중한 교민관계를 이해하는데 많은 계발이 있었다. 5차례 학술세미나의 발표된 적지 않은 논문은 이미 상해복단대학 한국연구중심에서 편집한『韓國研究論叢』제4집·제8집에 수록되었다.

넷째, 한국 학자들의 한국종교사에 관한 저서를 漢文으로 번역하여 출판하였는데 예를 들면 金得榥의『韓國宗敎史』, 金煥泰가 저술한『韓國佛敎史槪說』이다. 이 두 책은 다 柳雪峰이 漢文으로 번역했는데, 前者는 北慶社會科學出版社에서 1992년에 출판하고 後者는 北京社會科學文獻出版社에서 1993년에 출판하였다. 이러한 研究成果를 漢文으로 번역한 것은 中國 學者들이 韓國 學術界의 最新 研究成果를 많이 了解함으로서 진일보로 연구하고 탐구하는 데 커다란 도움이 있다. 필자는 중국 학계에서 한국을 연구하는 학자들의 논문에서 이 두 책의 연구성과를 많이 引用하고 있는 것을 주의하게 되었다.

중국 학계에서 在華韓僑들의 종교활동에 대한 연구에서 일정한 연구성과를 거두었지만 특히 在華韓僑의 기독교활동에 대한 연구는 다른 敎派에 대한 연구보다 상대적으로 많은데 이것은 아마 韓僑들 중에 기독교를 믿는 신도가 기타 敎派보다 크게 많은 것이 緣故로 될 수 있겠지만 허다하게 薄弱한 環節도 존재하는 바 예컨대, 기독교를 신봉하는 在華韓僑들과 천주교, 불교, 및 기타 종교를 믿는 韓僑들의 관계는 어떠한가에 대한 비교연구를 진행하는 사람이 아주 적다. 華北地區의 韓僑들이 종사한 종교 활동을 전문적으로 연구하여 논술한 글은 아직 없다.

Ⅲ. 韓僑의 사회단체

이 부분을 쓰려고 준비하기 전에 필자는 杭州大學, 臺灣의 董寬重이 편집한 中韓關係史에 관한 漢文으로 된 論著目彔[13]을 翻閱하면서 그 속에서 臺灣學界를 포함하여 中國內地의 韓僑社團組織에 관한 학술적 연구성과를 찾아보려고 했지만 몇 편의 글밖에 찾지 못했다. 즉 盧南喬의 『朝鮮前進黨團在反日民族獨立運動中的作用』, 石建國, 朴英姬가 쓴 『戰後上海韓人基督敎會地位問題的考察』[14]뿐이었다. 그후 필자는 또 『韓國硏究論叢』(제6집) 및 『復旦大學歷史系碩士, 博士論文目錄』에서 崔志鷹이 쓴 『二三十年代 旅瀘韓僑社團黨派淺析』과 朴英姬의 박사논문 『朝鮮民族革命黨硏究會1935·1945』를 찾았다. 이런 글들은 각기 부동한 시각에서 在華韓僑社團, 즉 朝鮮民族革命黨, 朝鮮共産黨, 東北朝鮮靑年總同盟, 新幹會 等의 산생과 발전과정을 서술하면서 그 조직결구, 중요한 영도인물의 간력 및 在華에서 反日復國獨立運動에서의 작용, 또한 각 사회단체와 당파의 특점, 영향 등 내용이 포함된다. 상술한 글은 일정한 학술적 수준을 갖추지 않은 것이 없다.

이 분야에 있어서 학술계의 주목을 일으키고 비교적 높은 사료가치가 있는 것은 상해시당안관에서 편찬한 『中國地域韓人團體關係史料匯編』第一册의 제3편으로서 표제는 「韓國僑民各社團」이고 이 總標題 아래에 상해에서 성립된 11개 韓僑社團의 당안을 부문별로 나누어 原件에 따라 전부 影印을 하였다. 그 분별은 1. 上海韓國基督敎會, 2. 中韓文化協會; 3. 上海韓商總會; 4. 朝鮮靑年民權協會, 5. 中韓革命同志會, 6. 大韓靑年團, 7. 韓國救濟總會, 8. 第三

---

13) 杭州大學圖書館, 杭州大學韓國硏究所編, 『韓國硏究中文文獻目錄』, 杭州大學出版社, 1994.

   黃寬重 編輯, 『中韓關係中文論著目錄』, 臺灣中央硏究員東北亞地域硏究, 2000年 7月版.

14) 『文史哲』, 1951年제일권 제2기 ; 『韓國硏究論叢』 第5輯, 중국사회과학출판사, 1998. 379, 383, 14면.

戰區韓僑戰地工作隊, 9. 韓僑體育協會, 10. 朝鮮靑年協會, 11. 韓國共產[15]이다. 이 책에 수록한 11개 사회단체의 당안은 모두 192면이고 그 중에 중한문화 협회의 당안은 79면으로서 제일 많고 조선청년협회의 당안은 제일 적는데 2면뿐이다. 이『匯編』은 목전 韓僑의 각 在華團體를 연구함에 있어서 가장 권위가 있고 가장 가치가 있는 사료 중의 하나이다. 유감스러운 것은 이러 한 사료는 지금에 이르기까지 여전히 중국학술계에서 충분하게 이용되지 못하고 있다.

그 외에 1949年 前의 신문, 잡지들 중에도 예컨대『申報』,『東方雜誌』, 『解放日報』,『新蜀報』 등에 한국교민이 중국에서 활동에 관한 사료가 많 다. 예를 들면『新蜀報』에 「一郡의 사랑스러운 韓國志士 …… 조선청년전 지복무단 소개」[16]란 제목으로 한편의 글을 발표하고 있는데, 이런 것도 일정한 사료가치가 있다. 위에서 제출한 신문, 잡지에 이와 유사한 가치가 있는 사료가 묻혀있지만 중국학계에서는 발굴과 이용이 잘 이루어지고 있지 않는다.

Ⅳ. 韓僑들이 中國에서 創刊한 新聞과 雜誌

오늘에 이르기까지 한교들이 중국 경내에서 創刊한 신문과 잡지는 이미 발견된 것이 10여 종에 달하지만 지금까지 이 분야에 대한 글을 쓴 사람이 없으나 중국 학계에서 이점에대하여 중시하고 있다. 예컨대 楊昭全 先生이 편집한『관내지구조선인반일독립운동자료회편』중에서 이미 수집한 관내 한교들이 창간한 10여 종의 신문과 잡지를 학술계에 간단히 소개했다. 이 10여 종의 신문과 잡지의 刊名은『天鼓』,『中韓文化』,『中韓會迅』,『光明』 『光復』,『獨立評論』,『韓民』,『韓國靑年』,『朝鮮民族戰線』,『新韓靑年黨』,『震

---

15) 上海市檔案館 編,『中國地域韓人團體關係史料匯編』(一), 東方出版中心, 1992. 345면.
16)『新蜀報』(重慶), 1938年 8月 20日.

壇』等이다. 이러한 신문과 잡지는 대부분 중국에 있던 한교사회단체에서 꾸린 것인데, 예를 들면 1938년 4월 10일에 창간된 『朝鮮民族戰線』은 조선민족혁명당, 조선혁명자연맹 등 단체가 漢口에서 꾸렸고, 1940년 3월 1일에 창간된 『韓民』은 한국국민당이 重慶에서 꾸렸고, 1941년 2월 1일에 창간된 『光復』은 광복군이 西安에서 꾸렸고, 1944년 3월 1일에 창간된 『獨立評論』은 한국국민당이 중경에서 꾸렸고; 1946년 1월에 창간된 『中韓會迅』은 中韓文化協會總會가 중경에서 꾸린 것이다. 이런 신문과 잡지들은 민족정신을 발양하여 항일복국운동을 끝까지 진행하는 것을 그 종지로 삼지 않은 것이 없다.

在華韓僑들이 꾸린 시문과 잡지의 특점은 어떤 것은 '중국이 영용하게 항전하는 사실, 견정불의 한 정신을 한인들에게 상세히 보도'함을 치중하며, 어떤 것은 '일제가 한국에서의 군사압제, 정치시설, 경제착취, 교육제한의 모든 지독한 수단과 악과를 적라하게 폭로'함에 치중하며, 어떤 것은 '어떻게 하면 불꽃이 튕기는 한국광복운동의 사조를 폭발시켜 중국의 친애하는 전우들에게 충실하게 소개'함에 치중하, 어떤 것은 1945년 일본이 투항한 후 '중국에 있는 각지의 분회 회원들을 발동하여 제때에 한국 국내정황 진전을 주시함으로서 제때에 중한수교에 공헌'17)하는데 치중하였다. 비록 표현하는 서술은 달랐지만 한 가지는 일치한 바 즉, 민족정신을 진흥하여 동아평화를 유지하고 중한우의를 강화하여 공동한 적 일본제국주의를 대처함으로서 각기 민족독립과 인민들의 안락한 생활을 실현하는 것이었다.

韓僑들이 중국에서 창간한 신문과 잡지는 대부분 漢字로 출판했는데 일부 신문과 잡지는 半中文 半韓文으로 출판, 발행했다. 예컨대 앞에서 제기한 『獨立評論』은 그 중의 하나이다. 비록 韓僑들이 중국에서 꾸린 신문, 잡지의 數量은 많지 않았지만 중국 국민정부에서 그에 대한 심사는 그래도 비교적 엄격했다.

이미 출판한 『中國地域團體關係史料匯編』 중에서 필자가 발견했는데 韓

---

17) 추헌수 편, 『한국독립운동자료』(2), 한국연세대학, 1972, 401, 571면.

僑 金直海가 上海市政府에 글을 올려 한글신문『大韓日報』의 창간을 신청한 것과 李孟求가 한글신문『韓民報』의 창간을 신청했지만 그 결과는 모두 중국과 한국이 '아직 외교관계를 건립하지 않았기 때문에 비준하지 못한다'는 것이었다. 워낙 이 두 신문의 發行所 주소는 上海市海寧路恒善里133號와 上海市圓明園路211號18)에 세울 계획이었다. 이와 동시에 필자는 당안사료의『匯編』을 통하여 알게 되었는데 이 시기에 한인들이 上海에서『新韓日報』와『建設月報』19)를 창간하려고 신청하였지만 자료의 결핍으로 그 최후의 결과를 알 수 없다. 이미 알고 있는 이 두 신문이 상해에서 신청했으나 창간되지 않았는데, 다른 한교들이 집중된 省市 예컨대 東三省內에는 이와 유사한 정황이 존재하였는가는 각지 당안관의 당안이 정리, 공개된 후에 알 수 있을 것이다.

위에서 우리는 한교들이 중국에서 신문, 잡지를 꾸리던 활동경력, 종지, 특징을 어렵지 않게 볼 수 있는 바 在華韓僑들은 비록 외국에 僑居하면서도 신문과 잡지를 여론도구로 하는 것을 잊지 않고 중국에 있는 韓僑들의 反日復國思想을 宣揚하고 국내의 반일운동과 및 각 당파간의 정치주장과 반일투쟁을 領導하여 취득한 성과를 제때에 보도하였다.

V. 韓僑의 文化敎育

근대 在華韓僑의 문화교육은 여전히 中國 學術界의 硏究에 있어서 하나의 薄弱한 環節로서 오늘에 이르기까지 전문적으로 이 분야에 관해 논술한 학술적인 글을 한 편도 찾아보지 못했다. 그러나 필자는 1949년 이전의 漢文으로 된 신문, 잡지에서 10여 편의 관계되는 보도를 찾았다. 이러한 보도는 중국에 있는 한교들이 "求學"이 자유롭지 못한 극히 어려운 조건하에서

---

18) 上海市檔案館編, 앞의 책, 137면.
19) 위의 책, 244면.

그들의 후대들이 나라가 일본의 침략을 받았지만 문화지식을 배우는 것을 버리지 않고 민족의 전통적 문화교육을 받는 것을 버리지 않게 하기 위해 갖은 고생을 하면서도 모든 힘을 아끼지 않고 그 자녀들의 문화교육사업에 종사하는 감동적인 사적을 적고 있다.『民立報』에는 이런 보도를 하였는데 '延吉地方은 中日兩國의 法權機關이 이미 대치되어 서로 적대시하는 상황이지만 교육의 한 층에서 중국관립학당이 延郡(연변지역을 말함·역자 注)에 겨우 20여 곳에 있지만 韓國私學堂은 80여 곳에 있다.' 이로부터 볼 수 있는 바 韓人들은 日人이 통치하는 期間에 여전히 '교육의 한 층'을 늦추지 않았는 바 중국의 관립학당은 그들과 비하면 마치『民立報』에서 말한 듯이 '그 모습과 형식은 심히 어려움을 면하지 못한다.'[20]

『民立報』와 서로 호응한『申報』는 이에 관하여「韓人求學不自由」,「延吉韓之(人)教育談」,「朝鮮教育視察團定期來滬」[21] 등 제목으로 보도를 발표하여 제때에 재화한교들에게 한교제자들의 구학과 문화교육상황을 통보함과 동시에 한교문화교육사업을 관심하는 모든 유지인사들의 계속적인 지지와 방조를 받을 것을 희망하였다. 예컨대『申報』는「延吉教育觀」이란 글에서 한교교육에 대하여 이렇게 보도하고 있다.

> 한민이 연길 경내에 僑居한지 오래 되고 교육경비는 한교들이 모집하거나 혹은 개인이 私立하는데 현재 초등소학 30여 곳, 고등소학 39곳, 여학교 10여 곳, 중학은 하나뿐이며 그 학생은 300여 명, 교장은 金樂賢(金躍淵의 誤記·역자 주), 교무장은 韓泰煥, 그들은 8~9년을 운영했는 데 들어와서 공부하는 자제들이 퍽 많고 그 성적이 과연 좋아 일반적 한교들은 아주 훌륭하다고 칭찬한다.[22]

위의 보도는 근근히 8~90자로 연길지구 한교자제들의 문화교육정황을 재화한교 및 세인들에게 투철하게 서술하고 있다. 필자는 이와 유사한 보

---

20)『民立報』, 1913年 1月 7日.
21)『申報』, 1915年 4月 16日, 11月 23日 , 1917年 3月 8日, 1926年 1月 27日.
22)『申報』, 1917年 3月 8日.

도는 무릇 한교들이 있던 省市의 신문과 잡지에 기록이 있을 것으로 믿는 다.

　위에서 서술한 편폭이 많지 않은 재화한교들의 문화교육에 관한 보도에서 우리들은 나라의 어려움을 겪으면서도 청소년 일대들에 대한 문화교육을 의연히 매우 중시했던 것을 볼 수 있으며 이것은 '연길조선인 교육기관'의 領導人[23]을 포함한 재화한교들은 극히 전략적인 안광이 있었음을 설명해주고 있다.

　총체적으로 필자는 중국학계 및 史籍에 기록된 중국 한교문제에 관한 연구는 이미 일정한 성과를 거두었지만 중국학계는 근대 중국한교문제의 연구에 있어서 금방 시작하는데 불과하다고 생각하는 바 아직도 많은 공백점이 우리들의 연구를 수요하고 있으며 본 문에서 언급한 몇 개 분야에 있어서 오늘까지도 모두 한 권의 저서가 출판되지 않았으며, 또한 전면적으로 연구하여 학술계에서 일치하게 공인하는 높은 질량의 학술연구성과도 몇 편이 발표되지 않았다. 자료의 수집과 정리의 각도에서 보면 이 방면의 사업량은 아주 큰 바 오늘까지도 한교문제를 연구하는 자료집이 출판되지 않고 있다. 필자가 알고 있는데 의하면 중국의 낡은 신문과 잡지에 이 분야에 관한 문자자료가 적지 않고 또 각지의 당안관에 소장한 한교문제의 당안사료는 모두 진일보로 수집, 정리할 것을 기다리고 있다. '어떻게 이 과제의 연구를 추동할 것인가' 하는 각도에서 보면 중국학계에서는 오늘에 이르기까지 중국 한교문제를 연구하는 세미나는 한 번도 진행하지 못했으니 각 분야의 학술논문집은 당연히 말할 수 없는 것이다.

---

23) 『申報』, 1915年 11月23日.

初等敎書

송준석[*]

Ⅰ. 필자에 대하여
Ⅱ. 책의 구성 및 내용
Ⅲ. 자료적 가치 및 과제

* 전남도립 담양대학 교수

Ⅰ. 필자에 대하여

초등교서는 오상준(吳尙俊)이 1907년 4월(광무 11년 4월)에 보문관(舘)에서 출판한 요샛말로 하면 '교리입문서'라 할 수 있는 책이다.

필자 오상준은 1882년 11월 30일 평안북도 평원에서 태어나서 1902년 동학에 입도하여 1905년에 이인숙(李仁淑)·정광조(鄭廣朝)·황석교(黃錫翹)·이광수(李光洙)등과 일본에 유학을 다녀온 인텔리계층이다.

유학을 다녀온 뒤 1908년 4월에 천도교 중앙총부(中央總部) 전제관(典制觀) 서계원(書計員)을 시작으로 1910년 8월 현기사(玄機司) 진리원(眞理員), 동년 12월에 현기관(玄機觀) 편집원, 1911년 1월에 학무원(學務員), 1913년 4월에는 현기관 진리원 및 학무원을 겸직하였으며, 1917년 4월에는 현기관장(玄機觀長), 1931년 4월에는 성도관정(誠道觀正), 1940년 4월에는 고문(顧問), 1945년 10월에는 상주선도사(常住宣道師)로 천도교회의 요직을 맡아왔다. 그리고 사회적으로는 1923년 7월 조선노동대회 제4회 전기총회에서 집행위원, 1927년 5월에는 신간회 경성지회 설립준비위원으로 활동하기로 하였다. 해방 이후 1947년에 세상을 마쳤다는 설이 있으나 분명치 않다.

주요저서로는 「본교역사」를 「천도교회월보」에 연재했는데 이는 강수(姜洙)의 「도원기서(道源記書)」 이후 처음 쓰여진 교사(教史)로서, 그 중요성을 인식한 3·1운동 33인 대표 중 한 분인 묵암(默菴) 이종일(李鐘一)이 한글로 해석하여 「천도교회월보」에 이어 연재했다.

주요 논문으로는 「천도교회월보」 창간호 학술부 「학필위기(學必爲己)」를 비롯하여 「신인간」 등의 잡지에 수백 편의 글을 발표한 천도교의 이론적 기반이 탄탄한 문장가였다.

Ⅱ. 책의 구성 및 내용

본 책은 총 25장으로 구성된 천도교 입문서 및 전교서의 성격뿐만 아니라 생활지침서 성격을 가진 초급 교리서라 볼 수 있겠다.

각 장의 주제는 독립적 성격을 가지면서도 서로 상호간 밀접하게 관계된다. 이는 천도교의 개벽사상에 입각한 지상천국의 건설에 부응하듯이 뜬구름 잡는 이야기가 아니라 현실생활을 통한 이상세계를 구축하려는 생활종교의 면모를 「초등교서」에서는 나타내 주고 있다. 그러기에 본 책에서는 인간·종교·사회·국가가 별개의 것이 아니라 상호 연관되어 있음 그 구성에서 보여주고 있다.

그 구성을 살펴보면 다음과 같다.

제1장 天德	제12장 經濟
제2장 師恩	제13장 國家
제3장 吾天	제14장 我國의 精神
제4장 吾敎	제15장 法律의 槪義
제5장 吾天의 要素	제16장 人民 及 國民
제6장 吾敎의 精神	제17장 個人과 團体의 關係
제7장 人의 職分	제18장 吾와 吾敎와 吾國과의 關係
① 內課	제19장 吾敎人의 義務
② 外課	제20장 道德
제8장 人의 自由	제21장 倫理
제9장 人의 資格	제22장 慣習
제10장 衣食住의 關係	제23장 正心
제11장 衛生	제24장 誠意
① 肉身衛生	제25장 結論
② 性靈衛生	

장마다 표현상 미심쩍어 설명이 더 필요할 경우에는 증거라고 하여 이를 이해하기 쉽게 풀이해 주고 있는 것이 이채롭다.
예를 들면 제4장 「吾敎」에서

'設或孔子가우리나라와魯國의國際關係로因緣ᄒ야軍士로써우리나라를功
ᄒ면우리나라의儒者로自處ᄒ던人이決斷코살鏃업는쏘리니그런則自國思想
이잇다ᄒ랴업다ᄒ랴그스룸도自國思想이아조업는것은아니언마는孔子를爲
ᄒ는마음이自國을爲ᄒ는마음보다重훈서 닭이니大凡宗敎의效力과權力이엇
더ᄒ뇨그런故로宗敎를崇尙ᄒ는人도自國과彼國의區別이잇는서 닭으로大端
히宗敎를삼가崇拜ᄒ는바니라'

라고 증거라는 설명을 첨가하였다. 즉, '종교의 숭배에도 자국과 타국의 구별이 있기에 종교를 삼가 숭배해야 한다'라고 하여 갈등적 요소를 설명에 추가하여 천도교가 민족정신에 의한 종교라는 사실을 부가하고 민족종교인 천도교를 믿을 것을 주장하고 있다.
그리고 필자는 결론에서

'吾人의益加勉勵者는衣食의忠과外族의忠을勿作ᄒ야吾敎로써吾人을團結
ᄒ고吾國으로써吾敎를杖ᄒ야萬夫同力으로步步進進이면吾國이依然是舊時
帝國이오帝國中風化主張者曰吾敎니吾人의是時光榮이爲如何오反是則吾人
은野人去後新蠻人이오黑奴去後新黃奴니吾人은百勉千勵又勉勵어다.'

라고 표현하고 있는데, 이는 천도교인 자신의 성실한 실천으로 시작하여 천도교가 사람들을 단결하여 우리나라가 천도교를 펼치면 선진제국으로 만들 수 있다는 희망을 나타낸 것이며, '哀者─聞哭則哭ᄒ고樂者─聞歌則歌니라'라고 마치는 글구에서는 우리가 바라고 이룰 수 있다고 생각하여 실천하면 반드시 이룰 수 있다는 꿈을 표현하고 있다. 소망도 꿈도 바로 우리의 마음에서부터 시작되는 법이다.

Ⅲ. 자료적 가치 및 과제

1. 자료적 가치

『초등교서』의 자료적 가치와 교훈을 네 가지로 정리해 보면 다음과 같다.

첫째, 당시의 천도교리를 접하려는 사람에게 기본교리를 국한문혼용체로 쉽게 풀이하여 설명하려 한 점이다. 어려운 종교적 용어를 배제하고 되도록 일상생활용어로 풀어썼기 때문에 종교적 식견이 없는 사람도 무리 없이 교리를 이해 할 수 있다. 예를 들면 제1장 천덕 편에서 '하늘이 사람에게 무형의 성령과 지혜유형의 육신을 주었고 사람의 성령에 관계되는 명예와 육신에 관계되는 이익은 천덕으로 말미암은 것이다.'라는 신앙적 개념을 이해시키기 위해 사람의 가치와 자격으로 밝은 성령과 강건한 육체가 필요하다고 강조하여 이로서 만물의 영장이 된다는 평범하고 알기 쉬운 설명을 덧붙이고 있다.

둘째, 신앙적인 문제자체를 부각시키기보다는 신앙의 성실한 실천이 좋은 인간(나)·사회·국가를 만드는 기본이라는 점을 강조하는 생활실천윤리서적 성격을 지니고 있음을 알 수 있다. 종교의 입문서이기도 하지만 이는 전 생활에 걸친 교양입문서적 냄새가 난다. 사람의 직분·자유·자격·의식주·위생·경제·국가·법률 등의 문제를 다루고 있는 것만 보아도 알 수 있다. 이는 동학이 성속일여의 세계, 천도교를 하늘로 보고 우리나라를 땅으로 보는 관점에서 알 수 있듯이(吾敎와 吾國의 關係) 지상천국의 개벽을 꿈꾼다는 측면에서 당연한 논리적 귀결이라 볼 수 있다.

셋째, 민족주의적 관점에서 내용을 재검토할 필요가 있다.

> ‘國家는 一定혼 土地內에 多數혼 吾人의 團合體니 國家의 性質은 吾人의
> 共同的 生活로 以혼者오 國家의 行動은 生活的 安寧幸福으로 以혼 者오 國
> 家의 面目은 外에 대ᄒ야 獨立自存을 表示혼 者오 國家의 能力은 吾人의 外
> 敵侵侮를 防혼 자니 國家의 責任과 國家의 本體되는 吾人의 責任이 甚히 重
> 大ᄒ도다. 大抵國家의 本領은 法律이니 法律의 本領은 道德이오 道德의 本
> 領은 宗教라. 吾의 宗教心으로써 吾同胞를 愛ᄒ야 衆心을 團結ᄒ며 吾同胞
> 의 團結心으로써 吾國을 愛홀지니 吾國은 吾의 生活地오 吾同胞의 生活地
> 니라.’

라는 표현에서도 알 수 있듯이 민족구국 종교적 성격이 그대로 드러나 있
다. 제7장 人의 職分편에서 이 교서를 집필할 당시 우리나라는 일제에 의해
위기에 처해 있었기에 교리전반에서 신앙을 통해 우리나라를 개인의 자유
를 보장받는 잘사는 부강한 나라로 만들고자하는 민족종교임을 줄기차게
주창하고 설명하고 있다. 즉 천도교를 통한 구국사상이 전개되고 있다.

넷째, 교육학적으로 본다면 천도교가 지향하는 이상적인 인간상은 지덕
체를 겸비한 전인이라 볼 수 있다. 이는 天德(천덕)과 人(인)의 職分(직분)에
서 인간이 만물의 영장이 되기 위해서는 성령수련를 통해 밝은 지혜를 습
득하고 육신을 온전하게 보호하여 강건한 육체를 가져야 된다는 표현이나,
도덕 편에서 도덕이 없으면 사람이라는 족속이 없고 도덕이 있어야 사람이
있으니 도덕 범위 내에서 우주와 세계가 생한다는 기본적 전제 하에서 개
인도덕이 필요함을 주장하며 예속, 예의를 갖춘 윤리적 존재가 되어야 함
을 윤리편 에서 강조하고 있다. 지덕체를 겸비한 전인은 천도교가 꿈꾸는
이상적 존재인 것이다.

2. 과 제

이 천도교서를 통해 천도교가 풀어야 하는 과제는 무엇인가? 필자 나름
대로 두 가지로 정리해 보면 다음과 같다.

　첫째, 원래 천도교는 우리의 일상생활과 밀접하게 관계되어 있는 생활 실천 종교다. 특히 2대 교주인 해월 최시형은 성속일여의 사상적 기반 하에 자신의 삶의 실천을 통한 포교 활동을 전개했다. 그렇다면 과연 앞으로 천도교의 전교활동은 어떻게 해야 하느냐에 대한 해답을 얻어야 할 것이다. 오상준의 『초등교서』도 바로 당시 우리나라의 삶의 형태와 밀접하게 관계되어 더 좋은 세계를 만들겠다는 의지 표명의 교서라 볼 수 있다. 즉 천도교를 통해 사람의 인권과 자유를 보장한 잘사는 국가를 만들 수 있다는 커다란 포부를 담았던 것이다. 그렇다면 지금의 천도교도 지금 이 시대에 해야 될 과업이 무엇인가에 대한 고민을 적극적으로 해 생활을 통한 전교활동을 해야 할 것이다.

　둘째, 『초등교서』는 한문이 많이 쓰이던 시절에 국한문 혼용체로 비교적 쉽게 쓸려고 노력한 교리서라고 볼 수 있다. 그렇다면 우리 현재의 천도교리서는 어떠한가에 대한 반성이 있어야겠다. 오늘날의 사람이 이해할 수 있는 주석 작업과 예스러운 어휘문장은 오늘날 현대인들이 이해하고 알아들을 수 있는 아름답고 쉬운 말로 가다듬는 작업이 필요할 것이다.

　『초등교서』 자체도 당시에는 쉬운 글이었을지 모르지만 세월이 흐른 지금에 보면 너무나 생소하고 어려운 글의 모음에 불과하다. 몇몇 연구가들을 위한 글로 사장되어서는 안될 것이다. 아울러 오늘날 기독교나 불교가 출판에 의해 어린이 성경, 어린이를 위해 쉽게 풀어 쓴 불교교리 서적을 비롯한 각종 종교입문서를 발간했듯이 천도교도 아주 쉬운 말로 천도교의 정신을 전달할 수 있는 교재개발이 시급한 실정이다. 1907년 당시 이러한 초등교서를 펴냈는데 오늘날 이것을 대신한 교리서가 있는지 검토해 봐야 할 것이다. 우리나라 최고의 수재들이 모인 서울대학교 일부 학생이 쉬운 한문도 이해하지 못하는 것이 오늘날의 실정인데 어린이들은 오직 하겠는가. 그러기에 옛스러운 한문 투의 표현은 오늘날의 언어로 표현해 내는 작업이 중요한 것이다. 모든 것의 시작에는 말씀이 있었는데 그 말씀은 우리 서로가 의사소통이 가능하다는 전제 속에 있어야 할 것이다.

한국 근·현대 민족운동의 재인식

인쇄일 초판 1쇄 2001년 12월 10일
          2쇄 2015년 01월 10일
발행일 초판 1쇄 2001년 12월 20일
          2쇄 2015년 01월 13일

지은이 한국민족운동사학회
발행인 정 찬 용
발행처 국학자료원
등록일 1987.12.21, 제17-270호

서울시 강동구 성내동 447-11 현영빌딩 2층
Tel : 442-4623~4 Fax : 442-4625
www. kookhak.co.kr
E- mail : kookhak2001@hanmail.net
ISBN 978-89-8206-649-8 (93900)
가 격 20,000원
*저자와의 협의 하에 인지는 생략합니다.